Das Münchner Ensemble um Dieter Dorn

Gefördert von der Ernst von Siemens Kunststiftung

Christina Haberlik

Das Münchner Ensemble um Dieter Dorn

Herausgegeben vom

Deutschen Theatermuseum München

HENSCHEL

Eine Ausstellung mit demselben Titel
»Das Münchner Ensemble um Dieter Dorn«
ist vom 13. März bis 20. Juli 2008
im Deutschen Theatermuseum München
zu sehen.

www.henschel-verlag.de
www.seemann-henschel.de

Bibliografische Information Der Deutschen Nationalbibliothek:
Die Deutsche Nationalbibliothek verzeichnet diese Publikation in
Der Deutschen Nationalbibliografie; detaillierte bibliografische
Daten sind im Internet über http://dnb.ddb.de abrufbar.

ISBN 978-3-89487-608-1

© 2008 by Deutsches Theatermuseum München, Autorin und
Henschel Verlag in der Seemann Henschel GmbH & Co. KG.

Herausgeber: Deutsches Theatermuseum München

Umschlaggestaltung: Ingo Scheffler, Berlin
Coverabbildungen: Dieter Dorn und Ensemblemitglieder bei den Proben
zu DER KAUFMANN VON VENEDIG, Oktober 2001, Foto: Oda Sternberg
(vorne); Dieter Dorn bei einer Probe, Foto: Thomas Dashuber (hinten);
Fotos auf den Klappen: Oda Sternberg
Gestaltung und Satz: Grafikstudio Scheffler, Berlin
Druck und Bindung: Westermann Druck Zwickau
Printed in Germany

Gedruckt auf alterungsbeständigem Papier mit chlorfrei gebleichtem
Zellstoff.

Bildnachweis:
Alle Fotos: Oda Sternberg
bis auf: S. 50, 56 r. und 57 von Hildegard Steinmetz
und im Farbteil: S. XII u. l. und u. r., XIV u., XV, XVI o. l. und u. von
Thomas Dashuber

Allen am Zustandekommen des Buches Beteiligten,
den Darstellern, Mitarbeitern, Helfern und Ratgebern
herzlichen Dank!

Inhalt

Das Dorn-Ensemble

Was ist ein Ensemble?

Ein Ensemble ist – im Idealfall – ein großer Klangkörper, ein Orchester, in dem jeder Einzelne so wichtig ist wie alle zusammen. In über dreißig Jahren Theaterarbeit, die Dieter Dorn an den Münchner Kammerspielen und nun am Bayerischen Staatsschauspiel entscheidend geprägt hat, ist etwas ganz Seltenes entstanden, etwas, was es in dieser Form eigentlich nicht mehr gibt: Ein hervorragendes, großartiges Ensemble ist heran- und zusammengewachsen. In den knapp fünfzig Gesprächen mit Dieter Dorn, seinen Schauspielern und den künstlerischen Mitarbeitern war eine zentrale Frage, ob es so etwas wie ›Ensemblegeist‹ gegeben hat – oder was das überhaupt ist – und was er dem- oder derjenigen bedeutet. Bei der Definition dieses schwer zu fassenden Gemeinschaftsgefühls wurden, wie zu erwarten war, unterschiedlichste Haltungen deutlich. Und, so stellte sich heraus, wenn er denn existiert, dieser Ensemblegeist, lässt er sich durch die geringfügigsten Erschütterungen von außen völlig aus dem Gleichgewicht bringen. Schließlich besteht so ein Ensemble aus Einzelindividuen der (oft) eitelsten Sorte Mensch, denn Eitelkeit und Extrovertiertheit – oder zumindest die Bereitschaft dazu – muss man haben, um dem Schauspielerberuf standzuhalten. Weiteres sinnvolles Rüstzeug: Durchsetzungsvermögen, Kampfgeist, Geltungstrieb, Egoismus, der an Egozentrik grenzt, und Lust am Spiel und an Verstellungs- und Täuschungstricks. Des weiteren ist es eine Conditio sine qua non des Schauspielerberufs, im Mittelpunkt stehen zu wollen, ein Schuss Neurotik kann hilfreich sein, und eine starke Persönlichkeit ist auch vonnöten – kurz alles Eigenschaften, die eine Gemeinschaftlichkeit in der Gruppe von vornherein enorm erschweren. Schauspielschulen, an die Tausende von Bewerbern drängen, von denen dann höchstens dreißig pro Jahrgang genommen werden, sind ja im Vorfeld bereits Kaderschmieden, in denen Gemeinschaftssinn nicht ganz oben auf dem Lehrplan steht. Ist also von Ensemblegeist die Rede, spricht man von einer faktischen Unmöglichkeit – es sei denn, es ist ein einender Rahmen vorhanden: Ein gemeinsames Ziel, wie ein Stück zum Erfolg zu führen oder dem Haus dazu zu verhelfen, dass es – mindestens – das »Theater des Jahres« wird. Das gemeinsame über das individuelle Interesse zu stellen, das erfordert schon edlere Wesen, als wir Normalsterblichen es sind – Übermenschen gar. Und, erstaunenswerter Weise, das Münchner Ensemble um Dieter Dorn scheint sich aus solchen höheren Wesen zusammenzusetzen.

Ein weiteres wichtiges Stichwort in diesem Zusammenhang ist Kontinuität. Ensemblegeist ist sicherlich etwas, das wachsen muss und erst wachsen kann, wenn eine gemeinsame Arbeitserfahrung über viele Jahre möglich ist – ohne dass man das Gefühl haben muss, in einen Orden eingetreten zu sein, dessen Regeln denen eines Gefängnisses ähneln. Nicht von ungefähr sprechen die Betroffenen daher sehr häufig, wenn von der Kammerspielzeit die Rede ist, von einer »Familie«. Das relativ kleine, überschaubare Theater, in dem man sich kaum ausweichen konnte und sich ständig über den Weg lief, hatte ja auch durchaus etwas Familiäres. Man kennt die Nachteile, die so eine Enge mit sich bringt: Es kann leicht zu ›inzestuösen‹ Verschmelzungen kommen, die sicherlich einer künstlerischen Entwicklung entgegenstehen. So gesehen war »Familie« freilich ein völlig falscher Begriff – zumal Dorn recht wenig von einer Vaterfigur hat. Besser wäre, von einer vertrauten, zusammengewachsenen Interessengemeinschaft zu sprechen: dem Münchner Ensemble um Dieter Dorn.

Seltsamerweise waren diese engen, langjährigen Arbeitskontakte, wie sie im Dorn-Ensemble zustande kamen, oft keine Brücke zu privaten Freundschaften: »Wir sind irgendwie alle befreundet. Aber die Freundschaften sind nicht so, dass man sich gegenseitig unbedingt besucht. Das tun wir eigentlich nie. Es werden hin und wieder Feste gefeiert, wenn jemand Geburtstag hat. Aber dass da mal bei mir zuhause jemand klingelt oder ich bei denen klingle, nein, das tun wir eigentlich nicht. Wir besuchen uns nicht. Das ist ganz merkwürdig. Ich habe einen sehr, sehr freundschaftlichen Kontakt mit der Gisela Stein. Aber auch wir telefonieren nur. Nein, wir sind alle nicht verklüngelt«, erzählt Cornelia Froboess.[1]

Es gab auch Schauspieler, denen das Nicht-Verklüngelte schon viel zu eng war, die solche Einzelgänger und Freigeister sind, dass ihnen selbst ein kurzes Zusammensein über die Proben oder Vorstellungen hinaus ein Gräuel war – bestes Beispiel Heinz Bennent: »Also gegen diese eingeschworenen Dinge war ich schon immer. Das mit diesem ›Wir‹, das gibt es in Trier und in Plauen und in St. Pölten auch. Damit habe ich überhaupt nichts zu tun. Ich habe mir oft gesagt, was machen die nur immer in München? Da sitzen die dann – und? Ich habe so schöne Begegnungen gehabt, durch meine Film- oder Fernsehrollen habe ich wunderbare Partner und Partnerinnen gehabt, und das hätte ich, wenn ich geblieben wäre, nicht gehabt. In einer anderen Sprache zu arbeiten, mit anderen Leuten, das ist notwendig, finde ich. Als Deutscher, möglichst noch als Bayer nur an einem Theater zu sitzen und dem ›Wir‹ zu huldigen, das ist ein bisschen sehr provinziell. Im Grunde genommen ist das ganze deutsche Theater, wenn es sich so auf sich bezieht, Provinztheater. Auch in Berlin. Das ›Wir-Gefühl‹ und unkündbar zu sein in so einem Betrieb, und ›unser Dieter‹ – das ist mir zuviel.«[2]

»Gar nichts. Ganz schlicht gar nichts«, kann Thomas Holtzmann mit dem Begriff Ensemblegeist anfangen. »Ich weiß nicht, was das ist. Das war sicher ein Ensemble-Theater, und wir haben uns auch eine ganze Zeit lang ›ensemblegemäß‹ verhalten …«[3] Was den Zuschauern von außen vorkam wie eine zusammengeschweißte Gemeinschaft, hatte im Inneren natürlich die ›ganz normalen‹ Probleme – Rivalitätskämpfe, Rollenneid, Statusunterschiede –, und aus diesem Blickwinkel verschwindet das große Ganze oft weit hinten am Horizont. Aber eine Zeitlang hat es existiert, das eingeschworene Ensemble der Kammerspiele, das sich wohl auch dessen bewusst war, dass es einzigartig war. Thomas Holtzmann weiter: »Ja, das war es auch. Und dass das nicht über dreißig Jahre hinweg gleich funktioniert, ist ja normal, es war ja schon zwanzig Jahre lang ein Wunder. Wäre es heute noch so, wäre es ein Überwunder. Es ist ja schon ein Wunder, dass im *Kaufmann* noch fast alle Leute von der Premiere, die vor sieben Jahren war, mitspielen. Keiner ist ausgefallen, durch Krankheit nicht,

durch nix … gut, der Peter Herzog ist ausgefallen, damit hatte es sich.«

Auch Richard Beek ist ›ausgefallen‹, seit wir dieses Gespräch geführt haben, das alte Kernensemble dünnt langsam aus – das ist leider so. Vielleicht ist das ›Aussterben‹ von zeichenhafter Bedeutung. Vielleicht war Dorns Ensemble als Zeitphänomen eines der letzten, die es noch in dieser Form geben konnte. Vielleicht ändert sich – einmal wieder – unsere Theaterlandschaft grundsätzlich?

Aber wir wollen hier der Frage nachgehen, wie es Dieter Dorn geschafft hat, so lange Zeit ein festes Ensemble aufzubauen, an sich zu binden und es zu solch großen, einmaligen Erfolgen zu führen. Auch darauf hat Thomas Holtzmann in seiner erfrischend pragmatisch-ironisch-distanzierten Art eine ganz einfache und plausible Antwort: »Weil es hier immer nett war und freundlich, und man kriegte seine tollen Rollen, und mit Dorn zu arbeiten war damals ein Hochgenuss, und wir waren alle hoch zufrieden. Auch das Theater hielt es zusammen, also schlicht der Raum der Kammerspiele. Wenn man weiß, dass jeden Tag ausverkauft ist, das ist es ja hier am Residenztheater auch weiterhin. Das ist ja ein Wunder in dieser Zeit, wo alles bröselt, nicht? Und da geht man nicht so ohne Weiteres weg. Und beim Dorn war es wirklich immer sehr, sehr menschlich und sehr, sehr nett.«[4]

Menschlich ist in diesem Kontext eine Vokabel, die Staunen macht und genauso fehl am Platz zu sein scheint wie das Wort Familie, denn letztlich geht es ja um einen Arbeitskontext. Das zeigt, dass Theaterarbeit doch etwas ganz anderes ist als ›normale‹ Arbeit. Aber die ›Familienmitglieder‹ hatten die gesunde Distanz, die es wohl braucht, um einen guten Umgang miteinander zu gewährleisten: Freundlich, aber distanziert. Lauter Individualisten unter sich, die gar nicht nach privater Verklüngelung suchten, wie Conny Froboess schildert, und Holtzmann kann nur bestätigen: »Wir sind alle der Umgebung gegenüber nicht so freundlich, dass wir uns privat zusammengerottet haben, aber wir wussten alle miteinander, was wir an diesem Haus hatten und was wir an Dorn hatten, und blieben und blieben und blieben … Denn wenn man immer am Stammtisch zusammen sitzt, wird es gefährlich. Ich war ein seltener Emmi-Gänger. Ich habe kein großes Gefühl für solche kantinenartigen Zusammenkünfte, die es ja waren. Wenn ich die Vorstellung gespielt hatte, dann bin ich nach Hause gegangen, wo meine Frau auf mich gewartet hat und ich zudem sehr viel besseres Essen kriegte.

Man saß zwar mal im Gläsernen Eck bei Emmi zusammen, dennoch gab es an den Kammerspielen nicht dieses totale Geklüngel, das noch in den Siebzigerjahren an einigen Theatern angesagt war. Unter Peymann in Stuttgart zum Beispiel spielte sich das Leben der Schauspieler 24 Stunden am Tag im Theater ab. Etliche Ehen gingen kaputt, aber man hatte das Gefühl, am wichtigsten Nerv des Lebens zu sein. In den Kammerspielen war es eher – wie soll man sagen – sophisticated? Man hatte – als Folge des nicht abreißenden Erfolges – wohl das Gefühl, eine gewisse Theaterelite darzustellen. »Trotzdem war das Theater ja der absolute Mittelpunkt, das war das Leben, man hat sich da wohl gefühlt. Das ist so, als ob man einen Körper beschreiben will, und man selbst ist eines der Hauptorgane. Man hat halt gut miteinander gearbeitet. Man ist zusammen gewachsen und hat trotzdem eine gewisse Distanz und Achtung gewahrt, und das ist vielleicht zum großen Teil die Leistung der Leitung«, meint Manfred Zapatka.[5]

Ein weiteres Verdienst der Dorn-Ära ist, dass Themen wie Konkurrenz untereinander offenbar keine oder kaum eine Rolle spielten. »Man wusste, man war gewollt, man wusste, man wurde gebraucht und wurde auch gern gesehen da oben. Also mir hat das so viel Vertrauen gegeben, dass ich mich nachts nicht zermartert habe und dachte: ›Oh Gott, wer sind die anderen?‹«[6] Dieses kultivierte Binnenklima beschreiben neben Manfred Zapatka auch andere Kollegen. Neben der Qualität der Schauspieler ist dieser behutsame, respektvolle Umgang miteinander sicherlich auch maßgeblich daran beteiligt, dass das Ensemble so erfolgreich ist und diesen legendären Ruf hat – beziehungsweise in seiner Glanzzeit hatte.

Es gab – wie in jeder Gruppe – die tragenden Säulen, die ›ersten‹ Schauspieler, die Protagonisten, die auch prägend für die anderen waren. In erster Linie sind in diesem Kontext sicherlich Gisela Stein und Helmut Griem zu nennen – weil es Menschen sind und waren, die sich einmischten. Aber wie unten so oben: Alles ist unmittelbar miteinander verquickt – es gibt nicht nur Säulen, sondern auch einen Unterbau und ein Dach. Ein Ensemble besteht eben nicht nur aus Protagonisten, sondern alle sind wichtig.

Last, not least wird auch vom Leiter der Truppe zu sprechen sein: Dorns Führungsstil war und ist ein ganz spezieller. Oft vergleicht er das Theater, das er leitet, mit einem Schiff: ein großes elegantes Segelboot die Kammerspiele, ein Riesentanker das Residenztheater. »Wir sitzen alle im gleichen Boot«, pflegte er immer zu sagen. Es ist aber auch wichtig, wer wo sitzt. Wer die Kohlen schaufelt und wer oben an Deck sitzt, auf der Brücke. Aber ich empfand da schon eine Gemeinsamkeit. Und meistens wollten alle in die Richtung, die das Schiff eingeschlagen hat«, so Zapatka.[7] Und offenbar war Dorn stets ein guter Skipper …

Nennen wir diesen Führungsstil, diese gekonnte Balance von Distanz und Nähe eine äußerst intelligente Art, ein Haus zu führen. Es wurde auf diese Weise ein niederes Niveau vermieden, in dem jeder sein Ego in den Vordergrund zu bringen versuchte. Andererseits sind Konflikte in so einem Apparat schlicht unvermeidlich, wie u.a. Jochen Striebeck berichtet: »Es gab auch Hick-Hack, aber es wurde abgefedert, nicht? Das war das Entscheidende, und ich meine, Dorns Fähigkeiten stehen ja außer Frage. Was ich an Dorn immer außerordentlich bewundert habe, ist seine Art und Weise zuzuhören und vor allen Dingen das Zuhören auch zu benennen.«[8]

Trotz des anhaltenden Erfolges war es natürlich immer wieder ein Problem, die Schauspieler bei der Stange zu halten, wenn lukrativere Angebote von Film und Fernsehen lockten. Es war zwar weitgehend vertraglich geregelt, in welchem Umfang sich dieses ›Fremdgehen‹ bewegen durfte, es gab jedoch ständig Ausnahmen, wo es erforderlich war, nach ›oben‹ zu gehen und persönlich mit dem Chef zu reden. »Wenn man zum Dorn ging und sagte: ›Du, ich hab da eine Rolle vom Fernsehen angeboten bekommen, äh, ich würde das gerne machen, aus künstlerischen Gründen, das ist eine so tolle Rolle und es gibt auch einen sehr guten Regisseur und Kameramann‹ … Ich glaube, das hat er nicht so gerne gehört. Aber wenn man gesagt hat: ›Du, Dieter, die haben mir da was angeboten, und das muss ich unbedingt machen, ich brauch nämlich die Kohle‹, auf dem Ohr hat er gut gehört. Dann hat das meistens funktioniert mit dem Urlaub«, erinnert sich Striebeck.

Die absolute Hochzeit, die goldenen Jahre des Dorn'schen Kammerspiel-Ensembles waren die Jahre von circa 1978 bis 1987. Jedes Stück war ein Juwel. Jede Rolle à point gespielt und besetzt. Man hatte das Gefühl, etwas Großartigem beizuwohnen. Aufführungen, die man ein Leben lang nicht vergisst, die man besser nicht hätte machen können.

Wie lange kann so etwas gut gehen? Es wäre ein Wunder gewesen, wenn es nach diesen Höhepunkten immer noch weiter nach oben gegangen wäre. Nein, es ging nicht hinauf, aber auch nicht unbedingt hinab. Am ehesten lässt sich vielleicht sagen: Die Falle des Erfolges schnappte zu. Man sonnte sich im Glanz des Erfolges und fragte sich, warum sollten wir etwas verändern, wenn wir doch so gefeiert werden? Am Ende von Dorns Kammerspielzeit, 2000/2001, war seitens der Kritiker immer häufiger von künstlerischem Stillstand die Rede. Wir werden später noch auf diesen Punkt zurückkommen.

Dieter Dorn über sein Ensemble

Christina Haberlik: Sie haben das Ensemble der Kammerspiele viele Jahre zu solchen Erfolgen geführt, dass ganz selbstverständlich von einem Dorn-Ensemble gesprochen wird. Wie haben Sie es geschafft, so viele Leute so konstant ans Haus zu binden?

Dieter Dorn: Naja, ich glaube, die Sache war umgekehrt – oder man muss versuchen, sie von der umgekehrten Seite zu berichten. Ich wurde 1970 zum ersten Mal mit Schauspielern meiner Generation konfrontiert. Bis dahin habe ich mit jungen und jüngeren, auch sehr begabten gearbeitet in Hannover am Staatsschauspiel, dann an der Landesbühne Hannover, dann in Essen, dann in Oberhausen, von da aus bin ich dann ans Schauspielhaus Hamburg gegangen zu Lietzau – Lietzau ging dann weg –, von da aus ging ich nach Berlin an das damals noch existierende Schiller-Theater bis 1976, und da gab es eben viele Begegnungen. Ich habe bis dahin mit vielen Schauspielern gearbeitet, denen ich auch – in Anführungsstrichen – so eine Art Lehrer war. Und dann war das so, dass ich plötzlich auf Schauspieler traf, die ihr Handwerk ungeheuer beherrschten und wo man eine ganz andere Art von Regie führen konnte und auch musste, wo man an einem Vormittag drei bis vier Versionen einer Szene probierte, wo man durch Beobachtung und Beschreibung der Beobachtung versuchte, seine Gefühle zu der Szene zu formulieren und die Schauspieler zu anderem Spiel oder zur Bestätigung anzuregen. Und das habe ich da zum ersten Mal mit Gisela Stein, Helmut Griem und vielen anderen gemacht – und wir kamen sehr gut miteinander zurecht. Und dann begann uns dieser Moloch Schiller-Theater über den Kopf zu wachsen und die Konflikte wurden personalisiert – das ist immer so, wenn es objektive Konflikte am Theater gibt. Also gab es einen großen Krach mit dem Lietzau, und es gab einen großen Umzug in die – vorsichtig gesagt – nicht ganz so strahlenden Kammerspiele München. Und dann habe ich einfach Schauspieler, mit denen ich Arbeitserfahrung hatte, mitgenommen und wurde in München Oberspielleiter und stieß auch hier auf ein paar Schauspieler – Nicklisch, Lühr, damals noch Pasetti,

Pekny, aber auch jüngere, Hamel, Froboess, die hier waren in diesem Ensemble – und dann haben wir weitergearbeitet. Sie sehen, es ist eine Biografie und nicht so etwas wie ›ich setze mich irgendwohin und engagiere Schauspieler‹. Das sind alles Arbeitserfahrungen. Und dann, als Hans-Reinhard Müller, der das alles so behütet hat, nicht mehr Intendant sein wollte, blieb mir nichts anderes übrig, da wurde ich Intendant. Ich wurde im Grunde von meiner Truppe zum Intendanten gemacht: ›Du musst das jetzt machen, sonst gehen wir ja auseinander.‹

So war das – und dann war das eine große Integration: die Berliner Schauspieler, die herkamen, die ja hier zum großen Teil schon einmal gewesen waren – Griem war hier gewesen bei Lietzau, Holtzmann war hier gewesen, die Stein war hier auch schon gewesen usw. –, das war wunderbar, diese Integration hier. Wir haben ein Stück nach dem anderen gemacht. Es gab ganz wenig Gastregisseure, wir haben viel gearbeitet – Wendt war die andere Kraftlinie –, und dann war das wie gesagt folgerichtig, dass ich es sozusagen machen musste, und so wurde ich Intendant. So entstand dieses Ensemble. Das verjüngte sich natürlich immer mit jungen Schauspielern. Es gab Schauspieler, die uns verließen, aber wenige. Es blieb die Gruppe im Kern, und es kamen einige Große dazu, die ich von früher kannte: Flörchinger kam aus Berlin, Wessely kam aus Wien. Boysen kam dazu von außerhalb, der hat gesagt: ›Kann man hier nicht mitspielen bei euch?‹ – das war wunderbar, den kannte ich aus Hannover. Bennent kam dazu, den kannte ich auch aus Hannover, aus meiner Anfängerzeit. So war das eine Truppe, die eine ganz bestimmte Art von Theater wollte, nämlich: Die Nummer Eins ist der Text – was ich immer sage, und was inzwischen von der veröffentlichten Meinung immer wieder mit Hohngelächter bedacht wird –, das Zweite sind die Schauspieler, und das Dritte ist der Regisseur. In dieser Reihenfolge haben wir gearbeitet und sind ziemlich weit gekommen.

Dann kam dieser Einschnitt 2001 – und dann war die Frage: ›Sollen wir in eine andere Stadt gehen?‹ Die meis-

ten Schauspieler, besonders die etwas älteren oder manche sehr alten, hätten das nicht gemacht. Da wurde hier dieses Theater frei. Witt war zurückgetreten, und dann haben wir gesagt: ›Gut wir bleiben hier und versuchen das.‹ Und jetzt ist es so, dass natürlich die Schauspieler, die hier am Residenztheater waren, und ein paar, die noch dazugekommen sind, die der Elmar Goerden aus Stuttgart mitgebracht hatte und die wir auch beobachtet hatten – jetzt ist es eher ein, ja wie soll ich sagen, ein Staatstheaterensemble, aber nicht mehr meine Truppe allein. Also das ist jetzt eine Interessengemeinschaft von Schauspielern, die natürlich intensiv miteinander arbeiten, aber es ist bei Vielen nicht mehr dieser ungeheure gemeinsame biografische Weg. Es ist also ein bisschen divergierender, als es vorher war. Die große Kraft der Kammerspiele war wirklich diese Einheit des Programms und der Menschen, die dafür gekämpft haben – also sowohl unten, die Regisseure und die Dramaturgen, als auch oben, die Schauspieler. Das war der Punkt. Das kann man nicht herbeizwingen, das ist halt einfach passiert.

C.H.: Liegt es an Ihnen? Es ist ja etwas ganz Seltenes geworden, dass es ein Ensemble von einer solchen Qualität überhaupt, und dass es eine solche Kontinuität gibt?

D.D.: Das liegt auch daran – und das hat positive und negative Seiten –, dass ich ein ganz, ganz treuer Mensch bin: Wenn ich mich künstlerisch für eine Sache oder für Jemanden entschieden habe, dann heißt das, dass ich mich wirklich dazu bekenne – gerade bei den Schauspielerinnen und Schauspielern muss man das auch tun. Der Schauspieler hat ja nichts als sich selbst als Instrument. Er hat keine Geige, keine Flöte, keinen Pinsel, er hat nur sich. Er ist nur er selber oder sie selber, und da gibt es Krisen, aber da gibt es immer auch die Möglichkeit, dass sich mit dem Leben, das man lebt, darstellerisch neue Räume eröffnen. Das ist ja das Spannende, das sieht man ja auch daran, dass die Pensionsgrenze bei den Theaterleuten [lacht] eigentlich gar nicht vorkommt, sondern dass viele zu einer ungeheuren Altersform auflaufen, dass sie zwischendurch aber auch mal sehr wackeln. Ich erinnere an Minetti, der zwischendurch mal zehn bis fünfzehn Jahre äußerst gewackelt hat. Ich habe ihn einmal in Hannover besetzt, mit seiner Tochter Jennifer, da war er schon froh, dass er da spielen durfte. Bis es – es ist ja immer auch eine Geschmackssache – bis es kongruent wurde mit irgend-

etwas, und plötzlich war er der große alte Mann, auch für die jungen Leute.

C.H.: Haben Sie Ihre Treue zu München nie bereut?

D.D.: Ich fand es wichtig, mich für einen Standort zu entscheiden. Es ist nicht Faulheit oder Blödheit oder, wie der Peter Stein mal gesagt hat, Sesselpuperei, wenn man sich entscheidet. Ich war ja in verschiedenen Städten, Berlin, Hannover, im Ruhrgebiet und in Hamburg, habe in Wien Theater gemacht, habe ein paar Opern im Ausland gemacht – und habe festgestellt: Das ist schon ein tolles Pflaster hier. Und die Entscheidung, hier intensiv Theater für die Stadt zu machen, das war auch so eine Entscheidung, die mit Treue zusammenhängt, und nicht mit: ›Jetzt sitzt er da, und weil er den Apotheker duzt, bleibt er.‹ Das ist nicht so. Und ich kann mir nach wie vor auf Dauer kein spannenderes Publikum vorstellen. Und diese Begleitung von … ich glaube über 12 800 Abonnenten über jede Spielzeit, da bin ich stolz drauf, und ich finde, das ist der richtige Weg. Das ›Theater der Zusammenhänge‹ ist ja auch einer dieser Begriffe, die wir geprägt haben, also nicht immer nur irgendwelche Events oder Nervenkitzel, sondern wirkliche Zusammenhänge, ein großes Repertoire, das die Schauspieler in möglichst verschiedenen Rollen und Facetten und auch die Entwicklungen zeigt. Nehmen Sie das jetzige Repertoire von 39 Stücken, nehmen Sie den *Kaufmann von Venedig*, der 2001 unsere Intendanz eröffnet hat, neben dem *Floh im Ohr* oder dem *Woyzeck*, der jetzt Premiere hatte, und das alles zum Teil mit den gleichen Schauspielern …

C.H.: Es ist nicht übertrieben zu sagen, Sie haben in dieser Stadt und darüber hinaus Theatergeschichte geschrieben. Ihre Schauspieler verehren und schätzen Sie, das ist in all den Gesprächen, die ich geführt habe, deutlich geworden. Sie müssen eine bestimmte Art von Führungsstil haben, der von Distanz und Nähe geprägt ist. Manche lassen durchsickern, dass sie sich mehr Nähe wünschten, andere schätzen Ihre Distanziertheit. Wie sehen Sie das? Ist das Ihre Art von Schutzmechanismus, um von den Anforderungen Ihres Berufes nicht aufgefressen zu werden?

D.D.: Ich glaube, das ist mindestens so kompliziert, wenn nicht noch komplizierter als in einer Zweierbeziehung – in einer Ehe, wenn man das institutionalisiert sieht. Eine Distanz ist ganz, ganz wichtig, und die Dialektik von Nähe und Ferne spielt eine sehr wichtige Rolle. ›So nah wie fern, so fern wie nah‹ lässt der Wagner Tristan und Isolde singen. Es ist wichtig, die Distanz und nicht das Private hineinzunehmen und immer das Werk zwischen die beiden zu stellen, die da miteinander umgehen. Es ist einfach eine Liebesbeziehung, über die Antriebe redet man dabei nicht. Der Eine hätte es gern ein bisschen mehr so und so – ich auch umgekehrt, aber ich glaube, es ist auch der Versuch, auf jeden einzugehen, denn ein Schauspieler muss auf der Bühne, bei der Probe ganz frei werden, ganz frei sein und sich Dinge trauen, die er sich zuhause nicht trauen würde. Und dazu gehört eine große Nähe, aber auch eine große Distanz. Dazu gehört auch, dass es ein Geheimnis gibt, dass man Dritten gegenüber den entscheidenden Punkt verschweigen muss und dass man sich gegenseitig so viel Zwischenraum lässt, dass man wieder an die nächste Arbeit gehen kann.

Es gibt andere Versuche – Tabori hat ja jahrelang bei uns gearbeitet, der hat mitunter diese Linie verlassen, und es gab oft große Probleme mit den Schauspielern, sie gewissermaßen wieder zurückzuholen. Und an irgendeiner Stelle muss es ja auch ein Beruf bleiben, der andere muss selbständig bleiben. Ja, und ich als Regisseur auch, ich kann ja nicht als ›Süchtiger‹ mit diesem oder jenem, mit dem ich arbeiten möchte, durch die Gegend laufen, sondern es gibt auch einen Vertrag und eine Geschäftsordnung. Der entscheidende Punkt ist, glaube ich, dass – solange man merkt, dass man gegenseitig mehr davon hat, zusammen zu arbeiten, als wenn man mit anderen arbeitet oder gar nicht mehr miteinander arbeitet – dass man sich, sag ich mal so primitiv, gegenseitig ›besser‹ macht. So, das ist es. Es ist auch viel Glück dabei, und manchmal gibt es Scherben. Aber eigentlich habe ich ganz wenig große Enttäuschungen erlebt, und die Schauspieler sind auch relativ treu. Obwohl es in der heutigen Zeit, 2007, immer, immer schwieriger wird, dem Fernsehen, dem Rollenangebot in einer anderen Stadt zu widerstehen und zu sagen: ›Wir machen erst mal dieses hier‹ – das ist ja auch eine ökonomische Frage inzwischen, nicht? Ich meine das Rauskaufen der Schauspieler durch das Fernsehen, das sie aussaugt und dann wegwirft. Aber wenn sie rausgekauft werden, verdienen sie doch eine Menge Geld. Es gibt inzwischen Zwischenformen, wo man sich nicht mehr so fest bindet, aber

solange die innere Bindung fest ist, finde ich, so lange geht es.

C.H.: Haben Sie Leute verlieren müssen auf diese Art und Weise, um die es Ihnen sehr leid tat?

D.D.: Ja, es gibt ein paar, die sehr in dieses andere Gewerbe gegangen sind, wo es aber vielleicht auch irgendwo zu Ende war oder wo die künstlerischen Einschätzungen zu unterschiedlich waren. Ein Schauspieler schätzt sich naturgemäß immer wirkungsvoller und höher ein – das muss er ja auch. Es wäre traurig, wenn einer sagt: ›Du, diese Rolle traue ich mir nicht zu.‹ Da gibt's schon ein paar Schauspieler, wo ich das bedaure, dass sie nicht mehr da sind oder dass sie einen anderen Weg gegangen sind. Ich würde bei dem einen oder anderen sogar sagen, den bequemeren, aber die würden lächeln und sagen: ›Du spinnst, es ist nicht der bequemere Weg.‹ Schade ist es zum Beispiel um Axel Milberg, finde ich, um Edgar Selge und in jüngster Zeit um Anna Schudt, die jetzt gerade die Maria Stuart spielt. Sie ist eine ausgewiesene Theaterschauspielerin – das finde ich ganz schade. Aber gut. Warum muss denn jeder zweite gute Schauspieler ein Kommissar und jede dritte tolle Schauspielerin eine Kommissarin sein? Was daran gut sein soll, außer, dass man für seine Kinder eine hohe Lebensversicherung abschließen kann, das weiß ich nicht.

Ich muss aber auch sagen, ich habe keine Ahnung, das Fernsehen habe ich vor fünfzehn Jahren abgeschafft, als mein Jüngster geboren wurde, und so kann ich das eigentlich gar nicht beurteilen. Wenn ich da mal reingeschaut habe, bin ich zu Tode erschrocken. Dann denke ich, also bei den begabten Schauspielern: ›Wo ist das literarische Urteil, wo ist die Lust, etwas über Menschen herauszukriegen?‹ Diese unsäglichen Dialoge, die mit Nasenpopeln dargeboten werden, das verstehe ich nicht mehr. Ich verstehe, wenn jemand einen künstlerischen Film macht, aber das andere ist mir völlig schleierhaft, das kann ich nur verstehen als Geldverdienen. Das akzeptiere ich nicht. Und da kann ich nur sagen: ›Gut, wenn das geht, dann mach das.‹

Es gibt ein paar Ausgewiesene, es gibt ein paar Menschen, die etwas tun in einem Raum, auf der Bühne, da schauen Sie hin – und es gibt Menschen, da schauen Sie nicht hin [lacht]. Und das macht die eigentliche Begabung aus. Man kann ein bisschen lernen, aber das können Sie nicht lernen. Da spielt der Theatergott, da spielt

Bacchus, da spielt gewissermaßen ›Es‹. Und da ist es jammerschade, wenn man sich das verschneiden lässt, also durch Schnitte – ich sage Ihnen jeden Schnitt an in jedem Film, vorher. Eine Sekunde vorher.

C.H.: Es mag ja sein, dass manche diesen Weg gehen mussten, um sich zu emanzipieren von der ungeheuren Prägung, die ihnen dieses Haus hier, oder das frühere Haus, mitgegeben hat, um einen eigenen Weg zu finden. Aber keiner vergisst die Zeit an diesem Haus – das ist manchmal vielleicht sogar mit Reue verbunden, ich habe bei Herrn Zapatka das Gefühl gehabt …

D.D.: Da haben wir einen so wunderbaren Schauspieler, das ist ein sehr gutes Beispiel dafür. Aber natürlich hat er auch eine Familie, und irgendwann hat er eine neue gegründet, und da musste er dann Geld verdienen, das ist klar. Es gibt Menschen, die schaffen das, der Lambert Hamel schafft das zum Beispiel, mit ganz bestimmten Projekten. Und andere auch, auch manche Damen. Und bei manchen ist es eben … plötzlich sind sie auf der anderen Seite, und dann wird es schwer, weil das Theater natürlich viel Zeit verschlingt. Dann sind zwei oder drei Monate Proben, dann muss das Priorität haben, dann will man die Produktion ja nicht in einer Serie abspielen, sondern sie wird über die Spielzeiten terminiert. Und dann wird die Rückkehr ins Theater plötzlich auch ökonomisch schwierig und teuer, richtig teuer.

C.H.: Wie beurteilen Sie im Nachhinein die Nichtverlängerung Ihres Vertrages an den Kammerspielen?

D.D.: Ach, da will ich gar nicht mehr drüber reden, das war eine Farce, und das war blöd. Ich habe ja alles dazu gesagt. Es hat uns dazu verholfen, unsere Arbeiten vom Gedanken her noch einmal zu überprüfen, und es hat uns zu einem größeren Raum verholfen, den ich für ganz wichtig halte: für die Schauspieler, für mich als Regisseur und für andere. Und ich finde, das Publikum ist uns treu geblieben – es folgt uns. Dann hat es wohl so sein sollen [lacht], und es ist nicht nur gut gegangen, sondern sehr gut gegangen.

C.H.: Sie haben sich einer enormen Belastung ausgesetzt durch die Größe des Hauses und das Mehr an Verwaltungstätigkeit – bleibt denn genügend Zeit für Ihre künstlerische Arbeit?

D.D.: Nun ja, das Haus ist größer, viel größer, aber Mühen gibt es nicht wegen der größeren Verwaltung oder der größeren Personalzahlen, sondern der schwie-

rige Punkt ist der, dass wir da drüben aus diesem Theater ein ideales Theater gebaut hatten, mit einer Probebühne im Größenverhältnis 1:1, mit den Werkstätten, mit den Kulissenlagern – daran haben wir über zwanzig Jahre gearbeitet. Das ist auch der einzige Punkt, an dem wir alle sauer waren. Dass man genau dann, als es noch nicht ganz fertig war und als wir jahrelang mit diesem Bau und mit diesen Mängeln gelebt hatten, dass man da im entscheidenden Moment nicht sagt, so, jetzt spielt. Darf ich vielleicht noch einmal zwei Jahre auf diesem Instrument spielen – das war der entscheidende Punkt.

Und hier ist das ganz kompliziert. Wir kämpfen jeden Tag darum, unsere Dekorationen von sonst wo rein zu fahren, weil es hier ja keine Lagermöglichkeiten gibt – und auch nie geben wird, weil das Theater einfach in der Residenz ist und eine kleine Tür hat, und durch die muss alles gehen und dafür zerlegt werden. Wir haben ein schönes Probenzentrum, aber wir sind gewissermaßen nicht modern aufgestellt. Das macht so viel Arbeit und Mühe. Das ließe sich da oder dort ändern, wenn man – aber das wäre natürlich eine große Investition, wenn man dieses Theater modernisieren würde. Modern heißt auch: nicht so wahnsinnig personalintensiv. Dann müsste man ein Probenzentrum zusammen mit einem Werkstattzentrum möglichst in der Nähe des Zentrums haben, zum Beispiel da, wo wir jetzt sind, in der Emma-Ihrer-Straße, wo man die einzelnen Produktionen wirklich bis an die Premiere heran fertig machen könnte, so dass man sie mit der originalen Dekoration übertragen könnte hier in dieses Haus. Aber es bleibt hier so, dass morgens um Sechs die Container kommen, die Abendvorstellung holen und die Probenvorstellung bringen – und um Zwei holen sie die Probenvorstellung und bringen die Abendvorstellung. Und nach der Vorstellung bauen sie die Abendvorstellung zum Teil schon wieder ab. Das heißt, da ist ein dauernder Verkehr nötig, wie bei der Oper auch. Das ist so, aber das ist sehr, sehr anstrengend, das zu organisieren – wenn irgendwas passiert, funktioniert dieser ganze mühsam ausgedachte Ablauf nicht mehr. Danach kriegen wir dieses wunderbare Cuvilliés wieder zum Spielen, da kann man nicht klagen – und wir sitzen hier im schönsten Zimmer des Theaters [deutet auf die Aussicht auf den Opernvorplatz], da kann man nicht meckern.

C.H.: Drüben war von einer ›Familie‹ die Rede – es war

ein kleinerer Kreis, hier sind es fast doppelt so viele Leute. Das sieht nach einer simplen Zeitrechnung aus: Sie können sich schlechterdings nicht um jeden Einzelnen so kümmern, wie es vielleicht früher noch der Fall war. Insofern ergibt sich – Sie haben es vorhin auch erwähnt – eine gewisse Fremdheit.

D.D.: Das würde ich zwar nicht sagen, aber eine etwas größere ›Geschäftspartnerschaft‹. So wie es drüben war, das kann man ja auch nicht mit beliebig vielen Leuten machen. Der Grund, warum es hier so viele sind und auch ein paar Gäste, das ist die Parallelität: Wir müssen parallel spielen im großen Haus, im Haus der Kunst und im Marstall, und dazu brauchen wir dann natürlich auch Schauspieler. Aber das ist es nicht nur – es hängt wirklich mit dem zusammen, was ich vorhin sagte: dass man das nicht endlos in der Intensität fortführen kann. Aber an den Kammerspielen war man natürlich auch deshalb, weil es da so wahnsinnig eng war, immer zusammen und gezwungen, zusammen zu sein. Und hier ist ja nicht einmal eine Lokalität in der Nähe, wo wir nach der Vorstellung gerne alle hingehen würden. Es ist aber auch die Zeit: Man hat früher nach den Vorstellungen länger zusammen gehockt und intensiver alles besprochen und verarbeitet und sich weiter gestritten und weiter gefreut. Jetzt haben ganz viele Familie – ich auch –, und man sagt dann halt irgendwann: ›Jetzt reicht’s. Gehen wir nach Hause, wir sehen uns morgen früh um Zehn.‹

C.H.: In der Rückschau auf diese lange Ära, die Sie jetzt schon begleitet und geprägt haben: Was waren für Sie die ›goldenen Jahre‹?

D.D.: Och – da mache ich mir überhaupt keine Gedanken, aber nicht einen einzigen. Es geht immer vorwärts. Das heißt, ich habe jetzt Schmetterlinge im Bauch, wenn es darum geht, wie ich mit meinen Freunden, mit Rose, diese schwierige Herausforderung *Idomeneus* zustande kriege, wie man das in diesem von der Bühne her ganz bescheidenen Theater, das keine Seitenbühne hat, keine Hinterbühne, keinen richtigen Schnürboden, eine Versenkung sowieso nicht, wie man da diese komplizierte Geschichte erzählt. Die Sache, an der man gerade arbeitet, ist immer das liebste Kind. Deshalb ist es auch nicht so, dass man das Gefühl hat, man hat Theatergeschichte gemacht – das hat man ja auch nicht. Sondern man hat es hoffentlich geschafft, da oder dort dem Vergnügen der Einwohner zu dienen. Also, es geht nur vorwärts.

Es gibt ein paar große Sachen, aber sonst würde ich sagen, mir ist mein Einstieg mit der *Minna*, meiner ersten Inszenierung in München, genauso wichtig wie die letzte. Und diejenigen, die öffentlich oder auch bei den Zuschauern eine Niederlage waren, die sind mir die allerliebsten Kinder. Das war zum Beispiel 2001 zur Eröffnung im Haus der Kunst so, da habe ich den *Tagtraum* von Don de Lillo mit dem Jens Harzer, Lambert Hamel und Stefan Hunstein gemacht. Das war ein hervorragendes Stück, das haben wir noch auf der Probebühne in den Kammerspielen probiert, da hat das funktioniert. Das ist ein Stück, das dauernd die Realitäten ändert, das ist ein großer Dramatiker, einer meiner großen Autoren, die ich gerne lese. Und das hat dann ganz gut funktioniert, aber eigentlich nicht so richtig. Das ist ein Stück, das wir jetzt nach sechs oder sieben Jahren – genau wie den *Kaufmann* – immer noch spielen müssten. Da bin ich zum Beispiel überzeugt, dass wir alles richtig gemacht haben, dass aber die Übertragung ins Haus der Kunst nicht richtig funktioniert hat. Ich bedaure so etwas. Oder es gab ein Stück, das ich als zweites gemacht habe an den Kammerspielen, *Die Nacht der Tribaden* von Enquist, ein Stück über Strindberg, mit Helmut Griem und Conny Froboess, auch mit Lambert Hamel, das ist uns hervorragend gelungen. Das kam aber noch nicht so an in München, trotz der Kritik, die war glaube ich sogar sehr gut – aber es war nie voll, und wir mussten es dann nach 35 oder 40 Vorstellungen absetzen. Das habe ich als eine große Niederlage empfunden, weil es wirklich ein hervorragender Text ist, weil die Schauspieler außerordentlich waren und die Inszenierung, wie ich fand, sehr spannend war. Also nur diese beiden als Beispiele, wo man fragen könnte: ›Woran liegt es, dass das nicht angenommen wurde?‹

C.H.: Als Sie rübergingen, wollten Sie zunächst alle Leute mitnehmen. Die meisten kamen auch mit – wie sehr brauchen Sie diese Kontinuität, immer wieder mit denselben Leuten zu arbeiten?

D.D.: Ich glaube, man traut sich gemeinsam viel, viel weiter zu gehen, wenn man Erfahrungen hat oder wenn man schon eine gemeinsame Arbeitsbasis hat, und wenn zu denen, die man genau kennt, dann ein paar Neue dazukommen. Dann ist das sehr viel einfacher, als wenn Sie irgendwohin kommen, und es ist Ihnen niemand vertraut. Und die Schauspieler trauen sich, wenn sie sich gegenseitig kennen, auch sehr viel mehr, fordern sich gegenseitig mehr ab und sind bereit, auf den Proben sehr viel weiter zu gehen. Der Nachteil ist, dass man sagt: ›Ach, wir kennen uns ja, wir sind ja so vertraut, und das läuft schon so‹ – das sagen manche, das ist aber Quatsch. Das muss man vermeiden. Ich glaube, die Vorteile überwiegen, wenn man sich kennt, wenn man die nötige Distanz wahrt, die ich vorhin beschrieben habe – die gehört dazu. Das heißt, dass immer noch die Neugier bleibt auf den Anderen, für die nächste Arbeit.

C.H.: Um beim Vorwärtsdenken zu bleiben: Sie haben noch vier Jahre vor sich. Welche Wunschinszenierungen haben Sie noch auf der Agenda? Sie werden doch sicherlich einen gewaltigen Schlusspunkt setzen wollen?

D.D.: Nein, da ich eigentlich immer das machen konnte, was wir gemeinsam in der Leitung richtig fanden, gibt es das nicht, dass ich sage: ›Oh, das habe ich verpasst‹, und dass ich sage, wie manche freien Regisseure: ›Das möchte ich gerne machen.‹ Ich hätte wahnsinnig gerne, dass der Botho Strauß es noch einmal schafft, einen zusammenhängenden Text zu schreiben, wie *Pancomedia* zum Beispiel – also zusammenhängend im Sinne von unsere Welt zusammenfassend. Und dann möchte ich einfach – was aus technischen Gründen nicht ging – mindestens noch zwei oder drei Shakespeare-Stücke machen. Dieses Jahr ging das nicht, auch wegen anderer Pläne, die wir wichtiger fanden. Aber das finde ich ganz wichtig, dass wir noch versuchen, ein paar große, bunte Geschichten zu erzählen. Was dieses Theater wirklich kann, das muss man einfach machen.

C.H.: Viele Schauspieler wünschen sich einen Tschechow – er muss doch mal einen Tschechow machen!

D.D.: Ja, das habe ich einfach versäumt – und jetzt bleibe ich dabei. Ich wollte immer sehr gern Tschechow inszenieren, das ging damals nicht. Das erste war *Onkel Wanja*, da war der Griem, glaube ich, 43 oder 45. Ich hatte eine genaue Vision davon, und er sagte, das ist Quatsch, ich bin doch viel zu jung, lass uns doch etwas anderes machen. Und das geht ja nur mit Schauspielern – ich kann nicht einfach sagen, ich mache das Stück, das müssen die Schauspieler auch wollen. Tschechow ist ja inzwischen von allen Seiten inszeniert worden, und ich habe irgendwie das Gefühl, ich kann gar keinen sehr großen Beitrag mehr dazu leisten. Vielleicht bilde ich mir das

auch nur ein. Dann hat der Lietzau ihn inszeniert, dann hat der Zadek ein paar ganz interessante Versuche gemacht – das ist ja oft so, wenn man eine Vision hat von einem Stück und es wird dann gerade so oder in diese Richtung inszeniert, dann macht der Markt etwas Teuflisches, der produziert dann plötzlich so eine Art Wettbewerb. Da ist man dann besonders vorsichtig. Ich weiß auch nicht, vielleicht schwinge ich mich noch einmal auf, aber dann müsste es ja der *Kirschgarten* sein, als letztes Stück, wenn hier alles abgeholzt wird. [*lacht*]

C.H.: Aufhören will gelernt sein – wie schwer fällt es Ihnen?

D.D.: Ich denke darüber nicht nach. Ich mache meine nächsten Sachen – ich kann mir das nicht vorstellen. So wie sich Rolf Boysen nicht vorstellen kann, sich nicht schon wieder in die nächste große Lesung zu begeben. Und ich arbeite gern, bin gern mit diesen Menschen zusammen, das ist ja mehr als Arbeit. Man lernt dabei ungeheuer viel über das Leben. Das macht natürlich süchtig, dieses Doppelleben, ein zweites, das sich zwar immer bezieht auf das wirkliche … aber eigentlich taucht man in eine Gegenwelt ein, die ganz komprimiert ist, die ungeheure und verschiedene Visionen enthält von den verschiedensten Autoren. Mit diesen jeweiligen Welt- oder Kosmosbildern sich auseinanderzusetzen, ist ganz ungeheuer. Darum habe ich auch ein äußerst kritisches Verhältnis zu denen, die diese großen Visionen, Entwürfe oder Weltbetrachtungen nur auf sich und ihre eigenen Obsessionen zurückbeziehen und sagen: ›Ich inszeniere das so von mir aus.‹ Also dieses – ich will nicht sagen Regietheater oder nicht Regietheater, das ist sowieso Quatsch – aber dieses total Subjektive und Geschichtslose, dieses Sich-nicht-Einlassen auf die Welt des Autors. Und das, was man davon haben kann, das nimmt man, und was man nicht versteht, das lässt man sausen. Da bin ich schon der Meinung, dass einen die Auseinandersetzung mit dem Autor ungeheuer bereichert, und die Zuschauer auch.

C.H.: Sie werden natürlich weiterarbeiten. Wetten werden noch angenommen.

D.D.: Danach meinen Sie? Wetten werden noch angenommen – ach wirklich?[9]

Die Schauspieler über ihr Ensemble

Trotz aller angeführten Besonderheiten des Dorn-Ensembles bleibt es bei der fast lapidaren Grundtatsache: Theater ist ein Interessenverband, der sich um ein Stück herum bildet – und eine Gemeinschaft aus Regisseur, Schauspielern und Mitarbeitern, die alle ein Ziel vor Augen haben, nämlich die Aufführung. Und dann gibt es wieder ein neues ›Spiel‹, für das die Karten neu gemischt werden: die nächste Premiere. Den Vorteil eines aufeinander eingespielten Ensembles dabei bringt Jochen Striebeck auf den Punkt: »Ensemblearbeit ist insofern wichtig, als dass man sich nicht immer in unbebautem Gelände befindet, sondern man hat zunächst einmal eine große Sicherheit, weil man die Kollegen sehr gut kennt. Und man weiß, was man von jedem zu halten hat, und die wissen auch, was sie von sich selber zu halten haben. Der Schauspieler muss in zwei Stunden seine Figur spielen und nicht alle Figuren. Alles – das ist der Regisseur. Und die Rolle, das ist, was der Schauspieler machen muss, die Rolle, das braucht er ganz dringend für sich alleine, so sehe ich das jedenfalls. Und das herauszukristallisieren, innerhalb der Konzeption, das bedeutet auch, großes Vertrauen zu Kollegen, zum Regisseur zu haben, aber auch das, was man im Theater Rollenegoismus nennt, sonst hat man keine Chance. Man muss seine Rolle spielen, und wenn man dabei unterstützt wird – und das hat Dorn immer sehr betrieben –, dann ist man wunderbar eingebettet, und dadurch sind meiner Ansicht nach auch diese ganz großen Aufführungen zustande gekommen.«[10]

Dass Dorn es immer geschafft hat, Vertrauen untereinander zu schaffen, das bestätigt auch Daphne Wagner: »Wir waren nie missgünstig, wenn jetzt die eine die Rolle gekriegt hat und man hätte sie auch gerne gespielt. Im Gegenteil, man hat sich sogar noch gratuliert und sich gegenseitig geholfen durch Kritik.«[11] Im Wesentlichen sei das Dorns Verdienst, meint sie: »Es gibt Schauspieler, die ein bisschen länger brauchen oder die Textprobleme haben, oder manchmal erwischt man es auch überhaupt nicht – aber das kann man natürlich bei der heutigen Art, wo so viel mit Gästen gearbeitet wird, gar nicht mehr

berücksichtigen. Außer bei Dorn und am Burgtheater und bei Peymann gibt es ja kaum noch ein Haus, das ein richtiges Ensemble hat. Und es ist eben wahnsinnig wichtig, Vertrauen zueinander zu haben, denn man ist ja oft nackt und bloß in Probensituationen, oder schämt sich oder ist am Suchen und Entwickeln, und wenn man dann nicht das Gefühl hat, man ist akzeptiert oder man hockt in einem Nest, wo man sich das erlauben kann, dann ist man verloren.«

Claus Eberth berichtet, er habe sehr früh in seiner Münchner Zeit schon ein Zusammengehörigkeitsgefühl empfunden, zumindest sehr stark innerhalb der Produktion, in der er gerade beschäftigt war. »Wobei – das ist ja das Schlimme beim Schauspieler, dass er erstmal nur sich selber sieht. Und sagt: ›Hoffentlich komme ich mit der Herausforderung, dieser Arbeit, die da jetzt auf mich zukommt‹ – und das waren manchmal ganz schwere Brocken – ›hoffentlich komme ich damit zurecht‹. Und dabei hat man gar nicht so den übergeordneten Blick.«[12] Hiermit kommt Eberth auf einen sehr wichtigen Punkt zu sprechen, von dem zu Beginn schon die Rede war: Die Notwendigkeit, Ich-bezogen zu sein in der Arbeit und gleichzeitig für eine Gruppe und ein gemeinsames Ergebnis mitverantwortlich zu sein. »Wenn man auf der Bühne gut ist, geht das ja überhaupt nicht ohne die fantastischen Partner, und da ist man ja beschenkt, nicht? Dieser so genannte Kern, auf den konnte man wirklich bauen! Ich will die ganzen Kollegen jetzt nicht nennen, sonst lasse ich wieder jemanden aus – das sind alles wunderbare Leute, und auch die, die dann dazugekommen sind, da war eigentlich ganz selten einmal ein Irrtum – wobei ich das aber gar nicht so beurteilen kann.«

Zusammengehörigkeitsgefühl ja, Gruppenzwang nein, Gruppensolidarität eventuell. In einem Theater geht es vordergründig immer um ein temporäres Endziel. »Ich würde sagen, es gab ein Zusammengehörigkeitsgefühl im Interesse der gemeinsamen Arbeit. Und dabei war das Ensemble stets geprägt von Individualisten. Das muss man so sagen. Wir haben mit Müh und Not die Ensemble-Versammlung geschafft, an Mitbestimmung war gar nicht zu denken. Da war ich auch immer dagegen, viele meiner Kollegen hätten das Gott sei dank auch nicht mitgemacht. Ich möchte von keinem Kollegen gesagt kriegen, was ich spiele«, so Lambert Hamel.[13]

Je größer und je inhomogener ein Ensemble wird, desto schwieriger dürfte es sein, Gemeinschaftsansprüche durchzusetzen. Von Ensemblegeist kann im heutigen Residenztheater-Ensemble sicher nicht mehr in der Form die Rede sein, wie es noch zu Kammerspielzeiten angemessen gewesen sein mag. Gluckte man früher – dank Emmi – vielleicht zu sehr zusammen, so ist heute sicherlich eine größere Fremdheit untereinander gegeben. Also nur noch eine Ansammlung von Einzelindividuen, und jeder schaut, dass er auf seine Kosten kommt? »Man muss auch seinen Egoismus und seine Eitelkeit ausleben, denn ein Schauspieler, der nicht eitel ist, hat im Grunde schon verloren. Die Eitelkeit darf nur nicht in Dummheit ausarten – aber du musst halt einfach darauf aus sein, dass du beim Publikum ankommst, aber nicht dich anbiedern oder sowas, sondern das kannst du nur, indem du deine Figur mit Haut und Haaren vertrittst, um sie kämpfst und sie hochhältst. Diesen Egoismus, zu sagen: ›Da setze ich mich durch, das kann mir keiner nehmen, kein Kollege und kein Regisseur – niemand nimmt mir das.‹ Alles was dazu angeboten wird, das nehme ich an, und alles, was das Ensemble braucht, das gebe ich dazu, aber wehe, wenn mich da jemand beschneidet, was dann auf Kosten der Figur geht, sodass sie dann plötzlich gar nicht mehr interessant ist!« findet Claus Eberth.[14]

Lambert Hamel sagt, er gebrauche das Wort Ensemblegeist nicht sehr oft. Irgendwie riecht ihm das zu sehr nach Vereinnahmung durch die Gruppe. »Ich finde, ich gehöre zu einem Ensemble, und ein Ensemble hat für mich den Vorteil, dass man gemeinsam an den Aufgaben wächst, dass man Jahre zusammen ist, dass man sich gut kennt, dass man sich nicht jeden Tag vorstellen muss, um zu sagen, wer man ist, und die Pfauenrede halten muss.«[15]

Langsam wird aus dem Dorn-Ensemble eine Legende zu Lebzeiten – zumindest was die Kammerspielzeit anbelangt. Und mit Recht: Alle anderen Ensembles, die es ansatzweise in den letzten drei bis vier Jahrzehnten gab, haben sich längst aufgelöst – ob es die Truppe um Peymann, um Stein oder um Zadek war. Lambert Hamel stellt fest: »… und das Dieter-Dorn-Ensemble ist immer

noch beisammen. Und gemessen an der Zuschauerzahl könnte ich jetzt nicht sagen, dass wir sie langweilen. Sonst würde es auch nicht mehr bestehen. Das ist dann schon mit Recht eine Legende. Aber eine lebendige, eine lebende Legende – in Anführungsstrichelchen.«[16]

Wenn man der Frage nachgeht, wie Dorn es geschafft haben mag, im Gegensatz zu allen anderen über so lange Zeit ein festes Ensemble aufzubauen und an sich zu binden, kommen oft Antworten wie ›Wer würde schon gehen, wenn man Erfolg hat und ganz oben ist?‹ oder ›Man wusste, man war schon ganz oben, es hätte gar keine Alternative mehr gegeben – also blieb man‹. Lambert Hamel hat eine bessere Erklärung: »Dieter Dorn, weil er eben kein Intendant ist, der ›einkauft‹ – ich meine damit Baumbauer –, ist ein künstlerischer Intendant, und er ist Regisseur, er setzt seine Maxime in der Kunst. Es ist gewachsen – er hat Leute geholt, mit denen er einverstanden ist, mit denen er umgehen konnte. Der Dieter Dorn kann das Ensemble so lange zusammen halten, weil er die Entwicklung einzelner Schauspieler gefördert hat. Es hat eigentlich jeder seine Aufgaben bekommen, die waren verteilt. Und er hat Regisseure um sich geschart, die auch mit den anderen arbeiten. Es war immer eine große Familie. Der Ursprung von Dorn waren ja Dorn und Wendt. Ganz wichtig! Auch für meine Entwicklung als junger Schauspieler ist das sehr wichtig gewesen. Dann kam Langhoff dazu, dann gab es eine ganz wichtige Zeit mit Alexander Lang, der große Sachen gemacht hat und seine Stars aus Dorns Truppe genommen und nicht mitgebracht hat. Es hat kein Regisseur, den er holte und der länger bei uns arbeitete, Leute mitgebracht. Wir haben neue Leute dazugeholt, aber nicht: Einer kam dazu, und der hat die Hauptrolle gespielt, und die anderen wurden drum rum gruppiert. Es war immer eine Sache dieses Hauses und seiner künstlerischen Leitung – und seiner Mitarbeiter, seiner Schauspieler.«[17]

Hamel betont an dieser Stelle auch, dass, sobald man von Ensemble spricht, sich immer das Missverständnis einschleicht, es ginge darum, alle gleich zu machen. »Das hat ja nichts mit Sozialismus zu tun«, meint er. »Es ist wie beim Fußball, es hat jeder seine Aufgabe, sonst funktioniert das Spiel nicht.« Das gibt's nur einmal, das kommt nicht wieder? »Das ist die letzte große Mannschaft, die Theater in einer Stadt macht, mittlerweile an zwei verschiedenen Theatern, mit einem Mann, der der Chef ist, das habe ich woanders nicht gesehen. Und das hat einen Grund: Viele, wie auch ich, hängen an diesem Ensemble, hängen vor allen Dingen an dieser Art des Theatermachens – man wird viel später wesentlich darüber reden. Ich glaube eben nicht, dass es so etwas in ein paar Jahren noch geben wird. Bei den heutigen Sparmaßnahmen und der heutigen Gleichgültigkeit, auch der Politiker, ist Theater einfach zu unbedeutend. Ensembles sind auch anderswo am Aussterben. Etwas zusammenzuhalten erfordert ja Ausdauer. Heute ist das anders: Ein junger Mann bekommt nach Bochum das Züricher Schauspielhaus und ist mit einem Bein schon im Wettbewerb, die Burg zu kriegen. Das nenne ich absolut ›kalte Karriere‹, dazu stehe ich, das kann man ganz laut sagen, das hat mit Interesse am Aufbau eines Ensembles nichts zu tun. Denn fünf Jahre reichen niemals, sich zu formieren, oder Sie sind jemand, der sagt: ›Das ist mir ganz wurscht, scheißegal, ich bin schon mit einem Bein auf dem Weg zum nächsten, ich guck mal, was ich kriege … wenn ich in der Burg enden kann, das ist mir wichtiger … weg damit.‹ Das hat Dorn nicht gemacht. Und der Dorn hat sicher eine Zeit erlebt, wo er alle Häuser hätte haben können. Alle.« Ein größeres Kompliment kann ein Schauspieler seinem Intendanten kaum machen …

»Ich glaube, das ist unvergleichlich, was wir hier haben«, meint Jennifer Minetti, »es ist ein Aufatmen, wenn man wieder zusammen kommt oder wenn man sich öfter begegnet in verschiedenen Aufführungen. Dieses Kennen und dieses Vertrauen und das Fordern auch, das ist einmalig und eigentlich nirgendwo zu finden, glaube ich.«[18]

Auch Irene Clarin kommt ins Schwärmen, wenn sie an die Kammerspieljahre zurückdenkt. Für sie waren das Haus und das Ensemble wie ein Zuhause und eine große Familie. »Ja, das war es wirklich. Und es war auch so, dass wir uns alle im Lauf der Zeit wirklich aus dem FF kannten. Jeder wusste, wo der andere seine Achillesferse hatte. Es war wirklich eine unglaublich schöne Zeit. Wir waren einfach eine tolle Truppe, würde ich mal sagen. Wir haben uns gegenseitig die Bälle zugeworfen. Keiner scherte aus und wollte der Star sein, sondern es war eher wie in einer Fußballmannschaft.«[19]

Edgar Selge hat die Erfahrung gemacht, dass es auch ›temporären‹ Ensemblegeist geben kann, dass der Zusammenhalt der Menschen, die an einer Produktion

beteiligt sind, so eng ist, dass man wie eine verschworene Gemeinschaft ist. Und dass dieses nur für eine begrenzte Zeit gilt – nach Beendigung der Arbeit ist es vorbei. Unter diesem Aspekt betrachtet, ist der ›Geist der Kammerspiele‹ natürlich ein Konstrukt, quasi ein Rahmen, der alles umschließt. »Ensemblegeist in den Kammerspielen hat es über diese mehr als zwanzig Jahre bestimmt gegeben, aber er ist total durchsetzt, auch mit negativen Dingen, mit etwas, was ich mal Wagenburg-Mentalität nennen würde. Dass man doch eigentlich nur die eigenen ästhetischen Maßstäbe richtig findet, oder dass man als Prämisse setzt: Die Grundlage des Theaters ist die Sprache, erst kommt der Autor, und dann kommt die Fantasie der Schauspieler oder der Regisseure. Dieses strenge Am-Text-entlang-Spielen, das hielten wir damals, glaube ich, alle für das Nonplusultra. Und die Theater, die das nicht so machten … na ja, ich will lieber nur von mir sprechen, fand ich banal. Und das ist auch eine Folge dieses sogenannten Ensemblegeistes, ja, ich misstraue dem. Ich habe ja mit vielen Kollegen sehr gerne gespielt, also vorneweg sage ich jetzt mal Franziska Walser, Cornelia Froboess, Sunnyi Melles, Sibylle Canonica, auch Männer: Thomas Holtzmann, mit dem habe ich sehr gern, besonders gerne gespielt, mit Rolf Boysen ebenso. Trotzdem glaube ich, dass ich mit all diesen Schauspielern genauso gern und genauso gut zusammengearbeitet hätte, wenn ich nicht mit ihnen zwanzig Jahre am selben Theater gewesen wäre. Insofern bin ich ein bisschen skeptisch gegenüber dem Ensemblegeist. Ich glaube mehr, dass das aufklärerische Element, das sich die Kammerspiele auf ihre Fahnen geschrieben haben über eine sehr, sehr lange Zeit – was mir gut gefallen hat, auch wie sie sich politisch justiert haben, wie schnell auf Tschernobyl reagiert wurde, wie damals, was sicher ein Höhepunkt war, die Klemperer-Tagebücher in einer Nonstop-Veranstaltung über zwölf Stunden am Tag eine ganze Woche lang oder noch länger gelesen wurden –, ich glaube, dass das etwas mit Ensemblegeist zu tun hat, das hat etwas damit zu tun, dass man sich an dem Haus fest fühlte und sich auch damit identifizierte. Das fand ich sehr positiv. Und Dorn hat eine sehr, sehr gute und geschickte Ensemblepolitik betrieben. Er ist jemand, der im positiven Sinne mit Macht an einem Theater sehr gut umgehen konnte, immer, und er hatte einen sehr guten Mitarbeiter dafür, den Michael Wachsmann «[20]

Rolf Boysen versucht seine eigene Einschätzung von Distanz und Nähe: »Es herrscht eine große Freundlichkeit in unserem Ensemble. Wir freuen uns, wenn wir uns sehen, ob das nun Gisela Stein ist oder Sibylle Canonica, wir freuen uns einfach. Und jeder hat auch mal krumme Tage, das ist doch klar, aber wir kennen uns auch zu genau, wir wissen ganz genau, was los ist. Und man kommt schwer los davon. Es gibt Leute, die schon seit fünf Jahren sagen, jetzt hören sie auf, und wir sagen: ›Ja ja ja … die hören ja doch nicht auf.‹ Wir sind zwar immer sehr eng beieinander, auch körperlich sehr manchmal, sowohl zwischen Mann und Mann als auch zwischen Mann und Frau, weil manche Stücke das so mit sich bringen – aber im Grunde sind wir uns fremd. Wir sind Fremde. Wir sind zwar freundschaftlich verbunden miteinander, aber wir sind Fremde. Und das habe ich geschrieben an einer Stelle in meinem Buch, dass wir mit unserer ganzen Fremdheit auf die Bühne gehen …«[21]

Doris Schade hat den Umgang untereinander ebenfalls in sehr guter Erinnerung: »Jeder gönnte dem anderen seine Arbeit, wir hatten auch gar nicht viel Zeit für private Intrigen, so was gab es in dem Sinne nicht. Außer, ich bin so blauäugig veranlagt und merke das nicht. Aber nein, man hatte das Gefühl, Dorn sprach ehrlich mit einem über Rollen, und die bekam man dann auch, wenn er sie versprochen hatte.«[22] Hat Doris Schade damals so etwas wie Ensemblegeist empfunden? »Ja, der kam eigentlich automatisch mit dem Miteinander-Spielen: Man gewöhnte sich immer mehr aneinander, und das war von Vorteil, also wenn man Umarmungsszenen oder so hatte, das wurde dann vertrauter oder ohne falsche Schamgefühle. Ich persönlich fand das sehr, sehr angenehm.« Was hat es Ihr bedeutet, so im Nachhinein betrachtet, zu diesem Ensemble zu gehören? »Ja, das ist eine Familie gewesen, und es ist mir sehr schwer gefallen, den Entschluss zu fassen, an den Kammerspielen zu bleiben, als Dorn wegging. Da hatte ich schon Momente im Nachhinein, die haben mich nicht umgebracht, aber ich dachte: ›Oh Gott, meine Familie ist jetzt ausgezogen und hat mich hier alleingelassen.‹ Ein paar sind ja auch geblieben, der größte und wichtigste Teil war aber ausgezogen.«

Sunnyi Melles, seit 1980 dabei, meint: »Er hält seine Leute nicht zusammen, sondern das ist ein gegenseitiges Geben und Nehmen. Aufpassen muss man auch trotz längeren Zusammenseins – das ist wie in einer Beziehung, dass man nicht klammert. Und da muss man sich auch immer ehrlich die Meinung sagen, mal sagen ›Nein‹, oder ›Lass mir mal Luft, woanders hinzugehen‹, wie das Herr Dorn ja auch tut. Keine Eifersüchteleien, großzügig sein, und wenn jemand nicht soviel Erfolg hat, keine Schadenfreude haben, und, ja, in schwachen Momenten groß sein. Es gibt kein Ranking in so einem Ensemble. Ein Ensemble ist ein Ensemble. Ein Ensemble bedeutet nicht, dass es keine Individualisten gibt, aber dennoch gibt es kein Ranking, welchen Stellenwert jeder hat. Jeder ist hundertprozentig an erster Stelle. Das macht ein gutes Ensemble aus. Auch wenn es manchmal weh tut, muss man immer ehrlich sein mit sich, mit seinen Kollegen, und das bekommt man dann auch zurück. Nur so kann man miteinander arbeiten.«[23]

Axel Milberg erinnert sich an sein Gruppengefühl zu Anfang seines Engagements: »Also, ein Ensemble war das für mich von Anfang an, und es war spürbar, dass da ein Ensemble zusammengewachsen war über viele, viele Jahre, was sich nicht nur kannte und schätzte, sondern sich auch nicht damit aufhielt, den andern zu prüfen und den anderen zu testen und den andern auszustechen oder gar zu überflügeln. Das ist ja vielleicht eine Definition von Ensemble, dass man sagt: ›Ich diene als Teil dem Ganzen – und ein bisschen besser als der andere bin ich dann aber schon.‹ Der wunderbare Otto Kurth hat nach Vorstellungen manchmal spaßeshalber zu mir gesagt: ›Ich war aber heute der Beste – oder? Ich war doch der Beste.‹ Und genau dieser Gedanke spielte in dem Ensemble nicht spürbar eine Rolle.«[24]

August Zirner erinnert sich besonders an die sogenannten ›kleinen‹ Rollen, weil selbst die so einzigartig besetzt waren: »Es war selbst als dort Spielender immer schön, in Aufführungen zu gehen, weil man zum Beispiel Helmut Stange sah oder den Wilmut Borell oder Fredi Klaus, Jochen Striebeck, Hans Drahn. Es gab unglaublich tolle Schauspieler, auch den Martin Flörchinger, mit dem ich Gott sei dank auch spielen konnte. Ich habe von ihm irrsinnig viel gelernt über's Spielen und gleichzeitige Mitkriegen, was man spielt. Er hat manchmal nach den Vorstellungen zu mir gesagt: ›Ach, ich fand das gut, was du jetzt ausprobiert hast‹, also da spielten wir, und der kriegte sogar mit, was ich ausprobiert hatte und redete sogar nachher mit mir darüber. Das war für mich sehr befreiend. Ja, das war ein Riesenensemble, wobei ich jetzt nicht die Stars in dem Sinne nenne – das war ein wesentlicher Punkt der Kammerspiele, diese Vielfalt an Persönlichkeiten. Wenn Sie nach Ensemblegeist fragen: Für mich ist Ensemble immer das Ensemble eines Stückes. Das ist eine Zweck- oder Notgemeinschaft. Ich habe es vielleicht auch nicht länger als die acht Jahre ausgehalten. Ich bin zwar eigentlich ein Ensemblemensch und finde Ensemble wichtig, aber eben nur für eine kurze Zeit. Ensemblegeist ist eher der ›Geist der Kammerspiele‹, der hat unbedingt auch mit Fritz Kortner zu tun, mit der Tradition des Hauses, mit Friedrich Domin, Schweikart, mit Piscator, also mit Leuten, die in diesem Haus gearbeitet haben, mit Peter Lühr und all diesen tollen Leuten. Ein Theaterbazillus, als etwas ganz Positives, nämlich die Liebe und die Bedeutung und der Ernst der Fläche, die Bühne heißt.«[25]

Den programmatischen Überblick liefert ein Dramaturg, Hans-Joachim Ruckhäberle, der mit seinem Blick von außen vielleicht die größere Distanz zu den Dingen hat: »Ein großer Teil unserer Arbeit war immer, die eigene Arbeit zu verstehen in Bezug auf etwas, das größer ist als die eigenen Möglichkeiten. Also zu wissen, dass man das nur im Ensemble, im Kollektiv das erreichen kann und dass es Ziele gibt, die größer sind als die eigenen Befindlichkeiten und die eigene Subjektivität. Das ist etwas, was heute sehr unbeliebt geworden ist, weil man ja Theater vielfach als sehr stark subjektiv geprägt verstehen will und versteht, aber ich denke, das war immer ein wichtiger Punkt für uns. Und dann war natürlich immer eine Frage, was wir schon an den Kammerspielen ›sinnliche Aufklärung‹ genannt haben, nämlich im Theater Kontinuität, Zusammenhänge, Themen zu verfolgen, die wir nicht auf das einzelne Stück beziehen, sondern die wir wirklich über längere Strecken verfolgen. Wenn man will, verfolgen wir seit dreißig Jahren eine bestimmte Vorstellung von Theater.«[26]

Auch Jörg Hube bestätigt, dass damals ein einmaliges Klima unter den Leuten herrschte, das es so heute nicht mehr zu geben scheint: »Man hatte eine künstlerische Heimat, und es war in der Tat ein Ensemble: Das Kluge an diesem Ensemble war, dass die Leute keine Cliquen gebildet haben und dass die Intrige, wie sie mir heute bekannt ist, damals nicht existierte. Also jedenfalls habe ich es nicht mitbekommen. Man konnte sich mit jeder-

mann unterhalten – natürlich hat es auch da Schauspieler gegeben, die man mehr geschätzt hat, weniger geschätzt hat, aber man konnte tatsächlich mit jedem koalieren, und das war eine große Gnade, dass das gut ging und dass die negativen Emotionen, die ja beim Theater auftauchen – wie Neid, wie Hass –, dass das alles zu der Zeit nicht existierte.«[27] Auf den Einwand, das höre sich ja in der Tat an, als hätte man es mit Übermenschen zu tun gehabt, entgegnet Hube: »Nein, es war nur klug. Und ich sage immer: ›Der Fisch stinkt vom Kopf her‹, und wenn der Kopf nicht stinkt, dann stinkt auch der Fisch nicht zu sehr. Also in diesem Fall war das schon auch die Führungsqualität dieser Troika, Wachsmann, Ruckhäberle und Dorn. Das war sehr angenehm. Ich meine, mit Leuten zusammen zu sitzen wie Holtzmann, wie Boysen – einem sehr, sehr kollegialen und freundlichen Kollegen –, wo man die Grundsolidarität spürte, das war sehr stark.«

Hube erinnert sich an ein Wort, das Hans-Reinhard Müller einführte und oft gebrauchte: Zusammenstand. Vielleicht hat er damit dem Ensemblegeist, nach dem wir suchen, vorgearbeitet. »Ich finde es letztlich notwendiger denn je, dass bei allen inneren Distanzen zum Chef, zu den Kollegen, eine bestimmte Loyalität untereinander da ist. Theater ist ein Schiff, das durch die Wogen der Gesellschaft fahren muss, das auseinander brechen würde, wenn man nicht gewissermaßen diese Kräfte nach innen bündeln würde. Deswegen gibt es Dinge, die gehen die Öffentlichkeit nichts an. Es ist zum Teil ein intimer Vorgang, und von daher gab es – je nach der Intelligenz und nach der seelischen Verfassung der einzelnen Ensemblemitglieder – immer auch einen Zusammenstand, einen Ensemblegeist. Das hat ein bisschen etwas Esoterisches, aber zu dieser Vokabel würde ich mich jetzt nicht bekennen wollen. Und außerdem: Wo gab es denn sonst noch in Deutschland ein Theater mit diesen Schauspieler-Potenzen? Allein dass diese Typen auf die Bühne treten, ist doch schon Theatergeschichte. Dass diese Echsen, wie ich sie nenne, die ja eine Qualität des Hauses sind, weit über ihre Pensionierungsgrenze hinaus auf der Bühne stehen. Wo gibt es das noch, dass Sie im Theater die Wucht dieser Leute spüren, die ja auch noch ein anderes Theater erlebt haben, die ja noch von Kortner, Lietzau und solchen Leuten beeinflusst sind, also wo noch eine ganz andere Kraft auf der Bühne ist. Ich habe einmal in

Regieteam und die Schauspieler im Zuschauerraum der Kammerspiele während der Proben zu *Die Perser*, 1992

Salzburg die Freude gehabt, mit Maria Wimmer zu spielen … und das sind einfach Dimensionen, die sich ein fernsehgerechtes Theater gar nicht mehr vorstellen kann. Insofern ist das natürlich etwas, wenn Sie mit Peter Lühr auf die Bühne getreten sind oder mit Holtzmann oder Boysen oder auch, was so dazwischen war, Peter Herzog, da gab es ganz, ganz wunderbare Leute. Richard Beek zum Beispiel, ja, das ist ein Wunder, und dieses Wunder zu erkennen und wirklich zu präsentieren und zu pflegen, das ist die Kunst von Dorn.«

Ulrike Willenbacher über ihr ›Ensemblefeeling‹:
»Ich fand das ein sehr professionelles Ensemble, es war ganz anders als Frankfurt zum Beispiel. Frankfurt, da war ich ja ganz am Ende dieser Mitbestimmungs-Ära bei Peter Palitzsch, und das war ein sehr eingeschweißter Haufen, die saßen immer nachts zusammen, und da wurde groß diskutiert und so. Und das war hier alles gar nicht, das ist eigentlich ein sehr distanzierter Betrieb gewesen, immer schon … Von den Kollegen, vom Ensemble her fand ich es immer sehr kollegial und sehr professionell einfach. Und Intrigen und so etwas, das gab es hier eigentlich wenig. Aber ich fand es auch immer sehr hart. Von der professionellen Behauptung her, ja, dass es da kein Nachsehen gab, oder dass man sich da nichts erlauben konnte.«[28]

Michael von Au:
»Die Kraft des Theaters ist das Ensemble. Nicht die Einzelkämpfer, nicht die Super-Protagonisten. Jeder, der einmal eine Hauptrolle spielt, weiß: Alle anderen müssen dabei sein. Man muss an einem Strang ziehen, um ein Stück zu machen. Das war für mich so ein Ensemble, in dem alle zusammenhalten und das tragen und wissen, woran sie arbeiten. Und jeder muss mal dienen: Jetzt spielst du mal eine kleinere und dann mal eine größere Rolle, aber Hauptsache, wir sind ein Ensemble. Man kannte sich, man liebte sich, es gab Neidereien wie in jedem Ensemble wahrscheinlich, aber die waren sehr klein und sehr gering.«[29]

Rudolf Wessely:
»Dorn hat die unglaubliche Fähigkeit, Leute, die zueinander passen, die ein Ensemble im echtesten Wortsinn sind, zusammenzuführen und auch zu halten. Ich habe es immer sehr genossen, in diesem Ensemble zu sein, weil es sich zumindest durch ähnliche Denkweisen über Theater verbindet. Ja, das würde ich voraussetzen, und darum ist es für mich nicht wichtig, ob die einen das so beurteilen oder so, im Großen wissen wir, was wir unter Theater verstehen und was wir unter Theater verstehen wollen. Theater als Erkenntnisprozess. Natürlich hat der Brecht

in seinen Theorien auch Recht, wenn er sagt, na ja, man muss die Leute belehren. Gegen Lernen an einem Theaterabend ist ja nichts einzuwenden, aber es muss auf eine unterhaltende Weise geschehen. Ja, auf eine unterhaltende, also Leute mitnehmende und bewegende Weise muss es schon geschehen, aber billiges Konsumtheater muss es deshalb nicht sein. Theater wird nur groß, wenn es von Gedanken lebt, die es vermittelt.«[30]

Stefan Hunstein:
»Es war ein Ensemble, dass sich hundertprozentig aufeinander verlassen konnte. Die Schauspieler wussten, was sie können, ohne arrogant zu sein. Sie haben sich immer in den Dienst der Sache gestellt. Der Mythos ist sicherlich entstanden durch die Dauer der Zeit, denn in wenigen Theatern ist es so, dass so viele hochwertige Leute, die zusammen arbeiten, so lange zusammen bleiben. Das ist sicherlich ein Verdienst von Dieter Dorn gewesen und von Michael Wachsmann, dass sie es geschafft haben, das Theater und die Anforderungen immer so attraktiv zu gestalten, dass die Schauspieler gesagt haben: ›Hier findet Theater statt, und hier ist unser Zentrum.‹ Und das hat ja nun über sehr viele Jahre gehalten, und dadurch ist vielleicht so etwas entstanden wie ein Mythos, aber der Mythos ist gelebte Realität.«[31]

Anna Schudt:
»Für mich ist dieses Ensemble einfach grandios gewesen und ist es immer noch – man wird da reingesetzt in dieses Nest, und dann ist man drin. Das ist wie in so einer Herde: Man kann mal klein spielen, man kann mal groß spielen, und trotzdem ist man dabei. Ich bin sehr froh, dass ich die großen Sachen spielen durfte, ich habe aber auch kleine Sachen gespielt und die auch nicht ungern. Ich fühle mich da sehr geschätzt, sehr aufgehoben. Es gibt Leute, die fand ich immer ganz doof und schlecht, und die sehe ich aufblühen, und es gibt Leute, die ich ganz toll finde, die können scheitern, das ist so. Ensemblegeist bedeutet, Entwicklungen wahrzunehmen, und zwar nicht nur von sich selber, sondern auch von anderen. Das Ganze denken, und auch zuhören. Es gibt so viele Theater, da hört keiner dem anderen zu, und jeder macht irgendwie so vor sich hin. Das finde ich zutiefst uninteressant. Klar gibt es auch in diesem Ensemble Einzelspieler, es gibt auch in diesem Ensemble Menschen, die das

anders handhaben, als ich das verstehe, und trotzdem passt es zusammen. Das ist vielleicht das Wunder.«[32]

Jürgen Höfer, ehemaliger Technischer Leiter:
»Das alte Ensemble war das nicht mehr, als ich 1992 kam. Dieses Ensemble war es nicht mehr. Aber alle kannten sich wahnsinnig gut, alle haben zueinander gehalten, lebten auf dieser Insel Kammerspiele. Es war eine Insel, die, aus welchen Gründen auch immer, das Draußen nicht brauchte, Berliner Theatertreffen oder sonst irgendetwas. Wir waren damals, als ich anfing, einmal mit dem *Drang* von Kroetz eingeladen, und ansonsten war nichts. Wir lebten für uns auf unserer Insel, brauchten niemanden. Es war schon ein elitärer Haufen … und das war schon sehr, sehr eng, und sehr gut. Und es hatte schon etwas Familiäres. Wenn einer ein Brett brauchte oder sonst was, natürlich kamen die Schauspieler an und sagten: ›Jürgen, wir brauchen ein Brett und einen LKW zum Umziehen, haste nicht irgendwie einen LKW?‹ Das war schon toll.«[33]

Michael Maertens:
»In diesem Ensemble gibt es ja glücklicherweise nicht so eine furchtbare Hierarchie. Das Ensemble war zu der Zeit – und ist es wahrscheinlich jetzt am Residenztheater noch – eine ›Champions League‹, und jeder, der da spielt, ist wichtig. Natürlich ist so jemand wie Holtzmann oder Boysen oder damals Lühr … – das sind die absoluten Top-Stars. Aber mir fällt auch Richie Beek ein, mir fällt Herr Stange ein oder ganz viele, die nicht immer nur die allergrößten Rollen gespielt haben, aber ohne die das Theater von Dorn undenkbar wäre. Also hat man gar nicht so darauf geachtet: ›Spiele ich jetzt den Hamlet, spiele ich den Fortinbras?‹, sondern es war wirklich so, dass man stolz war, dabei zu sein. Diese lange, lange kontinuierliche Arbeit, die 25 oder 35 Menschen da miteinander gemacht haben, das gibt es ja kaum noch an anderen Theatern … Die Potenz dieses Ensembles war unglaublich groß Mitte bis Ende der Achtzigerjahre, das ist sie auch immer noch. Aber als ich kam, da gab es schon so eine Art Rotation, da gingen welche, weil sie Karriere im Fernsehen machen wollten, da kamen ein paar Neue dazu, und da habe ich ja sozusagen fast die Endzeit der Kammerspiele miterlebt, wo es dann ans Residenztheater ging. Aber wie gesagt, das legendäre Ensemble, das war

der Grund, warum ich da hinwollte. Das ist wie wenn man als Fußballspieler einmal im Leben zu Real Madrid möchte, und für mich war dieses Ensemble Real Madrid – da wollte ich hin, und dann ist es mir auch gelungen. Wir haben immer bei Lambert Hamel in der Garderobe gesessen, und er hat uns tolle Geschichten erzählt, oder ich bin zu Herrn Stange in die Garderobe gegangen, der hat mir ebenfalls fantastische Dinge erzählt, dann bin ich weiter zu Richard Beek gegangen, der hat mir wieder andere Geschichten erzählt. Das waren sehr aufmerksame, einen behutsam behandelnde Menschen. Die haben einen auch sofort respektiert.«[34]

Einen besonders interessanten Gedanken bringt der langjährige Dramaturg und spätere künstlerische Direktor Michael Wachsmann ins Spiel. Er hat mit Dieter Dorn gemeinsam das Gesicht der Truppe durch Engagements neuer Mitspieler, die thematische Ausrichtung durch die Stückauswahl und die inhaltliche und formale Art des Arbeitens am Haus geprägt. Wachsmann zufolge war man sich der Verantwortung in hohem Maße bewusst, dass ein Ensemble ein Klangkörper ist, der nicht ermüden, nicht einschlafen, nicht überaltern darf. Der ständig verjüngt werden muss bei gleichzeitigem Erhalt und der Pflege der ›gewachsenen‹ Truppe. Kurz: Ein Organismus, der in ständiger Bewegung bleiben muss. Das alles beinhaltet der zentrale Begriff Kontinuität – was nicht nur Kontinuität der inhaltlichen Ausrichtung meint, sondern auch die sorgsame Pflege der Menschen, die an diesen Inhalten arbeiten. Michael Wachsmann: »Eine solche Ensemble-Kontinuität erst einmal in Gang zu setzen, zu etablieren, das haben wir an den Kammerspielen – ohne irgendjemandem zu nahe treten zu wollen, der vorher da war –, das haben wir ab 1976 wieder geschafft. Das heißt, wir haben wieder angeknüpft an eine in den vielleicht zwei Jahrzehnten davor schon etwas erschöpfte Ensemble-Methode und -Praxis. Das haben wir auf eine ganz starke Weise durch viele Engagements angefangen. Und wenn man das mal etabliert hat, dann ernten die Vorstellungen, die neuen Stücke natürlich von dem großen Erfahrungsschatz des Eingespieltseins der Schauspieler. Und zweitens: Wir haben ja immer wieder kontinuierlich mit den gleichen Regisseuren gearbeitet. Nicht immer mit denselben, aber es war eine überschaubare Gruppe. Auch die konnten dann auf ihren Arbeits-

erfahrungen aufbauen. Das Vertrauen wächst im Ensemble, wenn man weiß, was der Andere tut, will, kann, was man von ihm erwarten kann, auch, wie man ihn fordern kann, wie man ihn nehmen muss. Auch das ist der Probenarbeit über die Jahrzehnte enorm zu Gute gekommen. Die Schwierigkeit dabei ist, dass, auch wenn man selber in die Jahre kommt, das Ensemble nicht in die Jahre kommen darf. Das heißt, man muss natürlich sehen, dass der ganze Theaterkörper nicht einfach vor sich hin altert. Das widerspräche einem Lebensprinzip. Um ein Ensemble lebendig zu erhalten, muss es sich dosiert ändern. Das haben wir über die Jahre, glaube ich, einigermaßen gut hingekriegt … Der Zusammenhang stärkt auch den Einzelnen. Und das geht im Großen und Ganzen überhaupt nur, wenn man die Schauspieler davon überzeugt, dass ihr ›Futter‹, dass das, was sie zu beißen und zu brechen kriegen, auch einem dritten Zweck dient. Nämlich einem Gesamtkunstwerk, wenn man es so will. Und über eine gewisse Zeit hinweg kann man es ihnen vermitteln. Es geht nicht ewig, aber es geht über lange Zeit. Den Schauspielern – man sollte sagen sechzig Schauspielern, weil jeder eine andere Sprache hat, in der er erreicht werden kann –, ihnen muss man das Gefühl geben, man nimmt sie ernst, und ob das der Fall war, lässt sich ja daran feststellen, wie es ihnen über die Jahre hin geht, nicht? Und wenn da die Schere zwischen Selbstanspruch und Ensemblenotwendigkeit zu sehr auseinander driftet, dann muss man sich trennen. Das ist natürlich auch da und dort geschehen. Das habe ich meistens bedauert, aber nur für den Einzelfall. Für das große Ganze überhaupt nicht, weil es Lücken schafft, die notwendig neu zu füllen sind. Du musst nachpflanzen. Du musst neu pflanzen. Sonst lebt das ganze Ding nicht mehr. Das Ensemble bleibt nur sich gleich, wenn es sich verändert. Das ist eine Plattitüde, die man auf Vieles anwenden kann. Hier stimmt sie auch wieder.«[35]

Es ist also zu befürchten, dass wir hier über etwas reden, das am Aussterben ist. Ensembles von einer solchen Qualität und Lebensdauer wie das Dorn-Ensemble es war, wird es wohl künftig kaum noch geben. Dorn ist einer der letzten Regisseure und Intendanten, die es geschafft haben, eine solche Truppe für so lange Zeit um sich zu scharen und mit seinen Leuten etwas aufzubauen, was unvergleichlich und einzigartig war und ist.

Ein kurzer Blick zurück

Dorns Anfänge

Dieter Dorn wurde 1935 in Leipzig als Sohn eines Elektromeisters geboren. Nach dem Abitur absolvierte er in seiner Heimatstadt ein Studium der Theaterwissenschaft (1954–1956). Nach Verlassen der DDR besuchte er die Max-Reinhardt-Schule für Schauspiel in Berlin-West als Schauspielschüler bei Hilde Körber und Lucie Höflich (1956–1958). Erste Erfahrungen im Berufsleben sammelte er am Landestheater Hannover als Dramaturg, Schauspieler und Regieassistent (1958–1961). Nach dreijähriger freier Mitarbeit beim NDR als Sprecher und Reporter begab sich Dorn 1964 erneut und nun endgültig auf die Bretter, die die Welt bedeuten. Als Dramaturg, Erster Spielleiter und Regisseur gehörte er von 1964 bis 1968 der Landesbühne Hannover an. Weitere Regiestationen waren Essen, Basel, Oberhausen und das Wiener Burgtheater. 1971 holte ihn Hans Lietzau an das Deutsche Schauspielhaus in Hamburg.

Mit Christopher Hamptons *Der Menschenfreund* gelang Dorn sein erster großer Regieerfolg. Die Arbeit wurde 1971 zum Theatertreffen nach Berlin eingeladen. Einige der späteren Wegbegleiter Dorns waren hier schon dabei: Helmut Griem, Gisela Stein, Charles Brauer. Griem spielte die Hauptrolle, den Menschenfreund Philipp: »Kein Zweifel: Griem hat mit dieser Rolle das Portrait des nichtexzentrischen Außenseiters unter scheinbaren, aber in Wahrheit konformistischen Außenseitern gekennzeichnet. Und ich finde, daß allein dieses Portrait das Stück spielens- und bedenkenswert macht.«[36] Gisela Stein, die hier Griems Freundin Celia spielte, begleitet Dorns Theaterarbeit seit diesem ersten Kennenlernen bis zum heutigen Tag. Auch für Helmut Griem war es die erste Zusammenarbeit mit Dorn, und er hielt ihm bis zu seinem frühen Tod, 2004, die Treue. Charles Brauer, der in diesem Stück die dritte wichtige Rolle, den Zyniker Donald spielte, erinnert sich 2007 an diese erste Arbeitserfahrung mit Dorn: »*Der Menschenfreund*, das war Dieters großer Durchbruch. Es war ein Riesenerfolg. Wir wurden zum Theatertreffen eingeladen, und gleichzeitig passierte, während wir noch probierten, der große Bruch. Lietzau wurde ja sozusagen rausgeschmissen und ging dann nach Berlin, und Dieter kam nur wenig später nach.«[37]

Schon 1972 folgte Dorn Lietzau ans Schiller-Theater nach Berlin, wo er bis zur Spielzeit 1975/76 blieb. In der Berliner Zeit entstanden einige viel beachtete Arbeiten Dorns, u.a. Thomas Bernhards *Der Ignorant und der Wahnsinnige* (mit Bruno Ganz), Genets *Zofen*, Aristophanes' *Die Vögel* (schon mit Ernst Wendt als Dramaturgen; mit Gisela Stein, Peter Herzog u.a.), Wedekinds *Musik* (mit Gisela Stein als Klara Hühnerwadel) und für die Salzburger Festspiele 1974 Bernhards *Macht der Gewohnheit*.

Die Probleme, die Lietzau schon in Hamburg gehabt hatte, wiederholten sich in Berlin. Er war zwar ein wunderbarer Regisseur, aber kein guter Intendant. Somit war abzusehen, dass ihm einige Leute früher oder später weglaufen würden. Als Hans-Reinhard Müller dann Verstärkung für seine Kammerspiele brauchte und die jungen Kollegen abwarb, war es so weit. Dorn, Clemen, Martens und Wendt zogen gemeinsam von Berlin nach München.

Die Kammerspiele vor Dorn

Schon bald nach Gründung der Kammerspiele durch Erich Ziegel im Jahre 1911 war vom ›Geist der Kammerspiele‹ die Rede. Was das genau sein sollte, blieb undefiniert – gemeint war wohl ein Konglomerat aus der ›Seele‹ des Hauses und der es bevölkernden Künstler. Eine inhaltliche Qualität des Spielplans, ein hohes Niveau des Ensembles, eine Kontinuität, vielleicht darauf abzielend, dem Haus ein Gesicht zu geben, eine Unverwechselbarkeit – all das mag sich hinter dem ›Geist der Kammerspiele‹ verborgen haben.

Wenn manch einem Zuschauer das Eintreffen der Vierer-Gang Dorn, Wendt, Clemen und Martens vorgekommen sein mag wie die Übernahme der hehren Kammerspiele durch eine Horde junger Wilder, so ist dies gänzlich übertrieben. Schließlich war hier in den Jahren 1968 bis 1971 auch schon ein junger Dieter Giesing Oberspielleiter gewesen, und Peter Steins Arbeiten *Geret-*

tet, 1967, *Im Dickicht der Städte* und *Vietnamdiskurs*, beide 1968, dürften beim Publikum schon eine verjüngte Gangart vorgespurt haben. 1970 folgte ein weiterer junger Theaterprovokateur: Claus Peymann mit Harald Müllers *Großer Wolf*. Selbstverständlich durfte auch Peter Zadek nicht fehlen. Er brachte im September 1969 Bonds *Schmaler Weg in den tiefen Norden* heraus. Die Jugendrevolte hatte also schon in den späten Sechzigerjahren stattgefunden. Wenn von einer eklatanten Krise der Kammerspiele in diesen Jahren die Rede ist, meint das auch die gesamtgesellschaftliche Krise, die Revolte der Achtundsechziger, die sich zwangsläufig auf das Theater übertragen musste. Wie schon Shakespeare wusste, ist Theater der Spiegel der Gesellschaft – oder genauer: »der empfindlichste Seismograph des Zeitgeschehens«, wie Wolfgang Petzet es in seiner Geschichte der Kammerspiele ausdrückt.[38]

Obwohl sich das Publikum der Münchner Kammerspiele sicherlich stets aus den Kreisen der kritischen bürgerlichen Intelligenz rekrutierte, war Theater damals bislang eine noch eher kulinarische Veranstaltung gewesen. Die Einübung in Protesttheater-Veranstaltungen war man eher nicht gewöhnt. Dies alles geschah unter der Intendanz von August Everding. Eigentlich hätte er der geeignete Mann sein müssen, kraft seiner persönlichen Eigenschaften wie Humor, Witz, Durchsetzungsfähigkeit und großem Theatergespür den Laden in den Griff zu bekommen. Everding war jedoch immer häufiger ›aushäusig‹ und übernahm Regieverpflichtungen an anderen Häusern. Und der junge Oberspielleiter Dieter Giesing war – allein gelassen mit der Aufgabe, die Geschicke des Hauses zu lenken – überfordert. 1970, während der Renovierung der Kammerspiele verkündete Everding seinen Abschied für 1973. Mangel an Regisseuren, Notspielpläne, Panikeinkäufe von Stars wie Grete Mosheim, Maria Becker, Martin Benrath oder Heinz Rühmann, die zwar kurzfristig das Haus füllten, aber nicht über die Misere des Endes der Ära Everding hinwegzuhelfen vermochten, kennzeichneten die letzten beiden Spielzeiten unter Everding. Er übernahm nach seinem Weggang die Intendanz der Hamburger Oper, nachdem er zuvor schon etliche Opern inszeniert hatte.

In den nun anstehenden Findungsverhandlungen zwischen Stadt, Theater, Presse und Publikum – damals ging es extrem basisdemokratisch zu – wurde schließlich

unter den vier Kandidaten Ivan Nagel, Dieter Giesing, Kurt Hübner und Hans-Reinhard Müller (Mitbewerber Peter Stein war schon zuvor aus dem Feld geschlagen!) der neue Intendant gewählt: Müller, der schon Erfahrung als Intendant in Freiburg gemacht hatte und seit 1969 Leiter der Otto-Falckenberg-Schule war, konnte am 11. Mai 1971 die meisten Stimmen auf sich vereinigen. Damit war ein Typus ›Manager-Intendant‹ ohne – zumindest zunächst – eigene Regieambitionen erkannt worden, wohl in der Absicht, Abwanderungstendenzen, wie sie Everding an den Tag gelegt hatte, Vorschub zu leisten und einen Theaterleiter zu verpflichten, der das schwankende Schiff Kammerspiele wieder auf Kurs bringt. Von gewissen reformfreudigen Kreisen wurde die Wahl Müllers als konservativ bis reaktionär eingestuft, und so kehrte wieder nicht die gewünschte Ruhe ein, sondern es war »die explosive Atmosphäre geschaffen, in der es zum nun folgenden großen Krach kommen konnte«[39]. Von Müller schien man eine Mischung aus Boulevard und Klerikalismus zu erwarten. Ein schweres Paket, gegen solche Vorurteile anzutreten. Müller bereitete sich durch eine umfangreiche Theaterreise (93 Vorstellungen in 47 Städten) auf sein Amt vor, um sich Leute anzusehen, die für sein Haus in Frage kämen. Er stand bei Übernahme seines Amtes am 1. Mai 1973 unter heftigem Erfolgszwang und äußerte sich wie folgt zu seinen Antrittsbedingungen: »Die Kammerspiele haben augenblicklich 28 fest angestellte Mitglieder [...] Das ist eine besonders kleine Zahl, die es natürlich dem Haus erlaubt hat, besonders viele Gäste zu holen, die es dem Haus auch erlaubt hat, sehr viele Regisseurswünsche zu erfüllen. Der Sinn unserer Vorbereitungen und unserer Reisen war, mit dieser Situation aufzuräumen und das Ensemble gewaltig aufzustocken. Wir sind nun bei 58 angelangt, das ist eine Ziffer, mit der man etwas anfangen kann.«[40] Die ersten paar Jahre der Ära Müller liefen so dahin – ohne große Höhen oder Tiefen.

Drei Jahre später sollten Dorn und sein Team dem Haus der Münchner Kammerspiele wieder zum ehemaligen Ruf verhelfen – das war Müllers Intention bei seinem ›Einkauf‹ in Berlin. Er stand personell im Gegensatz zur Münchner Generallinie: ›Keine Experimente‹. Und es war auch kein Experiment, wie sich zeigen sollte: Mit Dieter Dorn kehrten eher Ruhe und Tradition an dieses Haus zurück, das durch jahrelange Erschütterungen

Pressekonferenz 1976 zur Ankunft der »Neuen«, v. l.: Harald Clemen, Hans-Günther Martens, Ernst Wendt, Kammerspiele-Intendant Hans-Reinhard Müller, Dieter Dorn

gegangen war. Dies ist freilich eine Einschätzung, die sich erst im Rückblick ergibt – zu seiner Anfangszeit wusste Dorn sicher noch nicht, wohin er das Schiff lenken würde. Müller hatte sich vor seiner Amtsniederlegung 1983 zwischen Dorn und Wendt für seine Nachfolge zu entscheiden. Es war wohl allen klar, dass er sich für Dorn entscheiden würde. Dorn vereinigte Qualitäten auf sich, die die Wahl durchaus plausibel machten: Er war ein sehr talentierter Theatermacher, ein künstlerisch hoch

anspruchsvoller und ernsthafter Gestalter der Geschicke des Hauses und ein Mann, der eine Doppelbegabung mitbrachte – er bewies seine Fähigkeit, ein Haus zu leiten, und war gleichzeitig ein Regisseur, der konsequent seinen eigenen Stil ausarbeitete und verfeinerte und so dem Haus eine unverwechselbare Linie gab. Das Diktum der künstlerischen Kontinuität, dieses Qualitätssiegel der Kammerspiele bewahrte Dorn von 1976 bis 2001.

Die Siebzigerjahre – Dorns Ankunft und Einstand

Die Spielzeit 1976/77 wurde mit einer ganzen Reihe neuer Gesichter eröffnet: Dieter Dorn als Oberspielleiter, Ernst Wendt als Chefdramaturg, Harald Clemen als Hausregisseur und Hans-Günter Martens als Betriebsdirektor. Neu hinzu kam auch ein ebenfalls ganz wichtiger Mann, den Hans-Reinhard Müller beibrachte: der (spätere) Künstlerische Direktor **Michael Wachsmann**, der über die Jahre zu Dorns engstem Mitarbeiter wurde.

Der junge Wachsmann war Dramaturg in Augsburg, und seine Fähigkeiten hatten sich wohl herumgesprochen. So fand sich der frisch in der Provinz angetretene Wachsmann plötzlich an den großen Kammerspielen in der bayerischen Hauptstadt wieder und glaubte wahrscheinlich an ein Wunder. Nachträglich schätzt er die Situation für das Haus so ein: »Von Augsburg die sechzig Kilometer nach München – der Schritt war klein, aber der von Theater zu Theater war sehr groß. Und da war ich. Hans-Reinhard Müller hatte nach der ersten Hälfte seiner Amtszeit, die nicht einfach gewesen sein muss, einen Pferdewechsel gemacht und hatte sich diese frisch vom Theaterbaum gefallene Gruppe aus Berlin unter den Nagel gerissen und hat auf diese Weise seine Intendanz hier wieder in Schwung gebracht. Das ist noch untertrieben, würde ich sagen. Das waren zwei grundverschiedene Amtszeithälften von Hans-Reinhard Müller.«[41] Wachsmann wurde engagiert, weil er mit seinen dezidierten Meinungen zum Gegenwartstheater Eindruck zu schinden vermochte, und aus dem Vorstellungsgespräch wurde ein Vierteljahrhundert engster künstlerischer Zusammenarbeit.

An Schauspielern brachte Dorn Thomas Holtzmann, Helmut Griem, Peter Herzog, Claus Eberth und Daphne Wagner mit. Gisela Stein folgte erst später. Folgende Schauspieler und Schauspielerinnen waren bereits am Haus: Heide von Strombeck, Peter Lühr, Richard Beek, Lambert Hamel, Jörg Hube, Helmut Pick, Romuald Pekny, Helmut Stange, Jochen Striebeck, Cornelia Froboess, Maria Nicklisch, Doris Schade und Rudolf Wessely – um nur die zu erwähnen, die die kommenden Jahrzehnte mit Dorn weiterarbeiteten.

Schon im April 1976, also in der vorhergehenden Spielzeit, hatte Ernst Wendt mit seiner ersten Arbeit in München Premiere. Mit Wedekinds *Frühlings Erwachen* vermittelte er dem Kammerspielpublikum erste Ahnungen von dem, was da kommen sollte.

In keiner Weise skandalverdächtig war Dorns Antrittsinszenierung am 10. September 1976 mit der *Minna von Barnhelm*. Leitmotivisch und programmatisch zugleich: Ein Klassiker aufs Akribischste ›werkgetreu‹ auf die Bühne gebracht. Dennoch anders, als man ihn bis zum Überdruss in der Schule durchgenommen oder wie man das Stück sonst auf deutschen Bühnen gesehen hatte: Dorn brachte ein Dokumentarspiel auf die Bühne, das

Michael Wachsmann

Geb. 1946 in Oldenburg

Dramaturg und Übersetzer

Studium der Germanistik, Anglistik und Amerikanistik in Tübingen und München

Promotion 1974

1974–1975 Dramaturg am Stadttheater Augsburg

1976–1983 Dramaturg an den Münchner Kammerspielen

1983–2001 Künstlerischer Direktor der Kammerspiele

Seit 2002 freier Übersetzer

Lebt mit seiner Familie in München

Michael Wachsmann

die Ereignisse des 22. August 1763 aufs Genaueste aufrollte, als geschehe es vor unseren Augen. Dorns Handschrift wird hier schon deutlich. Einen »Genauigkeitsfetischisten« nennt ihn der Kritiker Armin Eichholz. Und Helmut Schödel meint gar, es gäbe verschiedene Möglichkeiten, sich einem Klassiker zu nähern, aber die, die Dorn hier gewählt habe, sei schon die eines Exegeten.[42]

Hier beginnt die Arbeit Dorns mit ›seinen‹ Schauspielern, die später zum legendären Dorn-Ensemble werden sollten. Es treten auf: **Cornelia Froboess** als energisch sächselnde Minna und Helmut Griem als kriegsgeschädigter Tellheim. Die besondere Wirklichkeitsnähe, das Tatsächliche, das sich scheinbar da vorn auf der Bühne abspielt, erreicht Dorn durch das Einfügen von alltäglichen Kleinigkeiten, die einen Wirtshausalltag ausmachen. »Dorn hat in seiner Inszenierung fast alle Figuren nach ihrer sozialen Bedingung umgedeutet. Das trifft auf Tellheim zu, auf Just, auf den Wirt (der nicht nur kriecht und schleimt, sondern ein sehr cleverer Geschäftsmann ist). Das bestimmt vor allem aber die Titelfigur des Stücks …«[43] Der Kritiker spielt an auf die erfrischende Natürlichkeit dieser Minna, die sich, um ihren Tellheim wiederzubekommen, über alle Umgangsformen hinwegsetzt und ihrem Glück nachläuft.

Conny Froboess war schon berühmt, bevor sie je eine Theaterbühne betreten hatte: Vom singenden Kinderstar über die Karriere als Filmschauspielerin bis zum Star der Kammerspiele war es ein wahrhaft weiter und langer Weg. Am Ende des Weges war aus dem kleinen singenden Mädchen Conny eine ernsthafte Schauspielerin geworden. Aber im Grunde hat sie sich nicht verändert: Mit derselben Chuzpe, mit der sie »Pack die Badehose ein« oder »Zwei kleine Italiener« von der Bühne schmetterte, spielt sie bis zum heutigen Tag ihre Rollen. Sie hat sich eine ungebrochene Natürlichkeit und Unverschnörkeltheit bewahrt, dass es eine reine Freude ist, ihr auf der Bühne zuzusehen oder mit ihr zu sprechen. Und da sie so natürlich ist, verzeiht man ihr auch gewisse Manierismen, die inzwischen schon zu ihrem Markenzeichen geworden sind: Der Schmollmund, das Dehnen der Worte und das Singen der Sätze. Everding hatte sie engagiert, sogar unter Schweikart spielte sie noch – und nun unter Dieter Dorn und das bis zum heutigen Tag. Conny Froboess erzählt, sie habe den vermeintlich desolaten Zustand des Hauses zur Zeit ihres Vertragsabschlusses gar nicht bemerkt. Im Vordergrund stand der Stolz, den Sprung an dieses renommierte Haus geschafft zu haben. »Ich habe noch Inszenierungen gehabt unter Schweikart und Erwin Axer, und Stroux hat noch inszeniert an den Kammerspielen – alles, bevor Dorn kam.«[44] Die Ankunft Dorns und seines Gefolges hat sie nicht als Einzug einer Horde junger Wilder erlebt: »Dorn war weniger ein junger Wilder. Das war eher der Ernst Wendt, der war der junge Wilde, der Dorn war der Beständige, und es hat sich natürlich sehr viel verändert. Dorn und Wendt haben ja auch einige Leute aus Berlin mitgebracht, andere Kollegen. Also Helmut Griem zum Beispiel. Oder den Claus Eberth und die Gisela Stein etwas später. Das war schon ein wunderbarer Zuwachs. Der Experimentierfreudige war der Ernst Wendt, der anfangs nicht unbedingt ein Regisseur war, sondern sich an den

Cornelia Froboess
Geb. am 28.10.1943 in der Oderbruchhauptstadt Wriezen
Kinderstar und Karriere als Schlagersängerin und Filmschauspielerin
1951 erster großer Erfolg mit »Pack die Badehose ein«
1959–1963 Schauspielunterricht in Berlin
1962 Teilnahme am Grand Prix Eurovision mit »Zwei kleine Italiener«
Ab 1964 Rückzug aus der Musikbranche
1967 Heirat mit Hellmuth Matiasek
1968 Geburt der Tochter Agnes, 1970 Geburt des Sohnes Kaspar
Ab 1972 Engagement an den Münchner Kammerspielen
Seit 2001 Ensemblemitglied des Bayerischen Staatsschauspiels

Helmut Griem als Tellheim und Cornelia Froboess als Minna von Barnhelm

Münchner Kammerspielen als Regisseur angefangen hatte zu erproben. Aber das waren immer sehr aufregende, zum Teil auch skandalöse Inszenierungen ... Das war sehr neu für mich und auch sehr schön, weil nicht mehr nur die alten Herren inszeniert haben, sondern auch mal Jüngere. So fühlte ich mich also ein bisschen auch in meiner Generation, obwohl ich um einiges jünger bin als der Dorn. Aber der Abstand wird ja dann im Alter etwas geringer. Ich war also nicht unbedingt nur

mehr mit alten Hasen zugange, sondern wir sprachen sozusagen eine Sprache.«

Regisseur Thomas Langhoff, mit dem Froboess auch oft gearbeitet hat, nennt sie »mein kleiner preußischer Soldat«, weil sie so diszipliniert arbeite. Das habe Vor- und Nachteile, meint sie selbstkritisch. Überhaupt ist es außerhalb ihrer Vorstellungskraft, mit anderen in Konkurrenz zu treten oder gar um eine Rolle zu kämpfen: »Also ich bin da, glaube ich, eine wahnsinnig angenehme Person für die Intendanz, weil ich nie Wünsche habe und nie etwas will. Und alle Sachen, alle, ohne Ausnahme, alle Rollen, sind mir angeboten worden. Weil der Regisseur mich dafür haben wollte. Und das ist der viel bessere Weg, glaube ich. Und daher gab es nie Kämpfe.«

Selbst wenn heute noch von der legendären Antrittsinszenierung Dorns die Rede ist, die Resonanz auf die Premiere blieb seitens der Kritik zunächst etwas zurückhaltend. Es scheint, als habe es einer Verzögerung bedurft, ehe sich der Aha-Effekt einstellte, dass hier etwas völlig Unerwartetes geschah. Man hatte mit Skandalen gerechnet, mit Klassiker-Dekonstruktion, mit politischer Agitation, mit allem, aber nicht mit einem vermeintlich kreuzbraven Lessing vom Blatt gespielt – was es ja auch keineswegs war, nur das merkte man erst bei genauerem Hinsehen.

Die zweite Hauptrolle, den Tellheim, spielte **Helmut Griem**, ein Dorn-Gefährte schon aus Berliner Schiller-

Helmut Griem
Geb. am 06.04.1932 in Hamburg, gest. am 19.11.2004 in München
Studium der Philosophie und Literaturwissenschaft in Hamburg
Auftritt im Kabarett »Hamburger Buchfinken«
1956 erstes Theaterengagement in Lübeck
Ende der Fünfzigerjahre Engagement am Schauspiel Köln, dort Begegnung mit Hans Lietzau
1966 als Gast an den Münchner Kammerspielen
1971 erste Zusammenarbeit mit Dieter Dorn in Hamburg
Weitere Zusammenarbeit mit Dorn in Berlin am Schiller-Theater
Zahlreiche internationale Filmrollen, u.a. in *Cabaret* (R: Bob Fosse) und in *Ludwig II* (R: Luchino Visconti)
Eigene Regie u.a. in *Seid nett zu Mr. Sloane*, *Der Held der westlichen Welt*, *Love Letters*
Von 1976–2004 abzüglich der Unterbrechungen für eigene Aktivitäten Mitglied des Dorn-Ensembles

Helmut Griem als George und Christa Berndl als Martha in
Wer hat Angst vor Virginia Woolf?

Theater-Zeiten. Griem, der fast bis zu seinem zu frühen Tod 2004 eine jugendliche Ausstrahlung hatte, war über viele Jahre vielleicht Dorns wichtigster männlicher Protagonist. Für die Rolle des Tellheim, diesen urdeutschen, um seine Ehre gekommenen preußischen Major, musste Griem eine Menge Humorlosigkeit aufbieten, um dem Lustspiel auch zu seinem Gehalt zu verhelfen. Denn die ›Natürlichkeit‹, die Dorn wie einen Zwischenboden einzog, nahm der Lessing'schen Kunstsprache ein wenig an Glaubhaftigkeit und Pathos. ›Dahin die Ehre, na und?‹ möchte man eher fragen. Oder wie Armin Eichholz es ausdrückt: »Dorn hat die Minna und ihren Tellheim verändert bis zur Kenntlichkeit (vor allem der Klassenlage natürlich).«[45]

Noch während seines Studiums der Philosophie und Literatur war Helmut Griem der festen Überzeugung, sein Platz im Berufsleben sei der politische Journalismus. Da er sich sein Studium durch Nebenjobs selbst finanzieren musste, ergab es sich, dass einer dieser Jobs im Kabarett war. Unter den Zuschauern befanden sich mit Hans Bauer und Hans Lietzau auch Theatermenschen, die ihn davon überzeugen konnten, dass sein Platz auf der Bühne und seine Begabung in der Schauspielerei läge.

Schauspielunterricht hat er nie genommen, er lernte sein Bühnenhandwerk durch Learning by Doing. Doch Griem blieb der politische (politisierte) Kopf, der er war. Das Preisgeld des ihm verliehenen Berliner Kunstpreises stiftete er der APO. Er war stets zu eigenständig im Denken, um sich je auf die bloße Schauspielerei einschwören zu lassen – ein Anti- und Ausnahmeschauspieler gewissermaßen. Er führte auch selbst Regie, u.a. in München und in Wien am Theater in der Josefstadt. Sein vielleicht ehrgeizigstes Werk war eine von ihm erarbeitete szenische Lesung der *Ästhetik des Widerstandes* von Peter Weiss.

In internationalen Filmrollen war er u.a. im Welterfolg *Cabaret* von Bob Fosse an der Seite von Liza Minelli zu sehen und mit Romy Schneider und Maria Schell in *Die Spaziergängerin von Sanssouci*. Wegen seines vermeintlich so typisch deutschen Aussehens (blond und blauäugig) wurden ihm auch gern die typisch deutschen Uniformrollen zugedacht.

Der Zusammenarbeit mit Conny Froboess als Minna folgte eine zweite am Gärtnerplatztheater in *My Fair Lady* (1984) – er als Higgins, sie als Eliza Doolittle. Regie führte August Everding. Das Musical lief 130 Mal vor ausverkauftem Haus, und es hatte den Anschein, als hätte dies noch ewig so weitergehen können …

Griems entscheidende Begegnung am Theater war Hans Lietzau: Von ihm lernte er seine ›psychologisierende‹ Art zu spielen, ihm folgte er von Köln über Hamburg nach Berlin. Später wurde Dieter Dorn der für ihn wichtigste Regisseur, mit dem er am häufigsten zusammen arbeitete. Als das so genannte Regietheater überhand nahm, hatte Griem heftige Probleme mit diesen neuen ›Moden‹: »Heute ist der konzeptionelle Faltenwurf, den ein Regisseur über die Inszenierung legt, wichtiger, als so was Altmodisches wie ein Schicksal darzustellen. Im Theater erfahre ich in zunehmendem Maße mehr über die Haltung von Regisseuren als über die darzustellenden Figuren. Wenn Psychologie aus dem Theater verbannt wird zugunsten von bildhaften Einfällen, dann interessiert mich das nicht mehr so sehr. Mich wundert nur, dass das so viele Schauspieler mit sich machen lassen.«[46]

Griem war u.a. auf seine Gestaltung des Tellheim in Dorns *Minna von Barnhelm* besonders stolz. Theaterkritiker Sucher beschreibt diese Rolle so: »Er spürte die Lebenskrise dieses Mannes auf, die Leere nach dem

Krieg. Griems Tellheim kokettierte nicht mehr mit seinem Los, er warf es aggressiv und angewidert jedem vor die Füße. Finster, den Blick zurück gerichtet, litt er, während Minna sich fröhlich über ihn lustig machte. Er stand da, die zerschossene linke Hand in einem Lederverband, die Arme am Körper herunterhängend, wie willenlos, Weste und Rock aufgeknöpft, die Perücke derangiert. Er starrte ins Nirgendwo: Tellheim suchte die Ehre, die Vergangenheit, das Soldatenglück. Es schien, als erkannte er in diesen langen Minuten, wie sinnlos dieses Kämpfen, wie leer dieser Ehrbegriff plötzlich geworden war.«[47]

Nur wenige Jahre war Griem festes Ensemblemitglied unter Dorn. Häufig machte er seine Ausflüge zum Film oder inszenierte selbst, auch in anderen Städten. In den Jahren mit Dorn entstanden noch andere wichtige gemeinsame Arbeiten, von denen hier nur zwei noch genannt seien: der beinlose, auf ein rollendes Brett geschnallte Thersites in *Troilus und Cressida* 1986 und die Titelrolle im *Faust I* 1987. Manfred Zapatka über den Kollegen: »Der Helmut war der offenste, ehrlichste, geradeste Schauspieler, den ich jemals getroffen habe. Da wurde nicht lange drum rum geredet, der hat gesagt, was er dachte. Also habe ich nie eine Konkurrenz zu ihm empfunden – und er war für mich der einzige Tellheim, den ich verstanden habe.«[48]

Seine letzte Rolle musste Griem zwei Wochen vor der Premiere an Vadim Glowna abgeben. Im Sommer 2004 hatte man in Salzburg für *Eines langen Tages Reise in die Nacht* geprobt, eine Festspielinszenierung von Elmar Goerden. Griem hätte das Familienoberhaupt, den James Tyrone spielen sollen. Nur wenige Monate später, im November desselben Jahres erlag er, 73-jährig, einem Krebsleiden. 2001 sagte er in einem Interview zu der AZ-Kritikerin Gabriella Lorenz als Resümee seiner Jahre an den Kammerspielen: »Eine tolle Zeit. Freude. Glück. Leid. Schmerz. Kontroversen, menschliche Enttäuschungen, tiefe Zuneigungen – alles, von dem Heinz Hilpert einmal einem zu naturalistischen Schauspieler sagte: ›Ijitt-ijitt, det is ja wie im richtijen Leben …‹«[49]

Helmut Griem war sicher einer der engeren Weggefährten Dieter Dorns. Als Griem schon im Sterben lag, schaffte es Dorn gerade noch, ihn in der Klinik zu besuchen. Unter seinen Leuten geht die Kunde über ihn: ›Wenn Dorn ans Krankenbett kommt, dann hat das letzte Stündlein geschlagen‹ …

Heinz Bennent als Riccaut de la Marinière und Cornelia Froboess als Minna von Barnhelm

Noch weitere Rollen dieser *Minna*-Inszenierung waren ganz wunderbar besetzt. Neben Lambert Hamel als geschäftstüchtigem, undevotem Wirt und Claus Eberth als Wachtmeister Werner (auf beide werden wir später noch ausführlich eingehen) muss einer hier vorgestellt werden, da er nicht so schnell wieder auftaucht: **Heinz Bennent**. Er spielte den Riccaut de la Marinière. Kritiker von damals beschrieben seinen Auftritt so: »Klar, daß die reine Lustspielexistenz des französischen Leutnants Riccaut in Gestalt von Heinz Bennent einen Anschluß hat an die allgemeine Tristesse. Alles andere als komisch gerät er eher muffig, unwirsch, verärgert und enerviert ins Zimmer der Frauen. Nur mühsam errafft er sich zur Contenance. Ist zutiefst angewidert von Deutschland und von der ›plump Sprak‹. Und wenn er sich als Falschspieler für ›vis à vis du rien‹ erklärt, ballt er die Faust gegen das Friedrich-Bild«, schreibt etwa Armin Eichholz im *Münchner Merkur* vom 13. September 1976. »Heinz Bennents mit Szenenapplaus bedachter Riccaut: ein verkommener Kavalier, ein Blender, schon ohne Scham, dessen Französisch frech klingt, eher nach Gosse als nach ehemals besserer Gesellschaft. Seine Episode steht für das ganze kaputtgehende friderizianische Zeitalter, man

lacht über ihn mit gesträubten Haaren«, findet Ingrid Seidenfaden ebenfalls am 13. September in der AZ. Dies ist einer der wenigen Auftritte Heinz Bennents in München gewesen. Dieser eher flüchtige, den Bühnenalltag fürchtende Sonderling unter den großen deutschen Schauspielern passte offenbar besonders gut zu dem, was Dorn sich unter einem passenden Riccaut vorstellte – und französisch sprach er obendrein.

Stets war Bennent ein Outlaw, ein schwer zu domestizierender Einzelgänger, einer, der durchaus etwas ›Kauziges‹ in seinem Wesen hat – und er war ein absoluter Egomane. Das alles klingt nicht schmeichelhaft, wiewohl es äußerst liebevoll gemeint ist. Aber für Bennents Eigenschaften gibt es keine Worte, die besonders positiv klingen, merkwürdigerweise übrigens, denn es ist ja durchaus eine große Qualität, sich nicht vereinnahmen zu lassen und unbeirrt seinen eigenen Weg zu gehen. Für seine Mitspieler muss es mitunter schwierig gewesen sein, wie Gisela Stein in ihrem liebevollen Porträt schreibt: »Er, der Harmonie privat sucht und schätzt: Auf der Bühne, als Kollege erweist er sich oft als Disharmonisierender. Seine präsente Bühnen-Erotik ist faszinierend. Seine für mich kreativen Störungen und seine absolute Rücksichtslosigkeit allem und jedem gegenüber machen ihn als Mitspieler zum Ärgernis. Für mich zum positiven Ärgernis. Er setzt einfach voraus, dass man ihm folgt, wenn er auf seiner Klaviatur grenzenlos spielt. Ich war immer erstaunt, wohin die Reise mich gebracht hat und was für Folgen mich erwarteten.«[50] Wenn auch eine Liebeserklärung, so lässt Frau Stein zwischen den Zeilen doch durchscheinen, dass es ein Abenteuer ist, mit ihm zu spielen – man weiß nie, was er in der nächsten Sekunde tun wird. Heinz Bennent bekennt, ohne sich zu geißeln: »Ja, ich habe mich oft unmöglich benommen – aber ich war eben so unerzogen. Das kam von meiner Herkunft und wie man mich im Leben geprügelt hat. Ich hatte überhaupt keine Manieren. Ich war halt rücksichtslos. Aber ich leide nicht darunter, es war halt so.«[51] Heute ist das kein Problem mehr, denn Heinz Bennent tritt, wenn überhaupt, nur noch alleine auf.

Bennent ist auch so einer, der – wie oben schon von Conny Froboess berichtet – seine Sätze mehr singt, als dass er sie spricht. Doch anders als sie: Er zerdehnt nicht, er hat eine eigene Sprachmusik, einen völlig eigenen Rhythmus – er ist einfach in jeder Hinsicht einzigartig und unverwechselbar.

Wenn er sich erinnert, wie er Dorn kennen gelernt hat, kommt Bennent – zumindest wenn es um die gemeinsame Arbeit geht – völlig ins Schwärmen: »Das ist eine lange Geschichte. Ich habe erst von Dieter Dorn nur gehört. Dorn war bei Hans Bauer, einem sehr berühmten Regisseur in Hannover, soweit ich mich erinnere, Assistent. Und das Dolle dabei ist, den Bauer habe ich sehr verehrt und wunderbare Sachen mit ihm in Hannover

Heinz Bennent
Geb. am 18.07.1921 in Stolberg bei Aachen
Schlosserlehre, Kriegseinsatz beim Bodenpersonal der Luftwaffe
Nach dem Krieg Schauspielunterricht in Göttingen
1945 erstes Engagement in Karlsruhe
Ab 1947 freier Schauspieler an großen deutschsprachigen Häusern: Bochum, Basel, Bonn, Hannover, Hamburg und München
Wichtige Rollen in München: Andersen in Enquists *Aus dem Leben der Regenwürmer* (1984, R: Ingmar Bergman), Maximilian Sternberg in Botho Strauß' *Die Besucher* (1988, R: Dieter Dorn), Narr in Shakespeares *König Lear* (1992, R: Dieter Dorn), Hamm in Becketts *Endspiel* (1995, R: Joël Jouanneau)
Mitwirkung in zahlreichen internationalen Filmproduktionen, u.a. in Schlöndorffs *Blechtrommel*, Bergmans *Das Schlangenei* und Truffauts *Die letzte Metro*
1963 Geburt der Tochter Anne, 1966 Geburt des Sohnes David, beide Schauspieler
Lebt mit seiner Frau, der ehemaligen Tänzerin Diane Mansart, in Lausanne und Paris

Heinz Bennent

Heinz Bennent als Clov und David Bennent als Hamm in *Endspiel*, Gastspiel an den Kammerspielen 1996

gespielt. Aber seinen Assistenten habe ich nie wahrgenommen. Danach hörte ich viel von Dorn über Helmut Griem, der hat mir immer erzählt von ihm: ›Den kennst du, der war Assistent‹ – und so habe ich mich erinnert. Dann ging Griem nach München für die *Minna von Barnhelm*. Dorn war damals Oberspielleiter für das Schauspiel an den Kammerspielen. Und dann ist der darauf gekommen, der Bennent mit seinem Französisch, der wäre ja wunderbar für den Riccaut. Und so bin ich an den Riccaut gekommen und habe Dieter Dorn eigentlich erst dann kennen gelernt. Später hat er mich in Mykonos besucht, und wir waren sehr befreundet. Und ich muss Ihnen sagen, diese Rolle, der Riccaut war, glaube ich, meine schönste Theaterrolle. Ich war damals ein ziemlich ungezogener Mensch, aber von Dorn bin ich so serviert worden. Und ich hatte Spaß an der Rolle, und mein Kostüm von Jürgen Rose war das schönste, was ich je getragen habe. Und dann wurde die Sache auch noch ein

großer Erfolg – also mit Dieter Dorn, das war ganz wunderbar. Und dann bin ich zwei Jahre in München geblieben und bin dann wieder weg. Ich hätte in München mein Leben verbringen können – die Zeit war toll und dieses schöne Theater! Aber eigentlich war das Dieter Dorn, der mich ertragen hat und mich so wunderbar serviert hat. Mit der Beleuchtung und mit Jürgen Rose – so bin ich nie wieder bedient worden.«

Auf die Frage, was es denn mit seiner Nichtsesshaftigkeit auf sich habe, folgt eine Antwort, die unmittelbar zum Ensemblegedanken führt, wenn die Auskunft auch etwas frustrierend ausfällt: »Ja wissen Sie, das mit dem Ensemble, das war für mich immer das Problem. In so einem Theaterbetrieb mit lauter festen Leuten, mit der Technik und so vielen Schauspielern, denen es ja darum ging, ihren Vertrag zu verlängern so lang, bis sie unkündbar waren, das ist nichts für mich. Und dagegen habe ich eigentlich immer rebelliert, gegen den Apparat, und mich sehr unbeliebt gemacht. Davor hatte ich Angst, damit wollte ich nichts zu tun haben. Ich wollte meine Freiheit haben, und da bin ich weg, da bin ich zu Lietzau nach Berlin – das war Lietzaus letztes Jahr in Berlin, dann kam Boy Gobert, und der wollte mich übernehmen, aber das wollte ich schon nicht mehr, das war mir schon zu lang. Und so bin ich immer herumgewandert.« Doch zu Dieter Dorn blieb immer eine gewisse Verbundenheit bestehen, erzählt er weiter. Man sah sich zwar mal ein, zwei Jahre nicht, aber wenn, dann war es immer wie in alten Zeiten. In erster Linie schätzte er an Dorn, dass er niemanden bevorzugt hat und immer sehr korrekt war. »Ich hatte immer eine große Freiheit bei ihm. Er hat mich immer akzeptiert – ich war leider zu den Kollegen und der Technik sehr rücksichtslos, das würde ich heute nicht mehr machen. Der Dorn hat mich trotz meiner Manieren anerkannt. Er wusste, wie er mich rausbringt, und das war ganz wunderbar.«

Der Freigeist Bennent hat seinen Weg außerhalb der Theaterapparate gefunden und es zu großem internationalem Ruhm gebracht. Dies in erster Linie durch seine Filmarbeiten mit großen Regisseuren wie Bergman, Truffaut oder Schlöndorff. Vielleicht haben ihm gerade seine Unangepasstheit und Widerborstigkeit den Weg geebnet? Es konnte sein, erzählt er, dass ihm die Probenbedingungen so zuwider waren oder der Regisseur oder sonst irgend etwas, dass er sagte, er hätte es sich anders überlegt, und einfach ging. Dann packte er seine Frau und seine Kinder in den VW-Bus und fuhr mit ihnen nach Mykonos – und wenn es sein musste, lebte man von selbstgefangenen Fischen. Ja früher, da muss Mykonos noch das Paradies in Reinform gewesen sein.

Zur ›Verteidigung‹ seines renitenten Naturells hat Heinz Bennent zu sagen: »Ja, das habe ich nicht ertragen. Das hängt mit meinem Leben zusammen. Ich habe immer unter Zwängen gestanden, in der Schule wurde man verprügelt – man wurde auch vom Religionslehrer verprügelt, weil man den Katechismus nicht beherrschte. Danach hieß es dann ›Heil Hitler Herr Lehrer‹ statt ›Grüß Gott‹. Dann habe ich als Schlosserlehrling gearbeitet, denn meine Eltern haben überhaupt nicht verstanden, dass ich Schauspieler werden wollte. Und dann war ich fünf Jahre in der Kaserne bei der Luftwaffe als Mechaniker. Man war den ganzen Tag in der Kaserne, und das Kasernenleben, das war schrecklich. Ich stand

immer unter Zwang – und die Vorstellung, frei zu sein und Schauspieler zu sein, war für mich der Himmel auf Erden. In der Realität dann auch – aber so ein Betrieb oder ein Ensemble oder das ›Wir‹-Gefühl, das ist schrecklich für mich.« Wenn er spielte, wenn er seine Rolle für sich akzeptiert hatte, ging er vollständig in ihr auf. Keine war ihm die wichtigste, sondern jeweils die, die er gerade spielte.

Ein letzter Darsteller, der nie so richtig auffiel, aber immer dabei war, sei hier im Kontext der *Minna*-Inszenierung noch erwähnt: **Richard Beek** – der »Nebenrollenkönig«, wie ihn ein Nachrufer so schön und treffend betitelte. In der *Minna* spielte er – seinem Rollenklischee gemäß – einen Bedienten.

Seine wohl einzige große Rolle spielte er in *Cherubim* von Werner Fritsch. Ein Einpersonenstück über einen alten Mann, der sein Leben an sich vorbeiziehen lässt. Die vorletzte Vorstellung dieses Stückes, das im Theater im Haus der Kunst gezeigt wurde und das Elmar Goerden inszeniert hatte, konnte ich noch sehen. Dann, wenige Wochen später, verstarb Richard Beek, einfach so. Still und leise während der Theaterferien ging er, so wie seine Bühnenauftritte auch immer gewesen waren. Er war seltsam nicht-präsent, obwohl er immer da war. Als sich Axel Milberg in seinen Kammerspieljahren einmal erkundigte, da er an die dreißig Vorstellungen pro Monat zu spielen hatte, ob sein Eindruck stimme, dass er das meistbeschäftigte Ensemblemitglied sei, bekam er zur Antwort: ›Nein, einer spielt noch mehr als du‹ – es war Richard Beek.

Das Gespräch mit ihm im Sommer 2007 war noch so heiter, so ohne jede Vorahnung verlaufen. Fast kokett (und im Spaß) erzählte er, er werde sich vielleicht von seiner Frau trennen, nach fünfzig Ehejahren – um noch einmal ganz von vorn anzufangen. Er könne es aber deswegen nicht tun, weil ihm das kein Mensch glauben wolle.

Doch zurück zu *Cherubim*. Werner Fritsch schreibt, Richard Beek habe eine frappante Ähnlichkeit gehabt mit dem wirklichen Wenzel, dessen Figur er spielte. »Der gleiche zaundürre, zerbrechliche Körper, die gleichen Gesten, der gleiche nach innen gerichtete Blick, der gleiche aus weiten Fernen zu kommen scheinende Stimmfall.«[52] »Der Gerneklein« betitelt Gerhard Stadelmaier seinen Nachruf auf Richard Beek in der FAZ. Stimmt. So war er.

Christina Haberlik: Sie hatten also nie den Wunsch, größere Rollen zu spielen, oder den Eindruck, es wurde Ihnen eine Rolle vorenthalten, die Sie vielleicht eher verdient hätten als ein anderer?

Richard Beek: Nein, diesen Eindruck hatte ich eigentlich nie, nur manchmal vielleicht, aber im Grunde genommen nicht. Es fällt mir sehr schwer das zu sagen, weil es mir kein Mensch glaubt. Ich bin zum Theater gegangen und wollte kleine Rollen spielen. Die einzige Zeugin ist meine Frau. Ich saß nach dem Krieg mit meiner Frau in den Kammerspielen und sagte: ›Hier möchte ich hingehen und kleine Rollen spielen. Das wäre so mein Wunsch‹ – und das ist in Erfüllung gegangen. Und das war's dann, und damit war ich eigentlich zufrieden. Kein Mensch glaubt mir das, aber es ist leider so.[53]

Richard Beek als Wenzel in *Cherubim*

Insgesamt hat Beek vierzig Jahre an den Kammerspielen und sechs Jahre am Resi gespielt. Hier hatte er vor rund 65 Jahren die Schauspielerei erlernt, sagt er: »Es ist wie ein Ring, der sich schließt, nicht? Dass man dahin wieder zurückkommt, wo man angefangen hat.« Dann tingelte er ein wenig durch die Provinz und kam 1955 erst ans Theater der Jugend in München und dann an die Kammerspiele. Schweikart war damals Intendant, und Beek konnte sein Glück kaum fassen, an diesem tollen Theater engagiert zu sein. Nur Heide von Strombeck ist noch länger dabei, als es Richard Beek war. In den ganzen Jahrzehnten mit Dorn, sagt er, waren ihm die künstlerische Übereinstimmung und die Harmonie das Wesentlichste. »Es bedeutet mir schon etwas, zu diesem Ensemble zu gehören. Also, wenn ich so gewisse Sachen lese über andere Theater, über andere Inszenierungen oder so, dann denke ich immer wieder, ich bin doch eigentlich sehr froh, dass ich hier bin.«

Seit 1961 war Richard Beek ohne Unterbrechung an den Kammerspielen beschäftigt, seit 1976 begleitete er Dorns Truppe und hätte sicher tausende von Geschichten zu erzählen gehabt, wenn er gesprächiger gewesen wäre. Er hatte seine berufliche Heimat gefunden, er fühlte sich gemocht und aufgehoben – oder zumindest ›so ungefähr‹. Richard Beek blieb mit seinen Antworten immer ein wenig vage, so als wolle er sich ja nicht festlegen. Nach 62(!) Jahren auf der Bühne ist Beek nun abgegangen, und er liebte seinen Beruf bis zum Schluss: »Ja, ich mag ihn immer noch, ich mag ihn sehr gerne, gerade jetzt zur Zeit. Nachdem ich so krank war, dachte ich: ›Oh wei – jetzt aufhören zu müssen, das wäre schon nicht so schön.‹ Weil, man lernt doch immer noch was dazu, und man bildet sich dann ein, dieses Gelernte noch einbringen zu können.«

Richard Beek
Geb. am 17.02.1924 in Ulm, gest. am 17.08.2007 in München
1940–1941 Besuch der staatlichen Schauspielschule in München
1945–1955 Engagements am Stadttheater Ulm, Würzburg und Nürnberg
1955–1960 Engagement am Theater der Jugend, München
1961–2000 Engagement an den Münchner Kammerspielen
2001–2007 Wechsel mit Dieter Dorn ans Bayerische Staatsschauspiel

In *Cherubim* sprach Richard Beek die Worte:
>»Und der Tod
>Ein Muttergotteskuss ist es
>Der wegnimmt den Atem von einem.
>Und ist doch wie Leben
>In Engerlingen und solchen Dingen
>Und eines Tags bin auch ich
>Irgendmal unter Cherubim.«

Richard Beeks zerfurchtes Gesicht, das schon immer aussah wie das eines alten Mannes, seine ungezählten Auftritte in Nebenrollen, sein leicht schwäbischer Unterton, seine dünne, zerbrechliche Gestalt – all das wird unvergessen bleiben.

Bei Dorns Inszenierung der *Minna von Barnhelm* kam es zu einer weiteren ersten Zusammenarbeit, aus der über die Jahre eine regelrechte ›Arbeits-Ehe‹ wurde. Hier begann die Zusammenarbeit mit **Jürgen Rose**, der bis heute Dorns engster und fast einziger Ausstatter geblieben ist. Der Kalauer »Kein Dorn ohne Rose« drängt sich förmlich auf.

Das Kapitel »Jürgen Rose« ist ein Kapitel über Ästhetik – über einen Stil, den Rose gemeinsam mit Dieter Dorn entwickelt hat und der als »Kammerspielestil« schon fast ein feststehender Begriff geworden ist. »Dieter Dorns und Jürgen Roses Ästhetik ist die einzige Ästhetik, die ich kenne, die aus einem Haus entwickelt worden ist – und zwar, die aus einem Bühnenraum entwickelt worden ist. Mir scheint das in der deutschen Theaterlandschaft singulär zu sein. Ein Stil, der sich prägte, nicht weil er anvisiert wurde, sondern weil er entstand aus

Jürgen Rose vor dem Bühnenbild *Faust I*

bestimmten Notwendigkeiten. Aus bestimmten Daten, Beengungen, Räumlichkeiten, die als Bedingungen vorgefunden werden, ergeben sich bestimmte Lösungsmöglichkeiten, die variiert werden können. Und dazu kommt die ästhetische Seite, die ganz wesentlich meint: Ein Bühnenbild hat aus dem Raum entwickelt zu werden. Und es sollte möglichst nur als zweitbeste Lösung in den Raum reingestellt werden. Das hat sicherlich das Bild, die Bildhaftigkeit dieses Theaters ganz stark geprägt«, so Michael Wachsmann über Jürgen Roses Arbeit.[54] Leider fand Rose nicht die Zeit zu einem persönlichen Gespräch, so dass es vage bleibt, was die Synergie der beiden Künstler Dorn und Rose ausmacht. Einige Mutmaßungen dazu:

Jürgen Rose
Geb. am 25.08.1937 in Bernburg an der Saale
1958–1959 Studium an der Akademie der Bildenden Künste Berlin und Schauspielschule Marlise Ludwig
1959 Engagement am Theater Ulm, ab 1960 fest
1961 erste Arbeit für die Münchner Kammerspiele
1973–2000 Professur an der Staatlichen Akadademie der Bildenden Künste, Stuttgart
Seit 1976 enge Zusammenarbeit mit Dieter Dorn
Arbeitet auch für andere Häuser, u. a. Opernausstattungen und Ballettarbeiten
Eigene Regiearbeit u. a. an der Oper Bonn und an der Bayerischen Staatsoper
Lebt in München

Kostüme für *Troilus und Cressida*

»Ich kann nicht allein gut sein« ist ein verbürgtes Rose-Zitat. Es illustriert die Kunst des Bühnenbildners als eine – im besten Sinne – ›dienende‹. Dorn und Rose entwickeln das Gesicht einer Aufführung stets gemeinsam. Roses Bühnenräume waren opulent, wenn es sinnvoll war (etwa in den Feydeau'schen Komödien oder bei *Lulu*), und sie waren von trostloser Öde und Kargheit, nur mehr Stilisierung bei den großen Shakespeare-Aufführungen. Oder sie visualisierten auf schönste Weise das aktuelle Gegenwartstheater von Botho Strauß. Roses Genauigkeit entspricht Dorns Regiestil: Beide sind fanatisch am Detail interessiert, der eine im Kontext seiner Textexegese, der andere, was die ›Schmauchspuren‹ an seinen Environments und Gewändern anbelangt. Man

nennt diese Art zu arbeiten Perfektionismus – er lässt sich in jeder Dorn-Rose-Arbeit studieren. Ein gutes Beispiel: Die Kostüme bei *Troilus und Cressida* – etwas Fantasievoll-Stimmigeres lässt sich kaum erfinden. Eine stetige Suche nach Authentizität, nach Genauigkeit im Detail, niemals optische Gags – sondern immer Zitate einer Zeit, einer Situation. Vielleicht lässt sich sagen – freilich abhängig von den Erfordernissen des jeweiligen Stücks –, dass im Laufe der Zeit die Bühnenbilder immer spärlicher, verknappter wurden: Ein Podest, eine Treppe oder gar völliger Verzicht auf ein ›Bild‹ wie die leere Bühne bei *Iphigenie* (1982). Keine Illusionsräume, sondern Spielräume, Umgebungen, die mitdenken.

Soweit zur ersten Dorn-Arbeit in München. Wegen der erfrischenden Natürlichkeit, die diese *Minna*-Inszenierung hatte, lief das Stück insgesamt 109 Mal von 1976 bis 1979. Es gab sogar fünf Gastvorstellungen in Moskau sowie eine Einladung zum Theatertreffen nach Berlin 1977. Für eine Antrittsinszenierung ein trefflicher Siegeszug!

Mit dem Einstand der Neuen – Dorn und seinem Gefolge – begann spürbar eine neue Ära an den Kammerspielen. Zunächst ein aufregendes Wechselspiel zwischen zwei hochbegabten und sehr unterschiedlichen Theaterleuten: Von Dieter Dorn als Oberspielleiter und **Ernst Wendt** als Chefdramaturg. »Ein psychisch wie szenisch entfesseltes und ein mehr vom Wort aus intellektuell komprimiertes Kammer-Spiel, das dann die Ära Müller hauptsächlich bestimmen sollte: die aufregende Kon-

Ernst Wendt
Geb. am 12.07.1937 in Hannover, gest. am 12.08.1986 in München
Kritiker, Dramaturg und Regisseur
Studium der Volkswirtschaft und Soziologie in Wien und Hamburg
1960–1967 Redakteur bei der Zeitschrift *Theater heute*
1967 Chefdramaturg am Bayerischen Staatsschauspiel in München, später in Hamburg, dann in Berlin
1976–1983 als Dramaturg und Regisseur gemeinsam mit Dieter Dorn an den Kammerspielen in München
1983 Rückkehr an das Deutsche Schauspielhaus Hamburg
Wollte ab der Spielzeit 1986/87 fest bei Boy Gobert in Wien am Theater in der Josefstadt als Hausregisseur arbeiten, wozu es durch seinen frühen Tod nicht mehr kam

Bernd Herberger als Melchior und Lisi Mangold als Wendla in *Frühlings Erwachen*

Lambert Hamel als Der Bischof und Rudolf Wessely als Der Richter in *Der Balkon*

v. l.: Barbara Freier als Warja, Norbert Schwientek als Lopachin, Doris Schade als Ranjewskaja, Irene Clarin als Anja, Charles Brauer als Gajew, Markus Boysen als Trofimow in *Der Kirschgarten*

frontation unterschiedlicher ästhetischer Mittel. Eine Konkurrenz zweier Temperamente, die beide die aufdringlich politisierende Theaterzeit hinter sich gelassen haben und das Revolutionäre, wenn überhaupt, erst einmal leisten wollen in sinnlichen Überfällen aufs Erwartete.«[55] Ernst Wendt, Gefährte Dorns spätestens seit der gemeinsamen Zeit in Berlin, wurde zu seinem Gegenspieler – oder, wie Dorn es ausdrückt, »zur anderen Kraftlinie«.

Ernst Wendt inszenierte etwa doppelt so häufig wie Dorn in diesen Anfangsjahren – und völlig anders. Nach *Frühlings Erwachen* im Frühjahr 1976 folgte Genets *Der Balkon* im Herbst 1976. Die Aufführung wurde zu einem Theaterskandal, der hohe Wogen im katholischen Bayern schlug: Der Diözesanrat attackierte das Stück als »gotteslästerlich«. Genau aus diesem Grund war das Stück bisher auch kaum gespielt worden – der Skandal lag also auch ein bisschen im Mut der Stückauswahl, und Wendts Regie und das Bühnenbild von Johannes Schütz gingen sicherlich auch nicht zimperlich mit dem Stückmaterial um. »Die Welt ist ein einziges Bordell« ist die Aussage, die Genets Text suggeriert, und mit weniger kamen die Zuschauer nach vier Stunden auch nicht davon. Wendt wagte den provokativen Akt, den sein Gefährte Dieter Dorn wahrscheinlich nicht riskiert hätte. Selbst die mehrfach gebrochene Doppeldeutigkeit, die im Stück angelegt ist – Puffmutter Madame Irma (Agnes Fink) rettet das Vaterland vor Untergang und Revolution – konnte von gewissen Kreisen offenbar nicht mehr als Satire betrachtet werden, sondern nur noch als Provokation. »*Der Balkon* war ein Riesenskandal. Das war eine tolle Aufführung, aber im katholischen München war das ein großer Aufruhr, und es liefen eine Menge Abonnenten weg. Aber es kamen auch sehr viele Abonnenten dazu, und die Stimmung war enorm!« berichtet Charles Brauer.[56] München hatte plötzlich seine Unschuld als zahmes Kulturparadies verloren, die kulturelle Ruhe war – wie seit Steins *Gerettet*-Inszenierung nicht mehr – gestört worden. Die Forderung des Rücktritts von Hans-Reinhard Müller als Intendant (»einen solchen Intendanten muss man nicht maßregeln, sondern feuern«) war dann der Gipfel der Reaktion aus der erzkatholischen Ecke.

So lange die Diversität Dorn/Wendt einen interessanten Spielplan garantierte, war das natürlich eine für beide Seiten außerordentlich befruchtende Situation. Kritikern galt Wendt oft als der Intellektuellere, »wenngleich Dorn vermutlich nicht der weniger nachdenkliche ist«[57]. Gerade in seinen letzten Jahren an den Kammerspielen hat Wendt wie besessen inszeniert, als wüsste er, dass ihm nicht mehr viel Zeit blieb.

Doch Wendt beging in Dorns Augen eine Grenzüberschreitung: Er inszenierte zu viel, und Dorn fand, er stehe plötzlich ohne Chefdramaturg da. Wobei zu sagen ist, Wendt hatte einen Vertrag als ›regieführender Chefdramaturg‹, er hatte sich also rechtzeitig sein Anrecht, Regie zu führen, in seinen Vertrag schreiben lassen. Letztlich waren es wohl die völlig gegensätzlichen Theaterauffassungen, die Wendt und Dorn später entzweiten. Charles Brauer erinnert sich: »Das hatte damit zu tun, dass Ernst Regisseur wurde. Damit hatte er angefangen in Berlin, er war der erste in der Gruppe, der bei Müller eine Inszenierung machte – wenn ich mich recht erinnere, war das *Frühlings Erwachen* mit der Lisi und dem Felix von Manteuffel. Der ästhetische Blick aufs Theater war ein sehr unterschiedlicher, und das führte zu Schwierigkeiten, gehalten natürlich durch den Intendanten Müller, der beide schätzte, und der hat es auch auf eine sehr kluge Weise, finde ich rückblickend, geschafft, beide auszutarieren. Müller war ein sehr guter Intendant, wenn auch die, sagen wir mal, künstlerische Power, die Schlagkraft oder was das Theater ausmachte natürlich von Dorn und Wendt bestimmt wurde.«[58]

Neben Manteuffel und Mangold förderte Wendt hartnäckig auch den jungen Markus Boysen und setzte die von ihm entdeckte Irene Clarin in zunächst kleinen Rollen ein. Die anfängliche Harmonie wandelte sich über die Jahre in Lager und Grabenkämpfe, und irgendwann war klar, dass es auf eine Trennung hinauslaufen würde.

Im Februar 1977 folgte Dorns zweite Inszenierung: Die deutsche Erstaufführung von *Die Nacht der Tribaden* des schwedischen Schriftstellers Per Olov Enquist. Das Stück handelt von den Schattenseiten des Lebens Strindbergs. Die Hauptrolle spielte Helmut Griem, den naiven Viggo Schiwe spielte Lambert Hamel, die beiden ehemals in lesbischer Liebe verbundenen Damen waren Conny Froboess als Marie David und Barbara Petritsch als Siri Essen-Strindberg. Ein Stück über Frauenhass und Geschlechterkampf, das bei seiner Uraufführung 1975 in

Manfred Zapatka als Alwa, Thomas Holtzmann als Dr. Schön, Cornelia Froboess als Lulu im gleichnamigen Stück

viel von Wedekinds Kopf mitbekommen. Das ist eine kluge Frau, ein Hirntier; sie hat im Stück eigentlich die klügsten Sätze zu sagen. Cornelia Forboess ist für mich so eine Schauspielerin, wo Intelligenz und Ausstrahlung zusammenkommen [...]. Da hat sich so eine Idee von einer männermordenden ›femme fatale‹ festgesetzt; eine Frau, auf die jeder sofort fliegt. Wenn man das Stück liest, merkt man, da ist eine Frau, die nicht leben kann, wie sie will. Die Männer, die sie hat, sind gar nicht so viele, auch nicht mehr als die Frau irgendeines reichen Mannes hat, die allein in einer Villa herumsitzt ... Lulus Problem ist, dass sie den Einen nicht hat, den sie liebt.«[59] Fast automatisch würde man erwarten, dass Helmut Griem dieser Mann war, doch er war diesmal nicht mit von der Partie.

Dafür lernen wir neue Schauspieler kennen, die erstmals (zumindest in München) mit Dieter Dorn arbeiteten. Da ist zunächst der großartige **Thomas Holtzmann** als, nach Dorns Auffassung, die große Liebe Lulus, Dr. Ludwig Schön.

Stockholm ein großer Publikumserfolg war. In München wurde die Vorstellung nur 34 Mal gezeigt.

Erst im November folgte der nächste ›große Dorn‹: *Lulu* Teil 1 und 2 (*Der Erdgeist* und *Die Büchse der Pandora*) – wieder mit den alten Vertrauten. Cornelia Froboess spielte die Hauptrolle der Lulu (da war sie schon 34, heute gibt es nur noch Lulus unter 20 ...). Dorn war der Meinung, diese Rolle müsse eine Frau mit immenser künstlerischer Erfahrung spielen, eine Frau mit Kraft und Intelligenz, bloß keine so genannte Naive. »Diese Lulu hat

Jeder der beiden Teile dauerte drei Stunden, Teil 1 begann um 15:30, Teil 2 um 20:30. Das Stück hatte ebenso wie *Der Balkon* Skandalpotenzial, zumindest hatte es das zu Zeiten seiner Erstaufführung 1895, in der Wedekind selbst den Dr. Schön gespielt hatte. Dorn hatte mit seinen Leuten von Mai an probiert und sagte kurz vor der Premiere, er hätte noch gerne zwei Monate länger Zeit gehabt. Das Bühnenbild stammte von Jürgen Rose, er stattete das Stück opulent im Stil eines Jugendstil-Kunstmalersalons der Jahrhundertwende aus. Die Dra-

Thomas Holtzmann
Geb. am 01.04.1927 in München
Studierte zunächst Theaterwissenschaft in München, nahm parallel bereits Schauspielunterricht bei Paul Wagner
Erste Theaterstationen: Schleswig, Nürnberg, Saarbrücken und Köln
Anschließend Engagement am Schiller-Theater in Berlin, zunächst bei Boleslaw Barlog, dann bei Hans Lietzau
Ab 1961 Engagement am Bayerischen Staatsschauspiel, dann am Deutschen Schauspielhaus Hamburg und bei den Salzburger Festspielen
Ab 1977 festes Ensemblemitglied der Münchner Kammerspiele
2001 Umzug mit Dorn an das Bayerische Staatsschauspiel
Lebt mit seiner Frau, der Schauspielerin Gustl Halenke, in München

maturgie besorgte Michael Wachsmann. Dorn erarbeitete mit ihm eine eigene Fassung, die so noch nie gespielt worden war. Und zwar ging er der Spur des Stückes bis zu den Anfängen, den ersten Autographen Wedekinds nach, um die Selbstzensur, die Wedekind später geübt hatte, wieder rückgängig zu machen. Auch die Besetzung Schön/Holtzmann ist zunächst befremdlich. Holtzmann, dieser 1,90 Meter große Mann mit dem markant zerfurchten Gesicht ist ein ungewöhnlicher Dr. Schön – wobei ihm die Mixtur aus Ironie, Arroganz, Sarkasmus und Furcht vorm Skandal durchaus liegt. Ebenso markant ist seine Stimme: Sie hat etwas knorrig-knarrig Hölzernes und Sonores zugleich und ist somit unverwechselbar. »[Lulus] wichtigster und bester Rollenpartner ist Thomas Holtzmann als Dr. Schön. Er muss als tragische Symbolfigur einer Gesellschaft, die in Konvention und Schein-Moral echte Empfindung und menschliche Konsequenz begraben hat, bestehen. Holtzmann schafft das, ohne als Karikatur zu verderben.«[60]

Am 1. April 2007 ist Thomas Holtzmann achtzig geworden – die Furchen noch tiefer als damals, obwohl dieses Gesicht damals schon aussah wie geschnitzt. Er kam, wie oben schon erwähnt, 1976 mit Dorn nach München, wo er dem Haus zuerst aber nur lose verbunden war, bis er 1977 ein festes Engagement einging. Dorn hatte er vor unendlich langer Zeit bereits in Hamburg getroffen, als der dort seine erste Inszenierung machte. Das nächste Wiedersehen fand in Berlin statt, wo beide am Schiller-Theater bei Lietzau arbeiteten. Und als sie gefragt wurden, ob sie Lust hätten, nach München zu kommen, zögerte keiner auch nur eine Minute lang, ja zu sagen, weil sich beide nicht mehr wohl fühlten bei Lietzau. Obwohl es Lietzau künstlerisch das Genick brach, folgten sie alle dem Ruf nach München. Der Rest ist Theatergeschichte: Es wurde eine Erfolgsgeschichte daraus, die ›Dorn und sein Kammerspiel-Ensemble‹ heißt.

Holtzmann hatte an unzähligen Theatern u.a. mit Größen wie Kortner gearbeitet. Warum band er sich denn dann ausgerechnet an die damals etwas abgewirtschafteten Kammerspiele? »Weil die alle hier waren und weil ich nicht alle acht Tage umziehen will und weil ich in München zu Hause bin und mich in München wohl fühle, soweit man sich wohl fühlen kann. Außerdem war's ja mit Dorn prachtvoll und erfolgreich, und ein

Schiff auf hoher See, das nicht sinkt, verlassen die Ratten nicht.«[61] Seine eigene Position innerhalb des Ensembles kann er nicht so recht einschätzen, aber bei genauerem Nachsinnen weiß Holtzmann natürlich schon, dass Gisela Stein, Rolf Boysen und er die Säulen der letzten Jahre an den Kammerspielen waren – und auch heute, wo so viele neu dazugekommen sind, ist es immer noch ein bisschen so … Holtzmann gehörte immer zur ersten Garde, zur Liga der ersten Schauspieler, ob zuvor in Hamburg und Berlin oder noch früher, am Residenztheater mit Hans Lietzau. »Da waren wir auch schon erste Schauspieler, so ist es nicht, dass sich das hier erst zusammengerottet hätte. Wir zogen als erste Schauspieler von Berlin hierher und blieben es.«

Sein erster Auftritt bei Dorn, der Dr. Schön wurde wie folgt beschrieben: »Der glänzende Thomas Holtzmann spielte nicht nur irgendeinen Chefredakteur, sondern einen faszinierend autokratischen Herrn der Bismarck-Ära, was ihm zugleich eine beträchtliche und witzige Fallhöhe verschaffte. Da ahnte man, wie fesselnd Lulu-Theater sein kann. Holtzmann, dessen nervösem Witz und dessen engagierter Präzision gewisse moderne Rollen zwischen Albee und Wedekind am besten zu liegen scheinen, kam über die Kühlheit hinaus, die für diese Aufführung sonst oft charakteristisch war.«[62]

Holtzmann musste sich nie um Rollen bemühen. Er bekam zwar auch nicht immer unbedingt, was er wollte, aber: »Ich habe immer gesagt: ›Spielt das, macht das, ich kriege schon was‹, und so ist das auch gewesen. Kein Neid, nein – aber das liegt wohl auch an meiner Veranlagung. Es ist mir auch piepe, weil ich so viel gespielt habe. Ich würde mich nie um eine Rolle mehr raufen. Und ich habe herausgefunden, dass es manchmal besser ist, die zweite Rolle zu spielen, weil es erfolgsgekrönter ist. Ich habe zum Beispiel den *Lear* in der italienischen Aufführung gesehen vom Strehler am Piccolo-Theater, und da war der Gloucester der interessantere Mann, und wie die mir hier dann den Gloucester angeboten haben, habe ich gesagt: ›Den nehm ich!‹ Mit diesen berühmten Rollen, das habe ich ja schon tausend Mal gesagt, tut man sich sehr hart.« Und so ist es auch jetzt in der aktuellen Inszenierung vom *Kaufmann von Venedig*, in der Holtzmann den Antonio spielt, statt den Shylock.

Eine zusätzliche Karriere beim Film ist Thomas Holtzmann versagt geblieben. Anfragen hat es wohl gegeben.

Rolf Boysen als Shylock und Thomas Holtzmann als Antonio in *Der Kaufmann von Venedig*

»Ich hatte einmal den Fuß im internationalen Film, und da hat mich das Theater gehindert, es zu machen, weil ich bei den Salzburger Festspielen mit *Faust 1* und *Faust 2* beschäftigt war – das konnte ich alles nicht mehr absagen im allerletzten Moment, und ich sagte: ›Kinder, es tut mir furchtbar leid, ich kann nicht.‹ Und so ist mir also die internationale Filmgeschichte entfleucht. Ich weiß nicht, ob ich traurig sein soll. Ich glaube nein. Ich habe mich auch nie so richtig wohl gefühlt beim Film. Ich fühlte mich am Theater viel wohler.« Eine Lieblingsrolle gibt es, wie bei so vielen Schauspielern, auch bei Holtzmann nicht. Er ist froh, dass er den Hamlet spielen durfte, auch wenn es eine, wie er sagt, nicht so besondere Aufführung bei seinem ersten Engagement am Resi war. »Weil es wirklich eine der Rollen ist, die man eigentlich gespielt haben muss, denke ich mal. Der sagt die schönsten Sachen, die überhaupt jemals gesagt wurden. Und sonst

hat es doch damit zu tun, wer was gemacht hat. Ich habe wahnsinnig gern *Was ihr wollt* gespielt oder auch *Godot*, wobei der Tabori dabei nicht den Anteil hatte, den alle denken. Ich spiele auch den *Kaufmann* ganz gern, sehr gerne muss ich sagen.« Schließt sich an die Frage nach dem Lieblingsregisseur: Dorn stehe zwar an erster Stelle, weil er nun am längsten schon mit ihm zusammenarbeite und weil er gleichzeitig Intendant sei und sich alles um ihn drehe, danach folgen aber direkt Bondy, früher in Berlin, Tabori vielleicht, und dann noch Kortner, wenn das nicht schon so wahnsinnig lange her sei – »aber das ist der Einzige, wo man sagt: Ja, das wars.« Für dieses Lob bekam Thomas Holtzmann dann wohl auch 1989 den Kortner-Preis zugesprochen. Und die hier nur am Rande erwähnte Tabori-Inszenierung von *Warten auf Godot*, wo Peter Lühr sein Partner war, ist inzwischen Legende. Mit Lühr zuerst, und nun mit Boysen führt Holtzmann so etwas wie eine Theaterehe. Als Paare sind diese Spieler oft noch besser als jeder für sich allein, als würde sich die Spielfreude verdoppeln.

Was er am liebsten macht, ist, mit seiner Frau Gustl Halenke zu verreisen. Nur noch wenige Länder auf diesem Globus fehlen ihnen. Auch zu seinem achtzigsten Geburtstag war er auf Reisen: Von Indien kommend wurde eine achttägige Zwischenlandung in Dubai eingelegt, um nur ja nicht hier zu sein während des Jubiläums. Mit Achtzig, in diesem stattlichen Alter – wenn es auch noch Ältere gibt unter den Kolleginnen und Kollegen, die gar nicht daran denken aufzuhören – stellt sich doch langsam die Frage: Wie lange noch? So allmählich wird Thomas Holtzmann ein klein wenig theaterüberdrüssig. Man merkt es ihm an, aber er sagt es auch: »Es langweilt mich auch; wenn man das ganze Leben lang Theater gemacht hat, dann kommt der Moment, wo man sagt: ›Macht es doch alleene!‹ Wirklich, es ist so. Ich schäme mich auch.«

Zurück zu *Lulu*. **Manfred Zapatka** ist Alwa Schön. Bisher hatte man diesen Schauspieler in München erst einmal, in Clifford Odets *Golden Boy* gesehen. Mit dem Alwa hat Zapatka eine Rolle zu bewältigen, die kurze, signalhafte Auftritte von ihm verlangt. Das scheint ihm sogar schwieriger als der Hamlet, den er später in Düsseldorf spielte. »Von allen Figuren ist Alwa in der Beschränkung am größten. Er tritt nicht häufig auf und muss oft ›Schlagzeilen‹ reden; er hat nicht viel ›Fleisch‹, aber trotzdem ist er eine richtige Figur. Das ist schauspielerisch sehr schwer herstellbar. Lulu ist das Ereignis seines Lebens – auch sein Schicksal. Sie bewirkt im Endeffekt

sein totales Scheitern; er kämpft darum, schreiben zu können und schreibt keine Zeile mehr. Man möchte ihn am liebsten anschreien und sagen: ›Junge, mach die Augen auf! Guck hin!‹ Ich glaube, dass wir mit Dorn zusammen die Rolle des Alwa neu entdecken werden.«[63]

Dieter Dorn und Manfred Zapatka kennen sich schon seit Urzeiten: Beide begegneten sich gegen Ende der Sechzigerjahre in Essen. »Da kam ein junger Mann auf mich zu, ich war damals auch noch sehr jung, und hat mir ein Buch in die Hand gedrückt: *Autobus S*. Den Autor kannte ich, das war Raymond Queneau. Ich hatte von ihm gelesen: *Zazie in der Metro*. Und da hat er gesagt: ›Das machen wir zu viert. Wir spielen alle Szenen, irgendwie ist das ja immer dieselbe Geschichte, nur immer anders erzählt. Das ist richtig Theater im Urformat.‹ Das haben wir dann gemacht. Das war sehr schön. Das haben wir auch in Schulen gespielt und vor Arbeitern. Es war ja die Zeit, wo man gedacht hatte, der Arbeiter muss unbedingt ins Theater, aber der wollte nicht unbedingt ins Theater. So habe ich Dieter Dorn kennen gelernt, und daraus entwickelte sich in Essen eine sehr intensive Arbeit. Wir haben viel zusammen gemacht.«[64] Man machte auch privat viel zusammen, und dann verlor man sich aus den Augen, wie das beim Theater oft so ist. Dorn ging nach Oberhausen ins Engagement, und Zapatka blieb in Essen. Dorn muss damals auf die Schauspieler wie ein Theatererneuerer gewirkt haben. Neu an seiner Arbeit war, dass er ein Stück zusammen mit den Schauspielern erarbeiten wollte, obwohl er genau wusste, was er wollte. Anfänglich verwechselten das die Schauspieler wohl und dachten, dieser Jungspund habe keine

Manfred Zapatka
Geb. am 02.10.1942 in Bremen
Ausbildung an der Westfälischen Schauspielschule Bochum
Engagements in Freiburg, Essen, Stuttgart
1976–1981 in München an den Kammerspielen
1981–1984 Engagements in Bochum und Frankfurt
1984–1998 wieder an den Kammerspielen
Seither freier Schauspieler
Fünf Kinder aus zwei verschiedenen Ehen
Lebt mit seiner Frau Margarete in Berlin

Ahnung. Doch allmählich begriffen sie wohl, dass mehr dahinter steckte. »Dorn hatte aber sofort Riesenerfolge. Das Ensemble arbeitete gern mit ihm, und er war auch ein witziger Kerl. Es war schon die Vorahnung, dass da etwas Neues kam und auch etwas sehr Prägendes.«

Erst 1976 begegneten sich die beiden wieder in München – alle anderen Stationen Dorns hatte Zapatka ausgelassen, obwohl es um ein Haar zu einer Zusammenarbeit mit Lietzau in Berlin gekommen wäre. Lietzau bestellte Zapatka ins Schlosscafé in Stuttgart, das gegenüber dem Theater liegt, nachdem er ihn als Michael Kramer gesehen hatte. Die Absicht war klar: Er wollte ihn nach Berlin holen und pries einen erstklassigen jungen Regisseur an: Dieter Dorn. Worauf Zapatka ihm antwortete: »Dem bestellen Sie mal einen herzlichen Gruß von mir, den kenne ich!« Zapatka fuhr also nach Berlin, lernte auch Ernst Wendt und Harald Clemen kennen, man sprach wohl auch schon konkreter über Stück und Rolle – aber in erster Linie teilten die Drei ihm mit, dass sie eigentlich planten, Berlin den Rücken zu kehren und nach München zu gehen. Dorn bot Zapatka an, den jungen Boxer in Clifford Odets *Golden Boy* zu spielen unter der Regie von Harald Clemen, aber das waren bereits Pläne für München. Dorn erzählte noch, er werde die *Minna* machen und Wendt den *Balkon* – sie drückten ihm das Stück in die Hand, und weg waren sie. In München traf Zapatka dann auch seinen ehemaligen Intendanten aus Freiburg wieder, Hans-Reinhard Müller. Es folgten zwei Arbeiten mit Ernst Wendt in Müllers *Germania Tod in Berlin* und in *Maria Stuart.*

Auf die Frage, wie er sich zurecht gefunden habe zwischen diesen beiden Antipoden Dorn und Ernst Wendt, antwortet Zapatka: »Eigentlich sehr gut. Ich habe beide sehr geschätzt. Die beiden Arbeiten mit Wendt waren für mich aber ganz wichtige Inszenierungen. Den Ernst habe ich sonst als göttlich kompetenten Theatermann erlebt. Dass die beiden sich mal auseinander entwickeln könnten, also dass das einmal zu einer so persönlichen

Wolfried Lier als Tokio und Manfred Zapatka als Joe Bonapart in *Golden Boy*

Manfred Zapatka als Alwa und Cornelia Froboess als Lulu im gleichnamigen Stück

Martin Flörchinger als Schigolch und Cornelia Froboess als Lulu

Geschichte wird, dass man sich trennen muss, hätte ich nie gedacht.«

Zapatka spielte noch sehr erfolgreich bei Thomas Langhoff in *Platonow*. Dann folgte er einem Ruf von Adolf Dresen, bei ihm in Bochum in der *Fledermaus* mitzuwirken. Er sang den Eisenstein, und es gab hymnische Kritiken in der *Opernwelt*. Dresen war für ihn »ein Mann von einer ungeheuren Wucht. Das war ein richtiger, ein wunderbarer Mensch, der sich wirklich intensiv mit dem Schauspiel und seinen Spielern auseinander setzte.« Zapatka folgte dann Dresen weiter nach Frankfurt und kam erst 1984 wieder fest ins Ensemble der Kammerspiele zurück und erlebte die ›fetten‹ Erfolgsjahre des Ensembles unter Dorn. War dieses Engagement nicht nur das längste, sondern auch das künstlerisch wichtigste seiner Laufbahn? »Ja, eindeutig. Ich bin mit einer solchen Freude an die Kammerspiele zurück gegangen wie der verlorene Sohn. Ich habe da auch im ersten Jahr gleich vier oder fünf große Rollen hintereinander gespielt. Es war *Lorenzaccio*, es war *Hamletmaschine*, es war *Der Park*, also es war unglaublich. Der Wachsmann hat auch ganz richtig gesagt: ›Du brauchst das jetzt, und wir finden, du sollst jetzt erst mal wieder richtig arbeiten‹, und das stimmte auch, das war mein Leben.« Zapatka fühlte sich am richtigen Haus zum richtigen Zeitpunkt und im richtigen Ensemble. »Ich habe das ja auch über ein Jahrzehnt

gar nicht in Frage gestellt, ich habe gar nicht darüber nachgedacht, weil es perfekt war: So wollte ich Theater machen. Ich hatte das große Glück, dass mich das Münchner Publikum wirklich sofort angenommen hat.«

Irgendwann jedoch war diese Hochzeit zu Ende. Es waren in erster Linie familiäre Beweggründe, die Zapatka veranlassten, 1998 zu kündigen. »Künstlerisch war es die bessere Entscheidung, nach so langer Zeit einmal die Stadt und das Haus zu wechseln. Es war einfach richtig, mich wieder auf ganz andere Situationen einzulassen. Es war schwer für mich, aus diesem für mich so geliebten München wegzugehen. Ich habe mich so wohl in dieser Stadt gefühlt, aber meine Familie nicht. Ich kann nur abschließend sagen, meine Frau will nun dringend zurück nach München, jetzt sagt sie, das ist ihre Heimat.« Klingt das nicht ein bisschen nach: ›Verdammt, vielleicht haben wir damals doch einen Fehler gemacht?‹

Den Schigolch in *Lulu* spielt **Martin Flörchinger**, ein älterer Schauspieler, den Dieter Dorn vermutlich schon in seinen Leipziger Jugendjahren von Theaterbesuchen kannte und den er stets sehr verehrte und mochte.

Wolf Biermann schreibt in seinem Text *Akten-Einsicht* aus dem Jahr 1992 folgende Zeilen (deren Inhalt allerdings nichts mit der Akteneinsicht zu tun haben): »Es geht kein Schwein was an, dass der wunderbare Brecht-

geht kein Schwein was an, dass der wunderbare Brecht-schauspieler Martin Flörchinger an die zehn Jahre in Ostberlin mein Nachbar gewesen ist. Wir bewohnten eine zweigeteilte Wohnung in der Chausseestraße 131 und waren ein Herz und ein Frühstücksei. 1975 ging er in Rente, leider! Denn Flörchinger verließ damals nicht nur das Berliner Ensemble, sondern gleich die ganze DDR. Der Schauspieler ging zurück nach Bayern, um dort im Land seiner Jugend die Rente zu genießen. Seine Woh-nungshälfte war also frei geworden und ich brauchte einen neuen Mieter.«[65] Von wegen »in Rente«! Wahr-scheinlich nannte man es bei unseren ehemals sozialisti-schen Nachbarn so, wenn wieder ein unersetzlicher Schauspieler gen Westen verschwand.

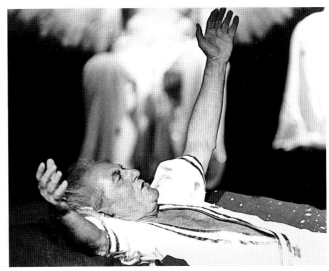

Martin Flörchinger als Der Herr in *Faust I*

Bekannt wurde Flörchinger durch seinen *Hamlet* in Leipzig und als *Schweyk im Zweiten Weltkrieg* am Berli-ner Ensemble. In den Fünfziger- und Sechzigerjahren war er in vielen DEFA-Filmen und im DDR-Fernsehen zu sehen. In Leipzig, wo er von 1948 bis 1953 engagiert gewesen war, hatte er zentrale Rollen gespielt, wie eben den Hamlet. Brecht selbst hatte Martin Flörchinger, sei-nen bayerischen Landsmann, noch ans Berliner Ensem-ble geholt, aus dem Deutschen Theater, an dem dieser drei Jahre lang ein viel beschäftigter Darsteller gewesen war. Am Schiffbauerdamm bei Brecht »erwies er sich als der Inbegriff eines Ensembleschauspielers, dem keine

Rolle zu gering war, um ihr nicht ein unverwechselbares Gepräge zu geben. In gewisser Hinsicht war Flörchinger die Verkörperung dessen, was dieses Theater zum Ensemble machte: durch die Fähigkeit, den Unterschied zwischen großen und kleinen Rollen zum Verschwinden zu bringen und an jeder Stelle vollkommene Präsenz zu zeigen; was er dadurch für die künstlerische Moral der Truppe geleistet hat, ist kaum ermesslich. Flörchinger konnte alles spielen, […] er konnte den Sozialcharakter einer Figur mit großer Genauigkeit bezeichnen und blieb

Martin Flörchinger

Geb. am 09.10.1909 in Geisenhausen/Niederbayern, gest. am 27.10.2004 in Vilsbiburg

Sohn von Ernst Flörchinger und Anna Paintner, beide Schauspieler

1929–1932 Ausbildung an der Schauspielschule in Leipzig, dort auch Bühnendebüt

Weitere Theaterengagements u.a. in Stettin, Gera, Frankfurt, Dortmund, Königsberg, Darmstadt und Leipzig

1953 Engagement durch Wolfgang Langhoff an das Deutsche Theater in Berlin

Ab 1956 am Berliner Ensemble

1967 und 1972 Auszeichnung mit dem Nationalpreis der DDR für seine künstlerischen Leistungen

1976 Übersiedlung aus der DDR in die BRD

1976–2001 Engagement an den Münchner Kammerspielen

2001–2004 am Bayerischen Staatsschauspiel

Zahlreiche Rollen für Film und Fernsehen

Daneben leidenschaftlicher Zeichner, außerdem Neuübersetzung von Shakespeares 154 Sonetten (veröffent-licht 1996 unter dem Titel *Und Narren urteil'n über echtes Können*)

Tochter Wera Paintner und Schwiegersohn Wolfgang Dehler sind ebenfalls Schauspieler

ein Urkomöde, dessen schwerfällige Grazie, intensive Gelassenheit ihn, wo immer er auftrat, ins Zentrum der Szene rückte.«[66]

Dieter Dorn muss ihn schon von seinen Leipziger Auftritten her gekannt haben. Auf jeden Fall wurde später kolportiert, er sei stets ein schauspielerisches Vorbild für Dorn gewesen: »Wenn man sieht, wie er sich um Martin Flörchinger kümmerte, den er außerordentlich verehrt hat in Leipzig, den er immer ins Theater marschieren sah – als Dorn dann Intendant war und der Martin Flörchinger in der DDR in das Alter kam, dass er langsam in die Pension wollte und nach Bayern zurück, da hat ihn der Dieter sofort geholt. Das drückt Treue und Verbundenheit aus zu Leuten seines Vertrauens.«[67] Flörchinger spielte noch bis zu seinem neunzigsten Lebensjahr(!) weiter Theater.

In München fiel Flörchinger in seiner ersten Rolle bei Dieter Dorn als Schigolch in *Lulu* auf. Joachim Kaiser urteilte in der *Süddeutschen Zeitung*: »… nahezu unspielbare Rollen wie der Urvater und Urfreund Schigolch schienen an ein biederes Plausibilitätskonzept gebannt.«[68] Kaiser zielt auf die Bemühungen Dorns ab, aus der Lulu ein ›ganz normales Mädchen‹ zu machen und das Stück einem »still-plausiblen, realistischen Konzept zu unterwerfen« (Kaiser), was nicht aufgehen kann.

Jochen Striebeck, allen Münchner Theatergängern und Radiohörern vertraut und bekannt, spielte in der *Lulu* den Escherich, einen Reporter. Striebeck hatte nur eine

Szene, an die er sich aber immer noch erinnert: »Es war eine wunderbare Szene, mit Holtzmann zusammen. Wir haben furchtbar gelacht, wir haben uns beide geniert, denn es war eine Extremsituation, und der Dieter hat die auch so extrem gebaut, und wir hatten Schwierigkeiten, die Vorstellung überhaupt einigermaßen sauber zu spielen. Einigermaßen sage ich bewusst. Wir waren schweißgebadet.«[69]

Schon bevor Dorn an die Kammerspiele kam, war Jochen Striebeck den Münchnern als Schauspieler bekannt: Er spielte am Bayerischen Staatsschauspiel, dem er seit 1966 angehörte. Zusätzlich war er Lehrer an der Otto-Falckenberg-Schule und hatte versucht, die »Rote Rübe«, die sich aus den Schülern heraus formiert hatte, in den Lehrbetrieb zu integrieren – was wohl keine leichte Aufgabe war. Die »Rote Rübe« war ein Theaterkollektiv, das sich aufklärerisches Kindertheater aufs Paneel geschrieben hatte.

Striebeck stammt aus einer alten Theaterfamilie. Vater Karl Striebeck war Schauspieler, Intendant und Leiter der Ruhrfestspiele und selbst zehn Jahre an den Kammerspielen und auch am Residenztheater engagiert. Auch die Mutter und Bruder Peter waren Schauspieler; letzterer wurde am Hamburger Thalia Theater Intendant. Schon 1952, im Alter von zehn Jahren, spielte Jochen Striebeck erstmals Theater in Schleswig, wo sein Vater Theaterleiter war. Die Kinder mussten ran, wenn eine Rolle nicht besetzt werden konnte, und so war Jochen Striebecks erste Rolle ein Greis – »Man bekam

---

Jochen Striebeck

Geb. am 07.05.1942 in Schneidemühl (heute Pila/Polen)

Eltern: Karl Striebeck, Schauspieler und Intendant in Pila, und Mathilde Zedler, Schauspielerin

Bruder Peter Striebeck ist ebenfalls Schauspieler

Ausbildung an der Staatlichen Hochschule für Musik und darstellende Kunst in Hamburg

Erstes Engagement 1961 am Thalia Theater, Hamburg, danach Heidelberg, Basel und Wiesbaden

1966–1973 Bayerisches Staatsschauspiel, München

Ab 1973 bei Hans-Reinhard Müller und später Dieter Dorn an den Kammerspielen in München

Lehrer an der Otto-Falckenberg-Schule, München

Bekannt als Synchronstimme von Donald Sutherland und Philippe Noiret

Zahlreiche Engagements bei Film und Fernsehen

Blieb nach dem Weggang Dorns an den Kammerspielen unter der Intendanz von Frank Baumbauer

Jochen Striebeck als Der Richter, Matthias Hell als Der Ober und Jörg Hube als Puntila in *Herr Puntila und sein Knecht Matti*

einen Bart umgehängt und los ging's«, erinnert er sich. Aus diesen frühen Zeiten kennt Striebeck auch noch Thomas Holtzmann. Schleswig war damals ein Haus, das nicht unbedeutend war und wo sich einige, die später ›etwas wurden‹, versammelten.

Als Hans-Reinhard Müller ihn 1973 fragte, ob er zu ihm an die Kammerspiele kommen wollte, erfüllte sich für Jochen Striebeck ein Kindertraum. »Schon als kleiner Junge habe ich davon geträumt, einmal an die Kammerspiele zu kommen, und diese Anfrage war eine wunderbare Möglichkeit. Und dann habe ich mit Müller zusammen da angefangen, mit einer großen Schar neu engagierter Schauspieler. Das war natürlich eine Experimentierphase, das war ein Ausprobieren, und es war gar nicht einfach damals, auch für Müller nicht, aus diesem Theater, das ziemlich am Boden war, wieder eine funktionierende Schauspieltruppe zu machen.«[70] Striebeck behauptet von sich selbst, einer gewesen zu sein, der sich nie viel daraus gemacht hat, große Rollen zu spielen. »Ich fand es immer ganz spannend, in einem Ensemble zu sein, in dem gemeinsam eine Sache erarbeitet worden ist. Ich bin gut dabei gefahren. Viele sagten: ›Du musst Dich vordrängeln.‹ Ich habe das nie gemacht. Mir war es immer wichtig, an einer guten Arbeit beteiligt zu sein. Auch die ganzen Botho Strauß-Aufführungen zum Beispiel, das waren alles tolle Arbeiten, und es hat unheimlich viel Spaß gemacht. Das hat mich auch sehr viel weiter gebracht, weil man Zuhören gelernt hat durch Dorn.« Striebeck sagt, er habe eher zum Dorn- als zum Wendt-Lager gehört, und die Art und Weise, wie Dorn gearbeitet hat, war ihm auch viel lieber. »Wenn man so einen Regisseur hat, dann arbeitet man gerne mit dem, und es ist wirklich nicht so, dass man, wie wir anfangs dachten, alle sieben Jahre wechseln muss. Ich habe trotzdem nie lange Verträge gehabt, auch mit Dorn nicht. Ich hatte immer nur Einjahresverträge, und die wären jederzeit kündbar gewesen. Man konnte ja auch immer zu ihm gehen, man kriegte einen Termin, wann immer man wollte. Wenn man zum Beispiel Angebote für ein Gastspiel oder Fernsehen hatte, das hat man meistens vorher mit Wachsmann beredet, dann wurde das gefiltert, und dann kam Dieter, und man hat das mit ihm besprochen. Das war eigentlich nie ein Problem.«

Jochen Striebeck ist einer der ganz wenigen, die nicht mit Dorn auf die andere Straßenseite gingen. Außer ihm blieb noch Doris Schade, vorwiegend aus Altersgründen, wie sie sagt – und ein paar wenige andere Schauspieler, die sich ganz woanders hin orientieren wollten. Striebeck über seine Beweggründe, an den Kammerspielen zu bleiben: »Erst einmal hatte mich der Baumbauer gefragt, ob ich nicht bleiben möchte. Ich bin ja mehr oder weniger schon am Ende meines städtischen Theaterlebens gewesen – ich bin dieses Jahr 65 geworden –, und mein Vertrag endet jetzt an den Kammerspielen.«

Das Positive, das für ihn dabei heraus kam, ist, dass er erlebte, dass es auch völlig andere Ensemblestrukturen gibt als bei Dorn. »Man wusste bei Dorn in etwa, was man spielt, wenn ein Stück auf der Schiene war. Man kannte das Zutrauen von ihm zu mir – und ja, dass ich unter seiner Intendanz stücktragende Rollen spiele, damit habe ich nie gerechnet.« Mit richtig großen Rollen zum Zuge gekommen ist Jochen Striebeck bei Dorn nie – er würde das auch nicht reklamieren wollen. Dennoch sucht er auch noch andere Herausforderungen. »Ich habe mir das dann woanders geholt, wenn ein entsprechendes Angebot kam, Götz von Berlichingen habe ich sehr gerne gespielt, eine wunderbare Rolle. Ich hätte es lieber im geschlossenen Raum getan als im Freilichttheater, aber es ging ganz gut in Jagsthausen. Ich habe dann auch im Gärtnerplatz-Theater gespielt, mal den Puck in der *Feenkönigin*, dann habe ich in der Staatsoper Experimentierbühne gemacht, mit Walter Haupt zusammen. Da haben wir wunderbare Sachen entwickelt. Dann habe ich in Nürnberg gastiert, und dann war ich Intendant in Jagsthausen. Also sagen wir mal, ich habe mir meine Lorbeeren anderswo geholt. Ich habe auch viel, wahnsinnig viel Fernsehen gemacht. Neulich sagte mir mein Agent, dass ich über siebzig Fernsehrollen gespielt habe. Und Rundfunk mache ich viel und synchronisiere – all das tue ich gerne. Ich finde, dieser Beruf gibt einem so viele Möglichkeiten, wenn man das ernsthaft betreibt und wenn man es nicht auf die leichte Schulter nimmt.«

Um allmählich mit der *Lulu* abzuschließen, muss auch **Charles Brauer** noch vorgestellt werden. Er hatte die Rolle des Marquis Casti-Piani, eines undurchsichtigen Mädchenhändlers, der Lulu in den Orient verkaufen will.

Charles Brauer lernte Dieter Dorn bereits am Hamburger Schauspielhaus kennen. Lietzau und Wendt hatten Dorn 1971 geholt, weil sie einen Regisseur für Hamptons

Charles Brauer als Der Regisseur in *Verwandlungen*

herrschte, und erzählt, dass er ursprünglich in Dorns *Minna* den Wirt hätte spielen sollen, was dann aber nicht ging, da er in Hamburg noch ein Stück zu Ende bringen musste. So kam es also in München nicht mit Dorn, sondern mit Ernst Wendt zu einer ersten Zusammenarbeit im *Balkon*. Danach folgte eine Produktion mit Tabori, die für Brauer eine völlig neue Erfahrung bedeutete.

Doch zurück zu *Lulu*, Brauers erster Arbeit mit Dorn in München. Er hatte nach dem *Balkon* die *Verwandlungen* gemacht und probte schon für das nächste Stück, den *Ödipus* mit Wendt, als Dorn ihn fragte, ob er nicht eine Rolle in der *Lulu* übernehmen könnte. »Ich glaube, das war die Eröffnung der nächsten Spielzeit, beide Teile der *Lulu*, also eine Riesennummer mit dem gesamten Ensemble. Und es gibt eine ganz schreckliche Rolle da drin, das ist ein Zuhälter, der heißt Casti-Piani, und den sollte Heinz Bennent spielen. Und Heinz Bennent hat dem Dieter was gepfiffen, hat gesagt, lass mich in Ruhe mit der Rolle, und Dieter war in Not. Ich probierte *Ödipus*, und Dieter fragte, ob ich nicht einspringen könnte. Das war dann leider im Vergleich zu dem, was ich mit ihm erlebt habe in Hamburg, eine Riesen-Krampfnummer: Ich war wahrscheinlich auch eigentlich eine Fehlbesetzung.«

Es kam dann nur noch zu einer weiteren Zusammenarbeit zwischen Dorn und Brauer, die in *Groß und klein*. Dorn muss ihn wohl gefragt haben, warum er denn bei Wendt immer so entspannt sei und bei ihm so verkrampft. Das war schon zu einem Zeitpunkt, wo die Lager

Menschenfreund suchten, in dem Brauer auch mitwirkte. Dorn holte Brauer dann 1976 nach München, und Brauer wird später in einem Interview zu Protokoll geben: »Ich kam wegen Dorn und blieb wegen Wendt.«[71] Heute schwärmt Brauer von der Aufbruchstimmung, die damals

Charles Brauer
Geb. am 03.07.1935 in Berlin
Schauspielunterricht bei Hilde Körber in Berlin
Erste Engagements von 1954–1956 am Jungen Theater Hamburg, den Hamburger Kammerspielen und dem Zimmertheater Hamburg
1956–1976 Engagement am Deutschen Schauspielhaus Hamburg
1976–1983 Münchner Kammerspiele
Anschließend wieder am Deutschen Schauspielhaus Hamburg, am Staatstheater Stuttgart, bei den Salzburger Festspielen und am Staatstheater Hannover
Kurze Rückkehr nach München 1993 an das Bayerische Staatsschauspiel
Zahlreiche Film- und Fernsehrollen
Lebt mit seiner zweiten Frau, der Bühnenbildnerin Lilot Hegi, in der Schweiz

Dorn/Wendt sich zu verfestigen begannen. »Dieter hatte nach der *Lulu* furchtbare Manschetten. Plötzlich hatte er irgendwie, was weiß ich, Krämpfe, Ängste, keine Ahnung. Wir haben das auch nicht ausgetragen. Ich habe das nicht getan, und Dieter ist ja auch nicht der, der unbedingt auf einen zukommt. Die Arbeit bei *Gross und klein* war, nun, okay, aber sie war nicht so, dass man sagte, ja, darauf bauen wir auf. Ich habe das schon vermisst und auch oft darüber Schmerz empfunden, aber es war halt nicht.«

Als entschieden war, dass Dorn Intendant werden und Wendt weggehen würde, war für Charles Brauer vollkommen klar, nicht zu verlängern. Er arbeitete zunächst wieder mit Wendt in Hamburg (Riccaut in *Minna von Barnhelm*) und nahm verstärkt Film- und Fernsehangebote an. Es wäre wohl auch zu einer Zusammenarbeit mit Wendt in Wien im Theater in der Josefstadt gekommen – doch Wendts plötzlicher Tod vereitelte alle weiteren Pläne. Auch der frühe Tod seiner damaligen Lebensgefährtin Lisi Mangold, die ja eine der wichtigsten Schauspielerinnen für Ernst Wendt gewesen war, war ein schwerer Schicksalsschlag für Brauer, von dem er sich nur allmählich erholte.

Dann kamen die *Tatort*-Jahre. Brauer wurde einem breiten Publikum bekannt durch seine Verkörperung des Peter Brockmöller an der Seite von Manfred Krug. Es ist immer wieder interessant zu sehen, wie sich das Image eines Schauspielers, den man zuvor von der Bühne kannte, durch diese Fernsehprominenz schlagartig vollständig ändert. Dieser Fernsehausflug sollte sechzehn Jahre dauern. Und in der Tat – wenn man sich vor Augen hält, wie viele hervorragende Bühnendarsteller zu Kriminalern im Fernsehen mutierten, dann kann man Dieter Dorn nur beipflichten, wenn er sich über die Fluchttendenz vieler Schauspieler zum Fernsehen beschwert.

Aktuell spielt Brauer wieder Theater: In Bochum ist er in *Die Katze auf dem heißen Blechdach* als Big Daddy zu sehen (Spielzeit 2007/08). Man darf nicht vergessen, dass Brauers Laufbahn ja bereits in Hamburg unter Größen wie Gründgens begonnen hat. Dorn und seinem Theater begegnete Brauer erst, als er schon ein arrivierter Schauspieler war. So ist Dorn also nicht zur zentralen Begegnung seines Berufslebens geworden.

Last, not least ein Darsteller, der sich ebenso wie viele andere ins optische Gedächtnis der Zuschauer eingegraben hat, auch wenn er nicht zu den Protagonisten gehörte: **Helmut Pick.** Er war ein halbes Leben lang Mitglied des Dorn-Ensembles. In der *Lulu* spielte er den Prinzen Escerny – wie so oft eine der kleinen und mittleren Rollen, ohne die kein Stück funktioniert.

»Die Sonderlinge, die komischen Käuze, die schrulligen Eigenbrödler und schrägen Vögel waren seine besondere Spezialität. Aber jedes Mal sind die Menschen, die er auf der Bühne spielt, vielsagend, indem er hinter ihrer äußeren Fassade immer noch eine zweite und dritte Ebene vermuten lässt«, heißt es in einem Nachruf des Bayerischen Staatsschauspiels. In Dieter Dorns Neuinszenierung von Feydeaus *Floh im Ohr* hätte er noch den Baptiste spielen sollen, doch dazu kam es leider nicht mehr. »Seine Stärke bestand darin, das Theater, die Texte, die gemeinsame Arbeit höher zu schätzen, als die eigene Person«, würdigt Dieter Dorn die Schauspielkunst Picks.[72] Mehr ist nicht zu finden zu diesem Schauspieler, in keiner Zeitung, in keinem Nachschlagewerk und auch nicht im Internet. Helmut Pick scheint nur noch in der Erinnerung derer zu existieren, die ihn auf der Bühne erlebt haben. Er wirkte ein bisschen wie ein Don Quichote, groß, von eher krummer denn aufrechter Körperhaltung. Bezeichnenderweise erschien er zu einem Interview mit Sabine Dultz, die an

Helmut Pick
Geb. 1929 im Rheinland, gest. am 24.09.2006
1976–2001 Mitglied des Ensembles der Münchner Kammerspiele
2001 Wechsel mit Dieter Dorn ans Bayerische Staatsschauspiel
Deutsche Synchronstimme von Michel Serrault und Ian Richardson
Diverse Hörspiel- und Fernsehrollen, u. a. in *Unser Lehrer Dr. Specht*

einem Buch über die Kammerspielzeit Dorns arbeitete und bei der Anbahnung des Gespräches bereits auf Schwierigkeiten gestoßen war, schließlich nur, um zu sagen, dass er nichts zu sagen habe. Ihm und allen anderen, deren Stellung im Ensemble eher eine am Rande war, diesen unverzichtbaren (›Neben‹-)Darstellern sei an dieser Stelle und stellvertretend für alle in diesem Buch möglicherweise zu kurz Gekommenen Achtung ausgesprochen. So etwa den ewigen Nebenrollendarstellern Monika Manz, Fred Klaus oder großen Namen wie Otto Kurth und Karl Renar, die auch viele Jahre am Haus waren. Auch Daphne Wagner wurde hier zunächst noch unterschlagen; wir begegnen ihr in *Groß und klein* wieder. Zudem sind hier einige Mitwirkende der *Lulu* nicht erwähnt worden, weil sie entweder zu kurz an den Kammerspielen waren, um zur Dorn-Truppe gezählt werden zu können, oder weil sie ihre künstlerische Erfüllung bei anderen Regisseuren fanden: Felix von Manteuffel, der den Maler Schön spielte, Markus Boysen als Hugenberg und Barbara Freier als Gräfin von Geschwitz. Sie alle orientierten sich in den folgenden Jahren sehr zum Wendt-Lager hin und verließen mit ihm die Kammerspiele.

Seit 1977 ist **Jürgen Fischer** Chefmaskenbildner an den Kammerspielen. Er hatte in den frühen Siebzigerjahren bereits in Hamburg mit Jürgen Rose zusammengearbeitet, der Fischer dann nach München holte. Keiner rückt den Schauspielern so eng auf die Pelle wie der Maskenbildner. Er bekommt sicherlich Vieles mit, was Anderen verborgen bleibt.

Jürgen Fischer: Naja, das sind plötzlich ganz intime Vorgänge, die sich auch dokumentieren in Ängsten der Schauspieler gegenüber der Maske, weil oft ein Verwand-

lungsprozess stattfindet, dem man sich zu stellen hat und mit dem man dann umgehen muss. Auf der anderen Seite gibt es natürlich auch Sensibilitäten, die manchmal zu Aggressionen führen, und dann gibt es auch mal Krach, aber das ist völlig normal. Wenn es keinen Krach gibt, ist das kein richtiges Theater.

Christina Haberlik: Wieso gibt es Krach? Haben die Schauspieler Angst, von Ihnen verunstaltet zu werden?

J.F.: Nein, aber der Schauspieler kommt in die Maske rein, und so und so viele Leute haben schon über seinen Kopf hinweg bestimmt, wie er auszusehen hat. Und er muss sich ja nun mal damit identifizieren und muss damit rausgehen auf die Bühne. Und da ist es natürlich in meiner Hand, zu versuchen, ihm das, was er dort an Verunstaltung sozusagen entgegennehmen muss, dass er das auch annimmt, und dafür ist es ganz wichtig, dass ein Vertrauensverhältnis da ist. Denn ich sage den Schauspielern immer: ›Auf der Bühne siehst du dich selbst nicht, sondern der einzige, der dich objektiv sehen kann, bin ich.‹ Denn ich weiß, was man vielleicht verändern kann oder muss, damit er sich dann auch positiv damit identifizieren kann. Und ich sage: ›Du musst nicht unbedingt erwarten, dass dein Schauspielerkollege zu dir sagt, dass du wahnsinnig gut aussiehst. Sondern der denkt vielleicht genau das Gegenteil.‹ Also das ist ein wirkliches Vertrauensverhältnis, das ist ziemlich eng, und da muss er sich auch drauf verlassen können.

C.H.: Haben Sie zu einzelnen Leuten ein engeres Verhältnis aufgebaut, oder blieb das immer streng beruflich?

J.F.: Eigentlich habe ich immer versucht, das beruflich zu sehen, aber am Theater ist das Berufliche vom Privaten nie ganz zu trennen. Wenn abends der Schminkraum voll war mit Darstellern, die für eine bestimmte Auffüh-

Jürgen Fischer
Geb. am 20.05.1946 in Halle/Saale
Chefmaskenbildner
Ausbildung am Staatstheater Braunschweig
Weitere Stationen: Essen, Frankfurt, Göteborg, Hamburg
Seit 1977 an den Münchner Kammerspielen
Lebt in München

Jürgen Fischer

rung zurecht gemacht wurden, war es so, dass auch sehr viele private Dinge besprochen wurden. Und ich glaube, dass das Private, das heißt die Unterhaltung über private Dinge, auch dazu führte, das Vertrauensverhältnis in besonderer Weise aufzubauen.

C.H.: Sie gehörten ja zum engeren Team um Dorn und sein Ensemble. Haben Sie mit den Leuten ein Zusammengehörigkeitsgefühl entwickelt?

J.F.: Ja natürlich! Das kann ich ganz besonders sagen, weil wir nun hier an den Kammerspielen doch eine etwas veränderte Art des Theaters und auch des Zusammengehörigkeitsgefühls erlebten. Denn damals war es ein Ensemble, das seit 1977 zusammen war, und man kannte jeden, und man kannte auch die ganze Problematik, die mit der einen oder anderen Person zusammenhing. Und dann war es eben so, dass man sich aufgrund dieser langen Zeit sozusagen mit den Leuten identifizierte.

C.H.: Plötzlich war die Idylle zerstört, als Dorns Vertrag nicht verlängert wurde. Wie war das für Sie?

J.F.: Ja, das war natürlich insofern eine schwierige Situation, weil auf der einen Seite man selber gar nicht über die Informationen verfügte, die notwendig waren, um zu beurteilen, warum das nun alles so gewesen ist und inwieweit der damalige Kulturreferent dort agiert hat. All das hat man mehr oder weniger aus der Zeitung erfahren. Das war natürlich für dieses Haus sozusagen das Ende dieses gesamten Ensembles, was sich dort über 25 Jahre etabliert hatte. Und das war schon eine Erfahrung, ja, die musste man erst mal verdauen.

C.H.: Haben sie überlegt, mitzugehen auf die andere Seite, oder hat Dorn sie gefragt?

J.F.: Nee, das hat sich für mich so nicht ergeben. Ich muss sagen, Dorn und ich hatten ein Verhältnis, das durch gegenseitigen Respekt geprägt war, und wir hatten durchaus unsere Meinungsverschiedenheiten. Es war auch nicht immer einfach, weil Dorn ein Mann war, der äußerste Qualität erwartete – was ja auch richtig ist. Nur manchmal ließ sich das aufgrund der Umstände nicht so einfach erledigen, weil die Vorlaufzeit, um bestimmte Dinge in einer bestimmten Qualität herzustellen, sich verkürzte aufgrund dessen, dass man eine Sache plötzlich ganz anders gesehen hat. Und Dorn hatte immer das Gefühl, wenn Leute Perücken aufhaben, dann verstecken sie sich dahinter. Es ist auch vorgekommen, dass eine Darstellerin in den Proben, nur damit sie sich daran

gewöhnt, zwei, drei Mal eine Perücke aufhatte, und dann hat er gesehen, dass es eine Perücke ist, bzw. die Darstellerin fragte: ›Wie findest du eigentlich meine Perücke?‹ Und dann war das Ding gestorben. All so etwas haben wir da erlebt.

C.H.: Was hat sich für Ihren Arbeitsbereich geändert, seit sie mit der Baumbauer-Mannschaft arbeiten?

J.F.: Wir haben es jetzt mit einer völlig anderen Ästhetik zu tun, und das bedeutet auch ein völlig anderes Arbeiten. Früher war die Arbeit von einer unerhörten Präzision und Genauigkeit geprägt, das hat sich auch ausgedrückt in Probenzeiten, von denen die Theater heute nur noch träumen. Und das hat sich natürlich auch ausgedrückt durch den Jürgen Rose, der in seiner Genauigkeit und seinem unglaublichen Qualitätsbewusstsein die Dinge so weit getrieben hat, bis sie wirklich genau auf den Punkt waren. Die Zeit ist heute überhaupt nicht mehr vorhanden. Das ist das eine. Das andere ist, dass durch die verkürzten Probenzeiten und eben die Ästhetik, die sich verändert hat, sich natürlich das Arbeiten automatisch verändert hat. Das führte dazu, dass auch wir heute viel plakativer arbeiten. Es ist nicht mehr vergleichbar mit dem, was wir vorher gemacht haben.

C.H.: Um noch einmal zum alten Kernensemble der Dorn-Ära zurückzukehren: Welche Geschichten aus ihrem Schminktöpfchen können Sie preisgeben?

J.F.: Es gibt eine schöne Geschichte, sie hat mit Peter Lühr zu tun. Auch wenn er keine Schminke bekam, hatte er in seiner Garderobe in der Schublade einen kleinen, braunen Dermatographen. Und den hat er immer genommen und hat sich dann einen Strich unter das Auge gemacht. Egal was passiert ist, ohne diesen Strich ist er einfach nicht raus gegangen. Also gerade mit Lühr waren ein paar wunderschöne Geschichten. In einem Stück wollte er eine Nase haben, wo er mir dann erklärte: ›Wissen sie, Herr Fischer, warum ich eine Nase haben will? Immer wenn ich mit einer Inszenierung nicht zurecht komme, möchte ich eine Nase haben.‹ Wunderbar!

C.H.: Mit wem haben Sie besonders gern zu tun gehabt?

J.F.: Es gibt natürlich Leute, die unheimlich maskenfreundlich waren, dazu zählte zum Beispiel Holtzmann. Mit ihm hat es irre Spaß gemacht, weil der hat – ich sag es mal in Anführungsstrichen – fast jeden Blödsinn mitgemacht, war aber sehr, sehr genau in seinen Vorstellungen. Mit ihm konnte man prima etwas umsetzen. Genauso war es mit Boysen. Also das war dann richtig gut. Und das ist ein Unterschied zu heute, das ist alles nicht von dieser Intimität bestimmt, die früher die Zusammenarbeit geprägt hat, eben dadurch, dass es ein Ensemble war.

C.H.: Axel Milberg haben Sie mal besonders gequält, habe ich gehört.

J.F.: Ach ja, das war der Caliban im *Sturm* – der Jürgen Rose hatte sich vorgestellt, dass der lauter Narben hat. Es gibt so etwas bei Negervölkern: Mit Scherben ritzen die sich die Haut auf und machen dann Asche hinein, damit die Narbe eine Wulst ergibt. Und Rose wollte, dass die Beine und der gesamte Oberkörper übersät sind mit diesen Narben. Also haben wir diese kleinen Narben gefertigt, um diesen Effekt zu erzielen, und ich glaube, Herr Milberg hat in der Garderobe eineinhalb Stunden nur gestanden, denn wir konnten ihm ja diese Dinger immer nur einzeln ankleben. Und dann sollte er auch noch solche Gummistrümpfe anhaben, und das war sehr komisch. Wir gingen in so einen Latexshop rein, und die guckten auch schon ein bisschen komisch, und wir sagten: ›Wir möchten gerne Latexstrümpfe für Herren.‹ ›Ja‹, hieß es, ›haben wir da.‹ Und dann habe ich gesagt: ›Kann man die auch in Aceton auflösen?‹, worauf die gedacht haben: ›Was ist das für eine perverse Nudel hier?‹ Dann wurde der Chef geholt, ich habe dem das erklärt. Ob sie uns das geglaubt haben, weiß ich nicht. Ja, Milberg musste da sehr leiden.

C.H.: Sie haben also diese glorreichen Zeiten der Dorn-Ära miterlebt – empfinden sie das im Lauf Ihrer Karriere als eine einzigartige Zeit?

J.F.: Ja, das war es. Das war es wirklich. Ohne dass ich dazu neige, das zu glorifizieren, aber im Nachhinein gesehen hat das enge Zusammenleben so vieler Menschen, die sich recht gut kannten und die auch alle einen unerhörten Ansatz hatten, Qualität in jeder Form zu schaffen und sich auch dafür einzusetzen, doch dazu geführt, dass es eine großartige Zeit war.[73]

Eröffnungspremiere der nächsten Spielzeit 1978/79 war der *Mittsommernachtstraum*, Dieter Dorns erster Shakespeare! Dorn und Michael Wachsmann hatten gemeinsam eine Neuübersetzung erstellt. »Dorn hat erst in München angefangen, sich überhaupt mit dem Autor zu beschäftigen. Anfangs haben wir versucht, dem sprachlich wunderbar melodiösen Schlegel die Stahlstäbe zu ziehen. Und nach zwanzig Zeilen gemerkt, das wird ein grober Unfug, damit tut man der Leistung von Schlegel unrecht. Also haben wir gesagt, gut, dann versuchen wir es selber. Und das war der Anfang einer sehr intensiven Zusammenarbeit, weil nichts so sehr verbindet, als sehr viel Zeit miteinander zu verbringen über einem Inhalt. Also nicht über sich oder den Anderen zu sprechen, sondern über etwas Drittes«, so Wachsmann.[74]

Als Gast spielte Elisabeth Schwarz die Rolle der Hippolyta/Titania. Der bisher unterschlagene, ganz wichtige Dorn-Gefährte Claus Eberth war ihr Partner Oberon/Theseus. Die im Zauberwald durcheinandergewürfelten Liebespaare waren Siemen Rühaak (Lysander), Markus Boysen (Demetrius), Franziska Walser (Helena) und Gundi Ellert (Hermia). Nicht zu vergessen Michael Habeck als ein mit erstaunlicher Körperfülle ausgestatteter Puck und last, not least die ›Starrolle‹ des Bottom/Zettel, verkörpert von Lambert Hamel. Erstmals hielt auch Live-Musikuntermalung Einzug ins Schauspiel: Roberto C. Détrée komponierte »meditative Musik«, wie er es nannte, die während der Vorstellung von vier Musikern live gespielt wurde.

Elisabeth Schwarz als Hippolyta/Titania und Claus Eberth als Theseus/Oberon in *Ein Mittsommernachtstraum*

Doch zunächst zu **Claus Eberth**. »Claus Eberth hat für Dorns anspruchsvolle und den Mann so sehr in Frage stellende Denkversion kaum Text, aber er zeigt unmissverständlich den gebrochenen Helden, der selber an der Grenze des Wahnsinns ankommt, wenn ihm bewusst wird, dass er Titania nichts antun kann, was für ihn keine Folgen hätte«, schreibt Beate Kayser in ihrer Premierenkritik in der TZ.[75] Und tatsächlich: Wie man beim Wiedersehen in der Videoversion sehen kann, spielt Eberth einen sehr heutigen Theseus, der jeden Moment gewärtig ist, von Hippolyta ein verbales Geschoss entgegengefeuert zu bekommen, dem er standhalten muss – oder, wie Beate Kayser es ausdrückt: Die beiden scheinen *Virginia Woolf* gesehen zu haben.

Claus Eberth ist einer dieser hypersensiblen Schauspieler, dem keine Rolle einfach so zufällt, sondern sich jede stets hart erarbeiten muss. Erst kürzlich hatte er mit einem schweren Herzleiden zu kämpfen, so dass die Ärzte ihm jeglichen weiteren Auftritt verboten, was ihm schwer zu schaffen machte, denn er ist ein ›Bühnentier‹. Ans Aufhören hatte er noch lange nicht denken wollen. Er ist hochnervös vor jedem Auftritt, nimmt seine Rolle noch mit in den Schlaf, ist selten zufrieden mit sich und seinen Leistungen – und gerade wegen seiner Kompliziertheit ein großartiger Schauspieler und eine dieser Säulen der ›alten‹ Dorn-Truppe. Eberth: »Ich hatte schon das Gefühl, dass ich einen hohen Stellenwert hatte innerhalb des Ensembles, und das hat mir auch sehr gut getan.«[76]

Dorn und Eberth kannten sich schon lange vor der Kammerspiel-Zeit. »Wir waren alle ziemlich unglücklich damals am Schiller-Theater – zumindest ging es mir so, und ich meine auch Dorn und Wendt und einigen wenigen anderen Kollegen, die dann auch mit nach München kamen. Lietzau war ja ein genialer, wunderbarer Regisseur, aber als Intendant war er keine glückliche Lösung. Ich habe schon damals das Gefühl gehabt, das Theater ist total heruntergekommen. Eine richtige künstlerische Herausforderung war gar nicht mehr möglich – das war einfach nur noch Routineproduktion. Man achtete auch gar nicht so darauf, dass alles noch ein gewisses Niveau hatte, man ließ das einfach so laufen. Also es war schrecklich, und es war ein großes Glück, dass Dieter Dorn mir angeboten hat, nach München mitzukommen. Wir kamen dann an die Kammerspiele, und es fing gleich an mit *Minna von Barnhelm*. Das kam bei der Kritik nicht mal so besonders an, aber für uns Schauspieler ging das raketenartig los, und man könnte fast sagen, München fing an zu leuchten – das hat uns irre Spaß gemacht.« Eberth folgte Dorn mit großer Freude und mit dem Bewusstsein, dass er der richtige Schauspieler für diesen Regisseur sei und Dorn umgekehrt als Regisseur genauso richtig für ihn. »Ich habe das Gefühl gehabt – das habe ich eigentlich heute noch –, dass er mich besser kennt, als ich mich selber. Und ich habe mir manchmal Rollen gewünscht, die ich sehr gerne gespielt hätte, und ich habe sie nicht bekommen, bin in eine andere Richtung besetzt worden. Und es hat sich herausgestellt, dass das die viel richtigere Entscheidung war. Insofern habe ich auch von Mal zu Mal mehr Vertrauen zu ihm gekriegt.« Bald wurde er einer von Dorns engsten Mitarbeitern und zu einem veritablen ›Vielspieler‹, der förmlich von einer

Claus Eberth
Geb. am 21.09.1934 in Würzburg
Ausbildung an der Schauspielschule der Hamburger Kammerspiele
1957 Debüt am Fränkischen Theater Schloss Maßbach
Weitere Engagements ab 1961 in Karlsruhe, an den Staatlichen Schauspielbühnen Berlin und den Wuppertaler Bühnen
Seit 1976 Ensemblemitglied der Münchner Kammerspiele
2001 Wechsel mit Dieter Dorn ans Bayerische Staatsschauspiel
Gemeinsame Arbeit mit Sohn Matthias Eberth, der ebenfalls Schauspieler und Regisseur ist, u.a. in Becketts *Krapps last Tape* (2004) und *Endspiel* (2007)

Rolle zur nächsten hastete. »Es gab mal Zeiten, wo ich wirklich mehrere große Rollen hintereinander gespielt habe, wo ich teilweise sogar in der Garderobe übernachtet habe, weil ich wirklich gar nicht mehr aus dem Ganzen rauskam. Was ich aber trotzdem nicht als eine schlimme Belastung empfand – es war eine große, aber trotzdem eine gute Belastung.«

Der Zweifel an sich selbst war sein ständiger Begleiter, erzählt Eberth. Wo andere diese Selbstzweifel in gesundem Maße haben und wo er gut als Motor funktioniert, hat er sich mit selbstzerstörerischer Verunsicherung abplagen müssen. Oft fühlte er sich einer Aufgabe nicht gewachsen, wollte sie hinschmeißen und stand es dann doch irgendwie durch. »Wenn du dann nicht einen Regisseur hast, der an dich glaubt, und der schon Erfahrungen mit dir gemacht hat, der dich dann auffängt, auch in Momenten der absoluten Schwäche, der Hilflosigkeit

Peter Lühr als Narr, Claus Eberth als Sir Toby Rülps, Edgar Selge als Sir Andrew Bleichenwang in *Was ihr wollt*

– dann bist du verratzt. Und das ist mir Gott sei Dank sehr oft passiert, dass ich aufgefangen wurde – das ist eben diese berühmte Vertrauensgeschichte … Der Arbeitsprozess ist so, dass man eigentlich seine ganze Schwäche und Unzulänglichkeit zugeben muss – und wenn man sich zu früh auf das verlässt, was man schon mal gekonnt hat, was man schon mal bewiesen hat, dann ist die Gefahr groß, dass man sich schnell wiederholt und sich nicht besonders weiterentwickelt. Und das Faszinierende an dem Beruf ist ja, dass man sich immer weiterentwickeln kann, je älter man wird.«

Da schaut man als Zuschauer diesen Schauspielern seit Jahrzehnten zu und sie sind einem so vertraut, als würde man sie gut kennen – und kennt sie überhaupt nicht: Nie wäre mir in den Sinn gekommen, dass Eberth ein so zweifelnder, hart an sich arbeitender Schauspieler ist. Er wirkte immer so souverän, wenn er da oben stand, als wäre ihm das alles in den Schoß gefallen … »Das soll man mir auch nicht anmerken. Also man soll schon auf der Bühne merken, dass der Charakter, den ich da spiele, dass der anfällig ist. Man soll merken, dass diese Sicherheit sich nicht total von selbst versteht, dass es eine momentane Sicherheit ist, dass der Mensch da oben etwas behauptet, eine Haltung hat, von der er überzeugt ist, für die er gerade steht. Aber das ist natürlich auch eine Augenblicksache, das kann schon Tage später wieder in sich zusammenstürzen. Wie überhaupt dieser Beruf eine Sache des Augenblicks ist, den man ja im Grunde auch nicht festhalten kann. Dieser schöne Satz: ›Dem Mimen flicht die Nachwelt keine Kränze‹ – das hat alles damit zu tun. Also wenn man von etwas überzeugt ist, was man sich wirklich in mühevoller Arbeit erkämpft hat, dann kann man auch auf der Bühne dafür gerade stehen, dann wirkt man wahrscheinlich auch stark – aber der Prozess bis dahin kann eine reine Katastrophe sein.« Und ›sein‹ Regisseur, Dieter Dorn, hatte stets großes Verständnis und die Geduld, zu warten, bis Eberth seine Krise überstanden hatte. Er war großzügig, setzte ihn nicht unter Druck – und Eberth dankte es ihm, indem er blieb. »Ich habe ja auch mal eine Zeit gehabt, wo ich überall im Gespräch war, auch in Fernseh- und Filmkreisen, wo ich natürlich auch ganz große Lust gehabt hätte, einmal auszubrechen und mir da etwas zu beweisen – und auch mal richtig ordentlich Geld zu verdienen, obwohl ich nicht schlecht bezahlt wurde. Dann habe ich aber immer gewusst, ich brauche dieses Zuhause, dieses Eingebettet-Sein, wo ich mir meine Schwächen auch leisten kann. In den anderen Medien muss man ja auf Knopfdruck funktionieren – und da wäre ich, glaube ich, auch ein Risiko gewesen.«

Die wichtigsten Regisseure waren für ihn eindeutig Lietzau, Thomas Langhoff und Dorn. Bei allen bedurfte es nicht vieler Worte, man verstand sich einfach blind – die Chemie hat gestimmt. Die liebste Rolle bei Lietzau war für ihn der Onkel Wanja, und bei Dorn nennt Claus Eberth allen voran den Oberon im *Mittsommernachts-traum* und weiter den Danton oder den Irigua in *Ein Klotz am Bein*. Eberth war auch ein emsiger Zuschauer, er hat sich stets orientiert, was die Kollegen so machen, die in anderen Stücken spielten als er. Und er lässt ihnen nichts durchgehen: »Wenn ich da unten sitze, bin ich unheimlich viel kritischer, als wenn ich oben auf der Bühne stehe. Dann durchschaue ich die Kollegen, auch wenn sie noch so gut und noch so prominent sind und noch so einen guten Ruf haben. Dann sage ich: ›Das habe ich schon einmal gesehen, das kenne ich von dir, die Masche kenne ich.‹ Ich möchte dann von diesen großartigen Schauspielern auch gerne überrascht werden und denen sagen: ›Du hast mich wirklich total überrascht – du bist wie ein neuer Mensch.‹ Ich möchte, dass man unten sitzt und vergisst, dass es sich um Schauspieler handelt. Und das ist das Tolle, die so genannten Spitzen-schauspieler, die vielleicht noch ein bisschen berühmter sind als ich, bei denen merkt man dann auch, wenn man sie über viele Jahre erlebt: Die kochen auch verdammt mit Wasser. Und da bin ich immer wie so ein kleiner Idiot gewesen, der sich immer selbst in Frage gestellt hat – ich bin ja inzwischen wirklich ein Schauspieler geworden, der sein Handwerk aus dem FF versteht. Aber dieses Handwerk hat mir nie genügt, das war eine Vorausset-zung. Und dann habe ich bei manchen Schauspielern gemerkt, dass sie sich so früh auf das verlassen, was sie schon einmal gekonnt haben, und manchmal habe ich ihnen sogar die Angst angemerkt, sich auf etwas einzu-lassen, was sie nicht kennen, was an eine Grenze geht, wo sie sich vielleicht so ausliefern, dass sie nicht mehr zurückfinden – und das ist auch ein wahnsinniges Risiko. Da kann man total auf die Schnauze fallen.«

Einen großen Wunsch hat Claus Eberth zum Zeitpunkt unseres Gespräches noch: Noch einmal auf die Bühne zurückzukehren und sich einen Traum zu erfüllen, und dazu gesundheitlich in der Lage zu sein. Welchen, will er nicht verraten. Wenig später ist in der Pressekonferenz zur nächsten Spielzeit zu erfahren, dass sein Wunsch in Erfül-lung gegangen ist: Er wird in Becketts *Endspiel* zu sehen sein. Spontan denkt man, wieso ausgerechnet dieses Stück mit einem derart prophetischen Titel? Die Auszeit durch seine Krankheit habe ihm die Möglichkeit gegeben, sich ein Jahr lang mit diesem Stoff zu befassen – »und wann kann man das schon«, sinniert er, »und da ist jetzt natürlich eine große Substanz, ein großer Reichtum ange-wachsen an Fantasien und an Ideen. Wenn ich mich so einer Sache, einer neuen Aufgabe wirklich wieder aus-setze, die verbraucht mich bis an den Rand. Es ist schon eine Frage der physischen Kraft und dessen, wie schnell man erschöpft ist. Ich glaube, so sehr ich mein Handwerk beherrsche, so wenig bin ich ökonomisch. Ich verbrauche mich und verbrenne mich sehr schnell, und dann bleibt auch für private Dinge so gut wie nichts übrig.« Bleibt nur, Claus Eberth viel Kraft für seine nächste, selbst gewählte Aufgabe zu wünschen. Bedenklich stimmt wie gesagt nur, dass sie *Endspiel* heißt …

Die schöne Helena des *Mittsommernachtstraums*, der man so übel mitspielt, dass sie sich nur noch hässlich wie die Nacht findet, ist **Franziska Walser**. Helena ist der Spielball des verzauberten Lysander: Mal liebt er Hermia, mal Helena und dasselbe rückwärts. Kurz – die Wahrhaf-tigkeit der Liebe wird heftig in Frage gestellt.

Franziska Walser erlebte die Aufbruchstimmung der ersten Jahre der Ära Dorn-Wendt ebenfalls aus nächster Nähe mit. Es war zunächst eine positive Spannung zwi-schen den beiden, meint sie, aber es war wohl unmöglich, diese Gegensätzlichkeiten auf dem positiven Level zu halten. Irgendwann kippte die Stimmung und wurde zusehends gereizter. Sie selbst sieht sich als Grenzgänge-rin zwischen den beiden Schauspielerlagern, die da ent-standen: »Damals lag mir Dorns Arbeitsweise mehr, dachte ich jedenfalls zunächst. Dann habe ich aber später *Trommeln in der Nacht* gespielt, die der Harald Clemen angefangen hat und die dann der Ernst Wendt zu Ende gemacht hat. Das waren nur drei Wochen, aber das hat unglaublich Spaß gemacht. Und von da an hatte ich eine ganz neue Einstellung zu Wendt. Der ist nur dann relativ bald gegangen.«[77]

Franziska Walser als Schauspielerin zu charakterisie-

ren bedeutet, zu einem Vokabular aus einfachen, soliden, puren Basisworten zu greifen. Sie wirkt vollkommen geerdet, bodenständig, stark. Unkorrumpierbar und gerade. So äußert sie sich auch rückblickend kritisch und wohlüberlegt zu ihrer eigenen Dorn-Ära. In einem anderen Interview beschreibt sie die Kammerspiel-Zeit als einen »klosterhaften Hort«. Auf die Vor- und Nachteile einer solchen Institution angesprochen, antwortet sie: »Ich glaube, dass in späteren Zeiten so etwas wie eine Wagenburg-Mentalität aufkam, und das hat, finde ich, eine Enge gehabt. Und diese Enge mochte ich zum Beispiel nicht so gern. Da bin ich eher empfindlich. Es gab zum Beispiel so Aussprüche von Dorn, der gesagt hat: ›Wir wollen das monochrome Theater.‹ Für einen regieführenden Theaterleiter ist dieser Standpunkt in der pluralistischen, fast beliebigen Theaterlandschaft Deutschlands durchaus verständlich. Ich als Schauspielerin sehne mich aber nach Vielfalt am Theater. Es muss sich ständig verändern können, es muss durchlässig sein für die unterschiedlichsten Standpunkte. Weil es beim Theater einfach kein Richtig und kein Falsch gibt. Ich meine, es hat ja eh unglaublich lange funktioniert, und das ist ziemlich einzigartig. Aber wenn man nicht mehr zulassen kann, dass etwas in Frage gestellt wird, dann wird es schwierig.« Es schimmert durch bei diesen Sätzen, dass es wohl auch schwer war, einfach mal ›über die Straße‹ zu gehen, anderes Theater zu sehen und mit den Kollegen darüber zu sprechen. Die abgeschottete Wagenburg Kammerspiele scheint eine Zeitlang schon so etwas wie ein Elite-Bewusstsein entwickelt zu haben. An jeder Inszenierung hing förmlich Goldstaub, alles ging gut.

Siemen Rühaak als Lysander und Franziska Walser als Helena in *Ein Mittsommernachtstraum*

Man wurde bejubelt. Ja, und das ist der Punkt, wo – im übertragenen Sinne – der Inzest beginnt. Nur noch Innenschau, keine Impulse von außen. Freilich nichts, mit dem sich ein gerader Charakter wie Franziska Walser

Franziska Walser
Geb. am 23.03.1952 in Stuttgart
Tochter des Schriftstellers Martin Walser
Ausbildung an der Otto-Falckenberg-Schule, München
Erstes Engagement am Staatstheater Stuttgart bei Claus Peymann, danach in Hamburg bei Ivan Nagel
1976–2000 Ensemblemitglied der Münchner Kammerspiele
Seit 2001 als Gast an den Münchner Kammerspielen, am Schauspielhaus Köln, am Schauspiel Frankfurt und am Züricher Schauspielhaus
Zahlreiche Film- und Fernsehrollen
Verheiratet mit dem Schauspieler Edgar Selge, zwei Kinder, lebt in München

gemein gemacht hätte. »Es hat bestimmt solche Auswüchse gegeben. Es gab auch Zeiten, wo die Männer vom Ensemble sich nicht in den Damentrakt getraut haben, weil es da so heilig zuging.«

Als Dorns Vertrag an den Kammerspielen nicht verlängert wurde, waren Franziska Walser und ihr Mann Edgar Selge einige von den Wenigen, die nicht mit Dorn gingen. »Für mich war es gut, dass sich etwas änderte. Das musste einfach mal sein. Die Möglichkeit, dass man viele Inszenierungen über so lange Zeit spielt und sich diese Stücke so entwickeln können in den Schauspielern, das war eine wunderbare Sache. Dann kam die Zeit der Umbaumaßnahmen der Münchner Kammerspiele und Dorns Vertragsverlängerungs-Verhandlungen – mit bekanntem Ausgang. Und das brachte einen nervösen Druck in das Ensemble. Dem musste er wohl mit einem strengeren Führungsstil begegnen. Wahrscheinlich war Dorn in diesem Moment auf Gefolgschaft und Solidarität angewiesen. Ich sehnte mich nach Offenheit und Auseinandersetzung – aber an mir blieb nur Querulantentum hängen. Es entstand ein Klima, in dem mir eine inhaltliche Auseinandersetzung kaum noch möglich schien. So war es nur folgerichtig, dass er mich gar nicht fragte, ob ich mit auf die andere Straßenseite wechseln wollte. Es ist vertrackt: Man spürt, man muss aus etwas raus, aber man spürt auch, dafür gibt es keine angemessene Form. Damit möchte ich das Verdienst von Dorn keineswegs schmälern. Ich halte ihn nach wie vor für einen großartigen Regisseur und wichtigen Theatermacher.«

Im Anschluss arbeitete Franziska Walser mit Jossi Wieler an den Münchner Kammerspielen, in Köln mit Dusan Parizek, in Frankfurt mit Anselm Weber und am Schauspielhaus Zürich mit Jan Bosse, den sie sehr schätzt. »Die Begegnung mit Jan Bosse, mit dem ich bis heute gerne zusammenarbeite, wurde für mich sehr wichtig. Er gab mir die Eigenverantwortung zurück, die ich verloren hatte. Als Kind antiautoritärer Erziehung, bezieht er einen als Schauspieler von Anfang an in seine Gedankenentwicklung mit ein.« Auch Kino- und Fernsehangebote nahm sie verstärkt an. Keine Reue, kein Bedauern, nicht mehr dabei zu sein? »Nein!«, eine klare Antwort, »aber wie das Leben so spielt: Vor Kurzem ruft mich Franz Xaver Kroetz an und fragt, ob ich in seiner Inszenierung von Federico Garcia Lorcas *Bernarda Albas*

Haus die Titelfigur spielen will. Dorn sei damit sehr einverstanden. So schließt sich ein Kreis: Ich bin vor zu großer Enge geflohen und kehre in der Rolle einer Familientyrannin sieben Jahre später zurück. So ermöglicht Theater immer wieder, eigene Projektionen, unter denen man gelitten hat, spielerisch auszuagieren und zu verkörpern. Das waren fast 25 Jahre und fraglos eine wichtige Zeit. Man hatte lange Probenzeiten, zum Teil drei bis vier Monate. An *Lear* haben wir neun Monate probiert, das ist so lang wie eine Schwangerschaft.«

Die Münchner Jahre an den Kammerspielen waren in ihrer Laufbahn die längsten und wohl auch die nachhaltigsten. Kollegen nennt sie viele, die ihr unverzichtbar sind, Regisseure auch: Dorn, Lietzau, Jan Bosse, Jens-Daniel Herzog, Kroetz – und die Stücke: den *Mittsommernachtstraum* mit Dorn, *Fast ein Poet* mit Clemen. *Maria Magdalena*, *Lear*, *Der Drang* – ach es waren so viele, man kann sie gar nicht alle aufzählen. Wenn Franziska Walser über ihre mehr als zwanzig Jahre Kammerspielzeit erzählt, klingt das, als sei es vor hundert Jahren gewesen…

Zum Schreien komisch ist natürlich wie in nahezu jeder Aufführung des *Mittsommernachtstraums* die Rolle des Zettel – hier wurde der ursprüngliche Name Bottom für diese Figur belassen, was vulgo schlicht ›Hintern‹ heißt. **Lambert Hamel** füllt diese Rolle aus, als sei sie für ihn geschaffen, wenn er im Kreise seiner Handwerkerkollegen, die ein Stück zur Aufführung bringen wollen, versucht, alle Rollen an sich zu reißen – und wenn er später in seiner misslichen Inkarnation, mit äußerst sparsamen Mitteln übrigens, einen sehr überzeugenden »Mir schien ich war – kein Mensch kann sagen was«–Esel gibt. Man kann kaum einen vielseitigeren Schauspieler als Hamel finden. Das Rollenspektrum, das er bereits bewältigt hat, ist von einer enormen Bandbreite. Wiewohl er auch das tragische Fach durchaus beherrscht, gefallen mir seine komischen Figuren weitaus besser – aber bitte, das ist eine völlig subjektive Meinung. Zudem liegen diese vermeintlichen Gegensätze ja oft genug sehr eng beieinander…

Früher kursierten einmal Gerüchte über Hamel, er sei ein unangenehm eingebildeter, wirkungsgeiler Schauspieler. Als C. Bernd Sucher ihn in einem Interview 1989 fragte, was er dazu meine, sagt er: »Ich bin unangenehm aus Todesangst, weil ich Angst habe, irgendeine Sache nicht zu schaffen.«[78] Davon kann heute keine Rede mehr sein. Heute, 18 Jahre später, ist Hamel ein äußerst angenehmer, ruhiger, souveräner Gesprächspartner, der sehr wohl weiß, was er kann und wo er steht. Warum sollte er auch nicht stolz sein auf seine Leistungen? Ein Debüt als Jungschauspieler von der Schule weg gleich bei Fritz Kortner! Wer kann so etwas schon vorweisen? Das war 1964 in Molières *Der eingebildete Kranke.* Und dann, über einige Umwege, kam er 1973 an die Kammerspiele zu Hans-Reinhard Müller. Drei Jahre später beginnt unsere Geschichte, als Hamel und Dorn sich erstmals begegnen. »Als wir mit dem Rücken an der Wand standen und die Kammerspiele eigentlich nicht mehr die Kammerspiele waren, holte Müller 1976 Dorn und seine Mannen. Und da ging es dann los, das ist unsere Zeitrechnung. Es gibt ja die Zeitrechnung vor Christi Geburt und nach Christi Geburt, und bei uns ist das ›vor Dorn‹, ›vor DD‹ und ›nach DD‹.«[79]

Apropos Alter und Zeitrechnung: Lambert Hamel ist heute 67. Ein Alter, wo andere schon in Pension sind. Nicht so er. Dennoch fängt auch er allmählich an, übers Alter zu sinnieren: »In dem Moment, wo man auf der Bühne Kinder hat, ist man schon älter geworden. Man sagt älter, nicht? Ich sage nicht älter, ich sage ich bin alt! Einfach so, Schluss Feierabend Punkt! Und ich war ja auch mal jung, das habe ich ja auch sagen dürfen. Und dann: Die jungen hübschen Schauspielerinnen, die vertrauen einem plötzlich so, man ist für sie da – das ist ein Zeichen, welchen Stellenwert man hat … wie alt man ist … daran können Sie's merken.«

Dorn mit seiner zurückhaltenden Grundnatur liegt diesem barocken Lebemenschen Hamel im Grunde gar nicht so sehr. Die Mentalität eines lauten Peymann liege ihm fast mehr, sagte Hamel noch 1989 zu Sucher. Wie Dorn das wohl sieht? »Ich glaube, er hat mich streckenweise geliebt, und streckenweise hätte er mich gern an die Wand geklatscht. Ich habe mit ihm schöne Sachen gemacht, aber manchmal hat er wohl auch mit mir furchtbare Schwierigkeiten gehabt, das lag einfach an meinem Temperament – als junger Schauspieler war ich teilweise nicht berechenbar. Es gab mal eine glorreiche Zeit, wo ich sehr viel bei Emmi war – das berühmte Mutterhaus – und da ging's heiß her und die Emotionen waren groß, und ich habe mich da nicht zurückgehalten. Da hat's

schon mal gescheppert. Aber das hat er ertragen, und da war er genauso mit dabei, da hat er nie den Intendanten gespielt. Das gab es nicht, hinaufzitiert werden in den dritten Stock und so etwas – also das wilde Leben war mindestens so wild wie das auf der Bühne. Das war identisch, das war was Tolles, war eine schöne Zeit. Anfangs war Dorn noch dabei, er hat sich erst später etwas zurückgezogen, rarer gemacht, wer weiß warum. Man wird ja auch innerhalb eines Ensembles bei der Arbeit über die Jahre – wie sagt man – entdeckt, gefördert. Da kommt ein Stein zum anderen, und die Menschen sind nicht gleich, die gehen einen Weg und wachsen an den Rollen und werden daran groß und werden ›erste Schauspieler des Hauses‹ – und andere werden das in einem Ensemble. Was der Dorn am meisten geliebt hat: seine in Anführungsstrichelchen ›Chargen-Schauspieler‹. Da sagt es ja der Fachausdruck noch, aber es waren ja Stars, die haben bei ihm einen ganz unglaublichen Wert gehabt. Und er hat sie auch alle mitgenommen und sich von keinem getrennt, außer der Tod hat ihm die genommen. Es spielen ja auch jetzt einige, wo man sagt: ›Gott sei dank ist

Lambert Hamel als Bottom in *Ein Mittsommernachtstraum*

alles gut, er ist gesund, er kommt und spielt‹, und das finde ich schön. Da kann jemand sagen: Überalterung. Aber das ist Quatsch, Überalterung ist nur, wenn wir keine Jungen mehr haben. Wenn kein passender Schauspieler mehr da ist, wenn der 50-Jährige den Hamlet spielen muss oder die 50-/60-Jährige die Julia, dann wird es blöd.«

Mit dem Mythos der Kammerspiele geht er auch nicht so zimperlich um wie die anderen, auch nicht mit dem Vertragsende von Dorn. Seine Direktheit ist manchmal wirklich höchst erfrischend. »Es kommt dann so eine Zeit, wo sie den Erfolg und den Ruhm halten müssen, und ich würde sagen, dass wir die Kammerspiele abgegrast hatten. Und zwar auch den Raum. ›Die Kammerspiele!‹ sagt jeder, ›dieses wunderbare Jugendstiltheater!‹ Ich will Ihnen sagen, der Raum ist hoch interessant, wenn ich da auf der Bühne stehe und etwas Tolles spiele. Sonst, wenn ich ihn so sehe, so schön bunt und sein Vorhängchen, finde ich ihn, vorsichtig gesagt, gar nicht so toll. Den haben wir abgegrast. Wir haben schon Bretter gelegt und waren im Zuschauerraum. Da haben dann nur noch ein paar Leute gesessen, weil wir das als Bühne brauchten. Wir sind schon von Emmi aufgetreten: Wir haben die Tore hinten aufgemacht. Ich war mit Lühr als Hamlet schon auf dem Balkon oben und habe ihn als Leiche dort drüber geworfen – das haben wir auch schon gehabt. Der Raum war abgegrast, was hätten wir noch machen sollen? Irgendwann durchbrechen und auf der Maximilianstraße enden? Sicher hätte es eine Phase gegeben, wo der Dorn das in Ruhe einem Anderen übergeben hätte. Die Art, wie er abserviert wurde – was Herr Ude gemacht hat – das war, muss ich sagen, einfach nicht fair und nicht gut.«

Emmi – Frau Bauer, die Wirtin vom Gläsernen Eck

Nicht nur für Lambert Hamel, auch für das Gros der anderen Schauspieler war Emmi ein unverzichtbarer Ort des Versammelns nach Proben, eine Möglichkeit, miteinander zu ratschen, oder, wenn man noch neu im Ensemble und in der Stadt war, einfach jemanden zu treffen, den man kannte. Schön war die Kneipe nicht, aber sie hatte etwas ›Echtes‹, Bodenständiges. Und – Emmi möge verzeihen – das Essen war auch nicht sterneverdächtig. Hamel war es, der den Begriff geprägt hat, den dann alle übernommen haben: Eindunkeln. Nach der

Lambert Hamel
Geb. am 07.06.1940 in Ludwigshafen
Studium in Heidelberg und Köln: Philosophie, Germanistik und Theaterwissenschaft
Schauspielausbildung an der Westfälischen Schauspielschule Bochum
Debüt am Deutschen Schauspielhaus Hamburg noch unter Fritz Kortner
Weitere Stationen: Bochum, Köln, München (Bayerisches Staatsschauspiel)
Ab 1973 Ensemblemitglied der Münchner Kammerspiele
2001 Wechsel mit Dieter Dorn ans Bayerische Staatsschauspiel
Verheiratet, lebt in München

Probe ging man zu Emmi, um einzudunkeln. »Das Wort eindunkeln bedeutet bei mir, dass ich was trinke, wenig esse, voll bin von der Probe, aber es ist noch helllichter Tag. Das ist das, was Lietzau völlig irritierte: ›Was machen Sie jetzt?‹ Ich sag, ›ich gehe eindunkeln‹. ›Was heißt das?‹ Ich sag, ›ich gehe jetzt zu Emmi und trinke was‹. ›Ja, aber Sie haben morgen Probe!‹ Sag ich, ›na eben, deswegen gehe ich jetzt dorthin, bin um acht Uhr fertig, guck meinen Text an und gehe schlafen‹. Eindunkeln bedeutet, auf die Dämmerung zuzugehen. Wenn die Dämmerung kommt, dann ist Schluss! Und dann bin ich morgens wieder fit. Aber heute sind wir verwaist, das haben wir

Martin Flörchinger als Quince, Lambert Hamel als Bottom, Jochen Striebeck als Snug, Wilmut Borell als Snout, Peter Herzog als Flute und Helmut Stange als Starveling in *Ein Mittsommernachtstraum*

nicht mehr gefunden. Die haben ja da drüben ihr Blaues Haus, aber das ist ja keine Kneipe. Wir haben ja in der Kneipe richtig auf den Tischen gestanden, haben uns unser Leben erzählt. Da wurden auch mal ganze Spielpläne geändert daraufhin, was da nachts los war. Bei Emmi hat ja der Normalbürger schon Schiss gehabt, rein zu gehen. Nee, also leider, wir haben es nicht mehr.«

Nun denn, die Verhältnisse haben sich geändert, die schönen Zeiten bei Emmi sind zur Legende geworden. Für Nicht-Eingeweihte sei erklärend hinzugefügt: Emmi, das nach seiner Betreiberin benannte Stammlokal, hieß eigentlich Das gläserne Eck und befand sich an der Ecke Hildegard-/Falckenbergstraße – dort wo heute nichts mehr ist. Selbst Fassbinder hatte Emmi, die wirklich eine Institution war, als Location für einen seiner frühen Filme ausgewählt. Und aus dem kleinen Segelboot Kammerspiele ist ein Riesendampfer geworden – leider ohne Kombüse. Auf jeden Fall will Hamel so lange an Bord bleiben, wie er kann: »Ich mache auf alle Fälle mit, solange ich Kraft habe und Luft. Und ich hoffe, dass ich mit meiner Schauspielkunst dazu beitragen kann, dass das ein florierendes Haus ist. Das möchte ich schon. Ich bin neugierig und freue mich, wenn junge Leute kommen, vor allen Dingen junge Regisseure, und was nach dem Dorn kommt, das wird man sehen. Und man wird auch gucken, ob es mich noch interessiert, fest hier zu sein.«

In der Rolle des Flute, eines weiteren Handwerksgesellen im *Mittsommernachtstraum*, sehen wir erstmals **Peter Herzog** bei Dorn in München spielen. Auch ihn brachte Dorn aus Berlin mit und kannte ihn schon vom Schau-

Peter Herzog
Geb. am 09.12.1929 in Breslau, gest. am 26.07.2004 in München
Schauspielstudium bei Marlise Ludwig in Berlin
1963–1969 erstes Engagement in Berlin an der Schaubühne am Halleschen Ufer
Danach am Deutschen Schauspielhaus Hamburg, dort erste Arbeit mit Dieter Dorn
Wechsel ans Schiller-Theater Berlin
Ab 1977 Engagement an den Münchner Kammerspielen
2001–2004 mit Dieter Dorn am Bayerischen Staatsschauspiel
Jens-Daniel Herzog, sein Sohn, ist freier Regisseur

spielhaus Hamburg her. In der Traueranzeige zu Herzogs Tod schrieb Dieter Dorn: »Wir verlieren mit ihm einen Schauspieler, der durch seine Begeisterung und seinen Einsatz das Theater lebendig gemacht hat.« Auch dieser Verlust muss für Dorn sehr schmerzlich gewesen sein, gehörte Herzog doch zu seinen längsten Weggefährten.

Ein Hochdruckakteur war Peter Herzog, stets hatte er einen hochroten Kopf, als platze ihm derselbe jeden Augenblick. Mag sein, dass es einen medizinischen Grund hatte, mag aber auch sein, dass er tatsächlich mit einem solchen ›Dampf‹, mit einer solchen Anspannung spielte, dass ihm das Blut in den Kopf schoss. Wir wissen es nicht.

Auch bei Herzog kündet ein breites Rollenspektrum von seiner Wandlungsfähigkeit: Er spielte den alten Gobbo im *Kaufmann von Venedig,* den Photidas in *Amphitryon,* den Nagg im *Endspiel* und den Derwisch in *Nathan der Weise* – um nur einige der letzten Rollen zu

nennen, in denen er seit 2001 am Staatsschauspiel zu sehen war. Den Derwisch hatte er noch bis kurz vor seinem Tod gespielt. C. Bernd Sucher hat einen sehr ergreifenden Text als Nachruf für Peter Herzog geschrieben, aus dem hier zitiert sei: »Herzog macht die kleinen, die unbedeutenden Figuren an den Rändern der Dramen stark. Durch seine Menschenkenntnis, seinen Humor, seine Klugheit.«[80] Sucher weist – seine eigene Zunft geißelnd – darauf hin, dass Kritiker diese ›randständigen‹ Darsteller oft nur in Klammern erwähnen, um der Vollständigkeit Genüge zu tun: »Sie versahen den Namen mit einem schmückenden Adjektiv und meinten wohl, ihrer Rezensentenpflicht damit genügt zu haben – Kleindarsteller erwähnt.« So klein waren Herzogs Rollen jedoch gar nicht. Bei Wendt, bei Dorn, bei Lietzau hat er wichtige Partien gespielt – wenn auch keine Hauptrollen. In Inszenierungen seines Sohnes Jens-Daniel wirkte er ebenfalls mit, u.a. in *New York, New York* von Marlene

Helmut Griem als Ferdinand de Bois d'Enghien und Peter Herzog als Bouzin in *Ein Klotz am Bein*

Streeruwitz, und er spielte den Dr. Schwarzkopf in Wede-kinds *Musik*. Peter Herzog war also einer dieser Prototy-pen des Kammerspiel- und danach des Residenztheater-Ensembles, die den Sockel, das tragende Fundament für die Protagonisten bildeten – hochbegabt auch sie, aber nicht ganz so sehr mit dem Ehrgeiz ausgestattet, sich ganz nach vorn zu spielen. Sie spielten »an ihrem Ort, mit ihren Mitteln«, wie Sucher es ausdrückt.

Da ich auch ihn nicht mehr kennen lernen durfte, sei hier noch ein zweiter ›Laudator‹ zitiert, ein sehr berufe-ner obendrein – sein Sohn. Dem Text über seinen Vater gibt er die Überschrift: »Mein absolutes Vorbild«. Bei den Herzogs in Berlin war zu Kinderzeiten des Sohnes Geld eine gewisse Mangelware, und als der Vater das erste Honorar nach Hause brachte, zählten die Buben im Treppenhaus die Hunderter und konnten es nicht fassen. Die knappen Zeiten müssen Peter Herzog wohl Zeit sei-nes Lebens in den Knochen gesteckt haben. Er ließ nie eine Vorstellung aus, auch nicht, wenn er vierzig Grad Fieber hatte. »Als der Vater dann Dieter Dorn nach Mün-chen folgte, ging es für ihn beruflich endlich aufwärts. Er hat unheimlich viele Rollen gespielt. Wenn ich zurück-denke, hat er mir wohl als Bouzin in *Ein Klotz am Bein* am besten gefallen, weil da besonders sein komisches Talent zur Geltung kam«, erinnert sich der Sohn, der die-sen Text noch zu Lebzeiten des Vaters schrieb.[81] Heute, nach seinem Tod wiegen die Worte noch schwerer. »Was ich an meinem Vater liebe? Seine große Seele. Seinen aus-geprägten Gerechtigkeitssinn. Wenn er eine Ungerech-tigkeit wittert, brüllt er alles nieder, ob sein Gegenüber Dorn oder Wachsmann heißt […] Was ich als Regisseur an ihm schätze? Die tiefe Ernsthaftigkeit, die Bedürfnis-losigkeit, die totale Identifikation mit dem Stück und mit der Aussage der Inszenierung. […] Mein Vater kommt sehr gut vorbereitet auf die Probe. Er bietet an, scho-nungslos, selbst auf die Gefahr hin, dass es falsch ist. […] Das ist eben ganz die alte Schule, wie ich sie auch bei anderen Kammerspielern erlebt habe, wie sie woanders kaum noch anzutreffen ist […] Er hat nicht, wie so viele Schauspieler, diese egoistische Grundhaltung dem Thea-ter gegenüber; er sieht immer das Ganze und glaubt an den Zusammenhalt eines Ensembles.«[82] Herzog war ein Ensembledarsteller im besten Sinne des Wortes, einer von denen, die diese Dorn-Truppe so stark gemacht haben.

Mit der Vorstellung eines weiteren sehr vertrauten Gesichtes schließen wir die *Mittsommernachts*-Runde ab: Es ist **Helmut Stange** – bis zum heutigen Tag ein häu-figer ›Gast‹ auf den Brettern der Residenztheaterbühne und davor gut 27 Jahre auf denen der Kammerspiele. Im *Mittsommernachtstraum* gibt er den Starveling und kom-plettiert damit die Runde der Handwerker.

›Kleiner Mann ganz groß‹, denkt man reflexartig, wenn man Helmut Stange zuschaut. Er wirkt wie der völ-lig arglose, harmlose Nachbar, der freundlich grüßt, aber sonst? Nie käme man auf die Abgründe, die dieser Mann in sich hortet und die er nur auf der Bühne erkennen lässt.

Hans-Reinhard Müller hatte Stange 1973 an die Kam-merspiele geholt. So bekam er die volle Palette der Umbrüche mit, den Beginn von Müller als Intendant, den Einzug der ›Lietzau-Flüchtlinge‹, die Querelen zwi-schen Dorn und Wendt, das Ende an den Kammerspielen und den Neubeginn am Residenztheater. Nie hätte er sich träumen lassen, so lang an einem Ort zu bleiben, aber: »Wo will man denn noch hin, wenn man an den Kam-merspielen war?«[83] Davor hatte es schon eine sehr frühe Begegnung von Helmut Stange und Dieter Dorn gege-ben. Beide trafen an der Landesbühne Hannover Anfang der Sechzigerjahre zusammen: Dorn war Schauspieler und Regieassistent, und Stange war als Schauspieler engagiert. »Wir waren in Hannover ganz nahe zusam-men, haben uns dann ein bisschen aus den Augen verlo-ren. Ich war in Bochum und er in Oberhausen Regisseur, und da haben wir *Mann ist Mann* in Bochum gespielt, er hatte das in Oberhausen auch inszeniert – und ich habe die Vorstellung gesehen und habe gedacht: ›Donnerwet-ter, das ist aber eine provozierende Aufführung.‹ Die Sol-daten haben Kondome auf die Bühne geblasen, das war ein Riesenskandal, damals, das muss so ‘72 oder ‘73 gewesen sein.« Die nächste Begegnung war dann erst wieder in München. Stange war schon da, und Dorn kam mit seinem Leuten aus Berlin. Für Helmut Stange zunächst ein Frusterlebnis: Er hatte sich auf Dorn gefreut, der ihn aber zunächst nicht besetzte, sondern eben erst zwei Jahre später, im Herbst 1978 im *Mittsom-mernachtstraum*. Aber Wendt arbeitete mit Stange, was dem zunächst auch gut gefiel, aber dann … »Der war immer genial chaotisch und hat alles radikal gegen den Strich gebürstet. Aber er war dann auch verbraucht, ihm

fiel zu den Darstellern nichts mehr ein«, so schätzt er diese Zeit im nachhinein ein.

Stange sieht sich ein bisschen als »Mädchen für alles«, sagt er lachend. Ein Alleskönner. Wenn irgendwo eine Lücke ist, heißt es, »der macht das schon, nicht? Manchmal fühle ich mich etwas unterbelichtet, könnte man sagen. Aber dann war ich auch krank, hatte eine Herzgeschichte gehabt, und war nicht voll einsatzfähig – und da hat man Rücksicht genommen. Ich bin ja auch nicht mehr der Jüngste, ich meine, da muss man ja auch ein bisschen zurückstecken.« Am liebsten hat er den Pisanio in *Cymbelin* gespielt – drüben noch. Und am liebsten gearbeitet hat er, trotz aller partiellen Zweifel, mit Ernst Wendt – und natürlich mit Dorn. An Wendt mochte er, dass er die Stücke aufgemischt hat und versucht hat, eine andere als die übliche Perspektive einzunehmen. Und an Dorn schätzte und schätzt er nach wie vor, dass er meist dieselbe Auffassung von einer Rolle hat wie Dorn und dass man die Figur vom Text her angehen kann, wie bei einer Komposition, sie wie Musik behandeln und verschiedene Gefühlsebenen herausarbeiten kann.

Helmut Stange spielt nicht nur, er unterrichtet auch an der Otto-Falckenberg-Schule. Zudem ist seine Stimme häufig über den Äther zu hören, er spricht regelmäßig für den Bayerischen Rundfunk und für andere Sender.

Christina Haberlik: Ich habe gehört, Sie malen und bildhauern auch.

Helmut Stange: Ja, woher wissen Sie das denn? Das war oft ein Ventil, wenn ich die Nase voll vom Theater hatte oder sehr deprimiert war, was ja auch passiert.

Dann habe ich mich entspannt beim Malen. Ob das was geworden ist, weiß ich nicht, aber immerhin, es war ein Ventil.

C.H.: Und Sie singen auch.

H.S.: Singen? Nein, das kann man nicht sagen, das ist kein Singen, das ist ein, was Schauspieler eben so machen, ein Gekrächze. Singen? Nö, nö.

C.H.: Ich dachte an »Unforgettable« im *Nathan.* Ich habe es zwar nicht verstanden, warum Sie das singen, aber es hat mir gut gefallen.

H.S.: Das war Goerdens Idee. Ich wollte erst einen anderen Song bringen, weil ich den auf der Pfanne habe, diesen »Going to Take a Sentimental Journey«, weil das auch zu dem Stück passt, aber das wollte er nicht, er bestand auf »Unforgettable«, was ich eigentlich gar nicht kannte. Ja, aber da sehen Sie mal, das ist doch eigentlich nix, aber so ein Ding da hingesetzt, und die Leute grölen. So was ... so was Dummes.

C.H.: Was wünschen Sie denn Dorn noch für seine letzten Jahre? Einen Tschechow vielleicht? Den *Kirschgarten*?

H.S.: Jaaa! Ja genau, den *Kirschgarten.*

C.H.: Da wüsste ich eine Rolle für Sie!

H.S.: Ach, da haben wir so viele Alte ab Achtzig, da gibt es doch so viele.

C.H.: Wollen Sie etwa sagen, es ist ein überaltertes Ensemble?

H.S.: Ich werde mich hüten – ich stecke ja selber bis zum Hals drin und gucke gerade noch so aus dem Sand heraus ...

Helmut Stange
Geb. am 20.02.1929 in Bremen
Schauspielausbildung bei Doramaria Herwelly und Justus Ott in Bremen
1949 Debüt am Theater Bremen
Weitere Stationen: Ingolstadt, Hannover, Hildesheim und Lübeck
In den Sechzigerjahren Mitglied des Theaters in Bochum, danach in Mannheim und bei den Ruhrfestspielen in Recklinghausen
Seit 1973/74 Mitglied der Münchner Kammerspiele
2001 Wechsel mit Dieter Dorn ans Bayerische Staatsschauspiel
Lehrtätigkeit an der Otto-Falckenberg-Schule München

Zum ersten Mal bei einer Inszenierung taucht beim *Mittsommernachtstraum* im Stab der Mitarbeiter die Kategorie Licht auf. Der Lichtkünstler **Max Keller** ist Dorn nach München gefolgt. Dorn und er hatten sich schon in Berlin bei Lietzau kennen gelernt und miteinander gearbeitet.

Keller hatte sich in Berlin sowohl in der Stadt als auch im Theater sehr wohl gefühlt. Als es dort künstlerisch etwas nachließ, schien ihm die Verlockung, mit Dorn und Wendt in München neu anzufangen, interessanter. Dies, obwohl die technische Ausstattung, die er an den Kammerspielen vorfand, nicht optimal war und erst auf den neuesten Stand gebracht werden musste. Dafür hat Keller inzwischen – es sind ja auch ein paar Jährchen vergangen – einen Luxusliner an Lichtmöglichkeiten aufgebaut und eine Mannschaft dazu, auf die er sich verlassen kann.

Zwar war er schon früh sehr gefragt: Auch Andere merkten, dass hier ein Lichtmeister der besonderen Art am Werk ist. Dennoch: »Es gab für mich nichts Besseres«, sagt er, »man war noch in einem so knackigen Alter, wo die Theater gebuhlt haben, und da hatte man auch noch mehr Lust, vielleicht noch einmal etwas anderes zu beginnen. Aber eigentlich wurde dieses Theater hier meine Heimat, was damit zu tun hatte, dass es eine sehr enge Zusammenarbeit war, sehr unkompliziert, und Dorn ist hinter mir gestanden. Das heißt, ohne ihn hätte ich ja viele Sachen nicht durchsetzen können.«[84]

Christina Haberlik: Haben Sie ein besonderes Zusammengehörigkeitsgefühl empfunden – anders als an anderen Theatern, die Sie kannten?

Max Keller: Ich habe nicht groß darüber nachgedacht. Für mich war das alles selbstverständlich, dass die Schauspieler, die tollen, nicht weggegangen sind, weil es denen wie mir ging, dass man sich hier wohl gefühlt hat. Es war eine ziemlich ehrliche Auseinandersetzung, und es war natürlich auch gekrönt mit großen Erfolgen, und wer geht schon, wenn man Erfolg hat?

C.H.: Wie war die Arbeit mit Dorn?

M.K.: Die war sehr unkompliziert, denn er hat mich immer machen lassen, hat ein großes Vertrauen gehabt. Ich kannte seine Idee, ich wusste, wie er denkt, und ich kannte seine Bühnenästhetik. Dadurch war auch nicht viel Diskussion notwendig, und die meisten Sachen, die er produziert hat, waren ja mit Jürgen Rose. Mit ihm hat sich ja letztendlich eine ähnliche Situation entwickelt wie mit dem Dieter Dorn. Man hat zueinander gehört, und der Jürgen wusste, wenn er seine Bühnenbilder so und so baut, kann ich sie so und so leuchten. Das war schon eine sehr erfolgreiche Zusammenarbeit, der Bühnenbildner gehört ja auch dazu, nicht nur der Regisseur.

C.H.: Auch in Ihrem Bereich gilt also, was für das Ensemble gilt: Durch das lange Zusammenarbeiten, das Zusammenwachsen kommen andere und vielleicht auch bessere Ergebnisse zustande?

M.K.: Ich glaube schon, dass ich mit Dorn ganz weit gekommen bin oder umgekehrt, er mit mir auch sehr weit gekommen ist. Ich finde es aber auch gut, irgendwann einmal andere Partner zu haben – denn es erschöpft sich auch irgendwann einmal. Also ich glaube, wir haben uns, wenn man so sagen kann, im richtigen

---

Max Keller
Geb. am 24.04.1945 in Basel
Motorenbauerlehre
1964–1968 Beleuchter am Stadttheater Basel und bei den Bayreuther Festspielen
1969 Beleuchtungsmeisterprüfung in Hamburg
Ab 1970 als Beleuchtungsmeister am Schlossparktheater, Berlin, anschließend
bis 1978 Beleuchtungsinspektor an den Staatlichen Schauspielbühnen, Berlin
1976 und 1977 Besuch von Lightningtrainings in den USA, England und Italien
Seit 1978 Leiter der Beleuchtungsabteilung der Münchner Kammerspiele
1978–1980 Dozent für Lichtgestaltung an der Otto-Falckenberg-Schule, München
Lebt in München

Moment getrennt. Wenn man das überhaupt sagen kann. Wir haben eine sehr erfolgreiche Oper gemacht, *Tristan und Isolde* in New York, das war ein Riesenerfolg, und dann sind wir auseinander gegangen. Dadurch, dass ich nicht mitging ans Resi, war das auch die letzte große Arbeit, die wir zusammen gemacht haben.

›Beleuchten‹ tun andere, Max Keller zaubert mit Licht. Er hat eine eigene Lichtsprache entwickelt und arbeitet überwiegend mit künstlichem Tageslicht. HMI-Scheinwerfer, die damals auf den Markt kamen und primär für Filmarbeit gedacht waren, setzte er erstmals für das Theater ein.

M.K.: Dadurch hat sich mein Leuchtstil geprägt, und jetzt arbeiten zum Glück viele Theater damit, weil es halt eine ganz besondere Aussagekraft und Lichtgestaltung ist. Ohne dieses Tageslicht ist es für mich heute nicht mehr denkbar. Bis auf wenige Ausnahmen ist das Tageslicht zu meiner Lichtsprache geworden.

C.H.: Auf diese Weise entwickelte sich auch eine völlig neue Ästhetik, wenn ich nicht irre?

M.K.: Ja, eine völlig neue Ästhetik. Wir haben theatergerechte Scheinwerfer entwickelt, die anderen Anforderungen genügen müssen als beim Film, und natürlich das Licht auch als dramatisches oder dramaturgisches Licht eingesetzt. Man kann mit diesem Licht einfach die Dramatik besser zeigen, man kann Bilder besser herstellen, man kann die Kontraste zwischen hell und dunkel und zwischen Farbigkeiten besser zeigen.

C.H.: Wenn ich das richtig sehe, ist Dorn am längsten mit Ihrem Werdegang verbunden. Würden Sie sagen, das hat Ihre Laufbahn, Ihre Karriere geprägt?

M.K.: Selbstverständlich. Das ist gar keine Frage. Also, ich hätte sicher auch meinen Weg gemacht, aber ich habe da einen Wegbegleiter gefunden, der das mitgemacht hat. Der gesehen hat, dass es für seine Vorstellung von Ästhetik, dass es auch für ihn interessant war. Ich habe in dieser Zeit sehr viele Erfindungen gemacht. Wenn mir etwas eingefallen ist, was ich einsetzen wollte, und das gab es nicht zu kaufen, habe ich alles selber gebaut. Das war mit ihm alles möglich. Und ich würde mal sagen, es war zur rechten Zeit die richtige Bekanntschaft und hat uns beide weit gebracht, nicht nur ihn. Ich bin sehr weit gekommen, und er ist mit seinen Inszenierungen dadurch auch sehr weit gekommen.

C.H.: Ist da eine persönliche Bindung übrig geblieben, oder was bedeutet Ihnen Dieter Dorn?

M.K.: Ja, ohne Dieter Dorn wäre ich jetzt wahrscheinlich nicht da, wo ich jetzt bin! Und in der Zeit, wo wir zusammen gearbeitet haben, haben wir eine sehr enge Bindung miteinander gehabt und haben auch einige private Zeiten miteinander verbracht. Aber durch das Auseinandergehen der ›Familie‹ haben wir uns ein bisschen auseinander gelebt.

Max Keller ist stolz auf das, was er über die Jahre an den Kammerspielen aufgebaut hat. Bei seinem Dienstantritt hat man im Keller in einem dunklen Loch ohne Fenster gehaust, erzählt er, zwischen Heizungsrohren. Er kämpfte um eine bessere Arbeitsatmosphäre für seine Abteilung, für eine Werkstatt und einen Apparatepark, der so wahrscheinlich in keinem anderen Theater zu finden ist. Das hat er geschafft – und das wollte er nicht im Stich lassen, als es hieß, Dorn verlässt das Haus.

M.K.: Ich habe jahrelang dafür gearbeitet, dass es jetzt ist, wie es ist. Ich habe mir den Zustand vom alten Residenztheater angesehen und bin erschrocken. Und wenn Sie überlegen: Sie haben so erfolgreich mit jemandem zusammen gearbeitet, und dann kommt der Schnitt, und man geht woanders hin, und da wäre von mir genau das gleiche erwartet worden wie hier – das wäre mir absolut nicht möglich gewesen! Mir hätte das Personal gefehlt, und mir hätte die Logistik gefehlt. Und mit dem Älterwerden möchte man doch auch mal die Früchte ernten von dem, was man aufgebaut hat.

C.H.: War Dorn enttäuscht, als Sie Nein sagten? Oder hat er es verstanden?

M.K.: Ja, er hat das geahnt, weil ich so lange nicht reagiert habe. Es ist auch keine leichte Entscheidung gewesen. Auf der einen Seite ist er mein Künstlervater oder so etwas, und auf der anderen Seite sind mir auch viele Beleuchter ans Herz gewachsen, die auch wegen mir hier sind. Jetzt im Nachhinein, wenn ich das resümiere, muss ich sagen, das hat mir auch gut getan. Einfach völlig neue

Leute, neue Regisseure, neue Bühnenbildner – dass ich dadurch neue Herausforderungen gekriegt habe, das hat mir gut getan. Alles ist total anders: Baumbauer macht die doppelte Anzahl an Produktionen, man kommt kaum zum Luftholen, wir machen viel mehr Gastspiele als früher – aber untereinander, also werkstättenmäßig, ist es eine sehr gute Zusammenarbeit.

C.H.: Sie sagten vorhin schon, vielleicht war es eine Trennung zum richtigen Zeitpunkt – hatten Sie das Gefühl, das Dorn'sche Theater hatte sich künstlerisch überlebt?

M.K.: Ich hätte nicht gedacht, dass die Stadt München den Vertrag mit Dieter Dorn nicht verlängern würde. Da waren wir alle völlig platt. Wir haben hier eine bestimmte Bühnen-Ästhetik entwickelt, das ist dieser Lichtraum gewesen. Jürgen Rose hat den gebaut, und ich habe ihn beleuchtet und ihn verbessert. Es gab da so ein bestimmtes Prinzip, wie man diese Räume überhaupt leuchten konnte, und das haben wir immer mal wieder aufgegriffen – ungefähr sechs oder sieben Inszenierungen haben wir in verschiedenen Formen dieser Lichträume gemacht. Und wir waren, glaube ich, in New York damit auf dem Zenit, das konnte man nicht mehr verbessern. Da habe ich gedacht, der Jürgen Rose macht ja auch sonst gute Bühnenbilder … Es gibt dieses Sprichwort: Wenn's am Schönsten ist, soll man aufhören. Ich werde die Highlights natürlich nie vergessen. Der *Merlin* war super, ich habe die Beleuchter so miteinbezogen, dass einer, der kei-

nen Platz mehr gehabt hat, um seine Farbscheibe zu wechseln, weil Schauspieler davor standen, weinend weggelaufen ist. Und das finde ich doch wunderbar! Oder beim *Lear:* Wenn man so lang Theater macht, dann ist man abgestumpft – aber ich muss sagen, wenn nach dreieinhalb Stunden eine Pause war bei *Lear,* habe ich auf die Uhr geguckt und gesagt: ›Hey, jetzt schon Pause?‹ Das hat es nie wieder gegeben. Nie wieder! Da war so eine Spannung, das war mit so tollen Schauspielern, ein sehr einfacher Raum, immer wieder ein bisschen anders beleuchtet … Es war ja so, wenn er inszenierte, hat er das ganze Haus mitgerissen. Das ganze Haus hat also für diese Produktion, für diese Premiere gearbeitet. Und darum war es immer eine Amplitude. Es war immer Hinarbeiten auf ein Ereignis. Das war eine tolle Zeit, und es war ja fast normal, dass man immer gut war. Ich weiß gar nicht, ob es sich weiterentwickelt hätte, wenn ich mitgegangen wäre. Ich glaube nicht. Ich denke, dass man eine Zeit abschließen können muss. Wie das im Leben so ist, es hört eben alles einmal auf …

Auf zu ganz neuen Ufern. 1979 stürzte sich Dieter Dorn in ein völlig fremdes Abenteuer: Er inszenierte sein erstes Stück von Botho Strauß, *Gross und klein,* das vierte Stück des damals erst 34-jährigen Dramatikers. Die Uraufführung hatte zwei Monate zuvor Peter Stein in Berlin herausgebracht, mit Edith Clever in der Hauptrolle der Lotte. Ort der Aufführung war dort ein Spandauer Filmstudio. Zum Vergleich der beiden Aufführungen nur soviel: Bei Stein dauerte das Stück fünf Stunden, bei Dorn nur dreieinhalb. Zaghaft lässt sich Folgendes daraus ableiten: Stein versuchte Strauß ernster zu nehmen als Dorn. Er machte aus der Lotte eine tragische Figur mit Tiefgang. Dorn blieb beim höheren Boulevard, ließ die zehn Bilder rasch aufeinander folgen, die Texte rasch sprechen, versuchte Tiefgang zu vermeiden, wo keiner ist, bzw. wo es nicht darum geht, Gehalt in etwas hineinzugeheimnissen, was nur die reale Beziehungslosigkeit im Deutschland der Siebzigerjahre beschreibt. Dorn versuchte, die monströse Leere der Normalität auf die Bühne zu bringen – darin, wie immer, kräftig unterstützt durch Jürgen Roses aussagekräftige Bilder, die hier die Leere erzeugten oder noch unterstrichen.

Cornelia Froboess als Lotte erntete Hymnen. »Was Cornelia Froboess, die junge Frau Lotte in Straußens

Cornelia Froboess als Lotte in *Groß und klein*

großem Schauspiel, von der Sekunde Null an mit ihrer ersten Szene bei einem äußerst heiklen Eröffnungsmonolog vollführt, ist als Kunstleistung alle Bewunderung wert: Es ist, selbst eingedenk des glanzvollen zweiten Aktes ihrer Münchner *Minna*, die halbe Sternstunde dieser Spielerin.«[85] Da Cornelia Froboess schon vorgestellt wurde, widmen wir uns den Mitwirkenden, die wir noch nicht kennen. Auch bei dieser Inszenierung handelt es sich um eine Ensembleleistung: Wie schon zuvor bei *Lulu* und *Mittsommernachtstraum* ist hier fast das ganze Ensemble im Einsatz.

Höchste Zeit, auf **Daphne Wagner** einzugehen. Schon lange vor München arbeitete Dorn mit ihr, und sie war jahrelang seine Lebensgefährtin. In *Gross und klein* spielt sie eine Unternehmersgattin »in ihrer Welt aus Chanel, Missoni und mit der unbestimmten Provinz-Sehnsucht nach Gala-Diner und Tête-à-Tête auf höchster Ebene.«[86]

Mit der Chuzpe einer Anfängerin, im zarten Alter von Zwanzig, stellte sich Daphne Wagner mitten in der Spielzeit am Schauspielhaus Hamburg vor. Lietzau war gerade ›unehrenhaft‹ verabschiedet worden, und Liebermann hatte die Interims-Intendanz übernommen. Als sie bei ihm vorsprach, riet er ihr: »›Ja, wir haben da einen hoch begabten Regisseur, der kommt aus Essen und der bereitet gerade *Lysistrata* vor, und da gibt es ja viele Rollen. Vielleicht kann der Sie brauchen, gehen Sie einfach mal zu ihm hin.‹ Er gab mir eine Adresse, ich ging da hin, und ein junger Mann mit vielen Locken machte mir die Tür auf, und ein anderer junger Mann saß auf dem Sofa, mit denselben vielen Locken – und ich traute mich nicht zu fragen: ›Wer ist der Dorn, und wer ist der Assistent?‹«[87] Es stellte sich dann heraus, dass der ›Türöffner‹ Harald Clemen war und Dorn der auf dem Sofa. Daphne Wagner bekam, nach einer kleinen Belehrung, dass das ein ziemlich ungewöhnliches Vorgehen sei, so mitten in der Spielzeit anzutanzen, eine kleine Rolle in *Lysistrata*. Sie hatte dann auch noch die Unverfrorenheit zu sagen, dass sie eigentlich ins Regiefach wechseln wolle – was insofern dreist war, als Frauen noch nicht einmal als Assistentinnen ›zugelassen‹ waren in jener Zeit. Aber sie durfte die Stellvertretung von Clemen, der bei dieser Produktion Assistent war, übernehmen, wenn er ausfiel. »Später in Berlin hat Hans Lietzau ›Keine Frau ans Regiepult‹ ans Schwarze Brett geschrieben«, erzählt sie weiter, um zu untermauern, wie finster die Zeiten für Frauen damals noch waren. Sie wechselte dann mit Dorn nach Berlin und von dort nach München an die Kammerspiele und blieb bei Dorns Truppe, bis er das Haus verließ. Daphne Wagner erlebte also Dorns Weg zum Ruhm aus nächster Nähe: Sein Erfolg in Essen mit der *Kleinbürgerhochzeit* ebnete ihm den Weg ans Hamburger Schauspielhaus, und nach dem Erfolg von *Der Menschenfreund* war sein Ruf eigentlich gefestigt.

Es macht Spaß, Daphne Wagner zuzuhören, wie sie von diesen ›alten Zeiten‹ spricht. Es ist, als wäre es gestern gewesen, dabei ist es über 35 Jahre her. Sie ist eine erstaunliche Doppelnatur: Der Kumpeltyp einerseits, die berühmte ›Frau zum Pferde stehlen‹ – und andererseits die distinguierte Persönlichkeit, die sich ihrer dynastischen Herkunft bewusst ist. Wobei sie vehement betont, mit denen da auf dem Hügel und ihren Streitigkeiten nichts zu tun zu haben.

Daphne Wagner
Geb. am 13.11.1946 in Bayreuth
Tochter von Wieland Wagner, Urenkelin von Richard Wagner
Ausbildung an der Berliner Max-Reinhardt-Schule
1968 Debüt am Theater in der Josefstadt in Wien
Weitere Stationen: Essen, Hamburg (Deutsches Schauspielhaus), Basel, Berlin (Schiller-Theater)
Seit 1977 Ensemblemitglied der Münchner Kammerspiele
Arbeitet heute als freie Schauspielerin
Verheiratet mit Tilmann Spengler
Lebt in München

Als Dorn aufhörte an der ›Kammer‹, fühlte sie sich vielleicht ein bisschen zu lange schon an sein Theater gebunden und war neugierig. »Jetzt muss noch mal was Neues passieren«, fand sie und blieb vorläufig noch an den Kammerspielen bei Baumbauer. Da habe sie begriffen, welche Qualität ein festes Ensemble bedeutet, denn dort seien ständig Gäste da gewesen. »Da ist der Kontakt untereinander gar nicht da. Alle kommen mit dem Ziehköfferchen, in der Pause hängen sie am Handy, und nach der Vorstellung hauen sie mit ihrem Ziehköfferchen wieder ab. Die fruchtbare Diskussion über die Arbeit fällt völlig flach. Und es ist auch wahnwitzig zu sehen, wenn man an die Arbeitsweise Dorns gewöhnt ist, wie die jungen Regisseure heute arbeiten. Man hat das Gefühl, die haben teilweise noch nicht einmal das Stück gelesen. Sie wissen gar nichts, haben keinerlei Background und können nicht begründen, warum sie das so oder so haben wollen, außer: Das finden wir eben super, oder das finden wir eben geil. Man improvisiert so ein bisschen vor sich hin, und was dann am effektvollsten war, das wird genommen, obwohl es mit dem Inhalt überhaupt nichts zu tun hat – nur, weil es ›cool‹ ist.«

Heute sagt sie, das ›Neue‹ hat leider nicht so geklappt, wie sie sich das vorgestellt hat. Seit Anfang 2007 ist sie nun ganz frei und eigentlich ganz froh darüber. Sie hat nach wie vor enge Beziehungen zu den Dorn-Kollegen und guckt sich jede Vorstellung ›drüben‹ an. Innerhalb des Dorn-Ensembles hatte Daphne Wagner gewissermaßen eine Sonderstellung, weil sie lange Zeit die Ensemblesprecherin für die Frauen war und infolge dessen häufig als Vertrauensperson fungierte. Das ist sicherlich ihrer kontaktfreudigen Art und ihrer offenen Ausstrahlung zuzuschreiben. Man fasst sofort Zutrauen zu ihr. Zudem musste sie Kraft ihres Amtes zwischen Schauspielern und der Chefetage vermitteln, und das erforderte natürlich eine Menge Fingerspitzengefühl und unter Umständen auch taktisches Geschick.

Heute, quasi als Pensionärin, ist sie froh, sagt sie, dass sie keine Urlaubsscheine mehr unterschreiben muss. Es habe ihr immer Schwierigkeiten gemacht, so angehängt zu sein, nicht einfach mal kurz nach Berlin fahren zu können, wenn ihr danach war. Jetzt kann sie ihr Freiheitsgefühl genießen: »Ich drehe jetzt ziemlich viel, und dann mache ich meine Lesungen, wie jetzt zum Beispiel eine mit Sibylle und Sunnyi in Weimar über Sehnsuchtstexte mit Musik – das wird glaube ich sehr schön. Ich bin also sozusagen auf dem freien Markt und bin froh, mein Programm machen zu können.«

Für seine letzten paar Jahre am Bayerischen Staatsschauspiel wünscht sie Dorn noch ein paar tolle Aufführungen: Vielleicht ein paar Shakespeares noch, einen Strindberg, einen Kleist – wer weiß? Aber insgeheim, so verrät sie, als das Band nicht mehr läuft, glaubt sie nicht, dass er aufhören wird – weil er es einfach nicht kann. »Da gibt es ja noch die Oper …« Und weil ich das auch so sehe, bin ich mit dieser Information auch nicht so superdiskret umgegangen …

Auch schon ganz lange dabei ist **Jennifer Minetti**, die wir im *Mittsommernachtstraum* als Elfe unterschlagen haben. Sie spielt in *Gross und klein* die Frau eines Türken. Keine besonders große Rolle freilich, aber sie würde sonst erst 1983 in Feydeaus *Klotz am Bein* auftauchen – und das wäre ihrem Platz im Ensemble nicht angemessen.

Jennifer Minetti
Geb. am 08.01.1940 in Berlin
Tochter des Schauspielers Bernhard Minetti
Schauspielunterricht bei Herma Clement in Berlin
1959 Debüt am Landestheater Hannover
Weitere Stationen: Wuppertal, Bonn, Essen, Kassel, Bremen, Stuttgart und Göttingen
Seit 1977 Ensemblemitglied der Münchner Kammerspiele
Seit 2001 am Schauspiel Frankfurt und am Bayerischen Staatsschauspiel tätig
Lebt in Frankreich

Jennifer Minetti und Dieter Dorn kennen sich seit 1959 aus Hannover. Sie war Anfängerin im Schauspiel und er war Regieassistent am dortigen Staatstheater. Seither haben sie sich nicht aus den Augen verloren, erzählt sie. »Wir haben immer Kontakt gehabt, unsere Kinder waren auch befreundet. Und ich war acht Jahre in Göttingen, und da hält man es nicht allzu lange aus. Ich wollte natürlich meinem Sohn auch nicht allzu oft einen Schulwechsel zumuten, aber diesen einen habe ich ihm zugemutet und bin dann 1977 an die Kammerspiele gekommen.«[88] Im Gegensatz zu vielen anderen, die sich entweder für Dorn oder für Wendt entschieden, konnte sie mit beiden gut arbeiten und fand es sehr aufregend, solch unterschiedliche Temperamente und Arten, Regie zu führen, gleichzeitig zu erleben.

Inzwischen sind Dorn und seine Truppe ihr künstlerisches Zuhause geworden. Sie war stets präsent, auch wenn sie oft kleinere und nicht die ganz großen Rollen gespielt hat, und sie hatte – wie Daphne Wagner – eine Begabung, zu schlichten. »Ich war eher eine Stille, nicht unbedingt eine Fordernde. Das ist tatsächlich erst allmählich gekommen, dass man mir auch größere Rollen anvertraut hat. Aber menschlich oder künstlerisch gesehen war ich eigentlich immer vorhanden. Ich war auch in kleinen Rollen sehr geschätzt, nur: Sie sind schwerer zu spielen! Und es ist ganz merkwürdig, die Verantwortung ist dieselbe, ob man eine große oder kleine Rolle spielt. Bei den kleinen eigentlich sogar größer, weil man es ja nie aufholen kann in den wenigen Auftritten, was man vielleicht falsch macht. Bei einem kleinen neuen Tasten in einer großen Rolle fällt das nicht so schwer ins Gewicht. Ist die Rolle kleiner, ist man auch neugieriger und holt mit der Zeit viel mehr aus sich heraus.« Gegenwärtig kann man Frau Minetti in mehreren solcher ›mittleren‹ Rollen sehen: Sie spielt zum Beispiel die Hanna Kennedy in *Tänzerinnen und Drücker* von Franz Xaver Kroetz, eine schrille und skurrile Tänzerin.

Zu jedem Auftritt reist sie eigens an. Sie ist »an der langen Leine«, wie sie es nennt, weder fest noch frei und pendelt zwischen ihrem Wohnort in Frankreich, dem Schauspiel Frankfurt und München hin und her. Es ist nicht schwer zu erraten, welcher der drei Orte ihr liebster ist. Gerne hätte ich sie in ihrer französischen Wahlheimat besucht, aber nein, wir sitzen im Operncafé, sie hat gleich Vorstellung im Marstall, und über Lautsprecher werden uns Arien zugeschmettert, denen wir normalerweise sicherlich gerne lauschen würden, aber ein Interview zu führen bei dieser Intensivbeschallung ist ein Ding der Unmöglichkeit. Doch der Kellner zeigt kein Erbarmen. Augen zu und durch. Frau Minetti ist die Gelassenere von uns beiden. Vollprofi eben. Sie muss ja auch nicht um sendbare Töne bangen …

Mit der allergrößten Selbstverständlichkeit erzählt sie von ihrer Freundschaft mit Dorn, wo andere diese Vokabel so vollkommen ausschließen würden bei ihm. Ich ahne, dass der tiefere Grund darin liegt, dass Jennifer Minetti und Dieter Dorn eine Leidenschaft teilen: Beide sind fanatische Fußballfans. Das verbindet!

Einem Bedürfnis von Kritikern gemäß ist Frau Minetti, wie so viele andere, ›schubladisiert‹ worden: Sie sei die geborene Schwab-Darstellerin, hieß es oft. Nun werden Stücke von Werner Schwab nicht mehr allzu häufig gespielt. Aber eine Zeit lang, als er en vogue war, war es wohl tatsächlich ein Gütesiegel für einen Schauspieler, solch schwere, ein hohes Maß an Ungeniertheit und Mut erfordernde Rollen zu spielen. Das lag Jennifer Minetti sehr. Unvergessen ihre Auftritte als Grete in *Die Präsidentinnen*, als Frau Kovacic in *Volksvernichtung oder meine Leber ist sinnlos* oder als Wirtin in *Übergewicht, unwichtig: Unform*. Christopher Schmidt beschreibt ihre Spielweise folgendermaßen: »Jennifer Minetti verfügt über eine ganz eigene scheckige und eckige Komik – quadratisch, praktisch, gut. Wie vielen Nebenrollen hat sie […] mit stämmigem Witz und Wahn Respekt verschafft. […] Sie hatte keine Angst vor den schreiendsten Bühnenfummeln und den flamboyantesten Rollen, in denen sie als kleine Dralle oder kantiges Mannweib entzückte.«[89] Man kann ihre Art zu spielen kaum besser beschreiben. So wie ihr Vater Bernhard Minetti für sich Thomas Bernhard als wichtigsten Autor entdeckt hat, ging es ihr mit Werner Schwab. »Da finde ich mich sehr wieder. Es ist eine große Seelenverwandtschaft da. Und ich finde ihn aufregend, und bis heute entdecke ich noch sehr viel an ihm, was mich immer wieder neu reizt.« Bezeichnenderweise ist Jennifer Minetti besonders mit den jüngeren Schauspielern, die neue und spannende Facetten ins Ensemble einbrachten, eng befreundet. Sie nennt Jens Harzer, von dem später noch ausführlich die Rede sein wird, und Marina Galic, die erst am Residenztheater hinzustieß. »Wir haben das Glück gehabt, einiges zusammen zu spielen. Dadurch

Irene Clarin als Fortinbras in *Hamlet*

Jennifer Minetti als Grete, Anna Schudt als Mariedl und Irene Clarin als Erna in *Die Präsidentinnen*

Jennifer Minetti als Grete in
Die Präsidentinnen

Heide von Strombeck als Frau Wurm und Jennifer Minetti als Frau Kovacic in
Volksvernichtung oder meine Leber ist sinnlos

ist vieles gewachsen und entstanden und – sagen wir mal, ich bin da auch sehr oft beratend tätig. Und wir sagen beide, wenn wir uns in Salzburg beim *Jedermann* nicht gehabt hätten, hätten wir das nicht überlebt. Da waren wir ganz stark. Wir haben drei Jahre *Jedermann* gespielt, das verdient eine Tapferkeitsmedaille.«

Zu ihrem ›Fremdgehen‹ an andere Theater befragt, bekennt Minetti, sie habe einfach ein paar Wanderjahre gebraucht, um auch noch andere Theater und Ensembles kennen zu lernen. Die Arbeit mit Elisabeth Schweeger in Frankfurt, mit FM Einheit und mit André Wilms hat ihr viel bedeutet. »Ich habe zum Beispiel sehr gerne bei ihr in Frankfurt *Am Ziel* gespielt, das der Bosse inszeniert hat. Da war der Dorn allerdings sehr, sehr enttäuscht, weil eben auch Jens Harzer und Marina Galic als Tochter und Dichter darin gespielt haben und wir das nicht bei ihm gemacht haben. Das hat ihm sicher weh getan, aber für uns war es ganz wichtig, dass das stattfand. Ich habe auch den Armin Petras einmal in Hochform, einmal ganz schlecht erlebt, ich habe absolut alle Kehrseiten in Frankfurt erlebt, und das hat mir dann auch gereicht. Aber jetzt ist es doch schwerpunktmäßig wieder München, obwohl es eigentlich Frankreich sein sollte … Ich glaube, Dorn hat es Marina Galic, Jens Harzer und mir verziehen, dem Regisseur aber nicht ganz, fürchte ich. Wenn er enttäuscht ist, kann das auch Jahre dauern, aber letzten Endes ist das Wesentlichste – und darin habe ich ihn ganz groß erlebt – seine Treue und Standhaftigkeit. Wenn man einmal seine Achtung bekommen hat, dann ist die auch nicht so leicht wieder auszulöschen.«

Jennifer Minetti muss los, die Maske wartet. Ich freue mich über das schöne Gespräch unter erschwerten Bedingungen und bin für einige Zeit ariengeschädigt …

Irene Clarin spielt das Mädchen in *Gross und klein* – sicher nicht ihre bedeutendste Rolle, aber eben ihre erste Zusammenarbeit mit Dieter Dorn. Davor hatte sie schon in einigen Regiearbeiten von Ernst Wendt mitgewirkt.

Irene Clarin ist eigentlich eine Entdeckung von Wendt, er muss sie wohl in einem Stück im Theater der Jugend gesehen haben, das damals noch zu den Kammerspielen gehörte. Er war auf der Suche nach einem Soldaten für *Germania Tod in Berlin*. Mit dieser eher untypischen Besetzung fing es an, und kurz darauf wurde sie ins feste Engagement übernommen. Das war für die junge Anfängerin wie ein Sechser im Lotto: »Da war ich in der Tat ein Glückspilz, das muss ich schon sagen. Was das für mich bedeutet hat? Dass ich einfach unter lauter tollen Schauspielern und tollen Regisseuren war. Ich habe halt gedacht, lieber spiele ich am Anfang kleinere Sachen, aber unter super Leuten, statt große Sachen unter nicht so tollen Leuten. Ich habe mich einfach wahnsinnig wohl gefühlt, nicht nur, dass ich sozusagen mit lauter Koryphäen gearbeitet habe, sondern ich mochte auch die Handwerker gern, die Bühnenbildner, die Maskenbildner, das ganze Drum und Dran, das gehört ja zusammen. Man kann ja nicht sagen, da steht jetzt nur der Schauspieler XY, sondern das Ganze ist wie ein Räderwerk.«[90]

Es waren zwar immer nur kleine Rollen, die sie zunächst erhielt, doch selbst darin fiel sie positiv auf. Rolf Michaelis schreibt: »Als Kammerzofe Rosalie bei Kleist, als junger Soldat bei Müller, als Mädchen bei Brecht, als Gutsbesitzerstochter bei Tschechow – in knappen Auftritts-Minuten gelingt es der Schauspielerin, eine Frau mit ihrer Lebensgeschichte, ihren Wünschen, ihrer Trauer vorzustellen. Ist es das Gesicht mit den staunenden Augen, die noch größer dadurch werden, dass sie in den meisten Aufführungen ihr langes Haar auf dem Kopf

---

Irene Clarin

Geb. am 16.05.1955 in München

Tochter des Schauspielers Hans Clarin

Ausbildung an der Neuen Münchner Schauspielschule Ali Wunsch-König

1979–2001 Mitglied des Ensembles der Kammerspiele

Arbeitet heute als freie Schauspielerin

Lebt in München

sammeln muss?«[91] Dieses äußere Erscheinungsbild, das der Kritiker hier beschreibt, hat sich bis heute nicht verändert. Die Augen sind immer noch auffallend groß, die Haare immer noch lang – Irene Clarin wirkt auch heute noch wie ein zerbrechliches Mädchen. Sie kommt aus einer Theaterfamilie – zumindest väterlicherseits: das Schauspieler-Gen scheint sie von Hans Clarin geerbt zu haben, der schon 1950 sein Debüt ebenfalls an den Kammerspielen hatte.

Irene Clarin verstand sich sowohl mit Wendt als auch mit Dorn gut in diesen ersten Jahren. So lautet die Antwort auf die Frage, mit wem sie lieber gearbeitet hat, dann auch »mit beiden«. Sehr diplomatisch: »Ja, es war tatsächlich so. Also beim Wendt war das bei mir etwas ganz Verrücktes. Der hat ja nicht viel gesagt beim Regieführen. Mit dem habe ich mich sozusagen nonverbal verstanden. Wenn mich der irgendwie angeschaut hat, dann wusste ich, was er von mir wollte. Das war ganz verrückt. Und beim Dorn war das Schöne, wenn der geprobt hat, und es waren viele Leute auf der Bühne, dann hatte ich ein ganz bestimmtes Empfinden, was jetzt nicht gestimmt hat. Und dann war ich immer ganz glücklich, wenn der Dorn genau das gesagt hat, was ich gerade gedacht habe.«

Als Dorn die Kammerspiele verließ, war eigentlich ganz klar, dass Irene Clarin mitkommen würde. Auf die Nachfrage, warum sie denn nun nicht dabei sei, reagiert sie zögerlich – mit einem beiseite gesprochenen »Dumm gelaufen«. Ich verstehe gar nichts, versuche nachzuhaken. Akzeptiere schließlich, dass sie nicht gerne darüber sprechen möchte und ahne irgendwelche menschlichen Dramen, die sich da abgespielt haben müssen, an die man vielleicht besser nicht rührt. Und nun geht sie neben ihrer Arbeit als freie Schauspielerin ab und zu in die Kammerspiele und auch ins Residenztheater und schaut sich an, was die Kollegen machen. Ohne in Sentimentalität abzudriften, ist deutlich zu spüren, dass ihr dieses Gespräch ziemlich an die Nieren geht. Wir einigen uns darauf, es dabei zu belassen … zumindest was den offiziellen Teil anlangt …

Am längsten mit dabei im Ensemble ist **Heide von Strombeck**. Sie war schon an den Kammerspielen, als Dorn gewissermaßen noch die Schulbank drückte – mit anderen Worten – eine unvorstellbar lange Zeit. In *Gross und klein* begegnet sie uns als Frau im hochgeschlossenen Kleid.

Heide von Strombeck ist eine Schauspielerin der alten Schule und als Mensch eher scheu und sich weg-dividierend. Man kennt es – wie oben schon geschildert – von anderen älteren Herrschaften, die ihren Wert stets herunterspielen und von sich behaupten, sie hätten nichts zu sagen. Es gibt ein Beispiel, das zu einem Stück Theaterliteratur wurde: Therese Giehse sagte auch immer, sie habe nichts zu sagen – bis dann ein äußerst informatives Buch daraus wurde, das den Titel trägt: *Ich hab nix zum Sagen*. Als ich Heide von Strombecks hartnäckige Versuche, mir zu entwischen, mit diesem Beispiel konfrontiere und auch noch hinzufüge, ich hätte ein Bild von ihr gesehen, auf dem sie aussieht wie die Giehse – kommt voller Empörung ihre Antwort: »Ich will aber nicht aussehen wie die Giehse.«[92]

Bei ihr ist es vielleicht eher so, dass sie zu lange geübt hat, im Schatten zu stehen: Sie stand als Ehefrau Peter Lührs gewissermaßen automatisch in der zweiten Reihe.

Heide von Strombeck
Geb. in Dresden
Während des Krieges Besuch der Musikhochschule Dresden-Blasewitz
Nach dem Krieg Ausbildung an der Otto-Falckenberg-Schule
Debüt in Kiel
Weitere Stationen: Schleswig, Hannover und Wiesbaden
1958–2001 Ensemblemitglied der Münchner Kammerspiele
Seit 2001 am Bayerischen Staatsschauspiel
War verheiratet mit Peter Lühr, der gemeinsame Sohn Peter von Strombeck ist ebenfalls Schauspieler

Das ganze Licht, die ganze Aufmerksamkeit bekam er ab – wenn er auch ganz zu Recht im Mittelpunkt stand, das steht außer Frage. Gegenwärtig macht Heide von Strombeck so etwas wie eine Alterskarriere. Es ist, als wäre sie jahrzehntelang gar nicht so sehr wahrgenommen worden. Jetzt spielt sie in diversen Stücken parallel Rollen, die man nicht vergisst – und scheint immer mehr von ihrer immensen Spielerfahrung zu profitieren. Soll man sagen, sie wird, je älter sie wird, immer besser? Ich würde eher sagen, jetzt wird sie endlich mehr geschätzt. Ob als Erzählerin in den *Bösen Märchen* oder als Brands Mutter in *Brand* von Ibsen oder als als Stadtindianerin verkleidete Rattenjule in Ibsens *Klein Eyolf.*

»Das Theater ist Abenteuer für mich geblieben, das kommt aus der damaligen Zeit. Heute ist es anders, heute ist es mehr Beruf, anstrengend, Geschäfte machen – die sind so getrieben von der heutigen Zeit, ich war so getrieben von der anderen Zeit. Man wurstelte sich durch, man strengte sich an, man machte Fehler. Ich kam aus keinen gesicherten Verhältnissen, überhaupt nicht, und na ja, ich musste eben sehen, wie ich zurecht kam.«

Wo anfangen bei einem so langen Bühnenleben? Am Schluss, am Anfang? Wenn Heide von Strombeck erzählt, scheint es fast so, als hätte der Anfang die größere Bedeutung. Diese unglaublich mühevolle Zeit nach Kriegsende, als sie mit nichts als einem Bündel Kleidern und etwas ›Brotgeld‹, das sie am Körper trug, versuchte, sich im zerbombten Land zurechtzufinden.

Während des Krieges hatte Strombeck schon versucht, bei der Theaterkammer eine Aufnahmeprüfung zu absolvieren. Doch man schickte sie weg: Sie sei noch zu jung, lautete das Urteil. Die Kriegsjahre erlebte Strombeck noch in ihrer Geburtsstadt Dresden. Es war schwer sich über Wasser zu halten, erinnert sie sich. Aber irgendwie schaffte sie es, sich mit Lesungen und Gedicht-Rezitationen in den Elbvororten ein wenig Geld zu verdienen. Damals gab es noch Brotkarten, und das war ihre Rettung: »Für diese Karten, ich glaube es waren immer fünfhundert Gramm Brot, konnte man sehr viel Geld kriegen. Ich habe nie Brot gegessen und habe alle meine Karten verkauft.« Irgendwie schaffte sie es dann doch noch, ihre Prüfung an der Musikhochschule in Blasewitz zu machen, bevor sich gegen Kriegsende alles dramatisch änderte. Als der Angriff auf Dresden stattfand – Heide von Strombeck nennt die Vernichtung der Stadt »den

Angriff« –, gab es nur noch eins: diese tote Stadt zu verlassen. Sie traf ein paar junge Leute, die eine Flucht nach Westen planten, und bearbeitete ihre Mutter wohl so lange, bis diese sie ziehen ließ. Auf jeden Fall zog sich der Aufbruch noch über ein Jahr hin, bis es diesem Grüppchen von Leuten 1947 gelang, sich nach Nordheim durchzuschlagen. »Ich hatte noch nicht einmal einen Ausweis, wir sind einfach so ohne Papiere über die Grenze.« Es muss nicht ungefährlich gewesen sein, diese grüne Grenze ohne Papiere und mit nichts als einem Rucksack zu passieren, das russische Militär im Nacken und die amerikanischen Truppen vor sich. Während alle anderen nach Hamburg wollten, hatte sich Strombeck in den Kopf gesetzt: »Ich will nach München«. Sie kam schließlich über etliche Umwege in dieser Stadt an.

Warum München? In Dresden schon hatte sie eine Theaterzeitschrift in die Hände bekommen, auf deren Titelseite das Bild eines Schauspielers in pathetischer Pose abgebildet war, das sie ungeheuer beeindruckend fand. Das Stück, um das es ging, war Claudels *Der seidene Schuh*. Der abgebildete Schauspieler war – es ist nicht schwer zu erraten – Peter Lühr. Das Foto und die hymnische Besprechung im Heft hatten ihr offensichtlich die fixe Idee eingeimpft, unbedingt nach München gehen zu müssen, weil man, davon war sie felsenfest überzeugt, sonst nirgendwo in Deutschland so gutes Theater spielte wie dort.

Im kriegsbeschädigten München fand sie zwar kein ›Hotel‹, wie sie es sich erträumt hatte, aber sie fand einen Bunker, in dem man, gemeinsam mit vielen Anderen, nächtigen konnte. Tagsüber musste man verschwinden und nachts konnte man wieder hinein – nicht, bevor man mit einer Art Insektenspray desinfiziert worden war. Ihr erster Weg war dann natürlich der zu den Kammerspielen. Sie hatte sich erklären lassen, wo die Maximilianstrasse war, und zu ihrem großen Erstaunen gab es da tatsächlich ein funktionierendes Theater und eine Kasse, die geöffnet hatte. Sie erstand eine Karte für *Der seidene Schuh* und versank in dieser ihr völlig neuen, ganz andersartigen Theaterwelt. »Ich weiß nicht, wie viele Stunden das gedauert hat. Für mich war das eine ganz fremde Welt, auch literarisch. Claudel war für mich wahnsinnig schwer. Ich sah nur, das war der Schauspieler da oben, der mich eigentlich dahin verlockt hatte. Das war Lühr. Aber ich fand es wunderbar – dabei war es so schrecklich, in den Kammerspielen zu sitzen und nichts zu verstehen.«

Nun war die Hemmung, sich dort zu bewerben, natürlich noch viel größer als ohnehin schon. Doch nach ein paar Tagen des Zauderns schaffte sie es dann anzuklopfen, wenn auch nur um zu erfahren, dass die Prüfungen seit einer Woche vorbei seien. Welch eine Katastrophe! Den Verantwortlichen tat sie dann aber offenbar so leid, dass sie sich überaus große Mühe gaben, noch etwas zu arrangieren. Domin und Lühr waren das in erster Linie, die ihr ein außerplanmäßiges Vorsprechen gestatteten. Wieder Nervosität, wieder banges Warten – bis schließlich die Nachricht kam: Sie werde aufgenommen! Dann die Formalitäten: »Sie sagten, sie würden mich – als Sonderfall – aufnehmen, ich müsste noch einige Formalien erledigen und wo denn mein Pass sei. Und ich sagte: ›Ich hab keinen.‹ Die ernüchternde Antwort war: ›Ja dann geht das natürlich nicht!‹«

Der Traum schien zu Ende – aber, um es kurz zu machen: Über die abenteuerlichsten Umwege gelang es ihr, sich einen Pass zu besorgen und schließlich in die Schauspielschule der Kammerspiele aufgenommen zu werden. Und das Verrückteste ist, ihr Lehrer hätte Peter Lühr sein können, den sie damals schon grenzenlos verehrte – doch sie war zu scheu und ging lieber zu Inge Birkmann und studierte bei ihr die Rolle der Ophelia. Wie wir Nachgekommenen nun wissen: Es hat geklappt, sie und ihr Idol Peter Lühr kamen zusammen, nicht nur in der Arbeit, sondern auch privat. Die Geschichte ist freilich viel länger, intensiver und mühsamer, als wir sie hier wiedergeben können. Aber das Wesentliche daran ist, scheint mir, dass Jemand trotz aller widrigen Umstände seinen Traum gelebt hat. Und dass sie bekommen hat, was sie wollte – als sei alles eine Fügung gewesen, in der höhere Mächte die Hände im Spiel hatten …

Die Liste der Schauspieler bei *Gross und klein* endet mit einem Darsteller, aus dem inzwischen ein ganz Großer wurde. Mit **Edgar Selge**. In diesem Stück spielt er den Mann im Parka.

Edgar Selge ist schwer zu kriegen. Zwischen Filmfestival in Israel und Dreharbeiten in Bitterfeld treffen wir uns in München. Dorn und Selge liefen sich 1975 am Schiller-Theater schon einmal über den Weg, als Selge bei Lietzau vorsprach; zu einer Zusammenarbeit ist es

damals aber noch nicht gekommen, erzählt Edgar Selge. Schon in der Schauspielklasse an der Otto-Falckenberg-Schule traf Selge Kommilitonen, die später ähnlich steile Karrieren machten wie er: Die leider bereits verstorbene Elke Lang zum Beispiel oder Sepp Bierbichler und seine spätere Frau Franziska Walser. »Eins ist klar«, erzählt er, »dass es uns Vieren an Selbstbewusstsein damals nicht gemangelt hat.«[93] Eine Hochbegabten-Elite innerhalb der Elite der renommierten Kaderschmiede Otto-Falckenberg-Schule sozusagen.

Nicht Dorn, sondern Harald Clemen holte Selge aus Berlin an die Kammerspiele. »Er fragte mich, ob ich in *Totentanz* mitspielen wollte, und ich wollte gerne nach München. Ich wollte vom Schiller-Theater weg, weil ich gemerkt habe, das ist ein sinkendes Schiff, ein Theater, das aus der Vergangenheit lebt. Man merkt das daran, wenn man in einer Kantine sitzt und die Kollegen nach ganz kurzer Zeit von alten Zeiten erzählen. Dann gruselt es mich, und dann möchte ich gerne weg, denn ich denke, das Theater, wenn es schon die Zukunft nicht hat, braucht wirklich die Gegenwart. Ich habe das übrigens noch einmal erlebt, 1995, als ich am Deutschen Theater Berlin gearbeitet habe, diesen Sog von Kollegen und Kantinengesprächen, die Vergangenheit zu rühmen …« In München, so Selge, sei das ganz anders gewesen, »also jedenfalls 1978 war das nicht so, weil an der Vergangenheit nichts Rühmliches war. Da war Schweikart gewesen, der sollte überwunden werden, obwohl der ja ein sehr guter Theatermann war, und nach Schweikart war Everding und das war ein Desaster. Und auch Hans-Reinhard Müller hat ziemlich desaströs angefangen. Es war leer, und es war praktisch der letzte Notnagel, dass Müller nach Berlin fuhr, um Wendt und Dorn und Clemen nach München zu holen. Das war die Rettung. Da hat man dann anschließend nicht gern über die Vergangenheit gesprochen, wenn man höchstens Mitleid oder Hohn zu erwarten hatte.«

Das hervorstechende Wesensmerkmal an Edgar Selge ist seine Wachheit, sein wacher Verstand. Irgendwo in diesem schmalen, kantigen Gesicht sitzt zwar auch der Schalk, aber primär sind es die Augen, die seine Intelligenz verraten. Es ist mir in allen Gesprächen nie ganz klar geworden, warum die ›Söhne‹ am Schiller-Theater kaltblütig ihren künstlerischen Ziehvater Lietzau sozusagen hinterrücks ermordeten und im Stich ließen. Edgar

Selge: »Weil Söhne das immer müssen. Weil jede Generation ihr Medium neu definiert, und das ist auch richtig so. Über die Art und Weise, wie das passiert – das kann man auch eleganter machen, das kann man auch kommunikativer machen, aber manchmal geht es auch nur mit der Brutalität, wie es da vielleicht gewesen ist. Ich weiß nur, dass Lietzau im Krankenhaus lag, den hatte ein Taxi schwer angefahren in London, und in dieser Zeit ist das praktisch entschieden worden.«

In München stieß Dorn zwangsläufig auf eine Schauspielertruppe, die er nicht kannte. Schließlich konnte er ja nicht nur mit seinen mitgebrachten Weggefährten inszenieren. Am Anfang arbeiteten jedoch weder er noch Wendt mit den älteren Darstellern am Haus. Man wollte schließlich um jeden Preis modern sein, heutiges Theater machen und hat sich nicht getraut, mit den ›Gestrigen‹ zu arbeiten. »Dorn hat am Anfang weder mit Peter Lühr noch mit Frau Nicklisch gearbeitet. Wendt auch nicht. Die haben sich nicht getraut, oder sie sagten: ›Oh nee, da haben wir mit einer Zeit, mit einem Theaterstil zu tun, der gar nicht in unser Konzept passt.‹« Auf die Frage, ob er zum Dorn-Lager gehört habe, gibt Selge eine interessante Antwort: »Wenn man ehrlich ist als Schauspieler, muss man sagen, man gehört zu dem Lager, wo man besetzt wird. Und Dorn hat mich besetzt, obwohl wir fast immer Riesenschwierigkeiten hatten miteinander – bis hin zur Umbesetzung in *Leonce und Lena*, aber auch danach noch. Es hat immer geknirscht in unserer Arbeit. Trotzdem war ich ein Dorn-Schauspieler, ich mochte seine Arbeiten sehr. Tabori hat mich erst viel später

Edgar Selge als Andreas Kragler und Franziska Walser als Anna Balicke in *Trommeln in der Nacht*

besetzt – und als Langhoff mich besetzt hat, war ich mindestens so stark ein Langhoff-Schauspieler wie ein Dorn-Schauspieler. Ich habe auch bei Lietzau gerne gespielt. Wendt hat damals *Trommeln in der Nacht* übernommen, da haben wir auch sehr gut miteinander gearbeitet. Es war sehr schön, aber da er mich hinterher nicht mehr für eine große Rolle geholt hat, gehörte ich nicht zum Wendt-Lager. Ich will damit nur sagen, so freiwillig läuft

Edgar Selge
Geb. am 27.03.1948 in Brilon/Sauerland
Studium der Philosophie und Germanistik in Dublin und München
Schauspielausbildung an der Otto-Falckenberg-Schule in München
Debüt am Deutschen Theater in Göttingen
Anschließend Engagement am Schiller-Theater in Berlin
1978–1996 Ensemblemitglied der Münchner Kammerspiele
Danach zahlreiche Film- und Fernsehrollen und weitere Theaterstationen wie Burgtheater Wien, Deutsches Schauspielhaus Hamburg, Schauspielhaus Zürich
Verheiratet mit Franziska Walser, zwei Kinder
Lebt mit seiner Familie in München

das nicht ab, wie man das gerne erklären möchte: Ich gehöre zu dem oder dem Lager. Man gehört leider meistens zu dem Lager, wo einen der Lagerleiter holt. Das ist nicht gut, ich sage das auch durchaus selbstkritisch, weil ich natürlich immer sagen würde, man soll sich die Aufführung angucken und danach entscheiden, wo man hin will, und man kann sich auch durchaus bewerben, woanders mitzuspielen. Denn die Grundlage in diesem Beruf ist erst einmal Interesse, und die spezielle Begabung entsteht dann, wenn man diesem Interesse nachgeht.« Ein interessanter Aspekt, den Edgar Selge da aufwirft – das würde bedeuten: Nur ein passender Regisseur holt das aus einem Schauspieler heraus, was tatsächlich seiner Begabung entspricht. Anna Schudt, ebenfalls ein Mitglied der Dorn'schen Kerntruppe, hat dafür eine sehr eigenartige Formulierung gefunden, sie sagt: »Dieses Ensemble (oder dieser Regisseur) hat mich begabt gemacht.«

Doch zurück zu Edgar Selge, der darüber sinniert, wie sehr sich seine eigene Wahrnehmung von Theater inzwischen geändert hat. Damals, erzählt er, habe er Abneigung und fast Ekel empfunden, wenn er sich Wendt-Aufführungen ansah. Heute sagt er, wenn er etwas gerne wieder sehen würde, so ist es eine Wendt-Inszenierung. Es war insgesamt natürlich eine spannende Zeit damals. Die späten Siebzigerjahre waren geprägt von Aufbruchstimmung allerorten, und man konnte sich an den Kammerspielen immer messen mit dem, was andernorts Peymann, Zadek oder Stein gerade machten. Dennoch war das Haus, als Selge dort anfing, wesentlich bestimmt von älteren Kollegen: »Dieses Haus wurde ganz stark geprägt von Menschen, die mindestens zehn Jahre älter waren als ich und die für mich so etwas waren wie ältere Brüder, von denen ich auch das Gefühl hatte, die interessiert nicht wirklich, was ich zur Kunst und zum Theater beitragen kann. Die interessierten sich für mich als Schauspieler, wo sie mich besetzen konnten, auch Dorn, wie ein Instrument. Was meine Theaterauffassung betraf, was auch meine Einschätzung, mein Lebensgefühl betraf über das Theater hinaus, das hat, glaube ich, von diesen älteren Männern niemanden interessiert. Deshalb beschreibe ich das als eine lange und eine harte Ausbildungszeit für mich, die sich erst geändert hat in dem Augenblick, als ich nach Zürich gegangen bin, um in der Aufführung von *Oleanna* zu spielen, wo ich den Jens-Daniel Herzog als Regisseur vorgeschlagen und ihn mitgenommen habe. Dann kamen die ganzen nächsten Arbeiten mit Jens-Daniel.«

Selge verließ die Kammerspiele 1996. Er erinnert sich haargenau an das Datum, es war vom 13. auf den 14. Februar 1996. »Das weiß ich ganz genau, weil ich eine Rolle abgelehnt habe, bei Jens-Daniel. Plötzlich hatte ich den Eindruck, der rückt dem Dorn sehr nah und von mir sehr weg, und das hat mich zum Teil zornig gemacht. Dann habe ich irgendwie begriffen, dass ich an etwas weiterkämpfen muss, das wirklich meine Selbständigkeit betrifft, habe eine Rolle abgelehnt, und Michael Wachsmann stellte mich vor die Alternative eine bestimmte Rolle zu spielen oder meinen Vertrag zurückzugeben. Ich habe keine Sekunde gezögert und habe meinen Vertrag zurückgegeben, obwohl ich eigentlich unkündbar war. Das war einer der wichtigsten Schritte in meinem Leben, ein sehr positiver Schritt, und trotzdem kein leichter, weil ich plötzlich aus einem Nest fiel. Achtzehn Jahre sind schon eine wahnsinnig lange Zeit. Das bringt auch Existenzangst mit sich, und trotzdem war es ein ganz wichtiger Schritt in meinem Arbeitsleben.«

Dieser Befreiungsschlag ist natürlich besonders für junge Schauspieler oft außerordentlich wichtig. Wenn man gleich im ersten Engagement an ein so renommiertes Haus kommt und die verständliche Angst hat, zu wechseln, weil jeder Schritt eigentlich nur eine Verschlechterung sein kann, engt man sich und seine Erfahrungsmöglichkeiten zwangsläufig sehr ein. Selge: »Je mehr Arbeitsmöglichkeiten man als Schauspieler hat, desto selbständiger kann man arbeiten, desto mehr kann man wirklich seine Unabhängigkeit empfinden und auch definieren. Das hängt bei mir ganz stark damit zusammen, dass ich dann vor allem Fernsehen und Film gemacht habe, wo man Angebote aussuchen kann, und dass man dann, wenn man ins Theater zurückkehrt, genau sagen kann, worauf man eigentlich Lust hat und warum. Für mich hat sich dann die Arbeit mit Jan Bosse angeschlossen, die bis heute meine wichtigste Theaterarbeit ist, und die spätestens mit dem *Menschenfeind* und vor allem mit *Faust* und dem *Zerbrochnen Krug* die Überwindung der vierten Wand beinhaltet. Das ist der Versuch, den Zuschauer zum Partner des eigenen Spiels zu machen, in den Monologen sowieso, aber auch in den Dialogen. Es ist eigentlich der Versuch, ein Theaterstück mehr wie einen Diskurs zu verstehen, den man mit all den Menschen, die an diesem Ort versammelt sind, gemeinsam durchgeführt.«

Das entscheidend Wichtige an der Theaterarbeit mit Bosse ist für Selge, dass er in einem ganz anderen Maße mit in den Entstehungsprozess einbezogen wird, dass sich tatsächlich so etwas wie ›Authentizität‹ seiner Rolle entwickeln kann – was ein völlig neues Bild des Schauspielerberufes impliziert, da traditionell, wie Peymann es kürzlich in einem Interview formulierte, dem Schauspieler eigentlich etwas Schizophrenes abverlangt wird, indem von ihm gefordert wird, er solle authentisch sein auf der Bühne, dabei aber das machen, was der Regisseur sich vorstellt. Gleichzeitig betont Selge aber auch, dass er Dorn in dieser Hinsicht nichts vorzuwerfen hat, denn sein eigener Weg in die Selbständigkeit als Schauspieler habe sich erst später vollzogen. Aber dennoch sagt er: »Es war meine Ausbildungszeit. Es war unbedingt eine künstlerisch produktive Zeit für mich.« Viel Reserviertheit spricht aus Selges Aussagen, und es ist kaum zu überhören, dass er auch gelitten haben muss während seiner Kammerspieljahre. Da man weiß, wie es an Theatern oft zugeht, wäre es auch wahrlich ein Wunder gewesen, wenn hier alles reibungslos abgelaufen wäre – und man atmet fast auf: Gott sei Dank, es traut sich einmal einer, auch etwas Negatives zu sagen. Edgar Selge fiel all das, was er für sich in seinem Arbeitsleben erreicht hat, sicherlich nicht in den Schoß. Da er aber so eine hohe Eigenständigkeit und unübersehbare hohe Begabung besaß (und besitzt), fielen ihm die künstlerischen Bevormundungen sicher oft schwer.

Selge erzählt, dass er zwar kaum Zeit für Privates und Freundschaften habe, er sich aber immer sehr freue, wenn er Kollegen von damals trifft. »Selbst bei Menschen, mit denen ich Schwierigkeiten hatte und Rivalitäten, wie mit Lambert Hamel, freue ich mich sehr, wenn ich ihn sehe. Wir reden miteinander, und ich habe durchaus geradezu zärtliche Empfindungen für ihn.« Aber eigentlich seien ihm die Damen immer die wichtigeren gewesen. Mit Frauen hat er stets lieber gespielt – und er zählt sie auf: Franziska, Sibylle, Cornelia Froboess und Sunnyi Melles. Und genauso gehört Ulrike Willenbacher dazu und natürlich, nicht zu vergessen, Doris Schade. Ein paar Männer kommen aber doch vor in seiner Aufzählung: »Ich habe sehr gerne mit Rolf gespielt, weil er einen angeschaut hat, wenn er seine Gedanken entwickelt hat,

und weil er sie im Augenblick entwickelt hat und einen in das Denken mit hineingenommen hat, und weil er einfach wirklich auf einen reagiert hat. Ich habe auch mit Holtzmann gern zusammengespielt, weil der emotional so ähnlich gelagert war, weil der auch sehr schnell lachen musste … mir als Komödiant so nah war, vom Zwerchfell her. Mit Lühr habe ich nicht so gerne zusammengespielt, das hatte mir zu viel Form, da bin ich gar nicht dazwischen gekommen.«

Zunächst wurde Edgar Selge vielleicht nicht ganz seinen Fähigkeiten gemäß eingesetzt, das entstand erst allmählich – logischerweise bei einem solchen Überangebot an Spitzenleuten. »Ja, es hat aber nachher eine Zeit gegeben, ab Ende der Achtzigerjahre, da habe ich auch ein paar ganz wichtige Rollen gespielt im *Park*, in *Emilia Galotti*, in *Kalldewey*. Das waren Rollen, in denen ich sehr gut aufgehoben war. Als ich gekündigt hatte, spielte ich lauter Hauptrollen, die alle gut waren. Ob das *Musik* war oder *Die Nacht kurz vor den Wäldern*, *Der Drang* von Kroetz, das waren lauter große, tolle Rollen.«

Vor allen Dingen ist es Selge wichtig, zu betonen, dass es auf angenehme Weise auch menschlich zuging an diesem Theater. Dass er und seine Frau sich um die Erziehung der beiden Kinder kümmern und trotzdem beide weiterarbeiten konnten, lag schon daran, dass man sich in der Disposition darum bemühte, dies möglich zu machen.

Edgar Selge in *Die Nacht kurz vor den Wäldern*

Zum Schluss noch ein paar Überlegungen, wie es mit dem Menschen Edgar Selge weitergehen könnte: »Ich bin mit Film- und Fernsehprojekten eingedeckt bis 2009. Das macht das Leben auch schwierig, weil die Zeit einfach zu schnell vergeht. Je älter man wird, desto häufiger denkt man natürlich: ›Machst du wirklich alle Dinge im Leben, die wichtig sind für dich und die du gerne machen wolltest?‹ Das ist ein Grund, warum ich zum Beispiel mit dem *Polizeiruf* aufhöre, um mir etwas mehr Luft zu verschaffen. Es ist durchaus möglich, dass ich eine pädagogische Aufgabe übernehme an der Akademie in Ludwigsburg, wo ich sehr genau selber gestalten kann, wie die Projekte und Seminare aussehen sollen. Oder es ist sehr gut möglich, dass ich inszeniere. Ich muss auch noch selber verkraften, dass ich dem Peter Stein den *Wallenstein* abgesagt habe, weil ich nicht weg wollte aus dieser Theaterentwicklung, in der ich mich selber empfinde.«

Kehren wir zurück zu den Kammerspielen: Dorns nächste Arbeit war *Clavigo,* Goethes Trauerspiel in fünf Akten. Manfred Zapatka war Clavigo, Lambert Hamel spielte den Carlos, Claus Eberth den Dichter Beaumarchais, Franziska Walser die tragische Figur der Marie – alle diese Darsteller wurden bereits vorgestellt. Warum dieses Stück? Dieser fast fragmentarische Text, den Goethe, erst 25-jährig, in einer Woche skizziert hatte, eignete sich für das, was Dorn hier in Fortsetzung von *Gross und klein* weiter betreiben wollte. Er probierte auch hier eine filmschnittartige Abfolge der Szenen aus. Die Szenen begannen schlaglichtartig, in helles Licht getaucht – und endeten genauso unvermittelt im Black. »Auch das Spiel verharrt stimmungsmäßig in nüchterner Kälte, um ›den emotionellen Überdruck des Stückes intellektuell zu

bändigen‹«, so die Kritik.[94] Man war auf der Flucht vor Klassikern und versuchte, ihnen Neues abzugewinnen. Doch war das Kühl-Rationalistische, was auch Jürgen Roses Bühnenbild unterstrich, schwer durchzuhalten. Fern blieben Stoff und Problematik …

Die Siebzigerjahre neigten sich dem Ende zu. Wendt hatte seit Beginn in München ein Dutzend Stücke inszeniert, Dorn gerade einmal die Hälfte, die sechs, die wir bislang vorgestellt haben. Hans-Reinhard Müller, der noch amtierende Intendant, brachte es auf vier und Harald Clemen immerhin auf sieben Inszenierungen. Tabori und andere bestritten den Rest – um bei der Zeitrechnung ›nach DD‹ zu bleiben. Was tut diese Statistik zur Sache? Es ist damit zumindest belegt, dass Dorn-Inszenierungen wesentlich weniger präsent waren im Spielplan als die von Wendt. Und dass er offenbar weitaus mehr Zeit (und Sorgfalt?) auf seine Inszenierungen verwandte als sein Antipode. Aber es soll hier kein Qualitätsvergleich stattfinden. Es ist nur erstaunlich – von außen betrachtet –, dass der weniger Präsente später derjenige war, der das Haus übernahm. Und es scheint auch kein Zweifel darüber bestanden zu haben, dass Dorn die Position der Intendantennachfolge erhalten sollte.

Zur Auflockerung zwischendurch eine ganz andere Farbe: In das Jahr 1979 fällt die erste Zusammenarbeit des Hauses mit einer Truppe Komödianten, die zu absoluten Publikumslieblingen werden. Die meisten sind nun auch dem Haus auf der anderen Straßenseite bis zum heutigen Tag verbunden: **Gerhard Polt** und später dann auch die Biermösl Blosn. Was sich Dorn wohl dabei gedacht hat, sie als Ensemblemitglieder zu adoptieren?

Gerhard Polt
Geb. am 07.05.1942 in München
Studium der politischen Wissenschaft, Geschichte und Kunstgeschichte in München sowie der Skandinavistik in Göteborg
1976 Debüt als Kabarettist in der Kleinen Freiheit in München
1979 Debüt an den Münchner Kammerspielen mit *Kehraus* mit Hanns Christian Müller
Zahlreiche Produktionen mit den Well-Brüdern, genannt Biermösl Blosn
Lebt mit seiner Familie in Schliersee

Mit ihm gearbeitet haben sie in dem Sinne ja nie. Wahrscheinlich gehören sie einfach inzwischen selbstverständlich mit dazu: »Exoten? In einer gewissen Weise sind wir vielleicht schon Exoten, natürlich, weil wir nämlich wie ein Spuk kommen und wie ein Spuk verschwinden. Also wir sind eher eine ambulante Gesellschaft da drin. Aber wir haben trotzdem irgendwie unser Herz und unsere Seele da drin, weil wir ja mit vielen Menschen zusammenarbeiten, allen möglichen, und eigentlich sagen können, dass wir mit denen ein gutes Einvernehmen haben und gutes Zusammenleben«, antwortet Gerhard Polt auf die Frage nach seinem Zugehörigkeitsgefühl zur Dorn-Truppe.[95]

Zunächst aber tauchten in *Kehraus* nur Gerhard Polt ohne die Biermösl Blosn und ein paar mitgebrachte Schauspieler auf. Die Spielleitung hatte Hanns Christian Müller. Später wurde aus diesem Mammut-Kabarett auch noch ein Kinofilm (1983). Es ist nicht übertrieben zu sagen, dass Polt die Begründung seiner legendären Laufbahn als Ausnahme-Kabarettist Dorn und den Kammerspielen zu verdanken hat. Über die Jahre werden noch ein paar andere Stücke folgen, die den Münchnern unvergessen sind: *München leuchtet* 1983, *DiriDari* 1988, *Tschurangrati* 1993, *Bayern open 1996* und *Offener Vollzug* 2006.

Gerhard Polt ist ein absolutes Unikat, seine Art von (gespielter) Verschrobenheit, Bayerndimpfligkeit, Derbheit und Bosheit ist in ihrer Mischung so einzigartig, dass sie unnachahmbar ist. Freilich betrifft das nur den Bühnen-Polt, aber ein wenig diffundiert der Bühnen-Polt schon in den privaten Polt hinein – und umgekehrt. Henne oder Ei – wer war zuerst da? War erst der private Polt so saukomisch, dass ihn seine Umwelt auf die Kabarettbretter schickte, oder hat der eher stille Privatmensch bei seinem ersten Auftritt das Bühnentier in sich entdeckt? Beides wird ein bisschen richtig sein.

Doch eins ist sicher, sein sehr spezieller Humor entstammt dem Landstrich, dessen Sprache er spricht. Es ist schon alles sehr bayrisch – und doch so weltläufig, denn nur ein äußerst intelligenter Mensch kann sich solche hinterhältigen Satiren ausdenken, die in ihrer Überzogenheit voll ins Schwarze treffen. Ob er einen betrogenen Kleinbürger spielt, den Proleten, der seine asiatische Spielgefährtin behandelt wie einen Schäferhund, ob es ein hinterfotziger Kleinunternehmer ist oder der typische Teutone an Italiens Stränden: Seine fiese Kabarett-

kunst und sein treffsicher giftiger und schwarzer Humor kann Gänsehaut verursachen.

Es lässt sich für die Nachwelt nicht mehr mit Sicherheit klären, wer die Chuzpe hatte, dass diese zusätzliche Farbe sich gut machen würde innerhalb des Kammerspieleprogramms. Gerhard Polt jedenfalls erinnert sich an folgende Begebenheit: »Als ich das erste Mal in den Kammerspielen gespielt habe – des war wohl ein Erfolg, es war das Stück *Kehraus* –, da kam nach der Premiere der Intendant Müller auf mich zu, hat mir gratuliert und gesagt: ›Vergessen Sie aber nie, ich habe Sie entdeckt.‹ Und dann ist es mir wahrscheinlich so vorgekommen. Für mich war des witzig, weil ich bis dato das Theaterleben so nicht gekannt hatte. Und da bin ich mir vorgekommen wie ein Indianer, die haben auch gesagt: ›Hurra, wir sind entdeckt‹, als der Kolumbus gekommen ist – also, so ähnlich jedenfalls.« Über den sprichwörtlichen Ensemblegeist der Dorn-Truppe hat Polt aber so seine eigene Theorie: »Was sowohl für die Kammerspiele als auch für's Residenztheater ein wirklich großer Verlust ist, an dem beide Theater, glaube ich, enorm leiden, das ist der Verlust der Emmi. Diese Wirtschaft war natürlich wahnsinnig viel wert, weil eben berühmte und großartige und auch nicht berühmte und nicht so großartige Schauspieler da ihr Bier getrunken haben, oder ihren Kaffee, und ihre Sorgen und alles mitteilen konnten, was sie so bewegt in so einem Schauspielhaus.« Und mitunter konnte man dort auch Gespräche mitbekommen, wo die Leute des Lobes voll waren über ›ihren‹ Dorn, erzählt er.

Ob der Gerhard Polt heute noch auf Kleinkunstbühnen auftreten würde, hätte es seine Entdecker an den Kammerspielen nicht gegeben, ist zwar äußerst zweifelhaft. Doch ein Sprungbrett in eine andere Dimension waren sie damals auf jeden Fall. Und selbstverständlich kannte Polt das Dorn'sche Theater, bevor er dem Regisseur je persönlich begegnet ist. Zwei Inszenierungen zählt er auf, die ihn nachhaltig beeindruckt haben: Den *Mittsommernachtstraum* und den *Zerbrochnen Krug*. »Das war für mich tolles Theater«, sagt er, »›impressionierend‹, sagt man ja.«

Es ist nicht übertrieben zu sagen, dass Polt und seine Mitstreiter eine völlig neue Theatergattung erfunden haben. Es ist ja nicht Nummernkabarett wie in der Lach- und Schießgesellschaft, sondern es sind ganze satirische Bühnenstücke mit aktuellem Bezug, die Polt schreibt und aufführt. »Wir konnten, und des war für uns wichtig und schön, etwas tun, was bis dato auch selten gemacht wurde. Wenn ich denke an die Revue *München leuchtet*, wo der Hildebrandt und die Gisela [Schneeberger, Anm.d.Verf.] dabei waren, was wir da gemacht haben, das war eben eine Theaterrevue. Es waren die Möglichkeiten, die wir da nutzen konnten. Und es war nicht der Versuch, Kleinkunst aufzupumpen auf Theatergröße, sondern es fielen uns diese Möglichkeiten zu, und die taten uns gut, dem Stück gut, oder dem Abend gut. Und dazu muss ich sagen, des rechne ich dem Dorn an.«

Christina Haberlik: Sie haben im Prinzip eine völlig neue Theatergattung erfunden, stimmt.

Gerhard Polt: Also, zumindest war so etwas kaum da. Es gab natürlich Hollaender-Revuen, aber ich weiß nicht … ich will das nicht abschließend bewerten, das steht mir nicht zu, aber man hat mir gesagt, so in dieser Art hätte man das in München nicht gemacht gehabt.

C.H.: Wie passt das zusammen, die hehren Kammerspiele oder jetzt das Staatstheater und Polt?

G.P.: Des war uns wurscht, des hat uns überhaupt net interessiert. Wir ham' im Gegenteil gesagt, wenn man in einem Bierzelt besteht, dann ist auch des Burgtheater kein Problem. Also, das hat uns überhaupt nicht in irgendeiner Weise beeindruckt.

Dennoch ist es Polt ein Anliegen, seine Bewunderung für die großartigen Schauspieler auszudrücken, die Dorn um sich versammelt hat. Es ist nur eben überhaupt nicht sein Ding, er macht etwas vollkommen Anderes. ›Authentische Befindlichkeitswiedergabe‹ könnte man es vielleicht nennen. »Das ist eben ein Können, eine Befähigung, die ich ehrlich gesagt gar nicht hätte, wie soll ich sagen, die in mir nicht vorhanden wäre. Ich bin der Darsteller meiner eigenen Geschichten, verstehen Sie, des ist in mancher Hinsicht viel einfacher.« Wer weiß, vielleicht ist es auch viel schwieriger. Die Kunst Polts verdient auf jeden Fall höchste Anerkennung. Sie ist etwas Besonderes, und man wünscht sich, noch möglichst viel davon zu bekommen.

C.H.: Wann planen Sie Ihren nächsten Angriff auf das Staatstheater?

G.P.: Wir spielen des aktuelle Stück zu Ende, im Win-

Gerhard Polt als Bavaria in *DiriDari*

ter wird es dann zu Ende sein, und dann werden wir wieder eine längere Pause einlegen müssen, wie sagt man – der Gedankenstrich ist doch wichtig.

C.H.: Sie haben aber nur bis 2011 Zeit, dann ist Dorn weg.

G.P.: Na ja, jetzt haben wir erst 2007, des beunruhigt noch nicht – es ist noch kein Damoklesschwert.

C.H.: Was wollen Sie ihm denn noch wünschen, dem Dorn, zum Schluss bis 2011?

G.P.: Also, ich wünsche ihm auf alle Fälle, dass wir uns wieder – vielleicht im Winter diesen Jahres, vielleicht Anfang nächsten Jahres – zur nächsten Gans treffen. Wir werden nämlich immer zu einer wunderbaren Gans mit Knödeln eingeladen, und das muss ich auch sagen, dass er jetzt unabhängig davon, dass er Regisseur ist, auch diese Gans mit Knödeln … also Chapeau, wie er sie verzehrt, also wunderbar.

Mit diesem Polt'schen Intermezzo gehen die Siebzigerjahre zu Ende …

Exkurs: Der Arbeitsstil an den Kammerspielen und Dorns Arbeitsweise als Regisseur

… aus der Sicht der Dramaturgen

Der Erfolg der Kammerspiele fiel sicher nicht aus den Wolken – er war erarbeitet. Selbst bei allem bislang Gesagten und Beschriebenen, selbst wenn man geniale Schauspieler hat, bedarf es größter Sorgfalt und Anstrengung, dieses Potenzial in die entsprechende Form zu bringen. Das vielleicht wirklich und einzig Elitäre der Kammerspiele war, dass man sich das Recht anmaßte und herausnahm, nicht auf Quantität sondern auf Qualität zu produzieren – sozusagen ›Koste es, was es wolle‹. Man hat selten von so langen Probenzeiten gehört, wie es sie bei Dorn ab und zu gab. Diese Besonderheit hat ganz bestimmte Konsequenzen, wie Michael Wachsmann erklärt: »Es gab Stücke, die konnten schöpferische, hochgespannte, lebendige Probenzeiten von bis zu neun Monaten haben. Das aber hat bedeutet, dass dadurch viel ›Produktivkapital‹, sprich Schauspieler, gebunden war. Neun Monate waren nicht die Regel – aber drei, vier Monate. Und fünf Monate war schon viel. Aber das bedeutet, das Ensemble war über längere Zeit in der Produktion gebunden, weil wir niemandem zumuten mochten, dass er parallel probiert, außer es war überhaupt nicht zu vermeiden. Das wiederum bedeutet, dass wir den Produktionsausstoß im Gegensatz zu den Jahren und Jahrzehnten der Kammerspiele davor stark zurückgefahren haben. Und das hatte eben mit dem Ehrgeiz der Annäherung an einen Text zu tun – das braucht Zeit. Die Vorarbeitungszeit ist das Eine, der Produktionsprozess ist das Andere, der kann dann eine andere Richtung nehmen und am Ende alle überraschen, den Regisseur eingeschlossen. Das waren Entwicklungen. Das heißt, wir haben oft auch Bühnenbilder, also den Spielraum entwickelt. Es wurden Kostüme entwickelt. Sie waren angepasst an den Probenprozess, an das, was man im Laufe der Zeit über das Stück herausgefunden hat. Und, dass da kein Missverständnis auftaucht, es wurde probiert in der Zeit. Es ist nicht geplaudert worden, es ist gearbeitet worden. Das ist das Gegenteil von Ansagetheater. Es ist aber auch das Gegenteil von einem reinen Hoppla-Improvisationstheater: Ich mach' das mal so und dann war es das schon. In früheren Kammerspieljahrzehnten haben die zwanzig oder fünfundzwanzig Premieren gemacht. Das war natürlich nur mit Probenzeiten von sechs Wochen, acht Wochen zu erreichen. Unser Arbeitsansatz bedingt aus ganz praktischen Gründen, dass man die Schauspieler, mit denen man das erarbeitet hat, dann auch im nächsten Jahr zur Verfügung hat. Und im übernächsten Jahr. Und im überübernächsten Jahr, weil natürlich dann ein Stück auch über lange Zeit gespielt werden will. Weil es, wenn es gelungen ist – und es sind uns viele Sachen gelungen, manche auch naturgemäß misslungen –, muss das bei der Kapazität von 700 Zuschauern schon 100 Mal, 120 Mal, 150 Mal gespielt werden. Das aber braucht Zeit, denn unser Ehrgeiz war, einen Repertoirespielplan zu machen. Das hat wiederum auch mit dem Probenprozess zu tun: Man kann, wenn man einen so langen Probenprozess macht, nicht parallel dazu en bloc Stücke abspielen, weil es die Schauspieler total erschöpfen würde, wenn die jeden Abend spielen müssten. Und vielleicht der Eine oder Andere am Tag in Proben drinnen ist. Das kann man nicht über dreißig Tage machen. Es hängt also Alles an Allem: Der Probenprozess hat das Repertoire bedingt, und das Repertoire hat das Ensemble bedingt. Das ist eine Betriebsform, die ausstirbt. Man kann auch anders Theater machen. Es gibt nicht ein allein seligmachendes Theater, und es gibt nicht ein Gesetz: Ein Theater hat am Besten von einem Regieführenden geführt zu werden, und es soll und muss ein Ensemble sein. Nur unsere Idee war so, und sie hat historische Gründe, aber sie hat auch Gründe in der Arbeitsweise, die wir zum Teil auch den Gastregisseuren verordnet haben auch verordnen mussten. Die waren es gar nicht gewöhnt.«[96]

Damit erklärt sich die spezifische Qualität der Dorn-Arbeiten, und es erklärt sich aus diesen Produktionsbedingungen auch der besondere Zusammenhalt innerhalb des Ensembles wie auch der zentrale Begriff Kontinuität. Und vor allen Dingen: Bei Dorns Arbeiten wurde nie ein vorgefertigtes Konzept einem Stück aufgedrückt, sondern das Konzept wurde immer aus dem Text entwickelt. Ist das originell? Michael Wachsmann fragt sich das heute und gibt sich selbst die Antwort: »Ja, das ist sehr originell und originell geblieben. Das bedeutet natürlich auch, dass man sich eine Beschränkung auferlegt hat, was dumme Ideen oder Regieeinfälle betrifft, die einem natürlich zuhauf kommen können.«

Der Chefdramaturg Hans-Joachim Ruckhäberle sieht in Dorns Doppelfunktion als Regisseur und Intendant einen zentralen Punkt im Sinne von integrativer Kraft und der Schaffung von Zusammenhalt des Ensembles. Besonders wichtig und auch programmatisch zu verstehen sei hierbei, dass Dorn immer wieder große Arbeiten gemacht hat, in die nahezu das gesamte Ensemble involviert war. »Maßgeblich ist dabei nicht das Inszenieren an sich, sondern wie er inszeniert: nämlich mit einer ganz großen Bindung an die Schauspieler und einem sehr intensiven Umgang mit ihnen. Dieses Modell, das wir an den Kammerspielen hatten und auch jetzt haben, wäre mit einem nicht-regieführenden Intendanten nicht denkbar. Es ist wichtig, und wir haben darauf auch in der Planung geachtet, dass der Dieter Dorn immer wieder Schauspieler bindet, ob das nun ganz gezielt bestimmte Gruppen des Ensembles sind oder ob das, wie zum Beispiel bei Strauß' *Pancomedia*, eigentlich das gesamte Ensemble ist. Bei der Chronologie der Ereignisse wird Ihnen auffallen: Es wurden immer wieder bewusst große Ensemblestücke angesetzt, immer mit dem Regisseur Dorn, um immer wieder diese Bindung des Regisseurs an die Schauspieler herzustellen und damit auch des Intendanten. Ich glaube, unser Modell, falls es überhaupt ein Modell ist, unser Phänomen ist nicht erklärbar ohne die Inszenierungen Dorns.«[97]

Dieses Modell hatte notwendigerweise Folgen auf der Führungsebene. Michael Wachsmann schildert seine enge Zusammenarbeit mit Dieter Dorn: »Das lief bei Dorn und mir auf Zuruf. Wir haben deswegen auch über Jahrzehnte direkt nebeneinander gehaust zum Teil mit offener Türe, einfach um die Kommunikationswege kurz zu machen. Dorn hasst Sitzungen. Mit der Tagesroutine wollte er möglichst wenig zu tun haben. Die Arbeitsverteilung war also ganz klar: Dorn kümmerte sich im Wesentlichen um das nächste Stück. Er hat natürlich auch Gespräche mit Schauspielern geführt, die aber in den allermeisten Fällen produktionsbezogen gewesen sind. Vertragsgespräche, die er nicht führen musste, hat er nicht geführt. Gespräche mit Autoren, die er nicht füh-

ren musste, hat er nicht geführt. Alle diesbezüglichen Reisen, die man machen musste, hat er möglichst vermieden. Dazu zählte natürlich auch als anderes ganz großes Gebiet – ihm besonders verhasst, mir nicht lieb, aber ich habe das mit einer gewissen Selbstbeherrschung gemacht, weil es einfach nötig war – Überzeugungsarbeit bei der Stadt zu leisten, um den nötigen Freiraum zu erhalten. Der war groß, aber er war immer bedroht.«[98]

… aus der Sicht der Schauspieler

Cornelia Froboess: »Dorn ist ein sehr harter Arbeiter. Das heißt: Bei Dorn muss man ackern. Im wahrsten Sinne des Wortes. Es geht nicht, dass man sich auf seine Wehwehchen konzentriert oder sagt, ich bin heute müde, ich gehe das mal ein bisschen sanfter und langsamer an. Dorn will ab der ersten Probe 100% an Kraft und an Ideenreichtum von einem Schauspieler haben. Das macht die Arbeit zum Teil sehr, sehr mühsam und sehr strapaziös. Und er fordert auch ein, wenn ihm eine Sache geglückt scheint, dass man das am nächsten Tag wiederholt – was man nicht immer in jeder Probenphase kann. Aber er ist da unerbittlich, und er leidet entsetzlich, wenn er eine Sache schon mal richtig gesehen hatte, die dann in einem Probenstadium vorübergehend verloren geht. Insofern ist er maßlos anstrengend. Aber er hat natürlich für sich Recht und für seine Arbeit. Es ist auch eine unglaubliche Qualität: Das ist die Lietzau-Schule, und auch die Noelte Zeit, dass er unglaublich viel Wert auf das Werk selbst legt. Auf den Dramatiker, auf den Dichter, auf die Sprache. Und das pflegt er auch. Deswegen kann er seine großen, erfolgreichen Shakespeare-Inszenierungen machen, wie *Troilus und Cressida* oder *Lear* oder *Was ihr wollt,* wo ich dabei war. Das sind schon große Würfe gewesen. Bei Dorn ist es so, dass es keine Nabelschaubetreibung gibt, und eitle Schauspieler haben da nichts zu suchen. Dorn ist jemand, auch auf den Proben, wo es nie in den Intimbereich geht. Er hat eine große Scheu, zu dicht auf einen, zu eng an einen heranzukommen. Und das kann man umgekehrt mit ihm auch nicht. Es ist immer eine gewisse Distanz da, was auch eine große Qualität hat. Wir sind nie eine Clique gewesen, wir sind nie ein Intrigantenhaufen gewesen. So etwas passiert einfach nicht bei ihm, weil man nicht über intime Geschichten oder solche Dinge gesprochen hat, sondern es ist bei ihm immer um Arbeit und Qualität gegangen. Es passiert auch sehr häufig, dass wir über eine Figur, die ich versuche zu sein, wahnsinnig lachen müssen – nicht um sie zu diskriminieren. Das versteht keiner auf der Probe, aber uns zweien laufen dann oft die Tränen herunter vor Lachen. Das passiert uns, und das ist fast etwas, wovon ich sagen würde, dass das nur zwischen uns passiert.«[99]

Manfred Zapatka: »Dorn konnte einen auf eine Reise mitnehmen. Das ist intellektuell hoch spannend und hat trotzdem so eine spielerische Direktheit. Dafür gibt es auch ein Bild, wie er einmal sagte: ohne einen Tropfen Schweiß auf einem Seil entlang zu gehen. Also diese Spannung, die ein Seiltänzer automatisch dem Publikum vermittelt, die wollte er aufs Theater übertragen.«[100]

Jochen Striebeck: »Er konnte wirklich wunderbar helfen, wenn er eine Szene gesehen hatte, und dann auf den Punkt genau sagen, was falsch war, was richtig war, wo man vielleicht auch völlig schief lag. Er brauchte außerordentliche Ruhe, Konzentration bei allem, und manchmal sind wir auf den Proben gesessen, und es ist nichts dabei herausgekommen. Aber manchmal sind wunderbare Dinge entstanden, und ich schreibe das der Art und Weise oder der Fähigkeit Dorns zu, wie er zuhören konnte und blitzschnell Dinge erfassen und umsetzen, und auch Lösungen anbieten, wenn man in einer Sackgasse war. Da gab es aber auch die Schreiner und die Schlosserei und die Werkstätten um die Bühne herum, und die haben alle mehr oder weniger Rücksicht nehmen müssen und haben es auch getan. Das lag aber auch daran, wie Dorn mit ihnen umgegangen ist – wie man in den Wald hineinruft, so schallt es heraus.

Man nimmt so Sätze mit von Regisseuren, mit denen man viel gearbeitet hat. Schweikart soll immer ganz skurrile Betonungsanweisungen gegeben haben, er pflegte zu sagen: ›Betone immer das, was unwichtig ist, das Wichtige hört man sowieso‹ … Von Dorn hörte man den Merksatz: ›Passt auf, passt auf, ihr dürft den Ofen nicht überhitzen. Nicht dass der Deckel oben ›Brrr‹ macht und herunterfällt, sondern er muss immer oben bleiben. Also lasst lieber die Kraft im Ofen, als dass sie aus dem Ofen herauskommt.‹«[101]

Claus Eberth: »Er ist ein ganz treuer Mensch. Ich glaube, dass es vielleicht auch ein bisschen mit seiner Ängstlich-keit zu tun hat, neuen Menschen zu begegnen – wobei er seine Zeit braucht, bis er eben auch ihr Vertrauen hat. Das nimmt ihm viel Nerven und Energie. Während, wenn wir eingeschworenen Schauspieler arbeiten, dann versteht sich ein großer Teil von selbst. Und das braucht er auch, dass er seine Menschen hat, die eine gemeinsame Sprache sprechen, die wir gemeinsam entwickelt haben. Darauf kann er sich verlassen und wir uns auch.

Ich weiß nicht, ob es eine Schwäche oder eine Macke von ihm ist, wenn er merkt, etwas kommt nicht voran oder entwickelt sich nicht in seinem Sinne, oder er kann sich nicht so vermitteln – dann kann er auch furchtbar schlechter Laune sein. Dann wird er manchmal richtig zickig. Und das muss man ihm einfach zugestehen. In dem Moment ist man zwar nicht glücklich, wenn man auch weiß, dass es wieder vorbeigeht, das sind so Momente, wo ein bedrückendes Klima herrscht. Aber das wäre ja noch schöner, wenn das nicht so wäre – stellen Sie sich vor, wir würden alle nur in Harmonie arbeiten! Brüllen tut er sowieso nicht, da ist er gar nicht der Typ dafür. Er kann manchmal schon ganz schön giftig sein, aber gemessen an den Theaterdespoten um ihn herum – ich will die Namen nicht nennen, obwohl sie mir verdammt auf der Zunge liegen – im Vergleich dazu ist er eine Lichterscheinung.«[102]

Lambert Hamel: »Der Dorn ist an sich ein Regisseur, der einem die größte Freiheit lässt. Der lehnt sich eigentlich zurück, hat sich genau vorbereitet, er weiß schon, was er will, und der Rose weiß auch, was er will. Das heißt in gewisser Weise ist schon ein Korsett da, das ist schon vorbereitet worden von den beiden Herren, aber dann hast du alle Freiheiten. Also, im Grunde lehnt er sich zurück, wenn er gut drauf ist, und du spielst ihm vor. Man konnte ihn richtig sauer machen, wenn man sagte: ›Ich bin Wachs in deiner Hand, sag mir, was ich machen soll!‹ Damit war der Krieg eröffnet. Und dann spielte man auch wirklich um sein Leben. Weil, er sitzt unten, und man spielt eigentlich für ihn, es soll ihm gefallen, und er soll sagen, was er gesehen hat. Da haben wir schon tolle Proben gehabt, wo ich nur gespielt habe. Und dann fängt er an, die kleinen Feinheiten zu korrigieren, die Feile anzusetzen, aber es sind Kleinigkeiten. Das liebe ich schon sehr, das habe ich immer gemocht, gefordert zu sein, dass du der Schauspieler bist – und er schaut eigentlich zu. Dorn schaut ganz aufmerksam zu und lenkt es noch in eine Bahn, oder er lässt es so, wie es ist. Wir haben viele Sachen gehabt, die er einfach so gelassen hat. Und das macht einen als Schauspieler auch stolz.«[103]

Helmut Stange: »Er kann deswegen schon so lange so exquisite Leute um sich scharen, weil er Schauspieler findet, die mit ihm diesen Weg gehen, dass im Vordergrund seiner Regie der Text steht. Das ist auch das, was mir so gefällt, dass nicht alles auf einer Gefühlsebene oder auf gar keiner Gefühlsebene stattfindet, sondern dass es komponiert wird. Und da gibt es auch heute noch viele Schauspieler, die das mögen und die das mitmachen, obwohl der ganze Trend ja völlig anders läuft. Als Beispiel: Dieser Bote, den ich da in *Bakchen* habe, das ist ein Viertelstundenmonolog, der sehr extrem ist, auch von der Gefühlsebene. Den kann man so machen, wie wir das machen, also gebaut, vom Text her, auf verschiedenen Gefühlsebenen, oder man kann ihn auf einen Ton setzen, wobei ein Ausdruck die ganze Zeit durchgezogen wird. Mir liegt eher die Art, wie der Dieter an die Sachen herangeht, das Differenzieren, von der Sprache her.«[104]

Daphne Wagner: »Dorn ist sich immer treu geblieben, das hat ja auch seine Qualität. Er machte keine der Moden und Zeitgeisterscheinungen mit und verhielt sich immer eher antizyklisch, indem er seine Art Theater zu machen einfach beibehalten hat. Dorn geht es immer um Inhalte, er inszeniert für das Publikum, das finde ich sehr schön. Der Dorn sitzt auch manchmal zwei Tage unten und sagt, ›Kinder, ich weiß auch nicht weiter‹, oder ›Probieren wir es mal so oder so‹. Und das Vertrauensverhältnis braucht man, um gut miteinander arbeiten zu können. Und das hat er geschaffen, und deswegen sind ihm die Leute auch alle treu geblieben – fast alle.

Da er immer wahnsinnig gut vorbereitet ist und sehr viel weiß über die Stücke, über die Inhalte, über die Form, was er machen will, und durch das Bühnenbild meistens Vieles ziemlich zu Ende gedacht ist, ist ja schon sehr viel vorgegeben. Ja, und dann gibt es das ewige Hin und Her, bis man sich zurechtfindet, und ich fand es immer sehr gut, dass er auch oft selber ratlos war. Es war also immer ein Geben und ein Nehmen und auch ein Ausprobieren möglich. Er hat einem auch die Möglichkeit gegeben, mal hundeschlecht zu sein. Er war dann

darüber nicht sauer, weil er wusste, okay, es ändert sich wieder, man ist auf der Suche. Er ist selber immer ein Suchender, und das ist das Angenehme.«[105]

Jennifer Minetti: »Es ist für ihn ganz wichtig, ziemlich am Anfang der Proben einen Weg zu finden – er hätte es ja am liebsten sofort. Aber man muss unglaublich konzentriert sein – er ist es auch. Und er kann einen wunderbar hinführen auf das, was er will. Ganz direkt sagt er es nicht, aber indirekt. Wenn man ihn dann ein bisschen besser kennt, weiß man genau, was er will. Er hat eine Fähigkeit, zuzuschauen und zu sehen, und das kann dann auch abweichen von dem, was er sich vielleicht vorgestellt hat. Da ist er ganz schnell zu begeistern. Sein größter Verdienst ist seine Art, Kritik zu üben. Was er sieht, was er einem zu entlocken vermag, durch eine Anspannung, die er einem gibt, die auf das Wesentliche zulaufen soll. Das ist enorm.«[106]

Edgar Selge: »Seine Haltung den Texten gegenüber war absolut integer, das heißt, er will wirklich herauskriegen, was in den Texten steht. Und das ist für eine Theatergemeinschaft etwas so Positives und Wichtiges, diese Integrität dem Text gegenüber. Dorn hat sehr genau arrangieren können, er hat sehr genau sagen können, was aus einer Szene herauskommen muss, was das Resultat, die Wirkung sein muss. Dann musste man als Schauspieler das abdecken, praktisch, man musste zeigen, dass das funktioniert. Und Dorn hat einem nur Mut gemacht, wenn es auch wirklich funktioniert hat. Und wenn es nicht funktioniert hat, hat er eher depressiv gewirkt, und er war todunglücklich. Nun kommt es darauf an, ob man als Schauspieler das dann auf sich bezieht, oder ob man sagt, na ja, da stimmt halt was noch nicht, da müssen wir mal gucken. Und diese Kraft zu haben, das nicht auf sich zu beziehen, das nicht persönlich zu nehmen, ist das, woran das Selbstbewusstsein eines Schauspielers wachsen kann. Es kann aber auch zerstört werden, das kann auch bei ganz begabten Schauspielern zerstört werden. Wenn man dann zu sehr auf so einen Regisseur fixiert ist, kann das im Grunde das Ende des eigenen künstlerischen Weges bedeuten.«[107]

Rolf Boysen: »Das Beeindruckende ist seine künstlerische Wahrhaftigkeit. Die ist unerschütterlich. Er ist unglaublich musikalisch und hört jeden falschen Ton, jeden! Und er hat ein großes, sehr starkes Gefühl für das Tempo, das vom Stück her verlangt wird. Und man kann sich auf ihn verlassen – ich meine jetzt auch künstlerisch, menschlich sowieso. Das ist schon ein ganz wichtiger Mann. Ganz wichtig!«[108]

Arnulf Schumacher: »Ja – wie ist die Arbeit mit Dorn. Die ist angenehm. Man ist gut beraten, wenn man eine gewisse Vorleistung bringt, das fängt an damit, dass man mit gelerntem Text auf die ersten Proben kommt, also nach den Leseproben, und dann halt auch gleich mitarbeitet. Und dann ist das wunderbar – der Dieter Dorn hat sehr feine Ohren, er kann wunderbar musikalisch beurteilen, ob ein Schauspieler den Text wirklich im Griff hat oder nicht. Und man kann sich todsicher auf ihn verlassen.«[109]

Doris Schade: »Ich habe empfunden, dass er sehr ehrlich mit einem sprach und – so wie man sich Apollo vorstellt – so eine Aura um sich hatte, und dass er ein hoch künstlerischer Mensch ist, dem ich geglaubt habe. Ich liebte seine Klarheit. Er konnte auch streng sein, konsequent war er – sonst ist es ein Ringen miteinander, dass man das erfüllt, was der Regisseur will. Oder der Regisseur vielleicht nachgibt, weil das im Moment besser ist oder einleuchtender, was der Schauspieler anbietet. Das ist immer ein Miteinander. Er ist einfach ein anderer Mensch als andere, er ist nicht wie Kortner, er ist nicht wie Luc Bondy, aber das wäre ja auch schlimm. Er dirigiert sein Orchester. Aber er ist kein Vergewaltiger von künstlerischen Dingen. Absolut nicht. Dazu ist er zu sensibel.«[110]

August Zirner: »Ich weiß noch, dass der Dieter einmal zu mir gesagt hat: ›Tja, Augi, jetzt wirst du eben doch auch langsam ein Profi.‹ Normalerweise ist ja Profi etwas Einengendes, Unkünstlerisches – aber bei dieser Begegnung war es nicht so gemeint. Das, was mich mit Dieter und auch anderen verbindet, ist ein Begriff dessen, was Professionalität ist, in gutem Sinne. Die Achtung vor Sprache, die Achtung vor dem, was auf der Bühne passiert, das hat es an keinem anderen Theater gegeben, an dem ich seitdem gearbeitet habe, die Dichte und die Konzentration, die auf der Bühne war. Der Dieter hat es ja auch geschafft, dass hinter der Bühne schon auf der Bühne war

– das lag aber auch an der tollen Technik, die die Kammerspiele damals hatten. Die Bühne war ein geschützter, fast kann man sagen, was nicht pathetisch klingen soll, ein heiliger Ort. Das hat der Dieter geschafft, dass die Bühne und das Bühnengeschehen der Fokus des Theatergeschehens waren. Ich bin sehr dankbar für diese Erfahrung, und ich suche das eigentlich heute noch und finde es nicht mehr so oft.«[111]

Jörg Hube: »Also, er lässt auch zu, dass man, weil man irgendwie psychisch überlastet ist oder einem das ganze Theater momentan auf die Nerven geht, mal aussteigt. Aber man kann wieder zurückkommen. Das habe ich ein-, zwei-, dreimal erlebt bei Kollegen, nicht nur bei mir, obwohl er in diesem Sinne kein ›Familienvater‹ ist. Ich sage ja immer spaßeshalber: ›Ich kenne niemanden so lange so schlecht wie den Dorn‹, weil eine bestimmte Distanz spürbar ist. Der Dorn ist kein Schwätzer, er erzählt wenig von sich, er macht sich nicht gemein, man muss ihm nicht in den Arsch kriechen, um es mal auf Deutsch zu sagen. Es ist auch nicht seine Veranlagung, sondern er ist ein Mann, der wie ein Planetensystem ist. Es funktioniert dadurch, dass die Distanzen stimmen, dass ein Planet zum anderen und ein Stern zum anderen in einer bestimmten Konstellation steht und somit die Gesamtkonstellation aufrecht erhalten wird und nicht zusammenbricht.«[112]

Sibylle Canonica: »Es ist sehr schön, wenn er bei Proben – er bindet den Text nie in einen Spiralblock ein, sondern er hat immer offene Blätter – die Seiten so umlegt. Das ist sehr typisch für ihn. Er klemmt sich nie das Regiebuch unter den Arm, sondern er hat diese Blätter, und er legt sie einzeln um. Das hat mich oft an Musikblätter erinnert – und das ist vielleicht ein äußeres Zeichen für den sorgfältigen Umgang mit dem Text.«[113]

Michael Tregor: »Er ist theoretisch und rational bei den Proben. Aber er wird auch emotional, auch wenn man es manchmal gar nicht glaubt, aber auf mich wirkt das manchmal sogar sehr emotional, aber auch das mit einem ganz konkreten theoretischen Hintergrund. Manchmal passiert es ihm auch, dass er einem etwas vorspielt. Da gab es eine Szene im *Androklus*, die hat er mir vorgespielt, und ich habe gesagt, das bekomme ich gar nicht so hin. Das war eine Schlüsselszene, wo ich ein bisschen Stress hatte – und er hat sie mir dann tatsächlich vorgespielt, wirklich sehr gut vorgespielt! Ich habe darüber oft nachgedacht, wie er das macht. Bei ihm bricht ganz selten Ratlosigkeit aus, ich habe es kaum erlebt. Ich weiß nicht, was sein Geheimnis ist, er hat ein ganz klares Bild vom Großen und Ganzen im Kopf. Und das finde ich manchmal sehr schön, obwohl ich nicht nur so arbeiten will. Ich will auch manchmal ganz neu entwickeln. Aber auch das lässt ja seine Art und Weise zu arbeiten zu, dass man neu entwickelt.«[114]

Rudolf Wessely: »Er hat den Charme, Leute dazu zu bringen, viel mehr und immer mehr und gut zu arbeiten. Das ist eine ungeheure Qualität, andere so anspornen zu können, dass sie auf den Gipfel ihrer Leistung kommen.«[115]

Anna Schudt: »Er hat am Ende einer Produktion immer das gesamte Haus auf die Bühne gebeten, um sich zu bedanken, vor der Premiere, alle Abteilungen. Das hat mich erstens zutiefst berührt, zweitens sehr geprägt. Da war zu sehen: Da sucht sich dieser Mensch die Leute, die das machen und ohne die man eben nicht so ein Haus hat und nicht so ein Ensemble und nicht so eine Kontinuität und nicht so eine lange Ära.«[116]

Jens Harzer: »Dorn arbeitet ohne Zuhilfenahme von Atmosphäre. Er hat noch nie einen Tschechow gemacht. Ich bin ja jetzt ungefähr vierzehn Jahre dabei und habe in all diesen Stücken niemals gespielt – kein Strindberg, Tschechow, Ibsen, Hauptmann. Er sucht immer Stücke, die das eher nicht haben – oder die er eher auf das Nichthaben zwingen kann, die eher ›kristallin‹ sind. Wenn man probiert, dann geschieht das nie mit Zeit und Aura. Beim Bauen von Szenen ging es immer darum, eine Szene ganz schnell auf einen verdichteten Punkt zu bringen: Wie eine Figur spielt, auch im Raum – es gibt nichts, wo du dich setzt, stellst, hinlegst, sondern es bist immer du, die Gebärde im leeren Raum. Es ist immer der Mensch allein, es fängt ihn kein Interieur auf. In dieser ästhetischen Setzung, die eigentlich bei ihm immer feststeht, bist Du allein und hast als das Oberste natürlich die Sprache des Dichters. Sein Vorbild war lange Zeit David Mamet mit seinen schauspieltheoretischen Texten. Es geht nur um ›Sag den Satz‹, auch wenn du es noch nicht

hast. Sag wenigstens den Satz, damit die Struktur des Textes, den wir ja als so wichtig nehmen, dir etwas vorgibt. Sei sozusagen auf eine emotionale Weise kalt. Fühl dich nicht ein. Sei streng mit deinen Mitteln. Diese relativ kühlen Anweisungen appellieren natürlich an das höchste Niveau.«[117]

Oliver Nägele: »Wenn es einem gelingt, ihn heimlich zu beobachten bei der Probe, wie er Schauspielern zuguckt, mit welcher Begeisterung, wie er sich immer wieder leer macht, um das aufzunehmen, was kommt – vorausgesetzt, es gefällt ihm. Wenn es ihm nicht gefällt, verzweifelt er auch, aber gut, er gibt dann nicht auf, er würde nie Mittelmaß zulassen, er würde so lange arbeiten – und da scheut er auch keinen Konflikt –, bis das so erreicht ist, wie er will. Es ist hart, glaube ich, wenn man in dem Moment mit ihm keine gemeinsame Sprache für die Rolle hat. Aber wenn man die hat, dann ist er begeistert. Es macht wahnsinnig Spaß vor dem Mann etwas zu spielen, weil er einen anstrahlt und weil er wirklich mitgeht, und das macht ihn aus, dass er nie die Suche nach einem gewissen Niveau aufgegeben hat.«[118]

Jürgen Höfer: »Ich habe mich jedes Mal gefreut, wenn Dieter auf die Bühne ging und den Schauspielern gezeigt hat, wie es geht. Das habe ich richtig genossen, das hat er eine Zeit lang sehr oft gemacht. Auf die Bühne zu kommen, einfach vorzumachen, ganz präzise anzugeben, das konnte er ganz toll.«[119]

Michael Maertens: »Also, was ihn hundert Prozent auszeichnet, ist sein Respekt und seine Liebe zu dem betreffenden Werk. Ich glaube, er fühlt sich eher als ein Diener des Autors, an dem er gerade arbeitet, und er versucht, ganz genau zu ergründen, was wohl hinter diesen Zeilen zu lesen ist. Manchmal schaut er dir gar nicht so wahnsinnig zu, das ist ihm fast egal, ob man nach links geht oder ob man nach rechts geht, aber er hört sofort, wenn man die Schätze, die in diesem Text vergraben sind, wenn man die nicht ausgräbt. Und das ist natürlich toll als Schauspieler zu merken, wenn man das noch ein bisschen mehr betont, dann ist der Satz ja noch viel schöner, und da kann man noch unglaublich viel von ihm lernen. Also er ist ein fantastischer Textarbeiter, und wie ein Archäologe sucht er da die tollsten Sachen heraus.«[120]

Die Achtzigerjahre – Das goldene Zeitalter

Das Jahr 1980 begann in den Kammerspielen am 22. Januar mit Dorns zweitem Shakespeare: *Was ihr wollt.* Hier arbeitete Dorn das erste Mal in München wieder mit Gisela Stein zusammen. Sie spielte die Olivia, Rolf Boysen den Orsino, Doris Schade spielte die Maria, Ulf Schumacher den Antonio, und Peter Lühr arbeitete erstmals mit Dorn als der Narr.

Die Aufführung war in erster Linie wegen der Großartigkeit der Schauspieler ein einmaliges Theatererlebnis. Glänzende Schauspielerleistungen boten auch die, die oben nicht aufgezählt wurden, weil sie schon porträtiert wurden: Cornelia Froboess als Viola, Jochen Striebeck als Sebastian, Thomas Holtzmann als Malvolio – zum Schreien komisch mit seinen gelben Strumpfbändern – und natürlich auch der wunderbar dauerbetrunkene Claus Eberth als Sir Toby Rülps. Claus Eberth über *Was ihr wollt:* »Den Sir Toby zu spielen – ich habe ja gedacht, ich fange an zu fliegen, so schön war das. Da hatte ich natürlich auch fantastische Partner.«[121] Und nicht zu vergessen Edgar Selge als Bleichenwang, »großartig in seiner jämmerlichen Arroganz«, wie die Kritikerin Ingrid Seidenfaden fand.[122] Dank einer Videoverfilmung lässt sich das Ergebnis heute noch vor Augen führen.

Jürgen Roses außerordentlich sparsames Bühnenbild – sparsam im Sinne von schnörkellos – war lediglich ein Guckkasten, der, nicht immer leer, aber mit wenig zusätzlichem Mobiliar, durchaus Atmosphäre schuf. Dies unterstrich das requisitenlose Spiel und die wie abgenutzt oder gewendet wirkenden Kostüme. Man lachte auf hohem Niveau und hatte doch nie die völlige Befreiung dabei: Der melancholische Unterton des Stückes blieb erhalten, und Lührs Narrenverse ›Euer Spaß macht uns Arbeit‹ blieben als Subtext spürbar.

Wir bleiben bei der ›In-der-Reihenfolge-ihres-Erscheinens-Logik‹ und beginnen mit **Rolf Boysen**, dem glücklos verliebten und melancholischen Orsino.

1974 arbeitete Rolf Boysen erstmals mit Dieter Dorn in Berlin, als Gast in dessen Inszenierung von Bernhards *Jagdgesellschaft.* Aber Boysen erinnert sich an eine frühere Begegnung in Hamburg: »Auf der Straße habe ich ihn kennen gelernt: in Hamburg. Damals, das war noch während der Everding-Ära, bin ich nach Hamburg gegangen, weil es meine Heimatstadt ist und weil ich das Gefühl hatte, ich müsste einmal in ein größeres Haus gehen. Dorn inszenierte dort etwas, es war *Der Men-*

Rolf Boysen
Geb. am 31.03.1920 in Flensburg
Nach dem Abitur 1939 in Hamburg zum Kriegsdienst eingezogen
Nach dem Krieg Besuch eines Schauspielstudios in Hamburg
1948 erstes Engagement an den Städtischen Bühnen Dortmund
Weitere Stationen: Kiel 1952–1954, Hannover 1954–1956, Bochum 1956–1958
1957–1968 Engagement an den Münchner Kammerspielen
1968–1978 Engagement am Deutschen Schauspielhaus in Hamburg
Ab 1978 wieder Ensemblemitglied der Kammerspiele
Seit 2001 mit Dieter Dorn am Bayerischen Staatsschauspiel
Lebt mit seiner Frau in München
Sohn Markus, Jahrgang 1954, ist ebenfalls Schauspieler, Sohn Peer, Jahrgang 1957, ist Bühnenbildner und Regisseur

Rolf Boysen als Orsino in *Was ihr wollt*

schenfreund von Hampton, glaube ich. Ich kam aus dem Haus und er stand draußen und unterhielt sich mit irgendjemandem. Da habe ich ihn zum ersten Mal gesehen. Ein junger Mann, gut aussehender Mann … und seine Inszenierung war hervorragend. Und dann verschwand er wieder, ich weiß nicht mehr, wo er dann landete, und dann übernahm er die Kammerspiele. Schlagartig.«[123]

Später an den Kammerspielen wurde Rolf Boysen zu einem der wichtigsten Protagonisten von Dieter Dorn. Boysen steht bis zum heutigen Tag – mit seinen 87 Jahren – auf der Bühne! Seine Lesungen, die er seit Jahren abhält, werden vom Publikum mit Standing Ovations gefeiert. An diesem Beispiel eines außerordentlichen Schauspielers lässt sich ermessen, welch eine – man möchte fast sagen ›innige‹ – Beziehung die Zuschauer über Jahrzehnte zu ›ihren‹ Schauspielern aufgebaut haben. Es ist ein junger Kollege, Jens Harzer, der eine Laudatio für Rolf Boysen schrieb, im dicken Kammerspiel-Dorn-Gedenkbuch. Und in dieser Tatsache steckt schon alles drin: Wie viel diese erfahrenen, mit nahezu allen wichtigen Rollen der dramatischen Literatur vertrauten alten Schauspieler den Jungen zu geben haben, ist enorm. Eine bessere Schule gibt es wohl kaum. »Es mag, gemessen an Rolf Boysens Lebens-Werk, recht albern sein, dass ich als 28-Jähriger das alles über ihn so daherschreibe. Das ist es natürlich auch. Aber in der

Begegnung mit ihm, und das ist das Schöne, heben sich diese Unterschiede des Lebensalters und der Lebens-Entwürfe auf«, schreibt Jens Harzer.[124] Auch von Boysens Texten können die Jüngeren lernen, denn Rolf Boysen hat etliche Essays über Theater und Schauspiel verfasst und veröffentlicht.[125]

Boysens Arbeitsehe mit Dorn wurde tatsächlich die längste in Boysens Leben. Und sie verlief »ohne Scheidungsgedanken«, wie er sich ausdrückt. Was jedoch der Grund war, warum er an Dorn festhielt und umgekehrt, darüber könne man keine definitiven Aussagen machen: »Ja, über solche Geheimnisse kann man schwer reden. Das hat irgendwie etwas mit der Wellenlänge zu tun. Natürlich kann man das schon sachlich analysieren, aber ich weiß nicht, ob man da nicht mehr kaputt macht, als dass man etwas schildert. Ich habe seine Sprache verstanden. Und er offensichtlich auch meine Ausdrucksweise. So geht das eben sehr gut. Und jetzt kennen wir uns so gut, da braucht man gar nicht mehr viel zu sagen. Das sehe ich schon an seinem Gesicht …«

Boysen war und ist ein kritischer Beobachter dessen, was aktuell am Theater passiert. Auch jetzt stellt er ›drüben und hüben‹ sehr unterschiedliche Entwicklungen fest. Er ist der Meinung, derzeit finde wieder ein Umbruch im Theater statt, fast so, wie es in den Jahren war, als Dorn und Wendt nach München kamen: »Wir haben ja jetzt wieder eine solche Umbruchphase – ganz deutlich zu sehen … Man braucht nur von uns rüber zu gucken in die Kammerspiele, da sieht man ja, wie verschieden es sein kann. Das muss kein Nachteil sein, es muss auch nicht schlechter sein, sondern es ruckt da wieder irgendetwas. Kürzlich hat jemand geschrieben von Dorns wasserdichter Ästhetik. Das war natürlich kritisch gemeint – ich habe es als nicht gewolltes Lob angesehen, denn wir sind dadurch auch nicht untergegangen. Sonst wären wir vielleicht längst abgesoffen.«

Es ist nun schon die unglaublich lange Zeit von 29 Jahren her, seit Boysen wieder hier in München ist und im Dorn-Ensemble eine der ›ersten Geigen‹ spielt. Er lobt Dorns Kontinuität und streicht heraus, dass daraus Werte entstehen, die nur durch diese lange Verbundenheit zustande kommen: »Das ist ein Geschenk Gottes. Das ist unglaublich. Man muss sich nur einmal vorstellen, dass Holtzmann und ich seit 1978 nebeneinander in der Garderobe sitzen, sowohl an den Kammerspielen als auch jetzt wieder am Residenztheater. Und es ist für uns ganz selbstverständlich, dass wir da sitzen. Wir kennen uns nun so genau, sowohl äußerlich als auch innerlich. Und wenn ich ihn angucke, auch auf der Bühne, weiß ich ganz genau, ob irgendetwas mit ihm los ist, ob er anfängt zu schwimmen, was ja auch mal vorkommt, oder ob er lachen muss.«

Und doch, auch ein Boysen kann nicht ewig bleiben. Er hat beschlossen, dass es nun reicht. »Ich habe ja mit Abschluss dieser Saison [Spielzeit 2006/07, Anm. d. Verf.] keinen Vertrag mehr. Nein, nein, jetzt ist Schluss. Aber das hängt jetzt von meinem eigenen Wunsch oder Willen ab, ob ich vielleicht für ein Stück oder etwas … aber einen festen Vertrag gehe ich dann sicherlich nicht mehr ein. Es wird ja auch Zeit, langsam wird man skeptisch, wenn man so alt wird und immer noch da oben steht und sagt ›Ich bin's gar nicht‹, aber …« Gestern hatte er Vorstellung, am Abend vor unserem Gespräch spielte er den Dionysos in *Die Bakchen*. Ich habe die Vorstellung gesehen – und ich hatte Angst um ihn. Es war ein extrem heißer Sommertag, und ich wage nicht, mir vorzustellen, welche Anstrengung das für einen 87-jährigen bedeutet hat. »Es gehört zu meinen mir selbst auferlegten Pflichten – das mache ich nun immer, seit ich in diesem Beruf bin: Wenn ich abends Vorstellung habe, wird morgens der Text gemacht. Und hier bei den *Bakchen* habe ich noch eine Sicherheit eingebaut, da gehe ich früh genug hin, und dann kommt unser Assistent und macht noch einmal mit mir den Text. Also zwei Mal mache ich den Text für die eine Vorstellung. Immer. Auch wenn ich sie gerade am Tag vorher gespielt habe. Aber das muss man wohl auch, ja gerade, wenn man älter wird …«

Unvorstellbar, dass dieser Mann, der so selbstverständlich dazugehört, nicht mehr da oben stehen soll! Auf die Frage, wie er seinen Stellenwert innerhalb des Ensembles einschätzt, sagt er: »Ich denke, ich habe den Stellenwert eines guten Kollegen. Ich weiß nicht … ich habe keine Funktionen, es sagt auch keiner zu mir: ›Sag mal, kannst du nicht mal mit Dorn sprechen‹ … Ich weiß nicht, ich habe noch keinen gefragt, ob sie mich mögen oder nicht mögen. Aber ich nehme natürlich an, dass erstens durch mein Alter und zweitens durch die lange Zeit, die ich am Theater bin – über sechzig Jahre am Theater! –, dass man mir, ohne dass ich es merke, einen gewissen Respekt entgegen bringt. Da bin ich überzeugt davon. Ich meine, von

Dorn merke ich es ja, der macht das ganz klar. Das ist ein sehr höflicher und ein sehr liebenswerter Mensch. Darüber redet man aber gar nicht. Aber auch das Ensemble, ich nehme an, dass mein Platz im Ensemble schon ein gesicherter, angesehener Platz ist.« Den Primus inter Pares, den ich als ›Listenplatz‹ anbiete, quittiert er mit einem Achselzucken und einem »Ja, so etwas vielleicht«.

Nun sind es schon wieder sieben Jahre, die vergangen sind, seit man im Residenztheater ist. Am Anfang war das recht mühsam für ihn, erzählt Rolf Boysen. »Ich wusste gar nicht mehr, wie ich sprechen sollte. Weil dieser intime Raum der Kammerspiele, der einen immer so umrahmte, nun fehlte. Ich wusste wirklich nicht, wie das gehen sollte. Und es geht dann einwandfrei, man kann genauso wie drüben sprechen.« Boysen bekommt nach jeder Vorstellung Blumen geschenkt. »Das ist eine bestimmte Dame, die ich aber gar nicht kenne, außer vom Sehen natürlich. Ja das ist so, wie nennt man das, ein ›Fan‹ oder wie? Ich finde das sehr hübsch, dass sie das macht. Was auch immer sie damit sagen will, es kann ja nur etwas Freundliches sein. Sie war in jeder Lesung von mir.«

Christina Haberlik: Es ist schon deutlich zu spüren, dass die Leute Sie lieben. Auch der Schlussapplaus in der *Göttlichen Komödie* hat es wieder gezeigt …

Rolf Boysen: Ja, das war unglaublich, das ging einem ja ein bisschen an die Gurgel …

C.H.: Nach sechzig Jahren Theater, sind Sie da nicht etwas theatermüde ab und zu?

R.B.: Ich bin manchmal theatermüde, ja ja. Furchtbar. Was meinen Sie, wie mich das anstrengt. Also gestern habe ich gedacht, ich kippe aus den Latschen, wie man so sagt. Bin mit zitternden Knien nach Hause gefahren. Zum Glück hat meine Frau auf mich gewartet und hatte noch ein Glas Rotwein für mich, das habe ich genossen.

C.H.: Welche Bedeutung haben diese sechzig Jahre? Was waren die wichtigsten Rollen?

R.B.: Mein Gott, ich habe kürzlich darüber nachgegrübelt, was eigentlich meine erste Rolle war im richtigen Engagement. Da war ich 26, in Dortmund, wo ich auch meine Frau kennen gelernt habe. Die wichtigsten Rollen für mich sind bei Shakespeare zu finden. Das ist für mich das A und O überhaupt des Theaters, aber das ist eine Binsenweisheit, nicht? Also der Lear natürlich, und ich habe früher auch den Macbeth gespielt, gerne gespielt.

Rolf Boysen als Lear und Heinz Bennent als Narr in *König Lear*

Ob ich ihn gut gespielt habe, weiß ich nicht, der ist sehr schwer gut zu spielen. In England heißt es nur ›The Play‹, der *Macbeth* – ›Was spielt ihr denn heute?‹ ›The Play!‹

Die Namen, die Boysen als seine wichtigen Regisseure aufzählt, sind Legende – und allen voran: Dorn. Er nennt Dorn an erster Stelle und kann es selbst kaum fassen. »Aber«, korrigiert er sich, »man darf natürlich einen nicht vergessen, um Gotteswillen: Kortner! Das war ja ein Weltereignis, unglaublich!« Boysen versichert, wenn Dorn aus irgendwelchen Gründen gegangen wäre, wäre das auch für ihn der Zeitpunkt gewesen, dem Theater den Rücken zu kehren. »Ich hätte sofort aufgehört. Sofort! Denn ich habe keine Lust mehr, mich mit anderen auseinander zu setzen. Ich habe auch den Eindruck, dass da etwas kommt, was mit mir nichts mehr zu tun hat. Da gehöre ich nicht mehr dazu; ich kann so nicht denken.« Weit gefehlt, wage ich zu entgegnen – wobei ich natürlich weiß, was er meint – und konfrontiere ihn mit der Hommage von Jens Harzer. »Ach der Jens, ja das ist ein verrückter Kerl, der Jens!« Und ich lese ihm vor: »… dass er mir zeigt, wie tief Arbeit im Theater sein kann, ja sein muss, so tief vielleicht, dass die Arbeit sich auflöst;

dass die menschliche Würde nötig ist. Nun ja, mit dieser künstlerischen Bürde laufe ich gern weiter, denn sie hat erreicht, was uns ›Jungen‹ fehlt: Größe.«[126] Wir müssen jetzt aufhören, sonst wird es zu sentimental. Wir memorieren noch die goldenen Jahre an den Kammerspielen … Doch der Abschied zieht sich dahin und ist eigentlich zu schön, um ihn nicht wiederzugeben:

C.H.: Das waren ja wirklich ein paar Jahre, in denen man das Gefühl hatte, an jeder Arbeit hing ›Goldstaub‹, und es war wirklich wie verzaubert, das war eine ganz großartige Zeit …

R.B.: Ja, ganz sicher. So etwas kann auch nicht dauern und für die Ewigkeit halten. Es muss ja auch immer wieder neu erobert werden. Wenn nun dauernd mit ›Goldstaub‹ rumgelaufen wird, dann würden wir ja auch erstarren …

C.H.: … in Schönheit erstarren …

R.B.: … ja wirklich. Deshalb gibt es auch diese Wellenbewegungen, die ganz natürlich sind.

C.H.: Dann bewahren wir diese schönen Erinnerungen … und was geben Sie Dorn noch mit auf den Weg bis 2011?

R.B.: Na, ich kann ihm höchstens sagen, dass er so weitermachen soll.

C.H.: Trauen Sie ihm ein großes Alterswerk noch zu? Irgendeinen Coup wird er doch noch vorhaben, bevor er geht?

R.B.: Ich weiß es nicht. Vielleicht inszeniert er wieder eine Oper, was er ja fabelhaft macht.

C.H.: Also ich denke, er wird zwar am Residenztheater aufhören, aber er wird wahrscheinlich nicht aufhören zu arbeiten, kann ich mir nicht vorstellen …

R.B.: Nee, so recht kann ich mir das auch nicht vorstellen … Aber nach Kreta wird er sich nicht absetzen …

C.H.: Wer weiß, er könnte dort ja ein Amphitheater gründen …

R.B.: … oder im Minoischen Labyrinth versacken …

C.H.: Ich komme noch einmal zu meiner Frage zurück, ob Sie eine Laudatio schreiben möchten, können, wollen, würden …

R.B.: Ich glaube, das geht nicht … Ich will Ihnen ganz ehrlich sagen, ich habe das auch gestern zu Dorn gesagt: ›Ich glaube, Frau Haberlik möchte, dass ich eine Laudatio über dich schreibe, das ist doch eigentlich unmöglich, sag, das kann man doch nicht machen‹. Das fand er eigentlich auch, das ginge wohl doch nicht. Das müsste einer von ›außen‹ schreiben. Wenn ich eine Laudatio schreiben würde, die würde so überquellen von …

C.H.: Ehre, wem Ehre gebührt.

R.B.: Ja, aber es wird zu persönlich, und zwar wird es im positiven Sinne zu persönlich und das wäre dann eher peinlich. Ich habe ein peinliches Gefühl dabei … Ich schreibe ja an sich ganz gerne, aber das würde mich doch verschrecken, über Dorn zu schreiben. Das ist ja so, als wenn ich für meine Geliebte schreiben würde, das würde ich ja auch nicht machen … das ist er natürlich nicht, aber es gibt doch so Dinge, die behält man für sich, und da kann man auch keinen Ausdruck für finden, weil es so sensible Bezirke sind.

C.H.: Das respektiere ich selbstverständlich, aber … ja, schade. Ich danke Ihnen ganz herzlich für das Gespräch.

Etwas weniger emotional, dafür aber kämpferischer wäre sicherlich das Gespräch mit **Gisela Stein** ausgefallen, wenn es zu einem persönlichen Gespräch gekommen wäre. Leider war sie zum fraglichen Zeitpunkt sehr erkrankt und konnte sich nur am Telefon mit mir unter-

halten. In *Was ihr wollt* ist sie eine hochmütige, verbitterte, in die Einsamkeit abdriftende Olivia. Die doch wieder zum Leben erwacht, als Amors Pfeil sie trifft. Leider verliebt sie sich nicht ›standesgemäß‹, so dass die Dinge einen unglücklichen Verlauf nehmen … Damit ist die Olivia der zentrale Drehpunkt, um den herum Dorn das Stück inszeniert: Liebe als die letzte Chance, Angst vor dem Altern als panisch treibende Lebenskraft, tragisch und lächerlich, ja grotesk in all ihrer Vergeblichkeit. So sind alle diese Rollen etwas älter besetzt, auch Boysen als Orsino und Thomas Holtzmann als Malvolio.

Gisela Stein war über Jahrzehnte eine der wichtigsten Protagonistinnen Dieter Dorns. Man kannte sich bereits seit vielen Jahren, als Dorn nach München ging. Preußisch-korrekt, wie ›die Stein‹ nun einmal ist, erfüllte sie ihre Aufgabe in Berlin und folgte der Dorn-Truppe dann erst zur Spielzeit 1979/80. »Ich bin ein Mensch, der die Sache erst einmal zu Ende bringen will. Ich war in Berlin bei Lietzau, und ich wollte ihn nicht verlassen, bis er seinen Vertrag zu Ende hatte. Und das dauerte ja noch ein Jahr, und dann bin ich erst gekommen.«[127] Sie erzählt, es habe sie damals sehr gestört, wie illoyal sich die anderen im Grunde verhalten haben, dass sie Lietzau, dem sie doch Einiges verdankten, einfach so im Stich ließen. »Das hat mich wahnsinnig gestört.« Schon in diesen paar Äußerungen offenbart sich ihr kämpferisches, gerades, oft störrisches Wesen. Sie hatte immer ihren eigenen Kopf und wollte ihn auch durchsetzen. Sich einfach von einem Regisseur nur als Akteurin missbrauchen zu lassen, ohne dass der sich erkundigt, was in ihrem Kopf vorgeht, war ihr ein Ding der Unmöglichkeit. Kortner hatte ihr einst den Rat erteilt: »Ich benutze Sie, und Sie müssen mich benutzen.« Daran hat sie sich stets zu halten versucht. Es war – natürlich – eine Idealvorstellung, die nicht immer aufging. Der Schauspielerberuf macht es denen, die ihn ausüben, oft unmöglich, nach ihrem Gutdünken zu spielen. Das liegt in der Natur der Sache. Bei Gisela Stein ging es nie ohne Reibereien ab – und dafür war sie gefürchtet: Von Regisseuren, die nicht die Kraft zu dieser Auseinandersetzung aufbringen wollten, wie von Kollegen und Kolleginnen, die ihre messerscharfe, aber genaue Kritik fürchteten.

Aber selbst wenn es viele Reibereien gab, auch mit Dorn, scheint sie in ihm eine Art ›Lebensmenschen‹ gefunden zu haben: »Wir waren, glaube ich, eines Geistes.

Und wir brauchten uns gar nicht viel zu sagen – wir verständigten uns, und sofort versuchte ich das umzusetzen. Außerdem ist er ein Mann, der sehr erotisch war und ist, das braucht man auch als Schauspieler, nicht? Das ist etwas Gegenseitiges, was wichtig ist. Ich habe bei ihm auch eine ganze Menge gelernt. Als wir die *Iphigenie* machten, habe ich das erste Mal gelernt, wie wir mit einem Jambus umgehen. Das war schon in München. Und das werde ich nie vergessen, das war einfach wunderbar.«

Gisela Stein ist Jemand, der sein ganzes Sein in den Dienst des Schauspielerberufes gestellt hat. Sie hat sicher oft Privates darüber vergessen oder zumindest hintan gestellt. Aber so sehr sich dies auch wie eine Opfergabe anhört, für sie war es sicher keine. Sie war identisch mit dem, was sie tat. Aber nicht identisch mit der jeweiligen Rolle, ergänzt sie sofort: »Also ich bin nicht identisch. Ich bin eine Schauspielerin, die nicht identisch ist mit der Rolle. Nicht, dass ich die Rolle nur spiele, aber ich leihe mich der Sache. Aber ich würde nicht sagen, dass ich das alles erleben würde. Das kenne ich nicht.« Das ist offenbar ein ganz zentraler Punkt in Gisela Steins Auffassung dieses Berufes. Sie war und ist – auch wenn sie sagt, sie könne definitiv nie mehr spielen – eine der tragenden Säulen des Dorn'schen Ensembles und sicherlich eine Schauspielerin, die das künstlerische Profil dieser Truppe mitgeprägt hat. Dennoch sagt sie, sie könne ihren Stellenwert nicht einschätzen: »Das wage ich nicht zu sagen. Ich war in jedem Fall ein sehr gutes Ensemblemitglied – ich bin kein Mensch, keine Schauspielerin, die Einzelgängerin ist.« Ich hätte geschworen, sie ist genau das: Eine Einzelgängerin, die sich schwer tut, sich an Anderen orientieren zu müssen. Auf die Frage, ob ihr die familienhafte Ensemblesituation demnach sehr entsprochen habe, antwortet Gisela Stein: »Ja! Es ist etwas, was ein Ensemble ja auch ausmacht, dass man über die Dinge, die man sieht und die man spielt, dass man darüber spricht – und wir haben alle miteinander gesprochen. Und das habe ich dann später auch vermisst.« Jetzt zum Beispiel, im schon viel zu lange andauernden Krankenstand, in dem sie sich befindet. Zwischen ihren Sätzen – das mag eine Unterstellung sein – scheint ein großes Alleinsein oder ein Erstaunen darüber zu liegen, dass es womöglich vorbei ist. Was bleibt übrig, wenn man ein Leben lang gespielt hat?

Vor mittlerweile 23 Jahren hatte Gisela Stein einen sehr schweren Autounfall und hatte einen qualvoll langen Genesungsprozess. Die Olivia übernahm damals, nach mehr als drei Jahren, in denen das Stück schon gespielt worden war, Jutta Hoffmann, die sicherlich einen völlig anderen Frauentyp in der Rolle verkörperte. Der Unfall war für Gisela Stein ein furchtbarer Schicksalsschlag, von dem sie sich gesundheitlich nie wieder richtig erholt hat. Ein Jahr lang fiel sie damals völlig aus und war nach zehn Operationen wenigstens so weit wiederhergestellt, dass sie die Rolle der Olivia wieder spielen konnte. C. Bernd Sucher hat beobachtet, wie sich ihr Spiel durch die tragischen Erlebnisse verändert hat: »Gisela Stein war, wie wir sie kannten, die große, aristokratische Dame, die in Verbitterung erstarrt, plötzlich vom Pfeil Amors getroffen wird. Ein Coup de foudre – und die heilloseste Leidenschaft reißt die Olivia fort. Sie erbebt vor Begierde, verliert sich in einem Glücksgefühl der Hoffnung. Und doch hat die Steinsche Olivia sich

Gisela Stein
Geb. am 02.10.1934 in Swinemünde
1952 Ausbildung an der Wiesbadener Schauspielschule
1953 Debüt in Koblenz
Weitere Stationen: Krefeld-Mönchengladbach und Kassel
1960 Engagement am Schiller-Theater Berlin
Seit der Spielzeit 1979/80 an den Kammerspielen München
2001 Wechsel mit Dieter Dorn ans Bayerische Staatsschauspiel
Früher verheiratet mit dem Schauspieler Wolfgang Hinze, eine gemeinsame Tochter
Lebt in München und Norddeutschland

verändert: Sie steigerte die Verliebtheit dieser jungen Frau in eine Liebesraserei. Sie hatte an Entschiedenheit gewonnen.«[128] Auch die jetzige Erkrankung ist streng genommen eine Spätfolge der damaligen Katastrophe. Jetzt ist sie als Rekonvaleszentin in ihrem Häuschen in Norddeutschland, das sie viel zu selten besucht hat, um in München auf der Bühne zu stehen. Die beiden letzten großen Rollen, die sie in München gespielt hat, waren in *Die eine und die endere* und in *Die Bakchen.*

Gisela Stein ist mit der Entstehung des Dorn'schen Theaters mitgewachsen. Sie zögert nicht lange, als ich frage, ob es über die Jahre möglicherweise so etwas wie künstlerische Ermüdung der Dorn'schen Ästhetik und Spielweise gegeben habe? »Ja, das würde ich schon leise andeuten. Das ist schon zunehmend so geworden, dass ich dann ganz anderer Meinung war – wie zum Beispiel bei den *Bakchen* –, also absolut anderer Meinung war und wir uns nie über die Sache unterhalten haben. Und das hat mir sehr gefehlt. Und vor allen Dingen hätte ich dann bestimmte Dinge auch nicht gemacht, die ich gemacht habe, weil ich die Rolle nun einmal angenommen habe. Aber ich habe sie trotzdem gerne gespielt.«

Gisela Stein in *Schlusschor*

Die mir von Kollegen kolportierte Eigensinnigkeit einer Gisela Stein hat in der Rückschau vielen Aufführungen auch ihre persönliche Note gegeben. Eine herausragende unter den vielen großen Rollen, in denen sie in München zu sehen war, ist zweifellos die *Iphigenie* im gleichnamigen Stück. In dieser statisch verkürzten, fast rezitativen Aufführung von 1981, die vor dem eisernen Vorhang gespielt wurde, entfaltete sie ihre wahre Kunst: Sie brachte Goethes Verse zum Klingen wie bei einer Wortkomposition. Die unbedingte Eigenständigkeit in der Gestaltung einer Figur, der intellektuelle Zugriff, das absolute Verweigern des ›Einfühlens‹ in eine Rolle und stattdessen der Anspruch, diese Bühnenfigur neu für die Bühne zu erschaffen – das sind Eckpunkte zum Verständnis der Schauspielerin Gisela Stein.

Gisela Stein hatte mir nur ein kurzes Telefonat in Aussicht gestellt, jetzt habe ich den Eindruck, sie könnte stundenlang erzählen, und wir haben eigentlich erst das Warm-up hinter uns. Aber ich will sie nicht über Gebühr anstrengen, und wir beenden das Gespräch. Nachdenklich bleibe ich zurück …

Von einem langen Gespräch mit **Peter Lühr** im Jahr 1986, aus dem ein filmisches Porträt über ihn entstanden ist, klingt mir bis zum heutigen Tag häufig ein Satz nach, den er als Merlin gesprochen hat: »Die Bösen sind immer die interessanteren Figuren.« Er konnte sie zwar spielen, die Bösen, doch seinem Naturell entsprachen sie so ganz und gar nicht. Er war kein Böser, aber auch kein Narr, den er hier in *Was ihr wollt* spielte. Und was für einen Narren! Einen, den man nie vergisst.

In *Was ihr wollt* arbeitete Dieter Dorn erstmals mit dem damals unangefochtenen ›Star‹ der Kammerspiele,

Peter Lühr
Geb. am 03.05.1906 in Hamburg, gest. am 15.03.1988 in München
Schauspielunterricht bei Arnold Marlé in Hamburg
Erstes Engagement 1925/26 am Kleinen Lustspielhaus in Hamburg und 1926–1928 in Harburg an der Elbe
Weitere Stationen: Kiel, Dessau, Kassel, Düsseldorf, Leipzig
Seit 1947 Ensemblemitglied der Münchner Kammerspiele
In zweiter Ehe verheiratet mit der Schauspielerin Heide von Strombeck
Sohn Peter von Strombeck ist ebenfalls Schauspieler

mit Peter Lühr. Lühr ist das ›älteste‹ Ensemblemitglied, was seine Dienstjahre an den Kammerspielen anlangt. 1947, also gewissermaßen noch in den Kriegstrümmern, stand er schon in München auf der Bühne – und er war zu diesem Zeitpunkt bereits ein ›alter Hase‹: Viele Erfahrungen über Jahrzehnte an anderen Häusern lagen hinter ihm, und er war häufig als Regisseur tätig gewesen. Er verbreitete eine Aura des Unantastbaren um sich, wobei er ein höchst freundlicher und auch nahbarer Mensch war. Man begegnete ihm mit großem Respekt, sowohl im Kreis der Kollegen, als auch privat. Er vermittelte den Eindruck eines achtbaren älteren Herren, war jedoch gleichzeitig so nicht-distinguiert und wenig hochnäsig, dass das Bild durchlässig wurde. Er war streng mit sich und seinen Rollen, ein hart arbeitender, ernsthafter Schauspieler. Peter Lühr hat an seinen Rollen bis ins Detail gefeilt, jede Geste einstudiert, so dass man eine Verfilmung an verschiedenen Tagen hätte riskieren können: Lühr wäre immer gleich geblieben.

Dieter Dorn sagte im Interview zum Film im Jahr 1986 auf die Frage, warum es so lange gedauert habe, bis er mit Lühr erstmals arbeitete: »Es gab eigentlich keine Gründe, nicht mit Peter Lühr zu arbeiten, aber wir haben auch immer gesucht und haben erst einen richtigen Einstieg füreinander finden müssen. Das ist natürlich bei so einem außerordentlichen Schauspieler schwieriger, als wenn man sich auf irgendwelche jüngeren oder älteren Kollegen stürzt. Das war also nicht so, dass man den Peter Lühr nicht gesehen hat und auf einmal, nach ein paar Jahren, ist man eines Besseren belehrt worden, sondern das hängt auch damit zusammen, dass natürlich die Begegnung auf der Szene, die künstlerische Arbeit mit so einem außerordentlichen Menschen einem sehr viel mehr Ängste und Schwierigkeiten macht. Man möchte da den Gegenstand haben, der auch wirklich die gemeinsame, vorgenommene Arbeit einlösen kann.«[129] Dieter Dorn verdient Respekt für seine Ehrlichkeit. Im Grunde bringt er nämlich zum Ausdruck, Angst vor diesem ›Granden‹ und vielleicht auch das Gefühl gehabt zu haben, Peter Lühr und einige andere Schauspieler stünden für die ›alte Zeit‹, die nun überwunden werden sollte. Und es ist schön, in der Rückschau feststellen zu können, dass grandiose Rollen aus dieser Zusammenarbeit hervorgingen. 1980 also zunächst der Narr, später noch weitere unvergessliche Figuren wie der Merlin oder der Pandarus.[130]

Thomas Holtzmann als Wladimir und Peter Lühr als Estragon in *Warten auf Godot*

Doch bleiben wir beim Narren. Was für eine Figur! Lühr spielt einen abgetakelten Entertainer im abgegriffenen Trenchcoat, darunter blitzt ein glitzerndes Dinnerjacket hervor, das von einer besseren Zeit kündet. Seine Scherze müssen gut sein, sie müssen noch ein paar Münzen abwerfen, um das Überleben zu sichern. Der Rest ist eine schwer zu überspielende Melancholie, fast eine Bitterkeit, welche der Narr, der schon bessere Zeiten gesehen hat, sarkastisch und zynisch zu kompensieren versteht. Wie er da sitzt, allein auf der Guckkastenbühne, seine Trommel schlagend und seine Verse rezitierend, das ist die Verkörperung all dessen, was Lühr an Tiefe in diese Figur packt. »Wer konnte, wer musste sich in dieser Hofgesellschaft zum Narren machen? Womöglich der Älteste, der Hoffnungsloseste von allen, an dem die Zeit spurenreich vorbeigegangen ist und der trotzdem noch seine Witze reißt, nicht immer die neuesten und frischesten, aber von irgendetwas muss der Mensch ja leben. Das Bild von einem gealterten Entertainer tauchte auf, einem Conférencier, der auf Bädertournee die Kurmittelhäuser abklappert. Ein abgehalfterter Boulevardier. Nicht geradezu: Wer war das? Aber immerhin: Wer konnte das? So kam die Rolle an Lühr.«[131] 123 Mal wurde *Was ihr wollt* aufgeführt. Über sieben Jahre hinweg stemmten die Schauspieler diese leicht wirkende, aber wohl sehr anstrengend zu spielende Aufführung.

Sein ganzes Leben mühte Peter Lühr sich für das Theater ab und war schon achtzig, als ich ihn kennen lernte. Seine Laufbahn gestaltete sich durchaus nicht immer

einfach, manchmal wurde er nicht in dem Maße wahrgenommen und eingesetzt, wie es seinem künstlerischen
Potenzial entsprach. Was tat er? Er klopfte nicht etwa in
aufsässiger Weise an so manche Intendantentür, sondern
er wartete, bis seine Zeit kam. Auch bei Dorn wartete er –
vier lange Jahre. Gejammert hätte er nie, auch 1986 bei
den Dreharbeiten zu einem Film zu seinem Achtzigsten
nicht, auch wenn zu diesem Zeitpunkt die Knochen
schon schmerzten und die schwere Krankheit wohl
schon in ihm steckte, an der er zwei Jahre später verstarb.
Auch dafür gibt es einen Satz von ihm, der mir ewig
unvergessen bleiben wird: »Eine große Arbeit ist auch
eine große Anstrengung wert.«[132] Der Film wurde nach
einem Vers des Narren benannt, er trug den Titel *Euer
Spaß macht uns Arbeit* und wurde 1986 ausgestrahlt.
Ebenfalls zu Lührs Geburtstagsehren wurde am 3. Mai
1986 *Was ihr wollt* angesetzt. Das Publikum ließ den
Schauspieler beim Schlussapplaus kaum noch von der
Bühne. Blumen wurden ihm zugeworfen und laut geju-
belt, so dass er sich schließlich erbarmte und zu ›seinem‹
Publikum sprach: Er wiederholte das Lied des Narren
Vers für Vers und kommentierte es entlang seiner eigenen
Lebenslinie. Es klingt abgedroschen, aber das sind Stern-
stunden des Theaters, die man nie vergisst.

Es scheint so, als hätte Lühr eine klassische Alterskarriere gemacht. Denn in der Tat hat er in seinen letzten
Rollen mehr Licht abbekommen als davor. Er wurde, um
mit George Tabori zu sprechen, immer besser, je älter er
wurde. Wie schon erwähnt, war er bereits ein Star, als
Dorn an die Kammerspiele kam und spielte bereits seit
Jahrzehnten bei Engel, Schweikart, Everding und Müller
die Protagonisten. Und blieb stets uneitel und beschei-
den. Sieben große Rollen blieben ihm noch ab dem Zeitpunkt, als Dorn ihn für seine Arbeit ›entdeckte‹. Großartige und unvergessliche Rollen, von denen noch zu
berichten sein wird und die aus Anlass seines hunderts-
ten Geburtstages in eine Ausstellung einflossen.[133] Doch
wie gesagt, die Tür zwischen Dorn und Lühr musste sich
erst öffnen, und das tat sie mit dem Narren. »Lühr hatte
gezeigt, dass die alten Tricks auch in der neuen Zeit ver-
fangen, wenn einer sie nur so gut beherrscht, dass er
damit ein Stück Wahrheit sichtbar machen kann.«[134]

Peter Lühr erhielt seine letzte Ruhestätte auf eigenen
Wunsch in Keitum auf Sylt. Dort hatte er sich stets hin-
gesehnt, und dort wollte er rasten.

Tobias Moretti als Troilus, Peter Lühr als Pandarus und
Sunnyi Melles als Cressida in *Troilus und Cressida*

Arnulf Schumacher ist in *Was ihr wollt* Antonio, ein
Schiffskapitän, der beschützend an der Seite von Sebastian (Jochen Striebeck), Violas Bruder steht, der sich aber
nicht beschützen lassen will.

Seit dreißig Jahren ist dieses Gesicht nicht mehr weg-
zudenken aus den Reihen der Kammerspieler und nun
denen des Resi. Obwohl ›Ulf‹, wie er von allen genannt
wird, schon zwei Jahre am Haus war, kam er erst durch
Was ihr wollt mit dem Ensemble in Kontakt. Bis dato
hatte er mit Tabori gearbeitet, den er schon von Bonn her
kannte und dessen Inszenierungen ja sozusagen eigenen
Gesetzen folgten. Der Gegensatz von Taboris und Dorns
Arbeit konnte größer nicht sein. »Ich habe lange
gebraucht, bis ich Dieter Dorn richtig verstanden habe.
Heute genügt ein Satz, und ich weiß, was er meint,« so
Ulf Schumacher heute.[135] Bevor Schumacher nach München kam, hatte er schon die ganz großen Rollen gespielt:
»1977 war ich in Bonn engagiert und hatte schon wahnsinnig viel gemacht, hatte Tabori kennen gelernt, so dass
ich über die Grenzen von Bonn hinaus bekannt war –
und nach acht Jahren hatte ich das Gefühl, jetzt müsste
ich mich verändern. Da habe ich gekündigt, und kurz
darauf hatte ich fünf Angebote. Damals hat meine Agentur gesagt, sie bringt den Dorn auf meine Spur. Und so
war es dann auch, er kam nach Bonn gefahren und hat
sich ein Stück angesehen, wir hatten ein langes Gespräch,
ein gutes – und einige Zeit später kam er noch einmal
nach Bonn gefahren und brachte Dr. Wachsmann mit,
und wir hatten wieder ein langes Gespräch. Und dann

Arnulf Schumacher als Antonio und Jochen Striebeck als Sebastian in *Was ihr wollt*

bin ich nach München gefahren und habe auch noch mit dem Intendanten Müller gesprochen und mit Ernst Wendt. Und dann kam es zum Engagement.«[136]

Es war sicher einerseits eine Ehre für Ulf Schumacher, von Bonn weg nach München engagiert zu werden, andererseits war es, was die Größe der Rollen anlangte, eine ›Degradierung‹. »Den Drang, viel und ganz vorne zu spielen, hatte ich gar nicht. Ich hatte an den Theatern, wo ich vorher war, viele, zu viele große Rollen hintereinander gespielt. Ich war nicht mehr so hungrig, hier die großen Sachen zu spielen. Ich hatte immer genug zu tun und habe mich da ganz wohl gefühlt. Und jetzt, je länger ich bei Dieter Dorn bin, umso mehr ist es geworden. Aber es waren schöne, behutsame Jahre, es war alles immer sehr behutsam bei Dieter Dorn, und genau das hat mir so gut gefallen.«

Ulf Schuhmacher ist das, was man ein Naturtalent nennt. Er hat nie Schauspielunterricht genommen. Alles, was er kann, erwarb er sich durch Learning by Doing. Ulf Schumacher erinnert sich an seine schwierige Anfangszeit

in München. Nicht zuletzt wegen der Lager, die sich bildeten: »Eine Zeitlang habe ich versucht, mich keiner Partei zuzuschlagen, was zur Folge hatte, dass ich dann auch keiner angehörte und mich dann keiner in irgendeiner Weise favorisiert hat. Dann habe ich mich aber doch der Kontinuität, dem Dieter angeschlossen, er hatte mich ja auch engagiert, und in seinen Produktionen habe ich mich am wohlsten gefühlt.« Seinem subjektiven Empfinden gemäß hatten die Glanzzeiten der Kammerspiele bereits 1978, als er dazukam, begonnen. Das Haus war ständig ausverkauft, und man fühlte sich schon mächtig wichtig, wenn man dazugehörte. Da die ganzen Achtzigerjahre von diesem Erfolg begleitet blieben, hat man sich wohl allmählich daran gewöhnt, und die Truppe entwickelte in diesen Jahren wohl auch ihr Zusammengehörigkeitsgefühl: »Der Ensemblegeist war damals sehr stark. Er machte sich mal positiv, mal negativ bemerkbar. Wir hatten einmal eine Phase Anfang der Achtzigerjahre, wo das Ensemble sich sehr stark gefühlt hat, wo dann ein Regisseur nach dem anderen gecancelt hat. Also im Endeffekt war das eher negativ, weil das Theater dadurch in Turbulenzen geraten ist. Es war ja fast überhaupt keine Fluktuation, wir waren jahrelang immer zusammen, ohne dass einer ging oder kam und dadurch die Gruppe in irgendeiner Weise gestört wurde.«

Wir sitzen in seiner Garderobe, er hat noch ausreichend Zeit bis zu seinem Auftritt in der neuen *Woyzeck*-Inszenierung von Martin Kušej. Routiniert, wie er ist, regt sich kein Fünkchen Nervosität in ihm – zumindest nicht sichtbar. Nervös macht ihn wahrscheinlich eher die ›Verhör-Situation‹, der ich ihn unterziehe, und er beschließt, mir erst einmal das Chanson vorzusingen, das er gleich auf der Bühne wieder singen wird. Schön, denke ich, ich muss mir die Aufführung doch noch einmal anschauen. Wie es denn war, mit all diesen ›Legenden zu

Arnulf Schumacher
Geb. am 01.04.1940 in Ottersdorf
Erstes Engagement 1963 am Stadttheater Baden-Baden
Weitere Stationen: Landestheater Schleswig-Holstein/Rendsburg, danach Münster und Bonn
Seit 1978 Mitglied der Münchner Kammerspiele
Seit 2001 mit Dieter Dorn am Bayerischen Staatsschauspiel

Lebzeiten‹ auf der Bühne zu stehen, will ich wissen: »Also die richtigen Legenden, so wie Peter Lühr zum Beispiel, das war eine Wohltat. Lühr war ein ganz lieber Kollege, und es gab nichts Schöneres, als mit ihm zusammenzuspielen. Wirklich. Ich habe ihn respektiert, er hat mich respektiert, und da gab es nie ein Problem. Das war der große Peter Lühr. Das hat keiner angezweifelt.«

Es sind so wahnsinnig viele Jahre ins Land gegangen seither, ich erinnere mich an viele Auftritte Schumachers, wo er sozusagen typgerecht besetzt war: Er hat die Außenwirkung eines ›Kraftpakets‹, und sein Spiel ist stets wach und energiegeladen. Die letzten beiden Rollen, wo diese Besetzung haargenau stimmte, waren sein Paris in *Troilus und Cressida* und sein Augustin Ferraillon in *Floh im Ohr* schon hier im Residenztheater. Ich frage, ob es noch ein wehmütiges Zurückblicken auf die Kammerspielzeiten gibt, oder ob der Neuanfang hier im wesentlich größeren Haus vielleicht sogar etwas Positives hatte. »Der ganz fundamentale Wandel kam, als ein Kulturreferent der Stadt München meinte, da einen Stecker rausziehen zu müssen, ohne zu wissen, was für ein Instrument ein Theater wie die Münchner Kammerspiele in Wirklichkeit ist. So wie eine Kritikerin den unsäglichen Artikel geschrieben hat ›Ein guter Mann geht, ein guter Mann kommt, wo ist eigentlich das Problem?‹, so hat der Kulturreferent wohl auch gedacht. Aber so jemand versteht halt nichts von Theater. Hier drüben war es ja wie ein Neuanfang. Vielleicht – ich weiß nicht, ich kann das schwer beurteilen, vielleicht waren wir damals in unserem Erfolg so eingelullt, dass wir nicht gemerkt haben,

dass sich da etwas negativ verändert hat. Ich habe das nie so empfunden, denn Dorn hat mich immer nach den gleichen Prinzipien inszeniert. Er hat Geschichten erzählt, er hat einen Anfang gefunden, der zu einem Ende geführt hat, und er hatte immer den gleichen Anspruch auf den Proben. Das war in den Neunzigerjahren wie in den Achtzigerjahren. Als Involvierter habe ich diesen Makel so nicht gespürt. Als es in den Neunzigerjahren plötzlich in Frage stand, ob man Dieter Dorn verlängert, ob er selber das will oder ob die Stadt das will – das war für mich eigentlich eine riesige Irritation. Weil, wie gesagt, ich habe mich sehr wohl gefühlt, und ich wollte natürlich auch, dass das so bleibt. Aber als wir dann hier rüber sind, hat sich doch einiges geändert. Dieses Theater hier ist so ein Dickschiff, mit einer gewissen Trägheit. Nicht so leicht zu manövrieren wie die Kammerspiele. Aber als Dorn mit seinem Team an die Kammerspiele ging, hat es eigentlich fünf Jahre gedauert, bis es wirklich so lief, wie er es haben wollte. Und jetzt sind wir sechs Jahre hier – und es läuft ja eigentlich schon gut jetzt.«

Ulf Schumacher ist inzwischen verheiratet und stolzer Vater einer Tochter. Er denkt aber noch lange nicht ans Aufhören. Wenn der neue Intendant ihn 2011 übernimmt, dann würde er schon bleiben, meint er. Aber den Dieter, den würde er schon sehr vermissen …

Doris Schade spielt in *Was ihr wollt* die Maria – resolut, vorlaut, Ordnung schaffend, dabei sich stets bewusst, auf welche Seite sie gehört. Und sie ist nahezu die Einzige, die in diesem Stück nicht unglücklich verliebt ist – oder nur

Doris Schade
Geb. am 21.05.1924 in Frankenhausen/Thüringen
Kindheit in Moskau und in Nagola/Japan
1942–1944 Schauspielausbildung am Alten Theater in Leipzig
1946 Debüt in Osnabrück
Weitere Stationen: Bremen, Nürnberg, Frankfurt
Ab 1961 Engagement an den Münchner Kammerspielen
1972–1977 Engagement am Deutschen Schauspielhaus in Hamburg
Seit 1977 wieder Mitglied der Kammerspiele, bis zum heutigen Tag
Mitwirkung in zahlreichen Film- und Fernsehproduktionen
Verwitwet, lebt in München

ein ganz kleines bisschen … Sie gibt zu Protokoll, sie habe diese Rolle mit großem Vergnügen und Begeisterung gespielt.

Zu ihrem achtzigsten Geburtstag hieß es in vielen Lobpreisungen: »Sie wird achtzig Jahre jung.« Das liegt daran, dass sie immer noch eine jungendliche Ausstrahlung hat – kaum zu fassen. Das Gesicht ist rosig und glatt, wie das einer wesentlich jüngeren Frau. »Aber«, wendet Frau Schade ein, als ich eine dahingehende lobende Bemerkung mache, »wenn der Rest doch auch so fit wäre.«[137] Irgendwann lassen die Kräfte doch ein wenig nach, und so ist sie derzeit nur in zwei kürzeren Auftritten in *Antigone* und in Wittenbrinks Liederabend *Denn alle Lust will Ewigkeit* zu sehen. Ihr Spiel ist leicht, luzide, nie erdenschwer. »Sie ist immer eine Überraschung.« »Die Alleskönnerin.« »Königin und Fischweib.« Das ist nur ein Teil der Beschreibungen, die auf Doris Schade abzielen. Sie weiß von all dem nichts, sagt sie. Sie weiß nichts über ihre enorme Wandelbarkeit, sie weiß nur, dass es harte Arbeit für sie bedeutete – immer. Und dass es leider mit den zunehmenden Jahren nicht leichter wurde.

Um Dieter Dorn kennen zu lernen, fuhr sie eigens von Hamburg, wo sie gerade engagiert war, nach Berlin. Man wollte sie überreden, wieder nach München zurückzukommen, wo sie schon von 1961 bis 1972 gespielt hatte – ins ›Mutterhaus‹ sozusagen. Sie willigte ein und kam ein Jahr später als Dorn wieder an die Kammerspiele. »Das waren sehr, sehr spannende Jahre, und außer der Inszenierung mit Kortner, die ich in den Sechzigerjahren machen durfte, war das die schönste Zeit überhaupt, die ich am Theater erlebt habe. Weil Dieter Dorn und Ernst Wendt – ich habe auch viel bei Ernst Wendt gespielt – zwei hochkünstlerische, sensible Männer, aber Antipoden waren. Und das äußerte sich manchmal negativ, so dass sich Gruppen bildeten, pro und kontra, aber das habe ich überhaupt nicht mitgemacht. Ich fand sie beide eigenständig so wichtig, also für mich war das Apollo, das war der Dorn, und Dionysos, das war der Ernst Wendt. Das Theater wurde von Apollo und Dionysos geleitet. Und das fand ich phänomenal. Man ging in die Dorn-Aufführung und fand dieses und jenes wunderbar, dann ging man in eine Wendt-Aufführung, einige waren dagegen, und die anderen waren dafür. Es kam neues Publikum, das die Wendt-Aufführung sehen wollte, und das

kunstverständige, eingesessene Publikum war sofort Feuer und Flamme für Dieter Dorn.«

Nur zweimal hat Doris Schade noch mit Dorn gearbeitet, im *Merlin* und im *Zerbrochnen Krug*. Und als Dorns Vertrag nicht verlängert wurde, ging sie auch nicht mit ans Resi. Ob es da Unvereinbarkeiten gegeben hat? Wir wissen es nicht.

»Ich dachte, wir haben jetzt 25 Jahre eine Richtung gehabt und gespielt, und ich hänge so über Gebühr an diesem Haus, den Kammerspielen. Das hat genau die Größe, in der ich mich wohl fühle. In Hamburg war mir das Theater immer einen Tick zu groß, das Residenztheater kannte ich auch, da habe ich einmal gastiert. Also ich liebe das Haus sehr, und ich bin letzten Endes wegen des Hauses geblieben. Und ich habe gedacht: ›Das hat sich ja vielleicht erschöpft, was Dieter Dorn und ich zusammen arbeiten können. Wer weiß, ob da noch etwas Neues kommt. Ich bleibe in dem Haus, das ich so gern habe, und bin neugierig, was die junge Generation macht.‹ Und so jung war ich damals ja auch nicht mehr, als der Wechsel war.« Die ›Familie‹ fehlt ihr manchmal, aber im Nachhinein sagt sie, sei es für sie, biografisch, die richtige Entscheidung gewesen. »Als plötzlich klar war, dass so viele mit Dorn gehen, da dachte ich, jeder Mensch musste sich mal von seiner Familie trennen. Mal gucken, was da für eine neue Familie anmarschiert kommt. Ich wusste, dass es eine ganz junge Crew sein würde, das machte mich aber schon auch neugierig, weil ich ja Unterricht gebe und neugierig war, wie die Jungen arbeiten und was die machen. Aber die Familie war weg und die Wärme war weg.«

Und heute – wie geht es ihr im Kreise der neuen Kollegen, die sie wahrscheinlich sehr bewundern? »Weiß ich gar nicht. Müssen sie nicht. Ja, von einer Kollegin weiß ich es. Und jetzt, bei diesem Musikabend von Wittenbrink, da spüre ich auch, dass sie eine Achtung haben. Weiß ich nicht, vorm Alter oder vorm Können, das kann ich nicht so unterscheiden.« C. Bernd Sucher hatte über Doris Schade geschrieben, sie sei eine »Alleskönnerin«. Doris Schade: »Das ist seine Meinung. Und es ehrt mich eigentlich. Ja. Früher haben wir gesagt, es gibt Er-Schauspieler und Ich-Schauspieler. Und ich gehöre wahrscheinlich zu den Er-Schauspielern, also wenn ich jetzt sehe, hier ist die Rolle, und hier bin ich. Und der Ich-Schauspieler ist ganz dicht bei der Rolle, aber davor. Und der Er-Schauspieler ist ganz dicht hinter der Rolle. Ich kann es nur so beschreiben, das habe ich einmal irgendwo gelesen, und da dachte ich, ich bin wahrscheinlich eine Er-Schauspielerin. Das ist aber mein ganzes Glück, denn ich hatte große Angst, als der Wechsel war, dass ich nichts weiter als so liebe, freundliche Damen zu spielen kriege. Das hätte mich zu Tode gelangweilt. Mich haben immer die Abgründe in allen Rollen – und wenn sie noch so unsympathisch waren –, mich hat das Negative sehr interessiert.«

Doris Schade lebt allein in ihrer schönen Münchner Wohnung, die Kinder und die Enkel kommen ab und zu vorbei. Als ihr Mann vor einigen Jahren starb, zog sie hierher, verkleinerte sich. Das Ambiente verkündet, sie liest, sie schreibt. Viel Besuch von Freunden? Von alten Kammerspielern? »Ach, wir sind uns freundlichst gesinnt. Wir waren auch in der Kammerspielzeit privat gar nicht so sehr miteinander verbandelt, wie auf der Bühne. Wie bei der Arbeit. Das war das naheste, wie man jemanden erlebte. Ich freue mich immer, wenn ich die Heide von Strombeck sehe und Rolf Boysen, aber es sind keine kontinuierlichen privaten Treffen, dazu hat jeder zu viel zu tun.«

Es soll überhaupt nicht traurig klingen, und es ist auch überhaupt nicht so gemeint von ihr – aber dennoch schwingt ein wenig Bedauern mit, dass es eben so ist mit dem Älterwerden. »Text lernen … der Dorn hat mir viel Zeit gegeben, wie er am Schluss merkte, oder wie ich auch merkte, dass ich länger brauche zum Textlernen. Früher habe ich es nur viermal durchgelesen, dann konnte ich den Text. Den habe ich so fotografiert. Das ging total weg im Alter. Und ich musste hart arbeiten, das war etwas Furchtbares.«

Man möchte diese zarte ältere Dame, die zerbrechlich und resolut zugleich wirkt, umarmen, hätte man nicht Angst sie zu zerbrechen. Und man möchte die Gesetze des Alters außer Kraft setzen …

Es gibt nun niemanden mehr vorzustellen in dieser wunderbaren Inszenierung von *Was ihr wollt*. Wendt inszenierte inzwischen den *Hamlet* mit Lambert Hamel in der Titelrolle, und Dorn kam ein halbes Jahr nach *Was ihr wollt* mit *Dantons Tod* heraus. Schon wieder eine nahezu perfekte Inszenierung Dorns, so lautete das einhellige Urteil der Presse. In den Hauptrollen: Claus Eberth als

Doris Schade als Maria und Claus Eberth als Sir Toby Rülps in *Was ihr wollt*

reprivatisierter Danton voller Gefühlsbrüche, Manfred Zapatka als Robespierre, dessen Körpersprache schon seine Kontaktunfähigkeit und den daraus resultierenden Hang zum Fanatismus ausdrückt, Felix von Manteuffel als schwärmerischer Camille Desmoulins, Edgar Selge als hasserfüllter St. Just. Peter Lühr spielte den Philosophen Thomas Payne, Christiane Hammacher die Julie, die Massenszenen übernahmen Beek, Stange, Drahn, Borell, Flörchinger und die Damen Wagner und Minetti – die herausragende ›zweite Reihe‹, von der schon die Rede war.

Am Premierenabend, dem 13. Juli 1980, erntete Dorn für seine mutige und ungewöhnliche Inszenierung dieses schwierigen Stückes energischen Beifall. Dorn beginnt mit dieser Arbeit eine Trilogie zum Thema Individuum und Gesellschaft, die er mit *Iphigenie* und *Leonce und Lena* fortführen wird. Als Vorlage des *Danton* wählte Dorn – wie es auch von Büchner angelegt ist – eine Materialsammlung über die Französische Revolution –, um damit die politische Situation in einer Art Denkspiel szenisch zu diskutieren. Der Bühnenraum war von genialischer Einfachheit. Hier gelingt die Synthese von Raum und Inhalt, von Handwerk und Chiffre – das Bühnenbild wird zur Metapher. Dorn: »Es gibt keinen Ausgang, keinen Eingang, keine Fenster, nur Zimmer. Man könnte sagen, die Wohnung ist wie die Welt: Niemand weiß, wie er reinkommt, wie er rauskommt, und warum er überhaupt drin ist. Die Türen sind mal zu, mal offen: Mal hat man einen kleineren Durchblick, mal einen größeren.«[138] Aktualisierendes Beiwerk wie Fernsehkameras, Mikrofone, gesprayte Parolen an den Wänden und dergleichen mehr stellen Bezüge zur Gegenwart her.

Wer hier noch vorgestellt werden muss, ist **Sunnyi Melles**, die, frisch von der Otto-Falckenberg-Schule kommend und das Praxisjahr überspringend, in *Dantons Tod* ihr Debüt an den Kammerspielen gibt. Sie spielt die Rolle der Lucile Desmoulins, die ganz im Tun ihres Gatten Camille aufgeht und sich in den Wahnsinn rettet, als dieser auf das Schaffot geführt wird. Beate Kayser in der TZ: »Atemlose Stille bei der Szene Lucile/ Camille. Über das porzellanzarte Gesicht bricht plötzlich der Wahnsinn herein: keine Nuance zu viel, jedes Wort unter Kontrolle, der Affekt zwar unmittelbar gefühlt, aber ganz klar konturiert. Eine große Leistung!«[139] Als ihr Mann stirbt, ruft Lucile ›Es lebe der König‹ – und spricht damit ihr eigenes Todesurteil.

Das war nur der triumphale Anfang, es sollte weiter steil nach oben gehen. Ob in *Kalldewey, Farce* als M oder als Emilia Galotti, als Cressida, als Buhlschaft im *Jeder-*

Jennifer Minetti als Simons Weib, Sunnyi Melles als Lucile und Richard Beek als Mann 1 in *Dantons Tod*

mann, als Margarethe im *Faust I* – egal in welcher Rolle man sie sah, immer erntete diese blonde, ätherisch wirkende, auffallend hellhäutige Schauspielerin großes Lob von allen Seiten. Sie selbst hielt es am Anfang ihrer Karriere für gefährlich, zu früh zu sehr gelobt zu werden. Sie hatte wohl Angst, dadurch unter einen fürchterlichen Erfolgszwang zu geraten. Man möchte die Vokabel Ausnahmeschauspielerin vermeiden, aber so ganz gelingt es nicht – vielleicht eher eine »singuläre Begabung«, wie

Sunnyi Melles
Geb. am 07.10.1958 in Luxemburg
Tochter des ungarischen Komponisten Karl Melles und der finnischen Schauspielerin Judith Melles
Aufgewachsen in Basel
Ausbildung an der Otto-Falckenberg-Schule in München
Seit 1980 Mitglied des Ensembles der Münchner Kammerspiele
Seit 2001 mit Dieter Dorn am Bayerischen Staatsschauspiel
Zahlreiche Film- und Fernsehrollen
Verheiratet mit Peter zu Sayn-Wittgenstein-Sayn, zwei Kinder

Sunnyi Melles als Margarethe in *Faust I*

muss sich mit seiner Seele auseinandersetzen, wie er das in der Arbeit auch mit meiner Seele macht. Nur so kann er Leute wie mich oder andere Schauspieler in einer Beziehung halten. Sagen wir, Ensemble ist für mich eine Arbeitsbeziehung, keine private Beziehung.«[140]

Sie kam als blutjunge Anfängerin und hatte gleich das Privileg, von unnahbar scheinenden ›großen‹ Kollegen und Kolleginnen zu lernen. Gisela Stein, Doris Schade, Peter Lühr, Rolf Boysen und wie sie alle heißen. »Das ist ein langer Weg. Man ist ja nicht sofort ein Ensemblemitglied, sondern man wächst da hinein – man muss auch etwas dafür tun. Schön ist es halt, dass man viele Schauspieler wie Boysen, Holtzmann, Nicklisch, Griem, Conny Froboess kennen lernt, traurig ist, dass die auch sterben. Wenn man im Ensemble ist, merkt man, dass die einem sehr ans Herz gewachsen sind – auch Lühr zum Beispiel –, Leute, mit denen man über acht bis zehn Jahre gearbeitet hat, wie zum Beispiel mit Griem. Und dann muss man erleben, dass die wegsterben.«

Dem Ensemble fühlt sich Melles tief verbunden: »Was ich nie vergessen werde: Es gab eine Situation, wo ich hätte umbesetzt werden sollen, und ich wollte das nicht. Es gab eine Ensembleversammlung, und da haben sich alle, speziell auch Boysen, für mich eingesetzt. ›Es gibt keinen Grund, Frau Melles umzubesetzen‹ – und das hat mir als jungem Menschen imponiert, dass man im Ensemble geschützt und gestützt wird, auch wenn man noch nichts dafür getan hat. Ich kam ja neu in ein Ensemble hinein. Das hat mich sehr beeinflusst, denn wenn jemand umbesetzt wird aus irgendeinem Grund, sollte man als Ensemble immer versuchen, zu schützen, so lange es geht. Und ich durfte dann weitermachen. Das war bei *Kalldewey* von Botho Strauß, was Dieter Dorn dann auch übernommen hat. Das habe ich nie in meinem Leben vergessen, deswegen werde ich nie in meinem Leben aussteigen. Kann kommen, was will.«

Melles' Karriere verlief so außerordentlich steil und ungewöhnlich schnell – um nicht zu sagen, wie im Märchen. Auf die Frage, wie sie sich das erklärt, antwortet sie: »Jede Karriere ist anders, ich bin dankbar. Ich hätte vielleicht woanders auch gespielt – aber das, was ich gespielt habe, noch spielen werde, ist wunderbar. Man spricht immer von Entdecker oder Mentor, und das war schon Dieter Dorn.«

Beate Kayser es ausdrückt. Sie hatte wohl den unbedingten Willen, eine herausragende Schauspielerin zu werden, und die nötige Disziplin und Bereitschaft, sich mit Haut und Haaren in die jeweilige Arbeit fallen zu lassen. Sie scheint auf jeden Fall aus der Zeit gefallen und hat sich ja auch durch ihre Heirat in eine Prinzessin verwandelt. Beim Intendantenvorsprechen an der Otto-Falckenberg-Schule wollten 17 Intendanten Vorverträge mit ihr abschließen, doch sie blieb in München, bis zum heutigen Tag. Warum? »Das hat sich so ergeben. Das kann man nicht wollen, oder das darf man nicht erpressen. Warum, weiß man nie genau. Natürlich habe ich hier auch Familie und durfte meine Sachen weiterhin machen. Somit ist das auch ein gegenseitiges Akzeptieren der Wünsche und der kreativen Weiterarbeit, denn man muss sich auch entwickeln, es darf kein inzestuöses Verhältnis sein – dass man das einfach als selbstverständlich nimmt, so wie ich Dieters Arbeit nicht als selbstverständlich nehme, nur weil ich in seinem Ensemble bin. Das tut er mir gegenüber genauso. Man muss sich immer wieder aufs Neue fragen, sich mit ihm auseinandersetzen. Man

Sunnyi Melles als Innogen in *Cymbelin*

Das zweite Stück der Trilogie zum Thema Individuum und Gesellschaft war, wie oben schon erwähnt, Goethes *Iphigenie*. Die Aufführung war in mehrfacher Hinsicht herausragend und wichtig. Sie war, wie man mit Sicherheit sagen kann, ein Meilenstein in Dorns Schaffen. Hier hat er sich wie nie zuvor und auch danach nicht wieder auf die reine Textarbeit verlassen. Nach langer Suche nach einer adäquaten Form der ästhetischen Umsetzung dieses Stückes fanden Jürgen Rose und Dieter Dorn die geniale optische Reduktion: Sie ließen vor dem weiß eingefärbten ›Eisernen‹ spielen und verzichteten auf jegliches Bühnenbild. So erhöhte sich die Konzentration auf den Text um ein Vielfaches, und seine Bedeutung als ›Wortsymphonie‹ wurde unterstrichen. Goethes Jamben sind wie Musik, und Dorn/Rose entschieden sich, das Stück wie eine Symphonie zu gestalten. Die Schauspieler waren die Instrumente und sprachen die Verse von Iphigenie (Gisela Stein), Thoas (Thomas Holtzmann), Orest (Claus Eberth), Pylades (Felix von Manteuffel) und Arkas (Edgar Selge). Sie saßen auf einem weißen Podest vor dem Eisernen in einer Reihe und trugen – fast

möchte man sagen Alltagskleidung – zumindest keine antikisierenden Kostüme und verzichteten ansonsten auf jegliche theatralen Mittel.

Diese Inszenierungsidee war nicht von Anfang an da, sondern sie ergab sich während der Proben, erinnert sich Michael Wachsmann: »Bei *Iphigenie* hatten wir schon ein mit tollen Bildern durchsetztes, ideal ideologisches Konzept umgesetzt und haben das nach inständiger und vorselektiver Lektüre des Textes leiden lassen. Alles gestrichen. Alles weg. Es war dann am Ende ein Stück ohne Bühnenbild, ohne Szenenübergänge. Wenn die Szene zu Ende war, war Black out. Licht an, die nächste Szene begann mit dem Auftritt, der schon vollzogen war, weil uns erst über lange Zeit hin klar wurde, dass vieles in der *Iphigenie* angespielt und angesprochen wird, aber dass es nur ein einziges Thema gibt: Es ist ein Stück über die Macht des Wortes. Kann ich jemanden überzeugen von dem, was ich mir wünsche, oder kann ich es nicht? Oder wozu führt es? Wie ist das Verhältnis zwischen Wort und Gewalt? Und das hat dann den Stil der Aufführung ganz radikal bestimmt.«[141] Das Ergebnis war ein unglaublich spannender Theaterabend, was bei so wenig spielerischem, sondern überwiegend stimmlichem Einsatz schon eine überragende Leistung der Schauspieler bedeutet. C. Bernd Sucher schreibt: »Goethes Iphigenie-Verse sind geschaffen, sie mit gleichen Mitteln zu interpretieren wie musikalische Werke. Und Gisela Stein tut das. Wie sie ihre Monologe gestaltet, ihre Gebete; wie sie Crescendi aufbaut; wie sie – und dies als Beispiel – leise kindlichfromm das Lied der Parzen beginnt, mit zurückhaltender, ziemlich hoher Stimme, die allmählich an Kraft gewinnt und an Höhe verliert bis zum wütenden Schrei, der Hass und Angst vereint und jene Wende in Iphigenies Denken als vollzogen erkennbar macht, die sie zuvor noch in einem ähnlichen Ausbruch fürchtete: das ist von faszinierender Macht.«[142] So ein Wagnis, das Dieter Dorn hier einging, kann man nur riskieren, wenn man solch einzigartige Schauspieler hat. Welch ein Experiment: In einer Zeit, in der andere Regisseure seiner Generation die Klassiker zertrümmerten, traute sich Dorn, dieses klassischste aller klassischen Stücke textgetreu und ›nackt‹ zu spielen. Und Goethes Text hörte sich an wie neu …

Den Schluss der Trilogie über Individuum und Gesellschaft oder Mensch und Macht bildete *Leonce und Lena*

Felix von Manteuffel als Pylades, Claus Eberth als Orest, Gisela Stein als Iphigenie, Thomas Holtzmann als Thoas und Edgar Selge als Arkas in *Iphigenie*

Felix von Manteuffel, Fred Klaus, Otto Kurth, Peter Herzog, Helmut Pick, Claus Eberth, Peter Lühr und Karl Renar in *Dantons Tod*

Leonce und Lena

im April 1981. Hans-Joachim Ruckhäberle, der Büchner-Experte, der hier, wie schon bei *Dantons Tod*, wieder als Dramaturg mit dabei ist, erklärt, Büchner habe in diesem Stück einen Endpunkt erreicht: einen geschlossenen Innenraum, aus dem es keinen Ausweg mehr gibt. »Am Schluß bleibt nur noch die Möglichkeit, dass diese Gesellschaft zum Teufel geht, das ist hier Büchners Gesellschaftskritik. Es gibt keine Entwicklung, sondern nur Rollenspiel.«[143] Edgar Selge, der den Leonce hätte spielen sollen, gab seine Rolle zurück, und Walter Schmidinger übernahm kurzfristig, so dass die Premiere erst mit vierzehntägiger Verspätung herauskommen konnte. Franziska Walser war Lena, den König spielte Thomas Holtzmann. Dorn interessierte an dem Stück, das er als 16-jähriger schon für die Schublade durchkonzipiert hatte, Büchners bösartige und radikale Absage an die Weimarer Klassik, an ihre Theorie von der Fähigkeit des Menschen, sein Schicksal selbst in die Hand zu nehmen. »Es gibt kein radikaleres, kein anarchistischeres Stück als ›Leonce und Lena‹. Merkwürdigerweise wird es immer als romantisches, poetisches Märchen angesehen. Büchners Stück aber ist ein böser Aufruf, die bestehenden Verhältnisse zum Kochen zu bringen, indem man sie auf die Spitze treibt.«[144] Kein geringerer als Fritz Kortner hatte achtzehn Jahre zuvor dieses Stück am selben Ort inszeniert, und es ist erstaunlich, wie verstaubt diese Arbeit heute wirkt und wie schnell sich die Sehgewohnheiten im Allgemeinen und das Theater im Besonderen in dieser kurzen Zeit geändert haben.

Die Aufführung zog ein Wortgefecht zwischen dem Kritiker Sucher und dem Regisseur Dorn nach sich. Sucher schrieb in der *Süddeutschen Zeitung*: »Nun hat sich Dorn an ›Leonce und Lena‹ gewagt, ist (wie geplant) zu Büchner zurückgekehrt, ist zurückgekehrt auch zu den Aufgaben des Theatermachers. Aber so, als habe die selbstgewählte Phantasiebeschränkung bei der ›Iphigenie‹ viele Einfälle damals nur blockiert, die jetzt alle mitverarbeitet sind. Diesmal geht deshalb auch der Text verloren und nicht erst seine Bedeutung: beide werden überwuchert von vielen hübschen, oft recht amüsanten Nummern für brillante Schauspieler. So teuer und perfekt kann wohl kein Regisseur diesem Lustspiel seinen Zauber nehmen, der ja nicht nur poetischer Natur ist.«[145] Dorn erwiderte am nächsten Tag in der Abendzeitung: »C. Bernd Sucher ist offenbar einer von den Menschen, die Büchner noch gekannt haben müssen. Er weiß einfach wie es gemeint ist, und danach beurteilt er es. Zum Beispiel spricht er von der resignierenden Einsicht Büchners. Aber Büchner ist ein wütender Revolutionär, das muß man den Leuten mal um die Ohren schlagen. Wir waren da eher noch nicht radikal genug. Oder er beklagt die Wiederholungen. Ich kann nur sagen: Absicht, Absicht, Absicht. Viele Kritiker lassen sich überhaupt nicht mehr darauf ein, was sie sehen, sondern messen alles an ihrer vorgefassten Meinung. Ich verlange eigentlich nur eins von den Kritikern: hingucken.«[146]

Dorns nächste Arbeit – eine wahre Mammut-Inszenierung und einer der Höhepunkte des Dorn'schen Schaffens – war der *Merlin*. An zwei aufeinanderfolgenden Abenden, am 31. Januar und 1. Februar 1982, kam Tankred Dorsts neues Stück *Merlin oder Das wüste Land* heraus. Im Vorfeld wurde schon so etwas wie ein ›Merlin-Fieber‹ festgestellt: Eine Menschenschlange bildete sich vor dem Kartenbüro, öffentliche Proben und die Premiere waren restlos ausverkauft. Dies alles im Bewusstsein, acht bis neun Stunden Theater absitzen zu müssen? Offenbar hatten Dorn-Premieren zu einem, von heute aus betrachtet, sehr frühen Zeitpunkt seiner Karriere schon nahezu Kultstatus. Michael Wachsmann erinnert sich: »Für mich ist das eine ganz wichtige Arbeit gewesen, der *Merlin*. Nicht, weil ich das Stück so großartig gefunden hätte – ich gestehe, dass ich damals auch Einwände formuliert habe, die dann später von den Beteiligten verstanden worden sind. Aber ich habe es mit Feuer und Schwert verteidigt, weil ich es aus ganz anderen Gründen gut für das Ensemble, richtig und gut für das Haus fand. Das hat Dorn entschieden: Ich will es aber machen. Ich habe es als Dramaturg mit ihm zusammen gemacht, und es war ein ganz großes Vergnügen, dieses Stück – und das klingt ganz unpoetisch, und daran liegt das sardonische

Vergnügen –, diese zwei Teile, diesen Abend auf Wirkung und Szenenmachbarkeit und -folge hin durchzurechnen. Das ist ein Stück, wo sich das rechnen lässt, und die Rechnung ist aufgegangen.«[147]

Dorn arbeitete circa viereinhalb Monate an diesem Zweiteiler, und ausnahmsweise entwarf Johannes Schütz die Bühne für dieses mythologische Endzeitdrama. Die Musik komponierte Peter Michael Hamel. Zum Inhalt: Der Teufel zeugt einen Sohn, den Zauberer Merlin, und schickt ihn auf die Welt, um die Menschheit, von der er meint, sie sei zum Bösen geboren, zu befreien. Doch Merlin will sie vom Chaos zur Ordnung führen. Er lässt König Artus die ritterliche Tafelrunde gründen, in der jeder dem anderen gleichgestellt ist; er schickt die Ritter auf die Suche nach dem Gral, und man hofft auf den Erwählten, der ihn am Ende finden wird. Doch das Ende ist blutig: Es bringt nicht den Gral, sondern das Ende der Welt.

Den Merlin, die Titelfigur, spielte Peter Lühr in tausend Verwandlungen, eine verblüffender als die andere. Er entfaltete eine Virtuosität, wie er sie – vielleicht – so bisher niemals ausleben konnte. Er erinnert sich an diese Rolle: »Der Merlin war eine große Aufgabe und vor allem eine große Freude für mich. Das fängt schon damit an, dass der Sagenkreis, den Tankred Dorst in diesem Werk behandelt, die Artusrunde, die Parzival-Sage und die Merlin-Figur, mir aus der Literatur, aus der *Parzival*-Oper und aus vielen Zusammenhängen in meinem Leben sehr bekannt und sehr wichtig erscheint. Sehr wichtig. Mit diesem Stoff, mit diesem Werk und mit dieser Rolle traf ich auf ein zentrales Interesse meines Wesens und meines Lebens, und das gab eine ungeheure Anregung für mich und machte Kräfte frei, die nötig sind, in diesem Stück diese Rolle zu spielen. Oberflächli-

Die Ritter der Tafelrunde in *Merlin oder Das wüste Land*

Romuald Pekny als Der Teufel und Peter Lühr als Merlin in
Merlin oder Das wüste Land

Gralsnähe begibt. Das hat mich ungeheuer gereizt und angeregt. Es hat mich – ich bitte den leichtfertigen Ausdruck nicht misszuverstehen – kolossal amüsiert, und ich bin mir bei aller Komödianterei der Verantwortung dieser Rolle sehr bewusst. Ich nehme sie sehr ernst. Sie ist ja auch so geschrieben. Und was an übermütiger und oft vielleicht geschmacklich fragwürdiger Lust in meine Darstellung eingeflossen ist, das muss im Rahmen dieser bedeutenden Merlin-Figur bleiben. Ich glaube, dass Merlin immer noch auf der Welt ist – im Walde – und wiederkommt. Vielleicht.«[148] Die Mutter Merlins war Doris Schade: »Dann habe ich noch die dicke Hanne im *Merlin* gespielt. Das war eine wunderbare Aufführung, eine der schönsten Aufführungen von Dorn überhaupt, die immer ausverkauft war und irgendwann abgesetzt wurde, weil die Kulissen nicht mehr gelagert werden konnten, glaube ich. Das Publikum strömte nach wie vor.«[149]

Merlins Vater, der Teufel, war der unvergessliche **Romuald Pekny**. Er verstarb, während dieses Buch entstand. Weitere Rollen-Höhepunkte Peknys an den Kammerspielen waren der Phillip in *Don Carlos* in einer Inszenierung von Alexander Lang 1985 und der Mephisto in Dorns *Faust I* 1987 – um nur zwei herausragende Beispiele von vielen zu nennen. Wieso ihm gleich zweimal der Part des Teufels oder des Mephisto zufiel, ist sicher kein Zufall, hat aber dennoch nichts mit seiner Persönlichkeit zu tun. Sagen wir eher, seine Gesichtszüge sind so charaktervoll, dass sie vielleicht zu solchen Extrem-Besetzungen auffordern.

Beate Kayser, die Münchner Kritikerin, hatte Pekny noch gesprochen, bevor er München nach der Spielzeit 1990/91 verließ. Sie vermochte ihm einige Geschichten

cher ausgedrückt konnte ich da natürlich meine komödiantische Lust an Verwandlungen ausleben, denn Merlin ist der große Unangreifbare, der große Zauberer, zwischen Heidentum und Christentum stehend, und er erscheint in diesem Stück in sehr vielen Verwandlungen und sehr vielen Situationen. Es ist eine Figur, eigentlich ein Geist, ein Magier, oft mit absolutem Niveauverlust, der sich wieder einfängt zu großer sittlicher Höhe und in

Romuald Pekny
Geb. am 01.07.1920 in Wien, gest. am 09.11.2007 in Linz
Ausbildung an der Wiener Akademie für Musik und darstellende Kunst am Max-Reinhardt-Seminar
Erste Engagements: 1948–1951 am Landestheater Linz, 1952–1953 in Basel, 1953–1958 in Köln
Seit 1958 Mitglied der Münchner Kammerspiele
Nebenbei als Gast am Wiener Burgtheater und bei den Salzburger Festspielen
Zahlreiche Film- und Fernsehrollen
Verheiratet mit der Schriftstellerin Eva Petrus-Pekny

aus seiner Kindheit zu entlocken, auf die hier verwiesen sei: Er kam aus einem Milieu, aus Ottakring, schreibt sie, das auch nicht den leisesten Fingerzeig zu einer Karriere am Theater bot. »Ärmste Verhältnisse. Mit Frackhemden-Bügeln hat die Mutter die Familie ernährt. Mit vierzehn lief er zu Fuß von Ottakring und zurück in die Staatsoper, ins Burgtheater. Auf Stehplatz natürlich – um eine Welt zu sehen, die ihn sein eigenes Milieu hat vergessen lassen.«[150] Irgendjemand fand dann ›Du gehörst auf die Bretter‹ – ein Traum, den der junge Pekny noch nicht einmal zu denken gewagt hätte. Der Traum wurde wahr: Er fand sich als Ältester der Klasse im Reinhardt-Seminar wieder und schaffte es sogar, die Schule früher als alle andern wieder zu verlassen. Sein Talent brach sich Bahn. Über die Theaterstationen Linz, Basel, Köln und ein geplatztes Engagement in Frankfurt bei Harry Buckwitz landete Pekny schließlich an den Münchner Kammerspielen, 1958, noch zu Schweikarts Zeiten. In seiner Anfangszeit in München arbeitete er auch noch mit Fritz Kortner zusammen, so zum Beispiel 1961 in *Timon von Athen*, 1962 als Jago in *Othello* und 1963 in *Richard III.* Er blieb 33 Jahre an den Kammerspielen und spielte – um nur die wichtigsten Rollen zu nennen – den Polizeipräsidenten in Genets *Der Balkon*, den Cromo in Pirandellos *Die Riesen vom Berge*, den Monsieur Fontanet in Feydeaus *Ein Klotz am Bein*, Cyprian in *Der Park* von Botho Strauß und viele andere – nicht zu vergessen natürlich die beiden oben bereits erwähnten Teufel. »Alle waren fasziniert von Peknys dunklem Zauber. Er spielt Farben, hat Töne, die man nur bei ihm so erleben kann. Mit jeder Regie-Handschrift hat er sich auseinandergesetzt, ließ sich von den widersprüchlichsten Temperamenten fordern. [...] Und [um] seine Teufel [in Dorsts *Merlin* und in Goethes *Faust* ...] standen die Leute Schlange an der Theaterkasse«, beschreibt ihn Beate Kayser.[151] Ein nie ganz aufgeklärtes Zerwürfnis an den Kammerspielen

führte 1991 schließlich dazu, dass Pekny aus dem Engagement ausschied und in seine Heimat zurückkehrte. Mit seiner Frau Eva Petrus-Pekny und seiner Tochter Adelheid Picha veranstaltete er seither den Bad Ausseer Kultursommer und trat bei Rezitationsabenden auf.

Michael Habeck, schon bekannt aus dem *Mittsommernachtstraum,* spielte im *Merlin* die ebenfalls zentrale Figur des Parzival. Seine Mutter Herzeloide ist niemand geringerer als die Theaterlegende **Maria Nicklisch**. Mit dieser großartigen alten Dame arbeitete Dorn in diesem Stück erstmals zusammen – und dann immer wieder.

Maria Nicklisch war die unbestrittene Grande Dame der Kammerspiele. C. Bernd Sucher: »Diese kleine, zierliche Frau mit der unverwechselbaren Stimme gibt selbst den einfachen Frauen [...] einen großbürgerlichen Touch. Sie beherrscht den überlegenen, ein wenig ironisch-hochnäsigen Ton. Sie hat Grazie und Arroganz. Sie hat sehr viel Humor. Der ist diskret, weshalb sie die Geschöpfe, denen sie Leben verleiht, mit Distanz spielt. Das heißt, sie bricht sie. Maria Nicklisch entwickelt Menschen in ihrer ganzen Komplexität, also auch mit ihren Widersprüchen.«[152] Unvergesslich geblieben sind *Gin Rommé*, wo sie sich in einem nahezu boulevardesken Stück ein Kartenduell mit Peter Lühr lieferte (die beiden hatten den Paarkampf schon als Martha und George in *Wer hat Angst vor Virginia Woolf* geübt), und *Golden Windows* von Robert Wilson, in dem Lühr und sie ein wunderbares altes Paar waren. Wilson hatte haargenau erkannt, welche ›Edeldarsteller‹ ihm hier zur Verfügung standen, und wusste sie auch einzusetzen wie Denkmäler zu Lebzeiten. Und dann war die Nicklisch noch Titania in *Der Park* mit Peter Lühr als Oberon, wieder unter Dieter Dorn, und zuletzt die Hexe im *Faust I.*

Schwer zu sagen, warum man bei der Erinnerung an diese ›Urgesteine‹ so ins Schwärmen kommt. Etwas an

Maria Nicklisch
Geb. in Luckenwalde, gest. in München
Ausbildung bei Maria Moissi
Erstes Engagement am Münchner Staatsschauspiel 1934
1935–1989 Ensemblemitglied der Münchner Kammerspiele

Maria Nicklisch als Frau im schwarzen Kleid in *Die goldenen Fenster*

ihrem Spiel muss es sein, das sich nachhaltiger in der Erinnerung festsetzt, das eine gewisse überzeitliche Qualität hat. Bei Maria Nicklisch war es wie bei Peter Lühr: Das Publikum lag ihr zu Füßen. Den Namen Nicklisch hatte sie sich angeheiratet. Die Ehe mit diesem Herrn hielt nicht allzu lange – doch den Namen behielt sie. Damit war der Weg frei – glücklicherweise muss man sagen – für das Theater. Gerade einmal ein Vierteljahr nahm sie Schauspielunterricht bei Maria Moissi, der Frau des berühmten Alexander Moissi. Das genügte ihr offenbar – und sie betrat erst die Bretter des Staatsschauspiels und ein Jahr später schon, 1935, die der Kammerspiele. Das war der (einzige) Bonus der damaligen Zeit, dass die Ausbildungsauflagen vielleicht nicht so streng waren. Nicklisch schaffte es auch so – dabei hätte sie so gern Steppen gelernt, auf einer ›richtigen‹ Schauspielschule. In den Kammerspielen stieß sie zunächst auf

Otto Falckenberg, dann auf Erich Engel, dann auf Hans Schweikart, der ihr zweiter Mann wurde. Sie entdeckte die neue Dramatik jener Jahre als ihre Domäne: Arthur Miller, Dürrenmatt, Anouilh und ihr über alles geliebter Tennese Williams. Ein seltener O-Ton mag ihre Spielkunst am besten verdeutlichen: »Ich spiele so vor mich hin […] Ich weiß nicht, warum ich das alles getan habe. Ich musste es einfach tun. Die Menschen, die ich da las und lernte – ich habe sehr leicht gelernt: ich dachte wie die, ich fühlte wie die – das hatte gar nichts mit mir zu tun. Oder hatte es nur mit mir zu tun? […] Mich interessierte nur meine Verwandlung. Ich will sein, was ich nicht bin.«[153]

Zur personellen Ausstattung der Tafelrunde musste Dorn neue Ritter aus den Reihen der Otto-Falckenberg-Schule rekrutieren. Alle verfügbaren männlichen Darsteller des Ensembles waren bereits im Einsatz: So spielte u. a. Thomas Holtzmann den König Artus, Claus Eberth den Lancelot, Lambert Hamel war Sir Gawain und Ignaz Kirchner Sir Mordred. Neu hinzu kamen zwei junge Schauspieler, die innerhalb des Ensembles von da an eine bedeutsame Stellung innehaben sollten: Axel Milberg und August Zirner. Zwei große Talente, die nach anfänglichen Riesenerfolgen am Theater von den Medien ›geraubt‹ wurden – so oder so ähnlich würde es Dieter Dorn formulieren.

Im ersten Teil des *Merlin* »Die Tafelrunde« werden die heidnischen Götter durch das Christentum vertrieben. Die Ritter versammeln sich um einen großen runden, von Merlin gefertigten Tisch – rund muss der Tisch sein, damit es nicht zu Streitereien um die besten Plätze kommt. **Axel Milberg** war der ›hübsche junge Ritter‹ Sir Persant.

Axel Milberg
Geb. am 01.08.1956 in Kiel
1979–1981 Schauspielausbildung an der Otto-Falckenberg-Schule in München
1981–1996 Mitglied des Ensembles der Münchner Kammerspiele
Seither freier Schauspieler, vorwiegend Film- und Fernsehrollen (u. a. der Kieler Tatortkommissar Borowski)
Verheiratet, lebt mit seiner Familie in München

Milberg ist sein erster Tag an den Kammerspielen noch in wacher Erinnerung: »1981, 15. Dezember, mein erster Tag als Ensemblemitglied. Ich glaube, es war Bild 12 oder Bild 16 in *Merlin*, erster Teil. Alle Ritter versammeln sich um den Tisch von König Artus, und an diesem Tag sagt Dorn: ›Liebes Ensemble, heute haben wir einen neuen Ritter an unserer Tafel, Axel Milberg von der Falckenberg-Schule, heißt ihn herzlich willkommen.‹ Ich habe den Sir Persant gespielt und August Zirner war Beauface: zwei junge, freche Ritter, die sich ein bisschen lustig machen über den – ja – feierlichen Auftritt der anderen, die den heiligen Gral finden wollen, und die für ihre Flapsigkeit dann auch bestraft werden. So fing *Merlin* an, den wir drei bis vier Monate probiert haben und den wir lange gespielt haben. Es kamen viele andere Stücke dazu – und insgesamt, das konnte ich damals noch nicht wissen, dauerte meine Zugehörigkeit zu diesem Ensemble etwa siebzehn Jahre.«[154] Sein Verhältnis zu diesem ›Sprung ins kalte Wasser‹, frisch von der Schule weg, mitten hinein in die harte Bühnenrealität, war durchaus gespalten: Einerseits fühlte er sich natürlich höchst geehrt, andererseits fragte er sich überheblicherweise: ›Ist das denn auch das Beste, was mir passieren kann?‹ Andere würden es Hybris nennen – für Axel Milberg war das durchaus eine realistische Überlegung. Offenbar war er sich entweder des harten Kampfes ›da draußen‹ nicht bewusst oder sich seines Marktwertes doch schon sehr sicher.

Milberg ließ sich dann überreden, in München zu bleiben, sah er doch einen gewissen Heimvorteil: Er musste nicht in eine andere Stadt umziehen, er kannte Haus und Schauspieler bereits, aus der Kantine, vom Zusehen und auch aus seiner Zeit als Statist. »Ich hatte schon als Schauspielschüler mitgewirkt in *Die Riesen vom Berge* bei Ernst Wendt, und als Romuald Pekny während der Probenzeit erkrankte, bat Wendt mich aus der Gruppe der Schauspielschüler, ihn zu ersetzen, bis Pekny wieder gesund wäre. Und einmal legte der Ernst Wendt den Arm um mich kleinen Schüler und sagte: ›Also wenn der Romuald Pekny nicht bald gesund wird … dann wird er Schwierigkeiten bekommen, dann spielst du das vielleicht.‹ Und Pekny war dort ein großer Zauberer in dem Stück, und das hat mir natürlich gut gefallen. Also ich hatte eine gute Beziehung zu dem Ensemble, und das hat sicherlich dann auch meine Entscheidung erleichtert.«

Warum er engagiert wurde, kann er nur erahnen: »Wachsmann hat einmal etwas gesagt von einem runden Gesicht und einer spitzen Nase in demselben – mit dieser Begründung konnte ich mich nicht lange aufhalten. Aber ich glaube, dass sie in der *Krankheit der Jugend*-Inszenierung an der Falckenberg-Schule schon etwas erkannten, nämlich ein Formbewusstsein oder ein Bewusstsein dafür, was man tut. Sie sahen wohl, dass ich kein Stimmungsschauspieler bin, der emotional in irgendwelche Situationen getrieben wird. Sondern einer, der ausstrahlte: ›Ich weiß, was ich tue und könnte das auch wiederholen‹, also eine gewisse Professionalität, an die sie anknüpfen könnten – so war, glaube ich, ihre Einschätzung.«

Es ist nicht zu unterschätzen, welche kolossale Chance für junge Schauspieler darin besteht, an einem so prominenten Haus mit solch arrivierten Kollegen arbeiten zu dürfen. Man konnte sich so ungeheuer viel abschauen und für später profitieren: »Die Big Stars – manche waren ansprechbar, manche bemühten sich, eine Nähe auch zu ermöglichen, und andere waren mit sich und ihrem Charisma beschäftigt – die habe ich genau beobachtet und stand in der Nullgasse oder vorn in der Seitenbühne und habe ziemlich bewusst geschaut, wie die das machen, warum sie diese Wirkung entfalten. Ich weiß noch, Peter Lühr und Pekny in *Merlin*. Sie probierten eine frühe Szene in dem Stück – Merlin dargestellt von Peter Lühr war sozusagen gerade aus dem Ei gekrochen und kicherte und gluckste wie ein neugeborenes Kind, und hinter ihm erschien Pekny mit einer Art Pferdefuß als sein Vater, und die beiden unterhielten sich. Das war recht lang ein Streitgespräch, sonst war nichts auf der Bühne, nur diese beiden Personen. Und es war faszinierend zu sehen, wie dieses Gespräch stattfand, denn es wirkte immer zufällig. Es klang nicht wie ein aufgeschriebener Dialog, sondern sie ließen die Illusion entstehen, hier sprechen zwei Menschen miteinander, denen gerade in dem Augenblick etwas einfällt, und eigentlich wissen sie nicht, wie es in dem Gespräch weitergeht. ›Da müsste ich noch einmal nachfassen, noch genauer formulieren, das macht mich wütend, was der sagt‹ und ›Jetzt bin ich aber zu weit gegangen und schau ihn mal an‹ … also all diese Dinge, die für einen Schauspieler später dann im besten Falle selbstverständlich sind und die eine Farbe sind im Spiel der möglichen Farben. Das habe ich damals staunend beobachtet. Ich erzähle das heute, 26 Jahre später, und will damit nur sagen: Es ist toll zu wissen, wo man herkommt, was einen geprägt hat, wer die Lehrer waren – und das waren eben nach der Schauspielschule diese großen alten Männer. ›Alt‹ heißt in diesem Zusammenhang, mit großer lässiger Könnerschaft zu spielen, man erkennt nicht das ›Wie‹.«

Axel Milberg hat, als hervorstechendstes Merkmal seiner Person, eine ›intelligente‹ Ausstrahlung. Das mag merkwürdig klingen, aber er strahlt eine Wachheit und eine leise Arroganz aus, die, gepaart mit seinen klugen Äußerungen, genau diesen Eindruck hinterlassen. Dasselbe gilt auch für sein Spiel im Film oder Fernsehen. Wer von diesen großen ›Alten‹ ihn am meisten beeindruckt oder beeinflusst hat und wer ihm am meisten bedeutet hat, will ich wissen: »Es kamen Menschen auf mich zu wie Claus Eberth – vielleicht am stärksten beeinflusste mich Rolf Boysen, der oft meinen Vater gespielt hat oder meinen Gegner. Im *Zerbrochnen Krug* war er der Richter, ich der Ruprecht. Im *Lorenzaccio* war er mein Vater, der alte Strozzi und ich der junge Strozzi, in *Troilus und Cressida* war er der Ulysses und ich Patroclus, in *Faust* war er der Dichter im Vorspiel und ich die Lustige Person, und nach Lührs Tod sprach er die Zueignung, und ich war ja auch noch Wagner. Wir haben hunderte von Abenden dort auf der Bühne verbracht und natürlich auch vorher und nachher. An Boysen fand ich ungeheuer lernenswert – seine guten Nerven. Seine Coolness. Er war cool und elegant, und jede Sekunde auf dem Punkt. Das heißt, ich wollte von ihm lernen, wie das Leben nicht aufhört, wenn man probt oder wenn man spielt, sondern wie das Leben weitergeht. Damit will ich sagen, dass Vorbereitung, Lampenfieber, Respekt, alles, was einen ablenkt von dem eigentlichen Spielen, ausgeblendet werden kann und man in dem Moment, wenn man sozusagen zur Probe geht, vor der Vorstellung ist, dass man diese Momente genauso aufregend und interessant findet wie die Vorstellung selber oder wie die Probe selber. Man geht nicht raus auf die Bühne, man tritt nicht auf in Form von Sich-selbst-Erhöhen mit so einem Stock im Arsch. Das ist keine Energie, die notwendig ist, das muss von woanders kommen – und da konnte ich viel lernen.«

Alles schien zu passen, Milberg war da gelandet und angekommen, wo er hingehörte. Einmal waren es 29 Vorstellungen in sieben verschiedenen Stücken, die er in einem Monat zu spielen hatte. Für Milberg, der 25 Jahre jung war, als er anfing zu spielen, wurden die Kammerspiele eine Zeitlang tatsächlich zu so etwas wie einer ›Familie‹. »Ich war sehr in dieser Familie drin, das muss ich schon sagen. Es war mein Leben in dieser Zeit – ein bisschen pathetisch vielleicht, aber es waren auf jeden Fall Menschen, Kollegen, Kolleginnen, die ich sehr schätzte und mochte. Das ist heute noch so. Und ich hatte auch nach den Vorstellungen immer das Bedürfnis, mit Ihnen zusammen zu bleiben, noch ein paar Stunden. Weil, das Herz ging so auf … ach, es war eigentlich immer ein Fest – und ich wollte dieses Fest verlängern. Vor der Vorstellung kommt man so gegen halb sieben ins Theater und ist schrecklich müde, und der Körper signalisiert: ›Du, ich mag mich heute überhaupt nicht mehr anstrengen. Aber wenn dann um 23.00 Uhr die Vorstellung zu Ende war, dann war ich offen und mochte dann nicht irgendwie nach Hause gehen und mich aufs Sofa setzen und die Spätnachrichten anschauen. Ich wollte weiter mit diesen Kollegen reden und zusammen sein. Also das zeigt mir einfach, diese Menschen – das waren meine Spielkameraden.«

Auch mit Dorn empfand er eine gleiche ›Wellenlänge‹: »Dorn hat zu mir gepasst. Sonst wären wir nicht so lange zusammen geblieben. Mit Dorn, mit ihm als Mensch und Regisseur, hatte ich nie ein Problem – ein inneres Problem. Auseinandersetzungen gab es immer mal wieder in irgendwelchen Arbeitssituationen, das ist ja auch wahnsinnig wichtig. Aber unausgesprochen lagen wir uns beide ungeheuer, das weiß ich im Nachhinein noch mehr als während der gemeinsamen Arbeit. Immerhin siebzehn Mal, glaube ich, haben wir zusammen gearbeitet. Es gab eine Woche, in der habe ich ›Dornio‹ – wie Daphne ihn genannt hat – darauf hingewiesen: ›Schau mal, in dieser Woche spiele ich sieben verschiedene Vorstellungen hintereinander, aber überall steht ›Regie: Dieter Dorn‹. Und einen Tag später hatte ich den Spielplan, der an den Litfasssäulen hängt, hinter Glas eingerahmt von ihm, und er hatte einen Kringel gemacht um seinen Namen Dorn und um meinen Namen Milberg, rote Pfeile gemacht und rechts unten hingeschrieben: ›Ich gratuliere Dir/uns zu den gemeinsamen Milberg-Dorn-Wochen und schenke Dir mein Lieblingsbuch‹, das war Christian Meier über das antike Griechenland. Ich denke, eine Gemeinsamkeit bestand darin, dass er die

Stücke inszenieren wollte und die Stücke nicht missbrauchte. Er hat die Stücke oft auch als ›Partitur‹ bezeichnet. Das passte mir natürlich gut, denn ich wollte die Rollen spielen und nicht die beliebige Fantasie eines Regisseurs losgelöst vom Stück. Ich bin ja ein Player – ich will mich verwandeln, ich will ein Anderer werden, ich will selber etwas erleben, ich möchte die Leute unterhalten, ich möchte, dass sie lachen oder mit den Zähnen klappern usw. – also in diesem klassischen Sinne. Und da haben sich unsere Interessen getroffen. Das Tollste für mich war eine Probe für den *Zerbrochnen Krug*, wo der Ruprecht eine Zeit lang warten muss, bis er vom Richter aufgerufen wird. Diese Zeit habe ich dazu benutzt, zu beobachten, wie die anderen das machen: Da gab es den Dorfrichter, und da gab es die Frau Schade als Marthe – und ich habe überlegt, was mit diesem Kleist so los ist. Als ich dann aufgerufen wurde und loslegte vor Gericht mit dem berühmten Monolog: ›Glock zehn Uhr mocht' es etwa sein zu Nacht, und warm just diese Nacht des Januars wie Mai‹ – da war ich sozusagen bis zum Bersten gespannt, wie ein Flitzebogen. Und an diesem frühen Nachmittag kam Dorn nach der Probe auf mich zu und sagte: ›Das war heut in die 12.‹ Ich musste erst nachdenken, ob das eine Gemeinheit war oder was Gutes – aber das war mir bald klar. Ich will nicht verhehlen, dass mir

Axel Milberg als Ruprecht in *Der zerbrochne Krug*

das etwas bedeutet hat. Viel gelobt wurde nicht, und wenn er mit seinem konzentrierten, ernsten Gesicht einmal so etwas sagte, dann war das für mich großartig.«

Auf die Frage, wie Dorn auf seinen Weggang reagiert hat, antwortet Milberg: »Er sagte einmal in dieser Zeit zwischen Trennungsabsicht und Trennung: ›Ich habe es ja jetzt schwierig, jemanden zu finden, der dich ersetzt. Jemand in dieser – ja – darf man vielleicht sagen, Qualität.‹ So hat er sich geäußert, das war einer der wenigen Sätze, die er dazu sagte. Er hat nicht versucht, mich zu halten – ich wollte nach siebzehn Jahren nun einmal eine Veränderung –, aber er wusste auch, diese Veränderung war nicht gegen ihn gerichtet und nicht inhaltlicher Art, sondern verantwortlich meiner begrenzten Lebenszeit gegenüber. Später ist mir aufgefallen, dass das genau die Zeit ist, wo man normalerweise seine Eltern verlässt und von zu Hause auszieht.« Interessant an dieser Stelle zu sehen, was geschieht, wenn zwei starke Charaktere zueinander finden, sich aber auch loslassen können. Da keiner zur Unterordnung fähig oder bereit ist, kann man sich gewissermaßen auf Augenhöhe begegnen und auch Konflikte dieser gravierenden Art durchstehen …

Wie die anderen ›Ausgeschiedenen‹ hat auch Axel Milberg kaum noch Kontakt zu ehemaligen Kollegen, was vor allem mit dem Zeitmangel zu tun hat. Die wenige Zeit, die er hat zwischen seinen meist auswärtigen Drehs, widmet er zunächst der Familie. Wenn dann noch Zeit ist, steht rein theoretisch Verabredungen nichts im Wege: »Manchmal sehe ich jemanden von früher, und dann freuen wir uns und haben uns viel zu erzählen. Das sind vor allen Dingen Edgar Selge und Lambert und Sibylle Canonica und Stefan Hunstein. Da kommen wir schnell wieder zusammen. Ich finde die einfach alle toll und würde auch gerne mehr Zeit für sie haben.« Andererseits, räumt er ein, bei einer in gewisser Weise klaustrophobischen Situation wie in einem Theater kann man schon unruhig werden oder auch aggressiv. Sein heutiges Leben erscheint ihm diesbezüglich in gewisser Weise interessanter: Er arbeitet an verschiedenen Orten mit ständig wechselnden Personen für kürzere Zeit zusammen. Und das entspreche ihm – zumindest derzeit – mehr.

Ein Erlebnis habe ihn damals auch erschreckt, erzählt Milberg. Das war kurz bevor er die Kammerspiele verließ: »Zadek fiel mit Paulus Manker wie ein Fuchs in den Hühnerstall ein. Es gab Kränkungen, Beleidigungen,

Provokationen, pauschale Verurteilungen von verschiedenen Seiten, sprich von Paulus Manker und Zadek. Und da habe ich etwas Interessantes festgestellt: Das Ensemble war nicht in der Lage, sich zu wehren. Das Ensemble hatte sich ein bisschen wie in einem Dornröschenschlaf eingerichtet, und dann wurden wir aufgeschreckt von unzumutbaren Provokationen und konnten es gar nicht fassen. Das fand ich total interessant: Ein solches Spitzenensemble von großartigen Schauspielern war in seiner Gesamtheit wehrlos, zahnlos, untrainiert. Natürlich untrainiert. Wir hatten ja sozusagen keine Störenfriede und intriganten Menschen bei uns, sondern Menschen, die im Spiel verblüfften und in den Proben verblüfften, aber immer in einem Milieu des Anstands und eines gewissen moralischen Grundkonsenses blieben. Und plötzlich kamen da welche, die sich überhaupt nicht daran gehalten haben.«

Das war schon zu Zeiten, wo Milberg bereits mit einem Bein draußen war und im Begriff, eine zweite Karriere aufzubauen. Man kann heute sagen, es ist ihm gelungen: Er ist einer der gefragtesten Film- und Fernsehschauspieler des Landes. Es gibt das gängige Wort ›Star‹ dafür. Mir gefällt es nicht – und zu Axel Milberg scheint es auch irgendwie nicht zu passen. Starrummel hin oder her. Er hat es nicht nur einmal erlebt, von Null auf Hundert Karriere zu machen – es war sowohl beim Theater, als auch bei Film und Fernsehen so. Diese im wahrsten Wortsinne ›steile‹ Karriere beschreibt Milberg aus seiner Sicht so: »Es gab zwei große Schritte in meinem Leben, die ich als die größten für mich empfand. Das war, wie ich in München war und Liebeskummer hatte – und sagte: ›Verdammt, ich studiere hier Germanistik und Theaterwissenschaft, ich will das doch gar nicht, ich will eigentlich Schauspieler werden.‹ Und ich habe mich an einer einzigen Schule beworben in der Stadt, wo ich damals schon lebte, in München. Ich hatte mich schlecht und recht vorbereitet, wurde genommen und war dort zwei Jahre und drei Monate. Fünfhundert bis sechshundert hatten sich beworben, zwölf wurden genommen und von diesen zwölf war einer dabei, der ins Ensemble der Kammerspiele eingeladen wurde – und der war ich. Das waren zwei große Sprünge von dem unerweckten, aber irgendwie vorhandenen ›Ich will‹ zu einem konkreten Berufsalltag innerhalb von 27 Monaten. Und da war ich sozusagen der Selbstwahrnehmung eines Stars viel näher als jemals

Axel Milberg als Caliban in *Der Sturm*

danach. Denn das hat mein ganzes Leben verändert und vom Kopf auf die Füße gestellt – das war ungeheuer. Und ab da war es eine Hügellandschaft, würde ich so sagen.«

August Zirner war im *Merlin* der ›hübsche junge Ritter‹ Sir Beauface.

Zirner kam als Amerikaner zur Welt, wurde dann Österreicher und ist jetzt Deutscher – rein geografisch. Die amerikanische Staatsbürgerschaft bekam er durch Geburt, die österreichische durch Abstammung, und die deutsche wird ihm verweigert. »Obwohl ich schon seit dreißig Jahren in Deutschland Steuern zahle«, grummelt er, und wir einigen uns auf ›die-deutsche-Sprache-liebender Austro-Amerikaner‹. Mit Siebzehn siedelte er nach dem Tod seines Vaters von Illinois nach Wien über und bewarb sich dort am Max-Reinhardt-Seminar – mit Erfolg. Dieter Dorn habe ihn letztendlich fürs Theater ›angezündet‹ erzählt er, wenn auch noch nicht praktisch, sondern erst einmal nur durchs Zusehen: Er sah Dorns Inszenierung *Macht der Gewohnheit* von Thomas Bernhard am Landestheater Salzburg und fand: ›So muss Theater sein.‹ Doch es sollte noch viele Jahre dauern, bis er schließlich tatsächlich an die Kammerspiele kam. Eigentlich hat Doris Schade, die er von einem Dreh kannte, den Kontakt zum Haus zunächst über Ernst Wendt eingefädelt. Er durfte ein paar kleine Rollen spielen, dann bei Langhoff in *Platonow* den jüdischen Stu-

denten Wengerowitsch, darauf folgte eine Rolle bei Wendt in *Medea* – und dann erst nahm ihn Dorn zur Kenntnis, und er durfte bleiben.

Zirner erzählt, er fand die Spannung dieser Jahre, wo es noch die beiden berühmten Lager gab, sehr produktiv – gerade durch die Reibung, die dadurch entstand. Man spielte, man ging anschließend zu Emmi und debattierte: »Also ich weiß noch, wenn ich ins Emmi kam, da gab es dann den einen Tisch und den anderen Tisch, und ich wusste nicht, wo ich mich hinsetzen sollte. Hier gab es Leute, die ich mochte, und dort gab es Leute, die ich mochte. Das war immer ein bisschen anstrengend, und dann habe ich mich immer so dazwischen gesetzt, oder an den Tischrand. Ich fand das sehr spannend, aber ich habe das nicht ganz verstanden. Ich habe zwar gesehen, der eine inszeniert so und der andere inszeniert so, aber ich habe nie verstanden, warum man das nicht so stehen lassen kann – also sieben Jahre Polarisierung, das ist doch gut. Ich kann mich erinnern, da waren Dieter und Ernst an einem Tisch, man hat sich gegenseitig beweisen müssen, dass man das richtige Konzept und die richtige Idee und die richtige Theatertheorie hat. Es wirkte ein bisschen wie ein paar gealterte Studenten, die irgendwie Positions- und Grabenkämpfe miteinander austrugen. Schon damals war das amüsant, dieses Ringen darum, wer intelligenter, wer intellektueller ist.«[155]

Es sei ihm gar nicht so bewusst gewesen, so Zirner, in welch prominentes Ensemble er da gekommen sei. Durch seine Sozialisation in Amerika hatte er einen anderen Blick auf die hiesigen Theaterverhältnisse. Aber noch heute ist er dankbar für ein paar Begegnungen, die einfach einzigartig waren: »Dankbar werde ich dafür bleiben, dass ich Peter Lühr viele Jahre erleben konnte und zwei oder drei oder viermal mit ihm gespielt habe, und einen großen schauspielerischen Humanisten kennen lernen konnte. Und eben dieses Riesenensemble an den Kammerspielen. Es gab ja wirklich keine kleinen Rollen.«

Zirners größte Rolle an den Kammerspielen war in meiner Erinnerung der Posa im *Don Carlos* von Alexander Lang. Das Stück lief neunzigmal, und Zirner erzählt, er habe anfangs entsetzlich gelitten. Wahrscheinlich kam er sich zum Hampelmann degradiert vor, da Langs Konzept ihm etwas fremd war. Die Schauspieler waren stark geschminkt und hatten eine übertrieben deklamatorische Art zu sprechen und eine ebensolche Gebärdensprache. »Also das klingt jetzt blöd, aber ich habe wahnsinnig unter den schlechten Kritiken gelitten. Viele Kollegen fanden mich auch gedeckelt, verkonzeptionalisiert, das mache ich aber niemandem mehr zum Vorwurf. Ich war halt jung, ich konnte mich nicht zur Wehr setzen. Das war schon eine prägende Erfahrung. Ich kann den Posa-Text heute noch. Ich war ein Feuerkopf damals, der erstmal gegen alles war. Ich war gegen Lang und sein Konzept, und vor allem war ich für Schiller, den ich aber auch nicht kannte. Ich war da ein Don Quijote auch vor meinen eigenen Idealen – aber es war eine wichtige Erfahrung.«

Leider ergaben sich nur wenige gemeinsame Arbeiten mit Dorn. »Dieter und ich haben sehr wenig miteinander gearbeitet, was ich bedaure. Und das hat Gründe. Ich glaube, Dieter hat eine gewisse Vorsicht und Scheu vor mir gehabt, und vielleicht wollte er auch etwas an mir nicht verletzen. Und umgekehrt habe ich wahrscheinlich

---

August Zirner
Geb. am 07.01.1956 in Urbana/Illinois
Sohn österreichischer Emigranten
1973 Ausbildung am Max-Reinhardt-Seminar in Wien
1976 Debüt am Wiener Volkstheater
Anschließend Engagements am Niedersächsischen Staatstheater Hannover und am Hessischen Staatstheater Wiesbaden
1981–1988 Mitglied des Ensembles der Münchner Kammerspiele
Seither freier Schauspieler, hauptsächlich für Film und Fernsehen
Verheiratet, lebt mit seiner Familie in Prien am Chiemsee

Szene aus *Merlin oder Das wüste Land* mit Michael Habeck als Parzival und August Zirner als Sir Beauface (2. v.r.)

das Gefühl gehabt, seiner Genauigkeit noch nicht gewachsen zu sein. Inzwischen glaube ich, wo wir beide über Fünfzig sind, wäre das vielleicht ganz interessant auszuprobieren. Die erste Arbeit war eine Übernahme, ich bin eingesprungen in *Dantons Tod*. Dann kam *Merlin*, da hatte ich aber nur eine kleine Rolle, den Beauface. Dann bin ich auch in *Was Ihr wollt* eingesprungen. Ich bin überwiegend in Inszenierungen von Dieter Dorn eingesprungen, dadurch haben wir immer nur kurze, intensive Begegnungen gehabt. Ich glaube, unsere gegenseitige berufliche Koexistenz beruhte auf Beobachtung: Ich habe ihn beobachtet, er hat mich beobachtet, was manchmal gar nicht so schädlich ist.«

Obwohl Zirners Zeit an den Kammerspielen schon lange verstrichen ist, gehört er in gewisser Weise noch immer dazu, und Dieter Dorn selbst zählt ihn zu seinem Kernensemble. »Es ist seltsam – ich bin vielleicht innerlich noch verbunden oder spüre Verwandtschaften, auch mit einzelnen Ensemblemitgliedern, bis heute. Wir treffen uns ja sogar hin und wieder beim Drehen. Zu Conny habe ich eine langjährige Beziehung, und man kennt sich gut. Den Thomas habe ich neulich gesehen, ich habe mich wahnsinnig gefreut ihn zu sehen. Warum ich weggegangen bin? Ich wollte meinen eigenen Weg gehen, und ich habe es nicht geschafft, innerhalb des Ensembles Individualist zu werden. Ich musste gehen, um zu mir selber zu finden. Ich konnte nicht bleiben und die Geborgenheit

und die Sicherheit eines laufenden Spielbetriebs und Ensembles haben und gleichzeitig Ich werden. Ich musste auf die sogenannte freie Wildbahn, und so frei und wild ist sie ja gar nicht.« Es muss einen ungeheuren Mut erfordern, einer solchen Truppe den Rücken zu kehren, um einen eigenen, ungewissen Weg einzuschlagen. »Das ist innerhalb kürzester Zeit aufgegangen, das ist auch etwas, auf das ich ein bisschen stolz bin. Das hat mir damals keiner zugetraut. Ich bin dem Theater ja trotzdem treu geblieben und habe halt da und dort gespielt und hatte das Glück, gebraucht oder engagiert zu werden. Ich wollte ja auch drehen, da ich Familie hatte, denn ich konnte von der Gage die Familie nicht ernähren, in München schon gar nicht. Aber das wäre in einem anderen Ensemble genauso gewesen, wenn ich am Thalia gewesen wäre oder an der Schaubühne, in Bochum oder Stuttgart – ich hätte gehen müssen. Das fing schon in Amerika an: Ich hatte endlich den Platz in einer Baseballmannschaft bekommen und war irrsinnig stolz, dass ich deren Uniform tragen würde, und an dem Tag, an dem ich die Uniform abholen sollte, fing ich an, Tennis zu spielen.«

Heute ist August Zirner ein sehr gefragter Film- und Fernsehschauspieler, der sich vor Rollenangeboten nicht retten kann – wobei, sagt er scherzhaft, das leider alles Low Budget-Filme sind. Letztes Jahr sah man ihn in zwei großen Rollen: In *Herr Bello* von Ben Verbong und in *Die Wut* von Züli Aladağ. Beide kamen zwar sehr gut beim Publikum an, aber Zirner wurde jeweils von seinen Mitspielern ›ausgestochen‹: Von Armin Rohde als menschgewordenem Hund und von Oktay Özdemir, dem ›wütenden‹ Türken. Was in der Natur der Rollen lag …

Das Sympathische an August Zirner ist ja gerade, dass er sich nicht von diesem oft so aufgebauschten Apparat hat auffressen lassen – und dass er dazu ein sehr menschlich anrührendes Verhältnis hat. Seine Quintessenz lautet: Das Leben ist immer wichtiger als das Theater. »Ich war möglicherweise zu jung und habe nicht die Individualität entwickelt, um ein besseres Gegenüber zu sein. Zudem war ich, wie gesagt, Familienvater und sah darin auch eine große Aufgabe. Das war noch die Zeit, wo das Private, die Familie nicht unbedingt eine Rolle spielen sollte. Das galt als kleinbürgerlich oder als nicht dem Kunstbetrieb dienend, und das konnte ich nicht teilen. Das hat mich ein bisschen befremdet, so dass ich das Gefühl hatte, dass Kinder und überhaupt das Leben, was immer das denn nun wirklich heißt, am Theater nicht unbedingt eine Existenzberechtigung oder eine Existenzspiegelung fanden. Für mich war das Leben damals immer wichtiger als das Theater. Jetzt im Alter dreht es sich ein bisschen, wobei für mich immer das Leben der Born ist, aus dem heraus Theater entsteht. Die Kunst entsteht nicht aus Kunst. Und den Vorwurf kann ich dem damaligen Betrieb nicht ersparen, und das hat mich letzten Endes auch entfremdet: das Inzestuöse, oder das L'art pour l'art, oder wir machen Theater, weil Theater sein muss. Da ist die Schaubühne, hier sind wir, wir sind die Kammerspiele – das war ich nicht.«

Seine letzte Arbeit als Oberspielleiter bringt Dorn im Frühjahr 1983 auf die Bühne: Es ist *Ein Klotz am Bein* von Georges Feydeau. Diese wie ein Uhrwerk gebauten Komödien scheinen Dorn zu liegen. Und wieder können seine Protagonisten ihr ganzes Können entfalten: Gisela Stein als Lucette (nach Steins schwerem Unfall übernommen von Cornelia Froboess), Jennifer Minetti als Marceline, Helmut Pick als Cheneviette. Helmut Griem ist an die Kammerspiele zurückgekehrt und spielt den Ferdinand Bois d'Enghien, Romuald Pekny ist Fontanet, Claus Eberth General Irrigua, und auch Maria Nicklisch als Baronin Mutter ist wieder dabei. Dorn inszeniert zwar nicht die schwermütigen Skandinavier Ibsen oder Strindberg, aber Feydeau ist für ihn so etwas wie »ein Strindberg mit Lachen« – nackt, kalt und gemein, aber trotzdem irrsinnig komisch. Die Kritiker meinten, das »Sittenbild des Bürgertums«, das dieses Stück ja sei, habe Dorn unterschlagen (C. Bernd Sucher), oder der Versuch, die Alpträume mit zu inszenieren und dafür zu sorgen, dass einem das Lachen im Halse stecken bleibt, habe dem Stück die Leichtigkeit genommen (Armin Eichholz) – man kann sich also aussuchen, was man glauben will.

Dramaturg dieser Produktion war wieder **Hans-Joachim Ruckhäberle**, der designierte Chefdramaturg (als solcher ab Herbst 1983 am Haus). Ruckhäberle wurde auf Veranlassung von Michael Wachsmann engagiert, der sich an den alten Studienfreund erinnerte. Er löste den scheidenden Ernst Wendt ab – allerdings nicht inszenierend, sondern nur ›denkend‹. Ursprünglich hatte Wachsmann Ruckhäberle empfohlen und ans Haus geholt, da er ihn als Büchner-Experten kannte, und aus der zunächst losen Zusammenarbeit 1980 bei *Dantons Tod* wurde ab 1982 eine feste.

Ruckhäberle ist ein weiteres Mitglied des engeren Mitarbeiterkreises um Dieter Dorn. In seiner Funktion als Chefdramaturg gestaltete er in nicht geringem Maße die Geschicke des Hauses, vor allem sicherlich, was die Spielplangestaltung anging. »Der Entschluss von Dorn [ihn zum Chefdramaturgen zu ernennen, Anm.d.Verf.] hat mich sehr geehrt, und er hat natürlich auch ein ganz großes Vertrauen bewiesen, denn ich hatte bis zu dieser Tätigkeit bei *Dantons Tod* mit dem Theater überhaupt nichts zu tun. Ich war ja Literaturwissenschaftler und hatte zu der Zeit, als wir uns kennen gelernt haben, in Paris gearbeitet. Insofern war es ein großer Vertrauensbeweis von Dieter Dorn, mich zu fragen, unter Umgehung der üblichen Dramaturgenlaufbahn gleich Chefdramaturg zu werden. Für mich war es auch eine gewisse Entscheidung, aus einer akademischen Forschungsrichtung auszusteigen – ich hatte an der Universität in Paris unterrichtet und war da in einem vielleicht hier mit dem Max-Planck-Institut vergleichbaren Institut. Also ein bisschen eine Entscheidung war es für mich auch, aber ich glaube der größere Mut war auf Seiten Dorns.«[156] Mut meint in diesem Zusammenhang wohl auch, dass Ruckhäberle zunächst von den Feuilletons kritisch beäugt und als »Chefideologe« verunglimpft wurde. Das heitere München wollte weiterhin heiter bleiben und nicht von der Bühne herab politisch agitiert werden. Vielleicht war es manchen in *Dantons Tod* schon zuviel – wer weiß? Nach den Studentenunruhen der Achtundsechziger und nach dem deutschen Herbst machte sich ja doch ein wenig Politikmüdigkeit breit. Bei *Klotz am Bein* hingegen, wo man hätte erwarten sollen, dass nur der Spaßfaktor bedient wird, reklamierten die Kritiker, wie oben ausgeführt, zu wenig Gesellschaftsanalyse.

Wie ist dieser Umgang Tür an Tür mit Dorn und das gemeinsame Treffen von weitreichenden Entscheidungen Tag für Tag? Wie nah und wie fern sind sich zwei Menschen, die seit einem Vierteljahrhundert derart eng zusammenarbeiten? Ruckhäberle: »Dieter Dorn und ich sind zwei sehr unterschiedliche Menschen. Uns zeichnet aber natürlich auch eine über die Jahre hin gewachsene, sehr große gegenseitige Vertrauensbasis aus und letzten Endes eine Übereinstimmung in vielen Fragen. Wie wir dahin kommen, ist teilweise sehr unterschiedlich. Wir wahren Distanz und Nähe. Da wir uns schon über Jahrzehnte kennen – wir machen darüber natürlich manchmal unsere Witze –, stellen wir fest, dass wir mehr Familie sind als manch andere Familie. Wir sind zum Beispiel sehr keusch im privaten Umgang, dadurch dass wir uns fast jeden Tag in irgendeiner Form sprechen oder uns sehen. Wir halten den privaten Umgang sehr rar.«

Ruckhäberle verfolgte stets auch seine persönlichen inhaltlichen und beruflichen Interessen. Nach Jahren der Festanstellung verließ er die Kammerspiele 1993 zunächst, um eine Professur an der Kunsthochschule Weißensee in Berlin anzunehmen. Er verließ zwar die Position des Chefdramaturgen, nicht aber den Arbeitszusammenhang, Dramaturg bei Dieter Dorn zu sein. »Das fand ich heilsam, um wieder einen Blick von außen zu gewinnen und trotzdem dranzubleiben. Also, es gab keine Inszenierung von Dorn zwischen 1993 und 2001, auch keine Operninszenierung, an der ich nicht als Dramaturg beteiligt war. Aber ich war nicht mehr in der Verantwortung dem Gesamten gegenüber.« Als großes Verdienst der Kammerspielzeit sieht Ruckhäberle auch – und das wird seiner Meinung nach immer unterschlagen –, dass man sich sehr wohl bemüht hat, Nachwuchsregisseure zu fördern. Christian Stückl, Anselm Weber, K. D. Schmidt, Jens-Daniel Herzog, Armin Petras und andere hatten ihre Theateranfänge an den Kammerspielen und sind zum Teil durch sie groß geworden.

In diese Zeit fiel der Machtwechsel an den Kammerspielen. Hans-Reinhard Müller beendete mit der Spielzeit 1982/83 seine Intendanz und gab sein Amt weiter an Dieter Dorn. Ernst Wendt brachte quasi als Abschiedsinszenierung Tschechows *Kirschgarten* heraus. Er hatte das interne Kräftespiel mit Dorn verloren. »Es gab einen einzigen logischen Kandidaten für das Haus und für die Stadt, und ich denke, auch für jeden sonst, der sich da wohl Gedanken gemacht hat. Das war Dieter Dorn. Und wir, die damals schon eine Art Arbeitsgruppe gewesen sind, waren alle zusammen übereingekommen mit Wendt, dass er bleibt. Er hatte dem zugestimmt. Das Ensemble war glücklich, weil alles so ähnlich blieb, wie es gewesen war, und nur die Berufsbezeichnungen sich ein bisschen geändert hätten. Wendt hat sich aber, bevor es wirklich zur Sache ging, eines Besseren oder Anderen besonnen. Und damit waren die Karten neu zu verteilen«, erinnert sich Michael Wachsmann.[157] Allen Beobachtern war klar, dass sich Müller für Dorn entscheiden würde. Wahrscheinlich hatte sich auch überdeutlich herauskristallisiert, dass Dorn die besseren Führungsqualitäten hatte. Über all den Querelen vergaß man an den Kammerspielen ein wenig zu sehr, auch andere Regisseure zu pflegen. Und es gab ja noch eine dritte Gruppierung: Auch Tabori arbeitete vorwiegend mit ›seinen Leuten‹ und verließ 1981 schließlich auch das Haus. So blieben Dorn und Wendt wieder allein mit ihren Klassikern und der kontroversen Auffassung, wie mit ihnen umzugehen sei. Der Konflikt zwischen Dorn und Wendt, der das Haus und das Ensemble schon seit Jahren in zwei Lager gespalten hatte, eskalierte. Dorn trug sozusagen den Sieg davon, und Wendt, wollte er nicht völlig das Gesicht verlieren, musste gehen.

Hans-Joachim Ruckhäberle
Geb. am 06.09.1947 in Heidenheim an der Brenz
1974–1976 Studium der Germanistik, Geschichte, Politik und Philosophie in München und Frankfurt
1976–1980 Lehramt in München
1980–1982 Forschungs- und Lehrtätigkeit an der Universität Paris und am Centre National de la Recherche Scientifique, Paris
1983–1993 Chefdramaturg an den Münchner Kammerspielen sowie Lehrtätigkeit an der Akademie der bildenden Künste in Stuttgart
Seit 1993 Professor für Regie und Dramaturgie an der Kunsthochschule Berlin-Weißensee
Seit 2001 Chefdramaturg am Bayerischen Staatsschauspiel

Einige rückblickende Einschätzungen des Dorn/Wendt-Konfliktes von Seiten der Schauspieler:

Jennifer Minetti: »Der Verlust von Wendt war für Viele sehr groß. Dorn und er hatten sich künstlerisch auseinander gelebt – und Wendt hat ganz wenige Schauspieler mitgezogen. Also blieb das Ensemble im Großen und Ganzen zusammen.«[158]

Cornelia Froboess: »Ich war im Dorn-Lager, und Ernst Wendt war ganz mutig und hat mich in sein Lager geholt. Das war dann auch das erste und das letzte Mal. Ich glaube nicht, weil er mich nicht mochte oder nicht schätzte, aber im Dorn-Lager fühlte ich mich mehr zuhause.«[159]

Manfred Zapatka: »Was ich am Anfang gesehen habe bei *Balkon* usw., das war schon ganz was anderes als *Minna von Barnhelm*. Trotzdem war die *Minna* eine ganz tolle Aufführung. Ich habe Tränen gelacht. Also, zunächst fand ich das normal. Dann aber merkte ich, dass es auch um eine theaterideologische Auseinandersetzung zwischen den beiden ging. Dass dem einen das alles viel zu akkurat, zu sauber war. Und der andere fand, dass das ein Rumgebrülle im leeren Wald war. Also, man entfernte sich sehr voneinander, was ich bis heute nicht verstehe. Das war ja auch die Zeit, wo man versuchte, Theaterformen aufzubrechen. Und darum ging es dem Ernst in erster Linie. Ernst war eigentlich derjenige, der große Sandkästen baute, und sagte, alle können sich daran beteiligen. So weit waren die beiden gar nicht auseinander.«[160]

Franziska Walser: »Ich weiß nicht, ob da einfach auch Rivalitäten waren, was die Führung in so einem Haus anging. Der Wendt war ja auch ein ganz starker Denker, der einige Schauspieler um sich geschart hat, die ihn auch vehement vertreten haben. Ich habe das Gefühl gehabt, dass es für den Dorn offensichtlich nicht leicht war, daneben sein Ding zu machen, und er hat ja auch den Anspruch gehabt, dass er dieses Haus führt. Und es waren vielleicht einfach beide gleich stark, und das ging innerhalb eines Hauses anscheinend nicht gut.«[161]

Helmut Stange: »Da war ich eigentlich immer dazwischen, und da ich einen engen Draht zum Dieter hatte und habe, tendierte ich mehr zu ihm, obwohl mich der Ernst Wendt zuerst sehr gut besetzt hat. Es war wirklich eine Zerreißprobe zwischen beiden, aber dann habe ich mich letztendlich auf die Seite von Dorn geschlagen. Das war keine gute Zeit … Zu Anfang war es schon fruchtbar, aber als diese zwei Ensembles sich nicht mal mehr grüßten in der Kantine, das war nun wirklich keine schöne Zeit damals.«[162]

Rolf Boysen: »Das war sehr spannend. Ja, das waren zwei völlig verschiedene Welten, das kann man kaum vergleichen: Da ist dieser etwas chaotische Wendt – wie der die Inszenierungen zustande gekriegt hat, ist mir ein Rätsel. Ich habe auch eine Arbeit mit Wendt gemacht, ich kann mich nicht mehr erinnern, was das war. Aber die Tendenz ging eigentlich bei mir immer hin zu Dorn. Es war wohl auch ein Umbruch im Theater damals. Diese ›Aufgeräumtheit‹, wie sie vorher war, die wurde über Bord geworfen.«[163]

Doris Schade: »Ich bin der Meinung, dass diese beiden Antipoden sich außerordentlich künstlerisch befruchtet haben. Aber komischerweise hört Herr Dorn das gar nicht so gerne. Das tut mir leid. Das ist ja nicht böse gemeint, also es ist ja nicht so, dass einer vom andern was abgeguckt hätte.«[164]

August Zirner: »Es gab die Kopfmenschen und die Bauchmenschen. Ich fand immer schon jede Form von Trennung blöd, den Menschen nicht gemäß. Aber das gab es an den Kammerspielen, es gab das Wendt-Ensemble, es gab das Dorn-Ensemble. Dann gab es so ein paar Individualisten, so vielleicht wie mich, die ein bisschen traumtänzelten zwischen den Fronten, das habe ich bis heute durchgehalten.«[165]

Heute sind sich wohl alle einig. Dorn musste keine Autorität ausüben, er besaß Autorität innerhalb des Hauses und gegenüber dem Ensemble. Müller hatte die richtige Wahl getroffen.

Die Ära Dorn – Ein neues Zeitalter bricht an

… und damit ein ungebremster Siegeszug des Ensembles um Dieter Dorn. Michael Wachsmann ist ab sofort künstlerischer Direktor: »Das ist eine wohlklingende Feigenblattbezeichnung dafür, dass in diesem Arbeitszusammenhang Dieter Dorn im Wesentlichen ein regieführender Intendant war. Damit blieben viele andere Dinge, sowohl künstlerischer wie auch administrativer Art, liegen oder passten nicht in den Tag oder passten nicht in die Stimmung. Und Dorns schöpferisches Potenzial war für das Haus das Kapital. Das galt es zu schonen und zu mehren wo möglich. Und das habe ich als meine Aufgabe empfunden.« Wenn Wachsmann rückblickend das künstlerische Credo der Dorn-Ära während des Vierteljahrhunderts an den Kammerspielen, die er mitgeprägt hat, zu beschreiben versucht, kreist er immer wieder um ein Thema: Die Zentralität des Textes. »Diese Lust am Text beinhaltete auch, dass wir nur dann in Flammen stehen konnten, wenn wir uns an einem Text reiben konnten. Das bedeutet, die Auseinandersetzung mit dem Text verläuft in zwei Schritten. Zuerst der Versuch einer möglichst intensiven Durchdringung der Geschichte, einer geistigen Durchdringung, die zum Teil sehr lange werden konnte. Und zweitens die darauf folgende Durchdringung mit den Schauspielern auf der Szene. Das heißt, wir haben nie Fassungen gespielt. Wir haben uns nie Stücke zurecht geschniegelt. Sondern uns hat ein Stück als der zum Teil sperrige, schwierige Brocken, der es war, interessiert und der Versuch gereizt, es so, wie es ist, auf die Bühne zu übertragen. Das heißt es lebendig werden zu lassen, während die Fremdheit, die Sperrigkeit, auch die Zeitferne, wenn es ein altes Stück war, oder die Sprachhöhe, wenn es ein neues Stück war, durchscheint. Das war, würde ich aus dem Abstand heraus sagen, unser Credo, nach dem wir versucht haben, Stücke zu wählen. Nicht zu vergessen noch viele andere, sehr praktische Gründe, die mitspielten: Der muss eine Rolle haben, der hatte schon zwei, der ist überbelastet, hier kriegen wir die Rechte nicht, dieses Stück passt nicht in den Zusammenhang, vielleicht passt es im nächsten Jahr. Das ist also dramaturgischer Theateralltag.«

Hans-Joachim Ruckhäberle ist der neue Chefdramaturg. Auch er hält Rückschau und wagt eine Einschätzung des unglaublichen Erfolges dieses Ensembles in den Achtziger- und Neunzigerjahren. »Der Erfolg hatte, glaube ich, viel mit dem zu tun, was wir uns vorgenommen hatten: Es ging uns um eine hohe Ensemblequalität mit sehr guten Schauspielern, eine eben nicht homogene, aber qualitätsbewusste und ausdrucksstarke Schauspielertruppe. Sie basieren weniger auf Typen, sondern mehr auf – um einen Begriff von Rolf Boysen zu verwenden – mehr auf Ausdruckskünstlern. Und es ist auffällig, dass im Gegensatz zu manchen anderen Ensembles der Achtzigerjahre die sogenannten Typenschauspieler, die immer wieder in ähnlichen Rollen auftauchten, hier sehr wenig vertreten waren, dass stattdessen die Verwandlung stark im Vordergrund stand. Es gab und gibt hierin immer einen hohen Anspruch.«[166] Auch heute noch ist Ruckhäberle rückblickend stolz auf die programmatische Linie, die die Dorn-Truppe und alle Beteiligten damals erfolgreich verfolgt haben: »Was wir damals erfunden haben, war ein konzeptionelles Theater, das Theater der sinnlichen Aufklärung. Wir haben es geschafft, Theater zu machen, das sowohl einen konzeptionellen Ansatz hat als auch einen ungeheuer sinnlichen Ansatz. Ich persönlich halte nur spiellastiges Theater für ein bisschen blöde und nur theoretisches für ein bisschen öde. Und dass wir es eigentlich immer geschafft haben – ob das mal mehr Spannung war, ob das mal mehr Dialektik war –, dieses Verhältnis in Spannung zu halten, darauf bin ich stolz.«

Wir wenden uns wieder dem Spielbetrieb zu. Dorns erste Inszenierung als Intendant war das letzte Stück von Peter Weiss, *Der neue Prozeß*, im Oktober 1983. Wir verstehen den Titel nicht falsch – etwa als Überschrift der neuen Zeit an den Kammerspielen –, sondern als ein ›szenisches Essay‹, wie Dorn den Text versteht. Weiss nennt seine Hauptfigur Josef K. (gespielt von Helmut Griem). Das Stück ist also eine Kafka-Paraphrase, ein politisierter, ins Heute übersetzter Kafka-Roman. Josef K., Verwaltungsangestellter, wird in diesem antikapitalistischen Lehrstück in der Hierarchie seines Betriebes nach

Rolf Boysen als Der Staatsanwalt, Otto Kurth als Der General, Peter Lühr als Der amerikanische Botschafter, Arnulf Schumacher als Der Hauptmann, Thomas Holtzmann als Der Direktor, Jörg Hube als Rabensteiner und Helmut Griem als Josef K. in *Der neue Prozeß*

oben befördert bis zum Vorstand – um dort dann kaltgestellt zu werden. Wieder war die ganze Corona der Kammerspieler aufgeboten: Holtzmann, Boysen, Lühr, Eberth, Froboess, statt der verunglückten Gisela Stein Jutta Hoffmann. Und wir haben hier endlich die Möglichkeit, ein langjähriges Theatermitglied vorzustellen, das nun erstmals mit Dorn in Berührung kommt: Jörg Hube. Er spielt in diesem Stück die Rolle des Rabensteiner. »Jörg Hube ist präzise umrissen als das freundlich effiziente Nichts des für alles verwendbaren Verwaltungsbeamten«[167], schreibt Rolf May in der TZ, und

Armin Eichholz gibt seine Beobachtung so wieder: »Jörg Hube als künstlich gehobener Büro-Mitläufer (frisst am Buffet für drei).«[168]

Jörg Hube ist kein einfacher Mensch. Oft plagen ihn, gesteht er freimütig, schwere dunkle Nebelschleier, die sich auf sein Gemüt legen. Auf die Frage, ob er nichts dagegen tun möchte, kommt die entsetzte Antwort: »Nein – um Gottes Willen bloß nicht.«[169] So, als wäre ihm dann die Lebensader durchtrennt. Und das sagt einer, der mit einer zum Brüllen komischen Kabarett-Serie, seinem

Jörg Hube

Geb. am 22.11.1943 in Neuruppin/Mark Brandenburg

Ausbildung an der Otto-Falckenberg-Schule in München und am Mozarteum in Salzburg

1968/69 Engagement am Theater Trier

1973–1975 Engagement am Theater der Jugend in München

Seit 1973 parallel Gastverträge an den Münchner Kammerspielen

Als Kabarettist bekannt geworden mit seinem Programm *Herzkasperl*

1986 Regiedebüt mit Kroetz' *Nicht Fisch nicht Fleisch* in Salzburg

1987–1991 Hauptdarsteller in der BR-Fernsehserie *Die Löwengrube*

1991–1993 Leiter der Otto-Falckenberg-Schule

Zahlreiche Film- und Fernsehrollen

Herzkasperl-Programm schon etliche chronisch Gries-
grämige zum Lachen gebracht hat.

Als Dorn an die Kammerspiele kam, war Hube gewissermaßen bereits ein ›alter Hase‹ am Haus. Klaus Emmerich hatte ihn 1973 als Gast geholt, als er hier inszenierte.
Nach einem Jahr war Hube des Spielens für Erwachsene
aber bereits müde und bat Hans-Reinhard Müller, an
sein geliebteres Theater der Jugend zurückkehren zu
dürfen. »Das war aufregend, das war emanzipatorisch
geprägt, das waren so Stücke wie *Die Ruckzuck Maschine*
oder *Stifte mit Köpfen* oder *Bravo Girl*, also da ging's zu.
Da war was los in der Bude, das war spannend. Natürlich
waren wir alle Agitprop-bewegt, sangen Lieder zur
Emanzipation. Das war eher etwas albern, aber die Stücke selber waren nicht von schlechten Eltern. Da wurde
wirklich Arbeitswelt dargestellt, und es kamen Leute vom
Hasenbergl, also ganz andere Zuschauerschichten, als
man normalerweise gewohnt ist.« Doch irgendwann
kehrte er dann zum ›Erwachsenen-Theater‹ zurück.
Hube meint sich zu erinnern, dass etliche Jahre später
drei Herren in seine *Herzkasperl*-Vorstellung im Theater
im Fraunhofer kamen und ihn vom Fleck weg engagieren
wollten. »Und wenn mich nicht alles täuscht,« meint er,
»waren es Dorn, Wachsmann und Ruckhäberle«. Zur selben Zeit hatte er aber schon Baumbauer, der damals am
Resi war, zugesagt und musste irgendwie schauen, aus
dieser Zusage wieder herauszukommen – denn die vertrauten Kammerspiele waren ihm natürlich das liebere
Theater.

»Eines meiner ersten Stücke war damals *Der neue Prozeß* von Peter Weiss, und da stand ich dann mit Kollegen
wie Peter Lühr und Thomas Holtzmann und Helmut
Griem auf der Bühne. Ich meine, man ist dann auch von
einer gewissen Ehrfurcht erfüllt. Dorn selbst kannte ich
noch nicht. Ich neigte ja immer zu kleinen Scherzen, und
da hat er dann gleich gesagt: ›So nicht‹. Da habe ich schon
gemerkt … für das Theater braucht es eine bestimmte
kriminelle Energie, die ausschließt, die Dinge zu relati-
vieren und damit zu viel Humor zu erzeugen. Also vor
allem für sich selbst, weil auch das Humor-Erzeugen für
das Publikum ein sehr anstrengender Akt ist, ein sehr kri-
mineller Akt. Kriminelle Energie heißt, man muss sich
über die Norm hinaus Dinge überlegen, man muss sich
einsetzen, damit es funktioniert.«

Damals konnte Jörg Hube freilich nicht wissen, dass

Jörg Hube in *Herzkasperls Salto Normale*

viele Jahre später einmal ein Theatermuseum auf die
Idee kommen würde, eine Ausstellung über dieses
Ensemble zu machen: »Wenn Sie das von außen so sagen,
dass wir zu einem ungeheuer erfolgreichen Ensemble
zusammengewachsen sind, dann hört man das und
nimmt das zur Kenntnis, aber von innen her ist natürlich
das Gefühl ein anderes. Man geht ja nicht ins Theater
und sagt: ›Ich gehöre zu einem ungeheuer guten Ensemble‹, sondern man weiß, man hat ganz konkrete Arbeiten
und ganz konkrete Schwierigkeiten vor sich. Man hat
eigentlich gar nicht das Bewusstsein für das, was ein
Theatermuseum eines Tages ausstellen wird, und dafür,
dass man dann auch zu einer dieser Fotoleichen gehören
wird, oder jetzt auch Videoleichen. Nein, ich habe die
Bedeutung dieses Ensembles innerlich eigentlich nie so
sehr gespürt. Natürlich gab es den Nimbus Kammerspiele, dort arbeiten zu dürfen – das ist eigentlich eine
Endstation, schon in relativ jungen Jahren, wo man sagt,
wo soll man denn eigentlich noch hingehen? Die Wiener
Burg, will man das?«

Kurze Zeit nach der *Prozeß*-Premiere stand Hube mit seinem eigenen Programm *Herzkasperls Salto Normale* im Werkraum vor einem begeisterten Publikum und wurde damit im Mai 1984 sogar zum Theatertreffen nach Berlin eingeladen. Inzwischen hat Hube etliche Preise eingeheimst, darunter zweimal den ›Grimme‹. Einem breiten Fernsehpublikum wurde er durch die Hauptrolle in *Die Löwengrube* bekannt.

In Dorns *Floh im Ohr* 2006 spielte er die Doppelrolle des Chandebise/Poche, wobei Letzterer schon starke Hube'sche Züge aufweist. »Ich wäre ja – ich weiß nicht womit – gepudert oder hätte Pudding in der Kniescheibe, wenn ich nicht sehen würde, dass meine ganze berufliche Existenz in einem sehr komplexen Zusammenhang mit dem Dorn und mit diesen beiden Häusern steht. Noch jetzt, da ich auch als Kabarettist auftrete, hat der Dorn mir Freiräume eröffnet, die mir sonst niemand eröffnet hätte. Das Vertrauen in meine Arbeit, oder in meinen theatralischen Verstand, oder in meinen theatralischen Instinkt war so groß, dass er mir unglaublich viel Toleranz entgegenbrachte. Sonst wäre ich ein ganz mittlerer Schauspieler … ich fühle mich heute noch als mittlerer Schauspieler. Ich habe mich auch nie als wirklicher A-Schauspieler in diesem Ensemble gesehen. Das hängt auch damit zusammen, dass der Dorn naturgemäß eine Präferenz für apollinische Schauspieler hat, auch für die der hochdeutschen Sprache mächtigen Schauspieler, und das bin ich nur partiell. Ich bin ein ›Dackel‹ gewesen in diesem Haus, aber man hat mich als ›Dackel‹ existieren lassen. Man hat mir Wasser vorgesetzt und das Hundefutter, und ich konnte mich da zu einem veritablen Münchner Dackel entwickeln. Keine Frage, ohne den Dorn wäre das nicht möglich gewesen. Daher auch die Loyalität, selbstverständlich. Aber ich bin ein sehr jähzorniger Mensch; und ich glaube, jeder andere Intendant hätte gesagt: ›Also schleich dich, mit so jemandem kann ich nicht arbeiten.‹ Und das hat der Dorn alles ausgehalten, und manchmal bin ich auch weit über die Grenzen dessen hinausgegangen, was man tolerieren muss. Und dafür bin ich ihm natürlich zutiefst dankbar.«

Jörg Hube findet, dass er ein komplizierter, schwer einzuschätzender Mensch ist. Dem kann ich nicht beipflichten – es ist außerordentlich angenehm, mit ihm zu sprechen, und man kann sich in völliger Sicherheit wiegen, dass er einem nicht nach dem Munde reden wird, sondern schnurstracks seine Meinung sagt. Daher ist es völlig glaubhaft, wenn er die Arbeitsverbindung mit Dorn für sehr tragfähig hält, und dass Dorn Hubes »jähzornigem Temperament«, wie er es nennt, »eine ruhige aufklärerische, antipodenhafte Mentalität entgegensetzt, um das richtige Maß immer wieder anzustreben.« Des weiteren lobt er noch Lietzau und Langhoff, mit denen er die Zusammenarbeit auch als sehr befruchtend empfand. Kroetz natürlich nicht zu vergessen: »Kroetz war für meine Arbeit unabdingbar der Allerwichtigste, keine Frage.« Und mit Ringsgwandl auf der Bühne herumzuzaubern, auch das hat ihm großen Spaß gemacht. »Ich bin halt schon auch ein Komödiant und nicht ein seriöser Schauspieler. Also ich würde immer sagen, ich bin ein B-Schauspieler, den man bei Liebe auch nach A entwickeln könnte, aber im Grunde neigt mein eigenes Temperament immer nach C, eigentlich zur Operette und zur Schmiere und zum Kabarett. Ich meine damit, dass ich nie im Zentrum von Dorns Überlegungen stand. Da standen natürlich Sunnyi Melles und Sibylle Canonica und Boysen und Holtzmann usw. Ich war wohl so einer, den man auch gut gebrauchen konnte, auch für Derbes. Nichtsdestotrotz hat der Kroetz mich, zusammen mit dem Dorn, dann als Puntila besetzt, und so kam ich dann doch auch in sehr zentrale Positionen. Oder auch jetzt am Residenztheater im *Bauer als Millionär* von Raimund, als dieser Fortunatus Wurzel, das ist ein Geschenk. Ich habe bei meiner Biografie nicht damit gerechnet, dass ich ein so ›bürgerliches‹ Theaterleben würde leben können. Auch dafür, muss ich sagen, bin ich dem Dorn dankbar. Denn sonst würde ich heute vielleicht im Gefängnis oder in der Psychiatrie sitzen. Ich hätte wahrscheinlich den einen oder anderen oder mich schon entleibt.«

Dieser Kraftmensch Hube – so seine Außenwirkung – hat mehrere Spannungsbögen, die er versucht, in sich zu vereinen. Er ist gruppenfähiger Einzelgänger, versucht, den Antagonismus Individualität und Sozialität zu leben und hat massiv etwas gegen »Klumpierungen« (Hube) von Menschen, die sich über die Norm wichtig finden. »Was eigentlich nur meine eigene Eitelkeit beschreibt, selbstverständlich ist man das Zentrum der Welt.« Einem Einzelgänger wie Hube muss so ein Gemeinschaftsanspruch auch schwerer fallen als Anderen: »Als wir damals zum Beispiel alle gegen den Irakkrieg demonstriert

Maria Wimmer als Gertrude Stein in *Gertrude Stein*

haben, da war es für mich ganz selbstverständlich, dass man sich einreiht und seine Fahne hoch hält, schon weil es meine innerste Überzeugung ist, und weil ich auch sehr dankbar dafür bin, dass es ein Ensemble gibt, das noch eine Haltung hat. Andererseits gehe ich heute nicht mehr zu Premierenfeiern, schon gar nicht zu den eigenen, weil das Getue, das Geschmeichle und Gespeichle da, das geht mir auf den Sack, das kann ich nicht mehr haben.« So ist er »lieber ein Spatz in der Freiheit, als ein Pfau im Zoo« – und so will er bleiben.

In der Spielzeit 1983/84 ist auch die große **Maria Wimmer** an den Kammerspielen engagiert. Sie war leider ein seltener Gast an diesem Theater. Nur drei Spielzeiten in nur drei Stücken war sie zu sehen: in *Gertrude Stein* 1983/84, in *Regina Madre* 1989/90 und in *Nur wir* 1991/92. Manfred Zapatka erinnert sich: »Mit ihr lernte ich eine Schauspielerin kennen, die ich nach wie vor noch für eine der modernsten Schauspielerinnen halte, die ich kenne. Wir haben Vorstellungen extemporiert, wo einfach mal der Text weg war, wo die Zuschauer vor Jubel in die Höhe gesprungen sind. Das konnte man mit der Maria machen, denn – das ist auch ein Wort von Dorn – das ist wirklich einer dieser ›heiligen Tricks‹ am Theater. Das ist ein ganz wahres Wort. ›Eigentlich ist ein Hänger‹, hat er immer gesagt, ›eine ganz dolle Sache, denn man ist

so drin in dem Stück, dass man über Sätze gar nicht mehr nachdenkt, sondern nur noch spielt, spielt, spielt‹. Das hatte ich mit der Maria pausenlos. Sie hatte eine Art damit umzugehen, und das war immer von hohem intelligenten Niveau.«[170] Maria Wimmer hat nie mit Dieter Dorn gearbeitet – und kommt daher hier ein wenig zu kurz.

Mit dem Botho-Strauß-Stück *Kalldewey, Farce* sollte das umgebaute Werkraum-Theater im Herbst 1983 wieder eröffnet werden. Als Regisseurin hatte man Inge Flimm engagiert. Eine Woche vor der Premiere, beim ersten Durchlauf, entzog ihr die Theaterleitung die Regie mit der Begründung: ›Was ein Regisseur in fünfzehn Wochen nicht schafft, schafft er auch in sechzehn nicht‹ und ›Die Arbeit entspricht nicht den ästhetischen Anforderungen des Hauses‹. Mit anderen Worten: Man schasste Frau Flimm ziemlich rüde, und ein Regieteam, bestehend aus Dorn, Rose, Klaus Hellenstein und Heiner Gimmler, machte sich an die Arbeit, das Stück umzuarbeiten. Was war geschehen? Es ist nicht mehr zu ergründen. Waren Intrigen gegen die Regisseurin im Gange, oder war die Arbeit wirklich nicht gut genug? Es hatte für Außenstehende allgemein den Anschein, als wirke ein Serien-Gesetz: Davor hatte Dorn *Clavigo* für Harald Clemen zu Ende inszeniert, und auch andere Regisseure hatten entweder die Regie niedergelegt oder waren gebeten worden, dies zu tun. Und in der Regel inszenierte Dorn zu Ende. Als Inge Flimm ging, verkleinerte sich auch die Schauspielertruppe von *Kalldewey*: Felix von Manteuffel nahm den Rausschmiss von Inge Flimm zum Anlass, aus Solidarität zu kündigen, Edgar Selge sprang für ihn ein.

Daphne Wagner, damals Augenzeugin, berichtet: »Eine Regisseurin hat angefangen, das Stück mit uns zu probieren. Wir waren alle total unglücklich, liefen auch immer alle heulend zu Dorn und haben gesagt, da muss sich etwas ändern, das geht nicht, das funktioniert nicht. Also wir kamen mit der Regisseurin nicht zurecht und die mit uns nicht. Es gab furchtbare Querelen. Und der Dorn hat immer gesagt: ›Lasst mal, macht mal, probiert mal, wir kommen dann schon irgendwann.‹ Das ›Irgendwann‹ war dann die Hauptprobe, und da hatten wir, glaube ich, den letzten Akt noch nicht einmal angefangen zu probieren. Dorn, Ruckhäberle und Wachsmann saßen da und hatten dementsprechend lange Zähne und fanden es auch unheimlich problematisch – vor allem, weil der letzte Akt fehlte. Und dann hat der Dorn gesagt: ›Okay, ihr habt recht.‹ Er hat dem Ensemble, uns Schauspielern Schützenhilfe gegeben und hat gesagt, wir unterbrechen das Ganze, wir denken darüber nach. Das war aber die Eröffnung des neuen Werkraums, deswegen war es ja schon ganz hoch gehängt, und die Besetzung war ja auch wunderbar. Das vergesse ich nie, weil wir dann als Häufchen Elend von Schauspielern bei ihm in seinem Intendantenzimmer saßen und er sagte: ›Kinder, regt euch nicht auf, wir überlegen.‹ Dann wurden wir nach einer Weile wieder alle bestellt und saßen immer noch ziemlich zerdetscht bei ihm herum, Jürgen Rose saß auch dabei. Und dann sagte der Dorn: ›Gut, wenn ihr wollt, Proben, eine Woche, ich mache das zu Ende und Jürgen Rose macht euch ein Bühnenbild. Wenn ihr euch das zutraut in einer Woche.‹ Das Ding musste Premiere haben, weil es ja die Eröffnung war, und dann haben wir natürlich alle freudestrahlend genickt. Und ich werde nie vergessen: Jürgen Rose saß am Tisch, spielte mit einer Streichholzschachtel und machte so einen Knick rein und sagte: ›So, okay, das ist das Bühnenbild.‹ Das waren nur drei Wände, eben diese geknickte Streichholzschachtel. Und wir waren glücklich, und es war ein Riesenerfolg – eben so, dass wir es endlos gespielt haben. Dann hat Ulli Willenbacher ein Kind bekommen, da war ein Jahr Pause. In der Zwischenzeit haben die Zuschauer immer wieder Briefe an die Intendanz geschrieben und gefragt: Wann kommt *Kalldewey* wieder? Wir hatten eine richtige Fangemeinde, und am Schluss hat Dorn gesagt: ›Es ist euer Stück, ihr könnt es weiter spielen, so lange ihr wollt, oder ihr könnt nicht weiterspielen. Das überlasse ich euch.‹«[171]

Kurz – aus einem absoluten Desaster wurde ein Kultstück, das zehn Jahre lang lief. Es wirkten nicht viele Menschen mit: ein Lesben- oder Emanzenpärchen – je nach Sichtweise –, dargestellt von Daphne Wagner und Sunnyi Melles, Kalldewey, verkörpert von Axel Milberg, und ein biederes Pärchen, dargestellt von Edgar Selge und dem Neuzugang Ulrike Willenbacher als seine angetraute zweite Hälfte.

Inge Flimm kannte **Ulrike Willenbacher** aus Nürnberg und wollte sie bei *Kalldewey, Farce* dabei haben. Da es zur Regieübernahme durch Dorn kam, lernte Willenbacher

Daphne Wagner als K, Sunnyi Melles als M und Ulrike Willenbacher als Die Frau in *Kalldewey, Farce*

ihn kennen, und er – wie auch andere Regisseure – besetzten sie in folgenden Arbeiten immer wieder. Plötzlich war sie Ensemblemitglied der Kammerspiele und wirkte außerdem in einem Kultstück mit. Ulrike Willenbacher war keine Anfängerin mehr, als sie nach München kam. »Die Figur, die ich in *Kalldewey* spielte, war ja eigentlich schon Vierzig, und ich war damals 26. Dadurch habe ich eigentlich schon einen Grundstein gelegt, immer solche Figuren zu spielen, die gar nicht so unbedingt meinem Alter entsprochen haben.«[172]

Christina Haberlik: Da gleich die erste Arbeit mit Dorn war, würden Sie sagen, das bedeutete eine Prägung für Sie?

Ulrike Willenbacher: Ja, irgendwie schon, der ist doch immer der Meister gewesen. Die Handschrift Dorns schwebt ja über allem, wobei ich dann lange nicht mit ihm gearbeitet habe. Die wirkliche Arbeit, wo es um die Sprache geht, habe ich dann erst später am eigenen Leib erfahren. Richtig extrem erst bei *Amphitryon*. Es ist etwas Besonderes, mit ihm zu arbeiten.

C.H.: Welchen Stellenwert haben Sie innerhalb des Ensembles? Welches ›Instrument‹ spielen Sie im Orchester?

U.W.: Ich gehöre sicher nicht zu den fünf absoluten Hauptdarstellern Dorns. Aber ich bin jemand, der sehr

Ulrike Willenbacher als Charis in *Amphitryon*

viel macht und für einen bestimmten Bereich zuständig ist – anscheinend. Es behagt mir zwar nicht besonders, da es oft sehr experimentelle Sachen sind, und das ist schon sehr auslaugend auf Dauer. Die haben scheinbar das Gefühl, ich eigne mich gut für so schwierige Produktionen. Ich habe zum Beispiel noch nie einen Shakespeare gespielt. Wenn man so viel spielt wie ich, dann braucht das unheimlich viel Kraft, und wenn man auch noch immer wieder darüber redet, frisst das eine Menge Energie.

C.H.: Bedauern Sie es auch, dass es heute nicht mehr diesen familiären Charakter hat wie Anno Dazumal, als man noch zu Emmi ging?

U.W.: Ja, das ist ein bisschen traurig, weil wir ja in dem Sinne keinen Ort mehr haben, wo wir uns treffen kön-

nen. Man trinkt gerne mal was zusammen. Die Kantine hat auch zu, es gibt gar nichts mehr.

C.H.: Haben sich auch Freundschaften ergeben zu Kollegen?

U.W.: Ja. Aber das ist ziemlich schwierig im Theater, da gibt es immer ein gewisses Misstrauen. Das hat damit zu tun, dass man so intensiv zusammenarbeitet.

C.H.: Worin ist das Misstrauen begründet? Ist das Rollenneid oder Furcht, dass weitergetratscht werden könnte, was man sich anvertraut?

U.W.: Bei guten Freunden hat man natürlich die Angst nicht. Aber innerhalb des Ensembles ist jeder immer in einer anderen Situation: Der eine spielt viel, der andere spielt wenig, der eine ist glücklich, der andere ist unglücklich, und eines Tages ist man zusammen in einer Produktion und ist ganz eng befreundet. Da bleibt die Situation nicht aus, dass es einem gerade gut geht und man findet den Regisseur toll, und der Freund oder die Freundin findet den Regisseur schrecklich oder die Figur, die er oder sie spielt. Darunter leidet unter Umständen die Freundschaft, die aber so nicht leiden würde, wenn man gar nicht zusammen arbeiten würde. Kann aber auch umgekehrt sein, dass man eben in der Arbeit zusammen wächst und dann trotzdem privat sich gar nicht so viel zu sagen hat. Ich denke, Schauspieler sind grundsätzlich sehr, sehr vorsichtig mit Freundschaften. Sehr. Weil man immer abziehen muss, was ist jetzt Figur, was ist Arbeit, was ist privat, wo muss ich jetzt eine Distanz wahren, wo muss ich Nähe schaffen, wo bin ich für jemanden da, wo muss ich sagen, nee, jetzt aber nicht. Das ist schon schwierig. Schauspieler sind eben auch sehr ›befindlich‹, empfindlich.

Ulrike Willenbacher

Geb. 1955 in Kaiserslautern

Ausbildung in Frankfurt

Engagements in Frankfurt, Nürnberg, Zürich

Ab 1983 Mitglied des Ensembles der Münchner Kammerspiele

Seit 2001 mit Dieter Dorn am Bayerischen Staatsschauspiel

Verheiratet mit Urs Lüthi, zwei Kinder

Lebt in München

Im August 1983 begaben sich einige Kabarettisten und ein paar Musiker ins ›Trainingslager‹, um den Kammerspielen wenige Monate später einen Kabarettabend zu bescheren, von dem noch lange die Rede sein würde: Gerhard Polt, Dieter Hildebrandt und die **Biermösl Blosn**, nebst Hanns Christian Müller, Gisela Schneeberger und Otto Grünmandl erhielten vom Kammerspiele-Chef den Auftrag, einen Abend einzustudieren. Damit war Dorn der erste Intendant in der Geschichte der Kammerspiele, der sein Haus nicht nur gastweise dem politischen Kabarett zur Verfügung stellte, sondern eine eigenständige Produktion in Auftrag gab. Hildebrandt: »Der bringt uns Kabarettisten endlich einmal zum Laufen, sonst stehen wir ja immer nur herum.«[173] Unter dem Arbeitstitel *München leuchtet,* der dann als Stücktitel beibehalten wurde, begab sich die Truppe in Quarantäne. »Das spielte sich zwischen Sauna, Feinschmecker-Lokal und kaltem Buffet ab«[174] – so schildert Polt die kreative Schaffensphase, und Hildebrandt kontert: »Weil Polt sich am wohlsten fühlt, wenn er seine Beute kauen kann.« Heraus kam ein allseits bejubelter Abend. Erstmals dabei waren die Gebrüder Well, besser bekannt als die Biermösl Blosn. Der Name ist für Menschen, die nicht der bayrischen Sprache mächtig sind, vielleicht irreführend: Er bedeutet schlicht: die Gruppe (Blosn), die aus dem Biermoos (eine Moorgegend im Bayerischen) stammt.

Der *München leuchtet*-Abend verlief so, dass ›tout Munich‹ noch lange an dem dreieinhalbstündigen Programm zu kauen hatte: »Denn wie diese fünf Stadtverärgerer samt der Biermösl Blosn ihre Watschn austeilen,

dass der am Trigeminus-Nerv Getroffene laut aufschreien muß vor Lachen … Wie die ihr Kammerspiel als bayerischen Forschungsauftrag aufgezogen haben und als vergleichende Gaudi abziehen – das ist: ›Satt‹, um's mit Polt möglichst breit grinsend auszusprechen.«[175] Die Geschichte ist rasch erzählt: Fünf Unternehmer (Gisela Schneeberger als Chefin einer Peep-Show, Otto Grünmandl als Baron Zwetschi, Dieter Hildebrandt und Gerhard Polt als die Herren Wegnehmer und Schergmeier) wurden mit kaum verhülltem Realitätsbezug für ihre Machenschaften wie Hinausterrorisieren von Mietern, Zubetonieren von Stadtflächen oder Bestechung von Stadträten an den Pranger gestellt. Man muß schon gut recherchiert haben, um sich bei so etwas keine Verleumdungsklagen einzufangen. Musikalisch untermauert war das Ganze von Hansi, Michal und Stopherl Well, den Biermösl Blosn eben, »die immer souveräner hinterrücks angreift, mit urbayerischem Lockruf von der Münchner Gemütlichkeit schwärmt, ›so lang no gsuffa und gspiem wird da drunt am Hofbräuhaus‹ …«[176] Es war alles in allem so böse, dass jeder gelernte Klatschreporter sein Amt sofort hätte niederlegen müssen.

Was uns hier interessiert ist, wie die Well-Brüder heute über ihre jähe Bühnenprominenz an den großen Kammerspielen mit dem ›großen‹ Dieter Dorn denken – und wir erfuhren Folgendes:

Christina Haberlik: Wie kam es zu der ersten Begegnung mit Dieter Dorn, und wie lief sie ab?

Hans Well: Also meine Brüder werden sich gar nicht

Hans, Michael und Christoph Well – Die Biermösl Blosn

Geb. 1953, 1958 und 1959 in Günzlhofen zwischen Augsburg und München

Volksmusikanten und Kabarettisten

1976 Gründung der Biermösl Blosn als Politisches Gstanzl-Kabarett

Seit 1982 Zusammenarbeit mit Gerhard Polt

1984 erster Auftritt in den Münchner Kammerspielen mit *München leuchtet*

1988 *DiriDari* an den Kammerspielen

1993 *Tschurangrati* an den Kammerspielen

1996 *Bayern open* an den Kammerspielen

2002 *Crème Bavaroise* im Cuvilliéstheater

2006 *Offener Vollzug* im Residenztheater

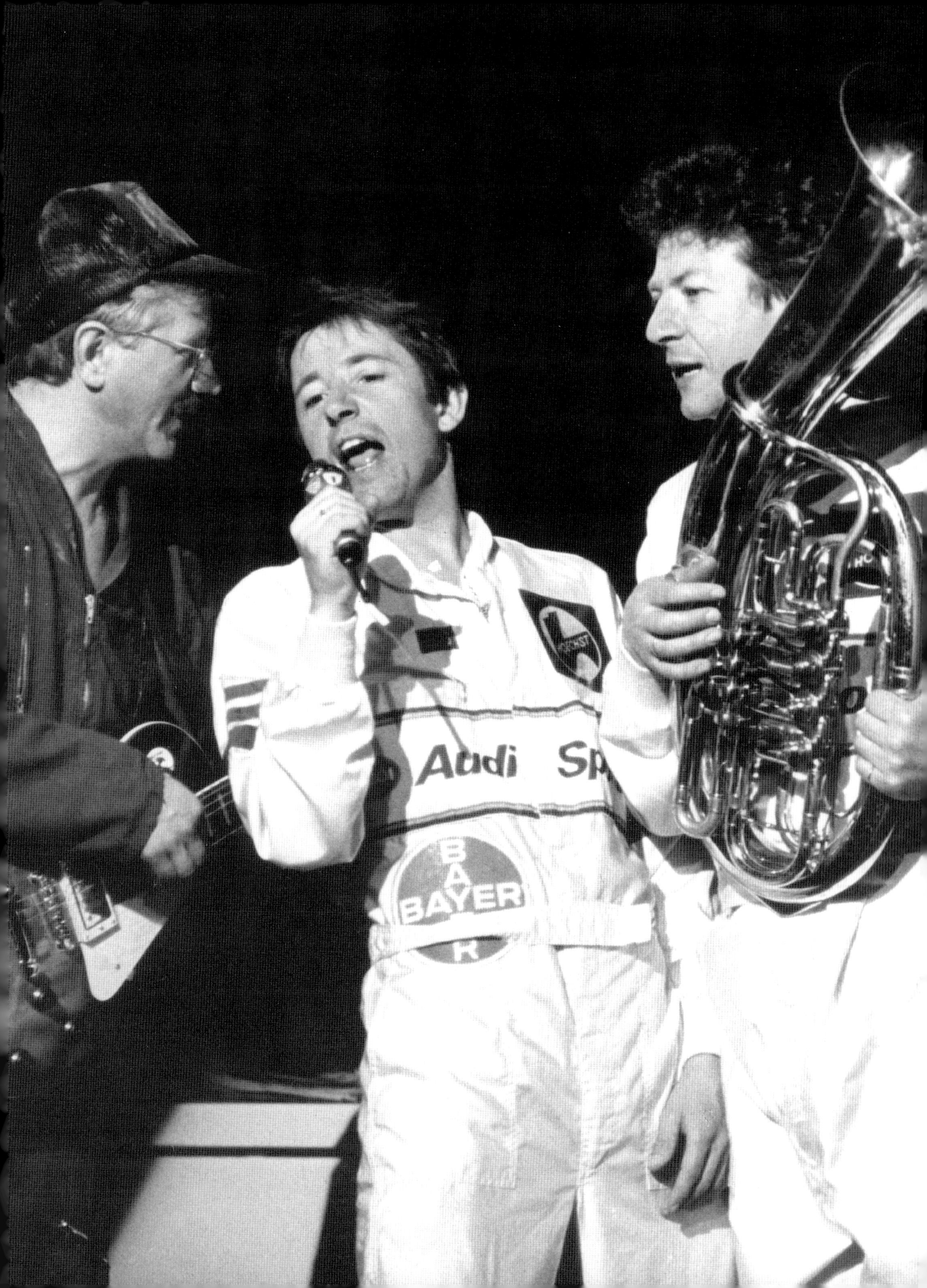
Audi Sp
BAYER

genau erinnern, weil sie da noch viel zu jung waren. Also ich hab die Kammerspiele gar ned kennt, und was des mit ner Kammer zu tun hat … Wir sind mit dem Polt mal eingesprungen – ich glaub Amphitryon vom Kleist ist ausgefallen, und das war dann halt das Premierenpublikum. Und der Dieter Dorn hat vorher mit uns gsprocha ghabt und i hab mer denkt: ›Mensch der Mick Jagger schaut genauso aus wie er‹ …

Christoph Well: Damals war der Mick Jagger no jünger …

H.W.: Das war mein erster Eindruck. Jedenfalls ist der Dorn der einzige gewesen, der so Leute wie uns, so Grattler von Kleinkunstbühnen auf a große Bühne gholt hat – den Gerhard Polt erst amol und dann uns dazu mit *München leuchtet*. Und er hat eigentlich das Haus, die heiligen Hallen geöffnet, da war er der erste.

C.H.: Das wollte ich gerade fragen: Wie geht das zusammen, die hehren Kammerspiele und Dieter Dorn und die Biermösl Blosn?

Michael Well: Mir san da eigsprunga, und da hat uns der Kaiser a Kritik grschriebn, des war wunderbar. Und die Kammerspiele, da sind ja die Leit so nah gwesn, des is ja für uns wie a Kleinkunstbühne gwesn – und des is a Super-Abend gwesn für uns. Und fürs Publikum a.

C.W.: Ich wär wahrscheinlich nie in die Kammerspiele kumma, als Zuschauer ned, i war nie in einem Theater bis dahin. Da bin ich ja dann verpflichtet worden und ab dann hab i mir dann ab und zu mal was angschaut, zum Beispiel *Merlin*, das war des erste Stück, in dem ich dann drin war, oder *Troilus und Cressida* – und so bin i zum Theater kimma, a als Zuschauer.

H.W.: Also wir bedanken uns beim Dieter Dorn auch als Zuschauer, dass er uns ins Theater gebracht hat, dass wir überhaupt erst mal Theater kennengelernt haben.

M.W.: Ich bin dann oft in die Kammerspiele ganga, weil mei Frau aus Frankreich kumma is und der wollt ich a bissl imponieren. Um ihr zu sagen, so was is Kultur.

H.W.: Also für uns war interessant zum Sehen, dass man für ein Shakespeare-Stück neun bis zwölf Monate üben kann. Mir san dann mal eingsprunga, damit des ned ausfallt, wenn die Proben nomal verlängert worden san und nomal, und des hat uns doch überrascht. Denn mit jeder Premiere, die wir gmacht ham, da hamma vielleicht an Monat lang g'übt, oder so was, an Monat lang gschribn und an Monat lang g'übt. Naja – dementsprechend war

des auch, was ma gmacht ham. Aber es war schon interessant zum Sehen, dass jemand so lang üben kann.

C.H.: Woher kannte der Dorn euch, er muss euch ja erstmal gekannt haben, bevor er euch engagiert hat?

C.W.: Der Gerhard Polt hat scho amal im Werkraum den *Kehraus* gmacht, und daher hat er den Gerhard kennt, und mir spieln mitm Gerhard seit 1980 zamm, und daher hammer die Bekanntschaft mitm Dieter Dorn.

H.W.: Mir ham amol den Ringsgwandl dann empfohlen. Der Ringsgwandl war a so an am Scheideweg: Macht er weida, oder macht er doch die schlechtere Alternative, also Oberarzt. Er hat dann doch – Gott sei Dank – sich fürs Theater entschieden. Mir ham gsagt, schauts euch den amal an, der wird euch guad gfalln, der macht so was Surreales – die ham den sofort gnomma. Die ham des a sofort gsehn, was der drauf hat. Und dass so Leit wie der Hube da dortn warn, des war für uns immer a so a Verbindung, zu dem Metier wo mir herkomma san, der Kleinkunst.

C.H.: Offensichtlich hat Dorn das Potenzial, zu sehen, was da drinsteckt, und das einzusetzen für sein Theater.

H.W.: Des muss er natürlich sehn, sonst wär er kein guter Theatermann.

M.W.: I glaub, dass des scho bezeichnend ist für den Dieter Dorn, dass er der erste war, der diese Brücke baut hat zur Kleinkunst. Dass da Leit auf der Bühne san, die nur vier Stühle brauchan, und da was vorspuin.

H.W.: Vielleicht is des a so gwesn, dass der Michael Wachsmann a ganz wichtige Person war, damals an die Kammerspiele, weil der hat sich so Sacha a amoi ogschaut. Der is mal rausganga aus die Kammerspiele, ist mal in andere Vorstellungen ganga und hat sich umgschaut. I glaub, des war a wichtiger Mann.

C.H.: Was verdankt ihr Dorn und was verdankt er euch? War es ein Karrieresprung für euch?

H.W.: Des war bestimmt so. Dadurch, dass mir in ein Theater komma san, ham mir die Möglichkeit ghabt, mit Theatermitteln Programme zu macha. Diese Revuen, die mir gmacht ham, die warn ja zum Teil recht aufwendig. Manchmal ham mer den ersten Durchlauf bei der Premiere ghabt, und da war uns der Dorn immer recht wichtig – weil, er hat zwar ned Regie gmacht, aber er hat die letzte Probe immer no mitanghört, und hat dann gsagt so und so, hat dann scho amal mit eingriffn, hat dann bei Kürzungen, die nötig warn, gholfn. Aber i kann mi no

guad erinnern, bei der Premiere, kurz bevor mir raus-
sann, wir warn da beim ersten Lied textlich sehr ghängt,
kann mi no guad erinnern, dass er gsagt hat, augen
zumacha, konzentrien und dann raus.

C.W.: I glaub umkehrt is so, dass des Theater durch
uns vielleicht sich am andern Publikum geöffnet hat,
dass viel Leit vom Land reikumma, die sonst ned ins
Theater geha datn. Und des Theater hat a bissl Lokalko-
lorit kriagt.

C.H.: Zwanzig Jahre tretet ihr nun schon da auf, wo
Dieter Dorn der Chef ist. Hat sich so was wie Nähe zum
Ensemble, Nähe zum Haus oder gar Nähe zu Dorn ein-
gestellt?

M.W.: Also ja – zum Dieter Dorn zum Beispiel, weil
ma sich gegenseitig schätzt, also zumindest von mir aus
kann i des beurteilen. Und zum Haus sowieso, des is ein
Team, des san nette Leit, die arbeiten wirklich guad zam.
Und mir ham ja gar kein Dünkel, weil mir ja keine Profi-
Schauspieler san oder was. Also mir wern vom Licht
genauso guad bedient, wie der Boysen oder sonst wer.
Die machan do kan Unterschied, und mir a ned.[177]

Die nächste Spielzeit, 1984/85, eröffnete Dieter Dorn mit
Der Park von Botho Strauß – das dritte Strauß-Stück, das
die Kammerspiele (immer in der Regie von Dorn)
herausbringen. Wobei dieses Stück eine Widmung des
Autors an Peter Stein enthält … *Der Park* ist eine dem
Wald im *Sommernachtstraum* vergleichbare Spielwiese
für den – späten – Liebeszauber von Titania und
Oberon, gespielt vom greisen Pärchen Maria Nicklisch
und Peter Lühr. Was hat sich verändert von 1593, dem
Uraufführungsdatum des *Sommernachtstraums,* zu
1983, als Strauß sein Stück schrieb? Ist die Suche nach der
verlorenen Liebe noch dieselbe wie einst? Wohl kaum.
Das Stück lässt verschiedene Lesarten zu, meinte Dramaturg Ruckhäberle damals in einem Theatergespräch mit
Publikum – und es sei noch nicht einmal ein besonders
gutes Stück. Jörg Hube meinte gar, es handle sich um ein
»Kabarett für Philosophen«. Als Hauptstränge des *Park*
bezeichnete Ruckhäberle die Ebene des modernen Alltags, den Bezug zu Shakespeares *Sommernachtstraum*
durch die Figuren Titania und Oberon und auch die Ele-
mente der griechischen Mythologie.

Dorn habe sich für diese mittelmäßige Stückvorlage
eine »ausgetüftelte Show-Strategie« und durchdachte

Personenführung einfallen lassen, so dass der Eindruck
entstehe, »so gut wie sies spielen, ist das Stück nicht«,
schreibt Armin Eichholz.[178] Der Erfolg der Aufführung
habe also lediglich mit dem »flirrenden Schauspieler-
Festival eines hervorragenden und sichtlich animierten
Ensembles« zu tun, meint der Kritiker weiter. Quod erat
demonstrandum: Die Kammerschauspieler Dorns sind
so gut, dass sie auch noch aus einem nicht so ganz genialen Stück einen absoluten Bühnenerfolg machen. In weiteren Rollen: Romuald Pekny als Cyprian, Edgar Selge als
Georg, Jutta Hoffmann als Helma, Manfred Zapatka als
Wolf – und viele andere. Eine Etüde über den Verfall des
Eros und dem, was davon übrig geblieben ist: Bezie-
hungskisten!

Wenig später, am 21. Dezember 1984, folgte der *Torquato Tasso* mit Manfred Zapatka in der Titelrolle und in
weiteren Rollen Romuald Pekny (Alphons II), Jutta Hoffmann (Leonore von Este), Gisela Stein (Leonore Sanvi-

Jutta Hoffmann als Leonore von Este in *Torquato Tasso* mit
Manfred Zapatka als Tasso

tale), Thomas Holtzmann (Antonio Montecatino) und Richard Beek (der Kastellan). Dorns Regiearbeit wird – wie nahezu immer – unterstützt von Jürgen Roses Bühne und Kostümen. Fast auf den Tag genau drei Jahre früher brachte Ernst Wendt noch hier in München dasselbe Stück heraus. Während Wendts Inszenierung in München noch lief, arbeitete Dorn bereits an seiner Fassung in Salzburg, für die dortigen Festspiele 1982. Die Wiederaufnahme in München konnte wegen Gisela Steins Autounfall erst jetzt, an Weihnachten 1984 stattfinden. Auch Zapatka in der Hauptrolle war eine Umbesetzung: In Salzburg hatte Peter Simonischek den Tasso gespielt. Wegen der Verzögerung der Münchner Wiederaufnahme bekam Simonischek Terminschwierigkeiten, und Zapatka übernahm die Hauptrolle: »Ich habe liebend gern mit dem Holtzmann in *Tasso* gespielt. Der beste Antonio, ich kann mir keinen anderen vorstellen. In derselben Aufführung kann ich mir auch keinen anderen vorstellen als Pekny als Fürsten, als Jutta Hoffmann als Leonore, als die Gisela Stein. Es gab so Aufführungen, wo ich gedacht hatte, beim Dorn, ich kann mir das gar nicht anders vorstellen.«

Vielleicht ist es hier an der Zeit, ein paar Worte über Jutta Hoffmann zu verlieren. Sie ist zwar nicht wirklich und ›offiziell‹ eine Dorn-Schauspielerin, dennoch verdient sie mit ihrer großen künstlerischen Bühnenkraft, hier nicht einfach übergangen zu werden.

Dorn hatte Hoffmann in Salzburg für seinen *Tasso* geholt. Wegen des Unfalls von Gisela Stein übernahm sie mehrere Rollen für die Stein – die Olivia in *Was ihr wollt*, das Fräulein Montag in *Der neue Prozeß*, Helma in *Der Park* und die Titelrolle in Lorcas *Yerma* unter Peter Zadek 1984. »Zentrum der Aufführung war Jutta Hoffmann«, schrieb Joachim Kaiser über ihre Darbietung in *Torquato Tasso*. »Wird so Theater gespielt, dann ist es eine Kunst, für die keinerlei Äquivalent existiert, die über Menschliches und Seelisches Dinge vermittelt, wie sie in anderer Weise nie und nimmer zu haben sind. Jutta Hoffmann vermochte nämlich die Krankheit, die Melancholie, das liebende Unglücklich-Sein der Leonore von Este mit erhabener Zurückhaltung zu verinnerlichen.«[179] Doch um die Ensembleleistung nicht zu schmälern: Es waren wieder einmal alle gut – sehr gut sogar. Anhaltend heftiger Premierenapplaus zeugte davon.

Wendts *Tasso*, ein paar Jahre früher, war eine streng formalistische, sehr ›werkgetreue‹ Aufführung gewesen. Man könnte sagen, Dorn und Wendt haben dieses eine Mal einen ›Rollentausch‹ vorgenommen. Dorn näherte sich eher einem Botho-Strauß'schen Konversationsstück an, Wendt war ganz Klassiker-treu. Ein Vorgriff auf die Zukunft: 1999 gab es schon wieder einen *Tasso* an den Kammerspielen – Jan Bosse inszenierte das Stück mit Jens Harzer in der Hauptrolle.

Ein Sprung nun in das Jahr 1986. Dorn brachte seinen dritten Shakespeare auf die Bühne, für den er neun Monate geprobt hatte: *Troilus und Cressida*. Das beste und das am schwersten zu spielende Shakespeare-Stück, heißt es oft. Die Besetzung bietet alles auf, was an den Kammerspielen Rang und Namen hat – und ein paar ›Neue‹: Tobias Moretti spielt den Troilus und Sibylle Canonica ist als Cassandra zu sehen. Die Übersetzung stammt – wieder – von Michael Wachsmann, und die Kostüme waren ein einziges Fest. Jürgen Rose hatte sich hier förmlich selbst übertroffen. Die Kostüme waren von wilder Schönheit. Farben und Muster muteten archaisch an und weckten eher Assoziationen an afrikanische Stämme denn an trojanische Krieger. Wenn selbst Joachim Kaiser sich in seiner Kritik vor Begeisterung überschlug, dann muss die Vorstellung wahrhaft gelungen gewesen sein – wenn sie auch fünf Stunden dauerte: »… nach der Pause, je länger je mehr, arbeitete nämlich Shakespeares finster überwältigende Text- und Theatermaschinerie mit größter Gewalt. Dorn hatte eine wunderbar bildhafte, pathetische Langsamkeit erreicht und es glückten ihm nun, in den schwierigen Schlachtszenen wie auch im Intim-Bezirk, punktuelle Vergegenwärtigungen von einer Kühnheit und rücksichtlos tragischen Heftigkeit, wie sie dem Regisseur so zwingend doch noch nie gelungen sind. Da wuchsen unsere Kammerspiele hinaus über das, was sie ›können‹. Es war manchmal ein Hauch von trommelvibrierendem Mnouchkine-Getöse in der Luft und ein Schatten von Chéreaus Bayreuther Todes-Mystik …«, so Joachim Kaiser in der SZ vom 18. März 1986.

Auf jeden einzelnen Darsteller einzugehen, ist hier aus Platzgründen gar nicht möglich. Aber ein paar Beispiele: Groß waren Thomas Holtzmann als Agamemnon, Rolf Boysen als Ulysses, Lambert Hamel als Ajax, Helmut

Griem als Thersites, Claus Eberth als Achilles, Gisela Stein als Helena, Sunnyi Melles als Cressida – eigentlich müsste man alle aufzählen. Dies war im besten Sinne eine Ensemble-Leistung, und es war ein Stück für ein solches Ensemble. Last, not least: Der ›Star‹ dieser Aufführung war eindeutig Peter Lühr als Pandarus. Da bezirzte er die sich zierende Cressida, spornte den ängstlichen Troilus an, führte das junge Paar zusammen und ermutigte sie – welch ein lüsterner alter Kuppler – zum verbotenen Liebesspiel. Rolf May schwärmt in der TZ vom 18. März 1986: »Das Wunder des Abends, einmal mehr: die Mannschaft der Kammerspiele. Welches andere deutsche Theater könnte sich derzeit den Luxus (und den Ensemble-Geist!) leisten, eine Kurz-Rolle, wie die Helena, für einen einzigen Auftritt mit der großen Gisela Stein zu besetzen.« Ich denke, es braucht keine weiteren Belege für die Rezeption, die allseits mehr als positiv war.

Tobias Moretti arbeitete in dieser Produktion erstmals mit Dieter Dorn zusammen. Ein Tiroler Bub auf den Brettern einer der wichtigsten Bühnen Deutschlands. Und gleich spielte er eine der schwersten Rollen, die er je zu spielen hatte, die Titelfigur Troilus. »Es war eine Katastrophe«, erinnert er sich heute.[180] Auch die Kritiker ließen ihn nicht ganz ungeschoren. Um Moretti in Schutz zu nehmen, kann man nur wieder auf das grandiose Ensemble verweisen – er hatte als Anfänger keine Chance, gegen all diese Bigstars anzuspielen.

Dorn holte Moretti, den er wohl am Residenztheater hatte spielen sehen, für diese Produktion. Doch da war Moretti bereits sehr gefragt. Er hatte gleich mehrere Angebote und konnte sich entscheiden zwischen Zadek und Nagel in Stuttgart, Strehler für die *Dreigroschenoper* in Paris, anschließend Mailand – und Dieter Dorn, für den er sich letzlich entschied. »Den Dorn haben wir alle bewundert – ich sowieso. Er war erstens an den Kammerspielen, und er war unser Idol. Und da war noch der Wendt, und sonst gab es in Deutschland den Zadek, den Peymann, den Flimm – nein, der kam erst später in Fahrt. Und der Dorn hat das Theater damals so visualisiert, dass sich die dramatische und die visuelle Vorstellung vermischt haben mit einem Spiegel des Hier und Jetzt, der jeweiligen Zeit. Und das war unglaublich neu und modern und toll, so wie das vielleicht heute ein Kušej macht. Und deshalb ist es auch gut, wenn der Mar-

tin Kušej jetzt das Resi übernimmt und die Arbeit fortsetzt.«

Moretti war auf einem Bergbauernhof aufgewachsen, und nun war er mittendrin im bedeutsamen Kulturleben einer deutschen Großstadt. Wenige Jahre zuvor war Deutsch für ihn noch eine Fremdsprache, erzählt er. Seine Muttersprache war der Tiroler Dialekt, in dem man sich, so Moretti, wesentlich unmittelbarer und gefühlvoller ausdrücken kann. Man möchte meinen, dass diese Voraussetzung unmittelbar zur Rolle des Troilus führt. Jung, unerfahren, noch relativ unverdorben und naiv stolpert der trojanische Jungkrieger in seine erste Verliebtheit und weiß nicht, wie er sich benehmen soll beim Umwerben seiner Schönen. Pandarus, der alte Kuppler, hilft ihm dabei, aber nicht in erster Linie, weil er die beiden unbedingt zusammenbringen will, sondern weil er als gealterter Schwuler einen Narren gefressen hat an diesem knackigen jungen Kerl und er ihm auf diese Weise nah sein kann. Vielleicht hat Dorn auf diese unverbrauchte Ausstrahlung gesetzt, wer weiß.

Moretti jedoch berichtet, die Proben seien eine einzige Plackerei für ihn gewesen: »Als ich dann zu Dorn kam, da wurde es ernst. Am Anfang war alles ein bisschen verspielt, spielerisch, das hat funktioniert. Ich hatte ja vorher schon einmal mit dem Lietzau gearbeitet, da habe ich in mein Tagebuch hineingeschrieben: ›Aufpassen, aufpassen, aufpassen, aufpassen, aufpassen‹ … weil der so charmant war, der hat dich so umgarnt. Und dann kannte er dich, nach sieben oder acht Minuten hat er dich gekannt – und dann hat der Skorpion zugestochen. Mit der Spiellust hat man halt Theater gemacht als junger Mensch – und dann kam der Dorn und knallte einem da diese Troilus-Rolle hin. Da wäre man vielleicht nicht überfordert gewesen, wenn's nicht der Dorn gewesen wäre. Aber so war man überfordert, klarer Weise. Das war interessant: Der Dorn will ja nichts anderes. Deshalb sucht er sich bei den jungen Leuten immer wieder so lebendige, sperrige Charaktere. Aber dann kann er plötzlich nicht mehr mit – das war damals auch so –, dann sperrt sich bei ihm etwas. Die Ausdrucksform der Emotionalisierung einer Figur, die ist dann nicht mehr möglich, das will er gar nicht – andererseits will er die Leidenschaft –, dann will er wieder ganz klar das Gerüst sehen, ganz klar und transparent. Aber letztendlich ist es so, dass er die jungen Leute unglaublich blockiert und sperrt.

Also das ist unglaublich schwer. Da muss man dann ein
Überlebensmensch sein. Ich habe den ja geliebt, der war
für mich auch so ein Vater. Trotzdem ist er ein Theatermann. Dann war er mal wieder distanziert, dann wieder
wie ein Freund, man war ja auch immer gleich per Du,
und dann wollte er ja auch immer jung sein, irgendwo.
Das war schon besonders – aber letztendlich war es hart.
Aber ich bin ihm unglaublich dankbar, denn ich hätte
mein berufliches Leben nicht so meistern können wie
jetzt. Ich hätte es ohne diese menschliche Härte, die ich
mir da selbst auferlegt habe, nicht geschafft, diesen Beruf
wirklich zu knacken. Dass man hier und hier verbindet
[*zeigt auf Kopf und Bauch*]. Das habe ich durch ihn
erreicht. Aber der Anfang war eine Katastrophe.«

Wahrscheinlich war Dorn sogar kurz davor, Moretti
umzubesetzen. Aber zwei Andere mussten gehen: Ignaz
Kirchner, dessen Rolle des Thersites dann Helmut Griem
übernahm, und Markus Boysen – ob aus Unmöglichkeit,
sich zu verständigen, oder aus ›künstlerischer Unerbitt-
lichkeit‹ im Sinne der Produktion. Aber Moretti ›durfte‹,
so kann vermutet werden, bleiben: »Auf einer Probe
macht der Dorn zu mir so [*hält den Daumen hoch*] – und
ich denke mir, jetzt hab ich's geknackt. Jetzt! Krampf weg!
Spiel drauf los! Und nach der Probe kam er zu mir, und
ich dachte, er sagt: ›Prima, genau so stelle ich mir das vor‹
– von wegen! Er sagte: ›Das hat geheißen, noch eine
Chance!‹ Und ich habe geglaubt, er fand das super. Der
Boysen, der hat mir geholfen, das weiß ich noch, als ich
mit Dorn da im Überlebenskampf lag. Der hat mir
geholfen und hat mir immer nur ganz wenig und kleine
Sachen gesagt. Der war toll. Und der Griem [*lacht*], der
hat immer gesagt: ›Solche Rollen kann man eigentlich

Tobias Moretti als Troilus in *Troilus und Cressida*

gar nicht spielen, frühestens wenn man fünfzig ist‹ – das
sagt er einem 20-Jährigen. Aber leider, dann ist es schon
zu spät. Das hieß quasi: Was soll man machen, da muss
man durch.« Ein Lob hätte gereicht, um ihm seine Verunsicherung zu nehmen – aber es kam kein Lob. Ich sehe
es heute noch vor mir: Tobias Moretti spielte einen hoch-
spannungsgeladenen jungen Krieger, der diesen Druck,
unter dem er wohl stand, gewissermaßen als Material für

Tobias Moretti

Geb. am 11.07.1959 in Gries/Tirol

Ausbildung an der Hochschule für Musik in Wien und ab 1980 an der Otto-Falckenberg-Schule in München

1984/85 Mitglied des Ensembles des Bayerischen Staatsschauspiels, München

1986–1996 Mitglied der Münchner Kammerspiele

Darüber hinaus bekannt durch zahlreiche Film- und Fernsehrollen

Gastrollen u.a. am Burgtheater, Wien

Neuerdings auch tätig als Opernregisseur

Verheiratet, zwei Kinder, lebt mit seiner Familie bei Innsbruck

seine Rolle verwendete. Unter dem Trommelwirbel von Roberto C. Detrée steigerte er sich in rasantes Tempo und bremste sich selbst wieder in seiner Hyperdynamik ab, und der alte Kuppler oder die kokette Angebetete spornten ihn erneut an.

Insgesamt ist aber ein gegenseitiges Wohlwollen füreinander übrig geblieben. Dorn wollte Moretti sicher nicht wissentlich quälen, Moretti wollte nicht mit Krampf auf Kritik reagieren. »Auch später als Intendant war er immer okay und auch sehr freundschaftlich. Und, obwohl er mich nicht kapiert hat, hat er mich immer respektiert und doch irgendwie verstanden. Er wollte, dass ich sofort im *Faust* mitmache, und ich sagte: ›Das kann ich aber jetzt nicht, ich möchte es schon sehen, aber von unten.‹ Das hat er auch akzeptiert und hat mich nicht gleich gestraft mit dem Bann der Verfluchung – sondern im Gegenteil, er hat kapiert, dass ich da so einen Vogel habe, dass das Tirolerische in mir sagte, ich will keine Fixanstellung mehr. Ich will schon spielen – aber ich will keine Fixanstellung, das macht mich narrisch, macht mich verrückt.« Der Tiroler Freigeist wird es gewesen sein, der ihm diese Renitenz diktiert hat. Und heute, ein Dutzend Jahre nachdem er die Kammerspiele verlassen hat, ist er einer der gefragtesten Darsteller in verschiedenen Sparten. Ein Schlüsselerlebnis schildert Moretti, das ihm gezeigt hat, dass er sich nicht fest an ein Haus binden kann: »Ich habe einmal den Peter Lühr gesehen, wie er so vor dieser Tafel stand – diesen Gott, diesen auf die Erde gekommenen. Und der schaute auf die Besetzungsliste! Da war dann plötzlich diese ganze Theatermaschinerie, dieser ganze Scheißdreck, der mich einfach überhaupt nicht interessiert. Ich habe dann gesagt: ›Ich will das nicht haben, ich will mich einfach freuen, wenn ich ins

Theater komme.‹ Das hat Dorn respektiert, er hat mich ziehen lassen, er hat mir halt einen anderen Vertrag gegeben und hat mir andere Sachen zum spielen gegeben – ich find den einfach toll.«

Moretti ist mit Kušej, der die Nachfolge Dorns antreten wird, befreundet. Ich erzähle, dass es fast so war, als habe sich Dorn tierisch gefreut, dass er noch bis 2011 bleiben ›muss‹, und Moretti meint, das sei wie früher bei ihm zuhause auf dem Bauernhof. Wenn der Hofübergeber nicht wollte, ließ er sich alle möglichen Tricks einfallen, warum ausgerechnet jetzt der ganz falsche Zeitpunkt wäre: ›Naa, jetzt hab’ ich grad an neuen Traktor ’kauft – es geht noch nicht.‹

Der zweite Neuzugang, **Sibylle Canonica**, war, wie sich schon bald zeigte, ein riesiger Zugewinn für die Kammerspiele. Ein blasses, sommersprossiges, rothaariges, wie Porzellan durchscheinend wirkendes Wesen.

Sibylle Canonica fiel vor den Kammerspielen schon am Württembergischen Staatstheater in Stuttgart auf: Sie war die linkische Putzi in *Wer hat Angst vor Virginia Woolf* und die Nina in *Die Möwe*. Sie erzählt, dass es etwas Unwirkliches hatte, sich plötzlich an den großen Kammerspielen wiederzufinden, wo sie früher mit Freunden im VW-Bus hingefahren war, um sich die vielgerühmten Vorstellungen anzusehen. Pilgerfahrten waren das, und man war froh, wenn man Einlass bekam in diese heiligen Hallen. Und nun stand sie selbst auf diesen Brettern. Es muss ein überwältigendes Gefühl gewesen sein. Wie wurde sie aufgenommen von dieser in sich geschlossenen, aufeinander eingespielten Truppe? »Gut – das war auch die Geschicklichkeit von Dorn, dass er sagte, du kommst jetzt irgendwie zur Hintertür herein – also erst

Sibylle Canonica
Geb. am 26.04.1957 in Bern
Schauspielausbildung an der Folkwang Hochschule in Essen
1980 Debüt am Oldenburgischen Staatstheater
Weitere Stationen: Stuttgart, Bregenz, Salzburg
1984–2001 Engagement an den Münchner Kammerspielen
Seit 2001 am Residenztheater mit Dieter Dorn
Lebt mit ihrem Sohn in München

Manfred Zapatka als Hippolytos und Sibylle Canonica als Arikia in *Phädra*

mit einer kleineren Rolle, die ersten zwei waren kleinere Rollen, und dann erst mit einer größeren Rolle, die Eve im *Zerbrochnen Krug*. Ich hatte immer das Gefühl, ich werde nicht als Eindringling betrachtet, sondern man nimmt die Jüngeren auch ernst. Und so haben die Jüngeren auch die Älteren ernst genommen. Das war eine Qualität, die mir sehr aufgefallen ist in diesem Ensemble: Dass man so eine gegenseitige Achtung voreinander hatte. Vor dem, was der andere tut oder denkt.«[181] Wir sprechen von einer Zeit wohlgemerkt, Mitte der Achtzigerjahre, als das Mitbestimmungstheater längst Vergangenheit war und sich diese scheinbar unauflöslichen Gruppen schon in alle Winde verstreut hatten. Und hier, in München, hatte die ganze Zeit ein- und dieselbe Truppe miteinander gearbeitet. »Man spürte dem Ensemble an, dass die einen reichen Erfahrungsschatz gemeinsam haben. Und trotzdem sind es Individuen, die sich auch absetzen müssen gegeneinander. Das kann man sehr wohl in einer Haltung nach außen formulieren. Das gab es ja mehrfach: Wir haben uns ja bei dem ersten Irakkrieg damals in einer klaren Haltung als Ensemble gezeigt. Wir haben, noch bevor es groß publik war, im *Spiegel* oder so, haben wir das ganze Waffenarsenal aufgezählt. Wir konnten belegen, wer in diesem Waffengeschäft was wohin geliefert hat. Oder das Ensemble hat

sich entschieden, die Tagebücher von Klemperer zu lesen, und zwar nonstop sieben Tage lang. Das ist auch eine gemeinsame Haltung, dass man sagt, man ist von etwas überzeugt. Das schafft man nur gemeinsam – und da kann man sie auch alle unter einen Hut kriegen.«

Sibylle Canonica ist eine Medaille mit zwei Seiten. Die oben beschriebene Zerbrechlichkeit ist nur der äußere Anschein: Kommt man näher oder dreht die Münze um, entdeckt man eine sehr starke, bodenständige, zupackende und praktisch veranlagte Person – nein: Persönlichkeit. Sie ist unkompliziert im Umgang, sagt kluge Sachen, aber so wie ihr der Schnabel gewachsen ist. Und dann ist sie plötzlich wieder da, die Unnahbarkeit, das Verschlossene, fast ein Sich-Verstecken. Sie erzählt, sie habe sich seit Kindertagen entsetzlich für ihre feuerroten (wunderschönen) Haare geschämt und sie immer unter Kopftüchern versteckt. Das tut sie heute noch. Ich sage, dass ich es schade finde – aber es nützt nichts.

Das Theaterklima jener Tage – wo ist es hin? Die Zeiten haben sich geändert. Aber wenn Sibylle Canonica erzählt, wird es plötzlich wieder lebendig: »Als ich sehr jung hinzugestossen bin, das war 1985, da war das auch ein Theater, das vielfältige Regisseure unter einem Dach hatte, und ich dachte, das muss ein ganz besonderer Regisseur sein, der über seine eigene Regiearbeit hinaus so viele, oft diametral entgegengesetzte Persönlichkeiten vereinen kann, die für und mit dem Theater arbeiten. Da war Herbert Achternbusch, dort war Bob Wilson, Peter Zadek, Alexander Lang, Thomas Langhoff, Franz Xaver Kroetz, Luc Bondy, George Tabori, Fritz Marquardt – ja, diesen Namen hört man im Moment nicht mehr so viel, aber der hat auch ganz besondere Aufführungen gemacht. Das waren schon verschiedene Kräfte, die auch in verschiedene Richtungen gezogen haben. Das heißt, ein Ensemble von Schauspielern, die heute mit Tabori arbeiten, übermorgen mit Kroetz oder mit Zadek oder Luc Bondy, die müssen schon in sich einen gewissen Schwerpunkt haben. Man ist ja nicht ein anderer Schauspieler, wenn man heute die Inszenierung spielt vom Zadek, morgen von Bondy oder von Dorn. Jeder beansprucht ja immer, absolut seine Welt mit sich zu tragen, vergisst aber, dass der Schauspieler am nächsten Tag eine ganz andere Inszenierung spielt. Das heißt, das hat man alles in sich.« Was die Sprache anlangt, hat sie am meisten von Dorn gelernt, sagt sie. Für die Schweizer ist das

Sibylle Canonica als Mitzi in *Der Drang* mit Edgar Selge als Otto

tioniert, wenn die Besetzung so fantastisch ist. (Eigentlich hatte Kleist das Stücklein geschrieben, um sein Talent für Komik zu beweisen …) Rolf Boysen spielte den Dorfrichter Adam, Claus Eberth den Gerichtsrat Walter, Richard Beek seinen Bedienten, Edgar Selge war der Gerichtsschreiber Licht, Axel Milberg der Ruprecht, Peter Herzog dessen Vater. Jutta Hoffmann war Brigitte, Doris Schade die Frau Marthe Rull und Sibylle Canonica spielte die Eve – die Mägde Jennifer Minetti und Ulrike Willenbacher nicht zu vergessen. Kühl, ohne humorvolle Würze und komödiantische Effekte war die Aufführung, sagen solche, die dabei waren. »Ein Lehrstück über Tugenden und Untugenden und eine gesellschaftskritische Parabel über die Verlogenheit der Herrschenden«, so ein Kritiker.[182] Jürgen Roses karge Bühne wurde von Max Keller in ein fast grelles Tageslicht getaucht, dass nur ja jedes Laster sichtbar werde. Lauter Hauptdarsteller: Jede Rolle eine Charakterstudie – sogar die Nebenrollen waren in ihrer ›Überbesetzung‹ (wie bei Jutta Hoffmann als Brigitte) ein wesentlicher Part.

Nach dieser Arbeit erlebten die Kammerspiele eine lange ›Dorn-Pause‹ – was ahnen ließ, dass er an etwas ›Großem‹ arbeitete. Und richtig, mit nichts Geringerem als Goethes *Faust I* meldete er sich aus der halbjährigen Probenklausur im April 1987 zurück. Das Theater wird dieses Stück bis 1994 an die hundertmal wiederholen. Jürgen Rose hat sich schauerliche Teufelsfratzen ausgedacht und überdimensionierte, rachsüchtige Madonnen.

Naheliegend war, Dorn nach dem vermeintlichen Gipfelpunkt seiner Karriere zu befragen – denn wer den *Faust* macht, der hat das Gröbste hinter sich. Und naheliegend auch, dass er allergisch reagierte: »Der *Faust* ist für mich kein ›Gipfelpunkt‹, weder einer der deutschen Literatur noch meiner Theaterarbeit.«[183] Nicht das literarische ›Monument‹ interessiere ihn am *Faust*, sondern, so Dorn, der skeptische Goethe. »Alles wird in Frage gestellt [...] – so kam mir bei der Beschäftigung das Staunen darüber, wie dieser Text zu so etwas wie einem deutschen Nationalmythos gemacht werden konnte.«[184]

Deutsche ja bekanntlich eine Fremdsprache, was wir immer nicht glauben können. »Ich war relativ jung, und das Abenteuer, einen Kleist-Text bis in die Interpunktion zu lesen, dass es eben nicht nur grammatikalisch ist, sondern ein fast physischer Vorgang – das habe ich durch Dorn geschafft.«

Dieser Kleist-Text – *Der zerbrochne Krug* – war die Eröffnungspremiere der Salzburger Festspiele 1986. Dorn inszenierte die erst 1963 aufgefundene Erstfassung und wendete das gleiche Rezept an wie bei seiner Antrittsinszenierung in München, der *Minna von Barnhelm*: Er lässt ›vom Blatt‹ spielen. Die Aufführung ist karg, trocken, nüchtern, von geradezu preußischer Strenge. Er hat dieses Lustspiel sozusagen gegen den Strich gebürstet, eine preußische Kleinbürgertragödie daraus gemacht – was sicherlich reizvoll ist, jedoch auch wieder nur funk-

Und wieder bot Dorn seine Besten auf: So spielte u.a. Griem den Faust, Pekny den Mephisto, Sunnyi Melles das Gretchen, Cornelia Froboess Frau Schwerdtlein und Maria Nicklisch die Hexe. Der Text war kaum gestrichen, dennoch war er »entmonumentalisiert« (Gert Gliewe). Einer wie du und ich zündelt ein wenig mit den finsteren Mächten, doch ansonsten ist er ein fast biederer Erdenbürger, dem lediglich hin und wieder der Sinn nach Höherem steht – oder auch nach Fleischeslust, je nachdem … Folge eines solchen Ansatzes könnte schlimmstenfalls sein, dass der Duden ein deutsches Wort weniger verzeichnet: denn ›faustisch‹ dürfte es dann wohl nicht mehr geben, wenn Faust zum (Klein-)Bürger oder Durchschnittsmenschen verkommt. Die konzeptionelle Grundidee dieser Inszenierung ist ganz einfach, so nachzulesen beim Kritiker Gert Gliewe: »Ein sternenvolles Himmelszelt wölbt sich über den mit jazziger Stimmungsmusik (Roger Jannotta) zugeschütteten Umbaupausen über dem Zuschauerraum, öffnet sich, und immer wieder stehen wir in der gleichen engen Pappkarton-Welt, die man zwar durchtrennen kann, aber nur, um immer wieder in den gleichen Dimensionen zu landen. Der Blick in den Himmel ist die Idee, die Realität führt immer in die Beschränktheit zurück.«[185]

Die Maske hatte hier Schwerstarbeit zu leisten. Alle Darsteller waren fabelhaft geschminkt, aber in erster Linie war es natürlich Faust/Griem, der die Metamorphose vom alternden Alchimisten zum jungen Lebemann durchmachte. Vorher zottelig, bärtig und griesgrämig, nachher jung, strahlend, unternehmungslustig. Da kommt ihm seine ihm eigene jugendliche Ausstrahlung doch sehr zu Hilfe. Helmut Griem über seinen Faust: »Der nimmt eine Sonderstellung ein. Das war der größte Kraftakt von Dorn und mir, was die Faust-Figur angeht, die mutigste Unternehmung. Der Versuch, die deutsche Nationalfigur vom Sockel der Anbetung des deutschen Herren- und Übermenschen auf die Füße zu stellen, mit den Mitteln einer expressiven, teilweise grand-guignol-haften Spielweise – mehr Witz als Tiefsinn – dabei die Figur nicht zu denunzieren, sondern zur Kenntlichkeit entgegen allen Klischees der traditionellen Lesarten zu bringen, die Sprache nicht zu beschädigen […] das war schon etwas Besonderes. Dass wir unter dem Aufheulen des Feuilletons der Schändung des höchsten deutschen Kulturgutes geziehen werden würden, war uns klar. Dabei wollten wir gar nicht provozieren. Wir haben das Stück nur nicht anders lesen können […] Schade, dass der Faust-Film die Aufführung nicht wiedergibt. Dieses Großaufnahmengewitter hält kein Gesicht der Welt aus […] Aber die Theateraufführung gehört ganz sicher zu den großen Inszenierungen von Dorn.«[186] Einen Darsteller hätten wir fast vergessen: Den (echten) schwarzen Pudel Tinka. Er trat auf für eine Abendgage von achtzig DM.

Nach der kleinen Rolle des Helenus, die er in *Troilus und Cressida* gespielt hatte, war **Michael Tregor** als neuer Dorn-Mitspieler in dieser *Faust*-Produktion zu sehen. »Seine Stärke liegt im tragischen bis skurril-komischen Charakterfach« steht in einem Künstlersteckbrief über

Michael Tregor
Geb. am 10.06.1950 in Santiago de Chile
Aufgewachsen in Deutschland
Ausbildung an der Neuen Münchner Schauspielschule
Erstes Engagement in Augsburg, danach an den Staatlichen Schauspielbühnen in Berlin
Weitere Stationen: Hannover, München, Nürnberg, Wien
Zahlreiche Film- und Fernsehrollen
1980–2001 Ensemblemitglied der Münchner Kammerspiele
1992 Auszeichnung als bester Nachwuchsschauspieler des Jahres
Seit 2001 als Gast am Bayerischen Staatsschauspiel
Lebt in München

Jennifer Minetti als Frau Kovacic, Michael Tregor als Herrmann Wurm und Doris Schade als Frau Grollfeuer in *Volksvernichtung*

ihn zu lesen – oh Gott, der Arme! Da müsste einer ja alles spielen können, wenn man über solch ein Spektrum verfügen wollte. Ich finde eher, Tregor ist ein, im positiven Sinne, Ausnahmeschauspieler – oder wie soll man jemanden nennen, der so wirkt, als würde er träumend durchs Leben gehen, und nebenbei auf sehr hohem Niveau spielt?

Tregor war zwar schon seit der Spielzeit 1980/81 an den Kammerspielen, hatte aber mit Dorn bislang lediglich bei *Troilus und Cressida* zusammengearbeitet. Das erste Stück, in dem er mitspielte, war *Platonow* von Anton Tschechow in der Regie von Thomas Langhoff. Es war eine abenteuerliche ›Rollenanbahnung‹: Michael Tregor musste nach Ostberlin reisen, um den dort lebenden Regisseur zu treffen. »Lietzau ist ja weggegangen vom Schiller-Theater, wo ich damals war, und dann bekam ich einen Anruf von Martens [Hans-Günter Martens, Leiter des künstlerischen Betriebsbüros, Anm. d. Verf.], ob ich mich mit Thomas Langhoff in Ostberlin treffen würde. Der würde an den Kammerspielen *Platonow* machen. Das war 1980. Und dann bin ich rüber gefahren, ans Gorki Theater, das war damals wirklich abenteuerlich, das kann man sich heute nicht mehr vorstellen. Es war die Premiere von *Sommernachtstraum*, und da waren die ganzen Offiziere und weiß der Teufel was drin. Mir hat die Aufführung sehr gut gefallen. Danach habe ich den Langhoff getroffen. Ich brauchte

gar nicht mehr vorzusprechen, er fragte einfach, ob ich Lust hätte, in *Platonow* an den Münchner Kammerspielen mitzuspielen. So kam das zustande.«[187]

Nach dieser Kammerspielerfahrung ging Tregor erst einmal wieder Vagabundieren und kam erst 1983 zurück. Er hatte ein paar Fernsehrollen angenommen, fand es aber in der Summe eher unbefriedigend. »Ich hatte einfach explizit Lust auf die Kammerspiele, auf Dorn. Ich habe ihm geschrieben, und dann hat es sich so ergeben, dass ich fest ins Ensemble gegangen bin. Das klappte natürlich nicht gleich, es musste sich erst wieder eine Rolle ergeben. Alex Lang hat damals *Don Karlos* gemacht, und darin habe ich einen Graf Lerma gespielt. Das war mir alles wurscht, Hauptsache, ich war wieder am Theater.«

Tregor war anfangs durchaus etwas befangen. Alle waren so großartig und so wichtig, und er fühlte sich – und machte sich – kleiner, als das aus heutiger Sicht nötig gewesen wäre, erinnert er sich. »Ich hatte irren Respekt vor allen, und ich fand die alle ganz toll, und ich wollte auch so sein, aber ich hatte vielleicht viel zu viel Respekt. Das war schon etwas Besonderes, das Ensemble der Münchner Kammerspiele.« Das könne ihm heute, nach fast drei Jahrzehnten nicht mehr passieren. Aber – endlich mal einer, der sich traut, auch Kritik zu üben – es war natürlich nicht alles nur großartig an den Kammerspielen: »Da gab es auch heftige Hierarchien innerhalb dieses Ensembles, was meines Erachtens nach auch von Dorn gefördert wurde. Wozu ich sagen muss, da könnte ich mich gar nicht mehr zurechtfinden. Es gab wirklich einen guten Geist, einen Ensemble-Geist, den gab es bestimmt. Aber rückblickend, weil ich jetzt auch fünf Jahre weg war, muss ich sagen, es war ziemlich hierarchisch gegliedert. Und viele haben sich damit zurechtgefunden. Ich jahrelang auch, ich könnte mich aber jetzt nicht mehr in so ein Ensemble eingliedern. Die Hierarchie ging von unten nach oben. Da gab es unten die Leute, die spielten halt die ganz kleinen Sachen, das ging mir ja auch so am Anfang. Es war wahnsinnig schwer, die Hierarchie zu durchbrechen, es war fast unmöglich. Das mögen jetzt die Leute vielleicht nicht gerne hören, die in der Hierarchie ganz oben waren. Ich bin ja von unten etwa über die Hälfte hoch gekrabbelt, und manchmal dachte ich, ich hätte das eigentlich früher durchbrechen sollen, einfach, indem ich weggehe. Also ich kann jetzt nicht sagen, alles war wunderbar, und wir waren alle toll – kann ich nicht sagen.«

Christina Haberlik: Aber ich dachte, dieser ›Geist‹ könnte vielleicht auch bedeuten, dass es einen etwas menschlicheren oder intelligenteren Umgang miteinander gab als nur Hauen und Stechen?

Michael Tregor: Es gab beides. Es gab Hauen und Stechen, und es gab auch friedliches Miteinander-Auskommen … bei Emmi. Also ich möchte diese Zeit nicht verklären. Ich blicke mit gemischten Gefühlen zurück, sage mir aber selber, es liegt an mir, ich hätte sagen müssen: ›Okay Freunde, das war's; so weit und nicht weiter.‹

C.H.: Fühlten Sie sich getreten?

M.T.: Nein, das klingt jetzt zu hart. Ich habe wirklich auch eine wunderbare Zeit, einen Großteil meines Lebens da verbracht. Ich will bloß sagen: Manchmal kam ich mir auch sehr benutzt vor.

C.H.: Es wäre ja auch zu schön um wahr zu sein, wenn man als junger Schauspieler von außen in eine so hierarchische Struktur hineinkommt und wäre sofort ganz oben. Wahrscheinlich ist es ein fast notwendiger Prozess, sich von unten nach oben vorzuarbeiten.

M.T.: Ja, aber bei manchen ging es anders. Bei mir war es eine sehr mühsame Bergetappe.

C.H.: Was hat da gefehlt? Muss man mit Star-Qualitäten und Ellbogen ausgestattet sein, um sich das zu erobern?

M.T.: Ja. Muss man. Das ist wie so eine Familie, in jeder Familie gibt es Hauen und Stechen. Und es gibt Leute, die vielleicht nicht das Durchsetzungsvermögen haben, die gibt es in jeder Struktur, in jeder Firma. Es gab kein Mobbing bei uns in dem Sinne, dazu war das Ensemble zu stark. Aber man musste sich schon durchsetzen können. Ich habe mich dort ja auch durchgesetzt, aber ich hätte vielleicht doch noch ein bisschen mehr und früher die Ellbogen ausfahren können. Auch gegen die dritte Etage, wie sie bei uns genannt wurde. Und das habe ich halt nicht gemacht. Aber ich habe ja dort auch tolle Sachen gespielt und hatte eine wirklich schöne Zeit.

C.H.: Aber Dorn ist ja nun wirklich keine Vaterfigur – oder?

M.T.: Doch, das ist er irgendwo. Wenn wir von einem Familien-Ensemble oder familiären Umgang sprechen, dann ist er absolut der Daddy.

C.H.: Nicht von seinem Wesen her, sondern vielleicht von seinem Führungsstil.

M.T.: Genau, ja. Und dann gibt es die Großonkel, die Onkel und auch noch die Großväter, und dann gibt es die Tanten und die hysterischen Schwestern, und er ist der Daddy, das ist einfach so.

C.H.: … und die ungezogenen Kinder …

M.T.: … und es gibt noch ungezogene Kinder und Kinder, die sagen: ›Ich will jetzt auch mal!‹

C.H.: Darum finde ich das sehr intelligent, wie er das macht, dass er die Leute nicht zu sehr an sich ranlässt, nicht zu sehr aufmacht …

M.T.: Ja, das ist sehr klug, also darauf versteht er sich, könnte man sagen.

C.H.: Es spricht keine besondere Liebe zum Daddy aus Ihnen …

M.T.: Doch, also sonst würde ich nicht mit Ihnen … also das kann ich nicht sagen … Manchmal sind wir völlig anderer Meinung, aber er ist zum Beispiel mir gegenüber nicht nachtragend, was ich auch toll finde.

Seit 2006 spielt Tregor sogar die Hauptrolle in einer Dorn-Inszenierung: in *Androklus und der Löwe* von Bernard Shaw. »Diese Arbeit habe ich sehr genossen, weil er immer so ein klares Bild hat. In allen seinen Arbeiten packt er einfach so ein Bild aus, und man kann in dieses Bild hineingehen und fühlt sich behütet. Das ist ein unglaubliches Talent von ihm. Was er am tollsten kann, ist, einem zuzuschauen, um es dann ganz kurz zu erklären, und schon fühlt man sich in der Arbeit wahnsinnig sicher. Das hat mir großen Spaß gemacht.«

An Kollegen, von denen er unermesslich profitiert hat, nennt Michael Tregor an aller erster Stelle Doris Schade, weil sie »so eine Gelassenheit hinein gebracht hat und sie auch mit ganz schwierigen Leuten völlig cool umgehen konnte. Von ihr habe ich gelernt, jetzt dem Theater gegenüber vielleicht eine Spur gelassener zu sein.« Und die wichtigen Regisseure? »Das ist der Franz Xaver Kroetz gewesen, mit dem ich mich bis aufs Blut gefetzt habe – und das war eben auch eine Produktion, wo Doris Schade dabei war, die völlig gelassen mit diesem Regisseur umgegangen ist. Aber nach diesem Streit haben wir dann eigentlich wieder ganz wunderbar gearbeitet, der Kroetz und ich. Und ich finde, der hat so einen Theater-Riecher, das ist unglaublich, also das finde ich schon toll.

Mit Christian Stückl habe ich sehr gerne gearbeitet, das würde ich auch gerne wieder. Leider hat es sich bisher noch nicht ergeben.«

Als Dorns Vertrag an den Kammerspielen nicht verlängert wurde, ging er nicht mit ans Residenztheater – plötzlich habe er Panik bekommen und musste unbedingt noch etwas anderes anfangen mit seiner Schauspielerei. Und das tat er dann auch: Er spielte bei Baumbauer an den Kammerspielen, mit Friederike Heller, einer Jungregisseurin aus Berlin, in Wien, bei Ostermeier in Berlin. Aber er kam auch immer wieder zurück zur Dorn-Truppe.

Alte und neue Kollegen kommen aus Berlin angereist: Der ›alte‹ Ziehvater der Dorn-Truppe, Hans Lietzau, ist in diesen Jahren viermal als Gastregisseur am Haus: Er bringt 1987 Tschechows *Onkel Wanja,* 1988 Bernhards *Der Theatermacher,* 1991 Ibsens *John Gabriel Borkman* und 1991 *Der blaue Boll* von Ernst Barlach heraus. Es waren die letzten vier Inszenierungen seines Lebens. Was soll man zu Lietzau in kurzen Sätzen sagen? Ihn zu beschreiben, würde allein ein Buch füllen. Ob es psychologisch schwierig war, nach der Schmach des Verlassenwordenseins unter der Intendanz des Ziehsohns zu arbeiten? Davon ist nichts überliefert. Eine kurze und treffende Charakterisierung der komplexen Person Lietzau liefert Helmut Griem in einem Porträt, das hier kurz wiedergegeben sei, um diese ›historisch‹ wichtige Figur in diesem Spiel nicht auszulassen: »Hans Lietzau war ein Alleinherrscher und ein Schutzbedürftiger, glasklar denkend und zutiefst irrational, zutraulich und misstrau-

isch, mutig und feige, hilfreich und hilfesuchend, streitbar und harmoniebedürftig, ein Perfektionist und Hasser des Perfekten.«[188]

Auch aus Berlin kommt in diesen Jahren eine Italienerin: Die Kammerspiele suchten eine/n Brecht-Expertin/Experten und fanden **Laura Olivi**, eine junge Dame aus Reggio Emilia, die ihre Brechtbegeisterung und -spezialisierung nach Ostberlin verschlagen hatte, um am Originalschauplatz ihre Kenntnisse zu vertiefen.

Laura Olivi hat somit einen der merkwürdigsten Karrierewege vollzogen, bis sie an den Kammerspielen landete und blieb. *Mann ist Mann* im November 1987 in der Regie von Günther Gerstner war ihre erste Arbeit in München. Die Einstellungsgespräche dauerten eine Woche, erzählt sie. Sie schaute sich alle Stücke an, und danach wurde mit dem Triumvirat Dorn, Ruckhäberle, Wachsmann darüber diskutiert. Nach diesem Rigorosum wurde sie engagiert und hatte die Wahl zwischen Dorn und Strehler zu treffen. Während wir uns unterhalten, jährt sich ihr Einstand zum zwanzigsten Mal.

Christina Haberlik: Feiert ihr das?

Laura Olivi: Nein … Ich habe ihm aber schon gesagt, dass ich mich wahnsinnig freuen würde … wenn er Zeit hat, dann gehen wir etwas trinken. Das wäre ganz schön.

C.H.: Wie ist das denn so, wenn das italienische Temperament auf die deutsche Nüchternheit trifft?

L.O.: Es war mir von Anfang an klar, dass es auch Kollisionen geben kann, und ich bin auch für inhaltlich intelligente Kollisionen. Ich finde es interessant, wenn zwei ›Temperaturen‹ zusammenkommen, nicht nur

Laura Olivi
Geb. am 27.04.1958 in Reggio Emilia, Italien
Studium der Germanistik und Theaterwissenschaft in Bologna
Dissertation über Brecht
1984–1986 Zusatzstudium an der Humboldt-Universität in Berlin und Hospitanz am Deutschen Theater und beim Berliner Ensemble
Kurze Zusammenarbeit mit Giorgio Strehler am Piccolo Teatro Milano
1987–2001 Dramaturgin an den Münchner Kammerspielen
Seit 2001 mit Dieter Dorn am Bayerischen Staatsschauspiel
Seit 2002 Dozentin für Schauspiel und Dramaturgie an der Theaterakademie August Everding, München

Temperamente, wenn man das so sagen kann. Natürlich reagiere ich anders und denke ich anders, lese ich anders Texte – das ist doch ganz klar, ich komme aus einer ganz anderen Tradition, auch Theatertradition. Aber durch mein Germanistikstudium, die jahrelange Beschäftigung mit Brecht und den Aufenthalt in Ostberlin, diese zwei Jahre … Es ist auch eine große Liebe da zu diesem Land, zu dieser Literatur, zu diesem Theater und zu dieser Sprache, sonst hätte ich das gar nicht gemacht.[189]

Es ist seltsam – wir Teutonen träumen vom gelobten Land im Süden, und dann begegnet man einem Menschen, der das umgekehrt empfindet. Das südliche Temperament hat eine andere Farbe in die ›Denkabteilung‹ des Theaters gebracht. Auf die Frage ihrer Einschätzung, worin die Qualität dieses Ensembles liegt, gibt sie zur Antwort: »Das ist die Kontinuität, nicht nur die der Schauspieler, sondern auch der Regisseure, die immer wieder am Haus gearbeitet haben. Und wenn man einen Regisseur kennen lernt und kontinuierlich mit ihm arbeitet, lernt man auch viel besser seine Fantasie kennen, und dann kann man weiter gehen und darauf aufbauen. Ansonsten, wenn es so zerstückelt ist, mal mit dem, mal mit jenem, und diese Kontinuität nicht da ist, ist es schwieriger. So ist es produktiver – und für die Schauspieler trifft das genauso zu.« Und auf welche Weise schafft Dorn es ihrer Meinung nach, diese Treue zu erhalten, dass ihm die Leute nicht wegrennen? »Es ist seine Persönlichkeit, seine Regiearbeit. Fast alle haben irgendwann mit ihm gearbeitet, einige mehr, einige weniger. Mit einer großen Kraft und Intelligenz hat er es geschafft, die Leute zusammenzuhalten durch die Arbeit, einfach auf der Bühne.«

Besucher war Dorns nächste Regie-Arbeit – sein mittlerweile vierter Botho Strauß und diesmal eine Uraufführung (6. Oktober 1988). Wieder gastierte Heinz Bennent in München. In weiteren Rollen: Cornelia Froeboess, Sibylle Canonica, Irene Clarin, Axel Milberg, Wolfgang Pregler und Katja Riemann, die von 1987 bis 1989 Mitglied der Kammerspiele war. Sie wurde noch vor Beendigung ihrer Ausbildung an der Otto-Falckenberg-Schule ins Ensemble übernommen. Es folgten weitere Theaterengagements in Berlin, bevor sie sich nahezu ausschließlich ihrer Karriere als Filmschauspielerin widmete.

Das Stück ist, kurz zusammengefasst, ein Stück über Theater im Theater. Botho Strauß greift hier gleich in mehrere Trickkisten dramaturgischer und romantisch-absurder Art: Er vermischt Realitäts-, Spiel- und Traumebenen zu einem Verwirrspiel. Ein junger Schauspieler verwandelt sich in den Zuschauer seiner eigenen Theaterdarbietung, ist aber erbost, sich seine eigenen banalen Alltagsgeschichten anschauen zu müssen und nicht mit einer »anderen, größeren und schöneren Wirklichkeit« erbaut zu werden. Diesen jungen Darsteller Max spielte Axel Milberg. Als Gast wird für das zu gebende Stück ein Altstar, Karl Joseph, engagiert. Diese Rolle spielte Heinz Bennent. Er erinnert sich 2007 daran: »Und da tauchte der Dorn plötzlich in Paris auf und sagte: ›Entschuldige, dass ich dir so eine Rolle anbiete‹ – ich weiß nicht, wer sie nicht spielen wollte, keiner seiner großen Leute wollte sie spielen – und ›Vielleicht interessiert dich die Rolle‹. Und als ich die Rolle gelesen hatte, da war ich sofort so begeistert und habe sie mit einer unheimlichen Freude gespielt. Das war für mich die glücklichste Zeit meines Theaterlebens.« Das klingt nach Übertreibung – aber auf Nachfrage räumt Bennent ein: »Das kann sein, ja – und ich hoffe, ich verletze nicht andere Leute, mit denen ich auch so eine glückliche Zeit in meinem Leben hatte.« Kaum eine Rolle hätte so gut zu ihm passen können, als einen ›Gast‹ im Theater zu spielen: »Zu meinem damaligen Niveau passte die Rolle sehr gut. Aber das Geheimnis der Rolle war, und das hat man auch gemerkt: Viele Jahre davor habe ich in Recklinghausen gespielt, das war Anfang der Fünfzigerjahre mit – wie hieß er denn noch mal – mit Minetti und Werner Hinz. Mit Minetti habe ich die ganze Probenzeit erlebt. Er war sehr eigenartig, sehr auf sich bezogen und er hatte eine merkwürdige Sprechweise [*imitiert Minettis Art zu sprechen*]. Man konnte ihn nicht kritisieren, und als Partner musste man immer um ihn herumgehen, damit es überhaupt weiterging. Und in *Besucher* habe ich meine Erfahrungen mit Minetti eingebracht. Wenn ich den Joseph so gut spielen konnte, so habe ich das Minetti zu verdanken, weil ich dasselbe mit ihm erlebt habe. Und auch so sehr darunter gelitten habe.«[190] Eine wunderbare Anekdote … Bennent imitiert Minetti, den der Autor wohl auch meinte, als er das Stück schrieb, und benutzt die eigenen leidvollen Erfahrungen, die er mit ihm gemacht hat.

In einer kleinen Rolle, einer noch nicht sonderlich bedeutsamen, kommt ein junger Schauspieler hinzu, der ebenfalls bis heute zur Dorn-Truppe gehört. Mit **Michael von Au** beginnt gewissermassen eine Serie von ›Ankäufen‹ junger Schauspieler (wie auch schon um die Zeit des *Merlin* mit Axel Milberg und August Zirner). Das Ensemble steht vor der Notwendigkeit, sich zu verjüngen.

Nun lebt Michael von Au schon seit knapp zwanzig Jahren in München und hat immer noch ein bisschen Heimweh nach Berlin. Wie es sich damals zutrug, dass es ihn nach München verschlug, das ist eine irrwitzig komische Geschichte, und man muss schon mehrfach nachfragen, ob man nicht angeflunkert wird: »Und zwar sagte mir meine Agentur, ich hätte ein Angebot von den Münchner Kammerspielen. In Berlin sind die Kammerspiele das Kinder- und Jugendtheater, und da habe ich gesagt: ›Ach nee, wisst ihr, für Kinder- und Jugendtheater kann ich auch in Berlin bleiben, dafür muss ich nicht nach München.‹ Und mit der Einstellung habe ich dann in einem Lokal, beim Italiener neben der Schaubühne in Berlin, Dieter Dorn getroffen. Ich kam an und sagte: ›Wissen Sie, Kinder- und Jugendtheater …‹ Und er: ›Komm erst mal nach München, dann werden wir weitersehen.‹ Und dann rief ich bei der Agentur an, und die sagten: ›Bist du bescheuert, das ist kein Kinder- und Jugendtheater, das ist das beste Theater, das ist einer der besten Leiter Deutschlands.‹ Da bin ich nach München gefahren, habe bei Dorn und Wachsmann vorgesprochen. Und weil ich gelernt hatte, man muss sagen ›Das Stück heißt, der Autor ist der und der, und ich spiele das und das‹, habe ich dann gesagt, ›jetzt spiele ich den Prinz Friedrich von Homburg, aus *Prinz Friedrich von Homburg* von äh …‹ – und mir fiel der Scheiß-Autor nicht ein. Und ich sagte: ›Ist ja auch egal, ich fang jetzt einfach mal an.‹ Die ganze Vorgeschichte hat Dorn seltsamerweise gut gefallen, und er brauchte einen Jungen. So kam ich nach München. Dann saß ich im Kantinengarten der

Michael von Au als junger Mann/Max Doulbe in *Besucher* mit Axel Milberg als Maximilian Steinberg und Heinz Bennent als Karl Joseph

Kammerspiele, und da saßen so Leute wie Conny Froboess, Heinz Bennent, Axel Milberg, Sibylle Canonica, Wolfgang Pregler, all die Großen saßen da, und ich sagte einfach so ›Hallo!‹ Es war sehr verrückt, hier anzufangen.«[191]

Die Freimütigkeit, von der eigenen Blamage zu erzählen, legt nahe, dass man es mit einem unkomplizierten, direkten und unverquasten Schauspieler in mittlerweile mittleren Jahren zu tun hat, der keinerlei Probleme mit sich herumträgt. Weit gefehlt – von Au trägt sich selbst mit sich herum, und das ist wohl gar nicht so einfach. Über Beziehungen bekennt er in einem anderen Interview: »Ich hab viel geübt, aber es hat nie geklappt – aber es war immer meine Schuld.«[192] Wann soll man auch Zeit haben als theaterbesessener Schauspieler, ein Beziehungsleben zu führen? Aber Theater und Fußball, das sind die beiden Leidenschaften, zu denen er sich offen bekennt. Wie mein Gespräch mit ihm überhaupt zustande kam, ist auch schon wieder kinoreif. Die Interviewerin trifft zum vereinbarten Zeitpunkt am vereinbarten Ort ein – und er erschrickt zu Tode: Er hat den Termin vergessen. Ist aber trotzdem da. Wunderbar! Wir haben also kein Problem. Doch, wir haben eins: Er ist mit seinem Regisseur verabredet, der dann leider ein bisschen warten muss …

Michael von Au, damals 23 Jahre jung und aus Berlin kommend, wurde sofort in die ›Familie‹ aufgenommen. Er erzählt, er habe gleich begriffen, was Ensemble bedeutet – und was für ein Ensemble! Er verstand durchaus, in welchem erlauchten Zirkel er da gelandet war. August Zirner hatte das Haus verlassen, und man brauchte einen jungen Schauspieler als Ersatz. Von Aus Agentin empfahl ihn mit den Worten: »Da ist einer in Berlin, der ist ein bisschen verrückt, der hat 'ne kleine Klatsche, aber vielleicht würde der super in euer Ensemble passen.« Kolportiert von Au. »Weil ich ja auch so ein Teamspieler bin, also ich bin kein Egomane. Team, Team, Team. Und danach etwas trinken, also immer zusammen.« Als bekennender Gruppenmensch hatte Michael von Au tatsächlich das große Glück, in einem inneren Kreis zu landen, der ihm zum Familienersatz wurde: »Da war Laura Olivi, bei der ich ein Zimmer hatte und die mich herangeführt hat an alle Kollegen. Und ich habe viele Freunde hier gefunden, und das war der entscheidende Punkt. Die Münchner Kammerspiele waren meine erste Familie, mein erstes Zuhause. Und das werde ich nie vergessen. Das wichtigste am Theater ist ein Ensemble, was es ja heute so nicht mehr gibt. Aber damals war das eine Truppe! Es gab immer dieses – erfunden von Lambert Hamel – dieses berühmte ›Eindunkeln‹ nach der Leseprobe. Das Zusammensitzen bei Emmi im Lokal – und das war mein Wohnzimmer. Emmi und die Kammerspiele – ich konnte mir nichts anderes vorstellen, als da zu sein. Ja, und das gibt es jetzt nicht mehr.«

Langsam wurden die Rollen immer größer, bis er schließlich bei einer Hauptrolle landete – im *Prinz von Homburg* in Dorns Regie 1995. »Das verdanke ich dem Vertrauen von Dieter, dass ich immer größere Rollen spielen konnte, und ich meine, dass ich dabei auf dem Boden geblieben bin. Das war eine ganz faire und tolle Mannschaft, wo ich auch einmal das Steuer in die Hand nehmen durfte und manchmal auch ein Segel aufziehen durfte. Ich glaube, dass Dieter mich tatsächlich behutsam dahin geführt hat, dass ich auch mal einen Abend als Protagonist bestreiten konnte.« Das hört sich alles so nach eitel Wonne an, dass man es schier nicht glauben kann.

Michael von Au
Geb. am 25.09.1964 in Berlin
Schauspielunterricht bei Maria Körber in Berlin
Debüt am Theater am Kurfürstendamm, Berlin
1988–2001 Ensemblemitglied der Münchner Kammerspiele
Seit 2001 mit Dieter Dorn am Bayerischen Staatsschauspiel
Zahlreiche Film- und Fernsehrollen
Lebt in München

Als ich leise Zweifel anmelde an der reinen Gutmensch-Motivation, die manche Dinge ermöglicht, sagt von Au: »Ich bin da ja auch kritisch – das ist ein ganz Egomaner, natürlich hat er für sich alle Sachen herausgezogen, die er brauchte. Aber er hat es so geschickt und im Endeffekt doch so verbindend mit den Menschen geschafft, dass trotzdem alle an einem Strang gezogen haben, obwohl man sagte: ›Mensch, Dieter, das war jetzt wieder nur für dich und für dich und für dich.‹ Dann geht man nach oben – das waren immer so lustige Gespräche: Jetzt gehe ich mal zu Dieter und sage ihm meine Meinung. Dann kam man wieder hinunter, alles super, alles perfekt – man hat es geschafft, dem Menschen das zu vermitteln, was man wollte. Der Witz unter uns ging so: ›Ich gehe jetzt hoch, und ich will fünfhundert Mark mehr‹ – und dann kommt man runter und wird gefragt: ›Wie war's?‹ ›Ja ich hab's geschafft!‹ ›Und wieviel?‹ ›200 weniger.‹ Es ist etwas übertrieben – aber er hat es geschafft, den Leuten zu vermitteln, dass es eben nicht anders geht. Klar, er ist Intendant, er muss das ganze Schiff leiten. Dieses Schiff Kammerspiele hat er super gefahren, also er war ein guter Skipper. Und vielleicht ist unser Resi ein zu großer Tanker – es braucht eben länger, bis so ein großer Tanker wendet, als wie eine Gorch Fock.«

Seit dem Wechsel ans Staatsschauspiel ist Michael von Au nur noch frei tätig. Er spielt zwar viel hier, aber er hat sich nun auch die Freiheit genommen, anderswo im Alleingang aufzutreten. In Bochum spielt er derzeit einen Soloabend, »wo er singt und sonst noch Blödsinn macht« (O-Ton von Au). Eindeutig entsteht der Eindruck, dass dieser Schauspieler den großen, alten Zeiten nachtrauert und bedauert, dass es keine Emmi mehr gibt, keine Anlaufstelle, wo man zusammenkommen kann. Und seit es den FC-Kammerspiele nicht mehr gibt, ist ihm seine ganze Mittelfeldspieler-Karriere abhanden gekommen. Das geht tief! »Ich hätte in den letzten Jahren manchmal gerne mehr Kontakt zu Dorn gehabt. Ich hätte ihm gegenüber mehr Selbstbewusstsein entwickeln wollen,

als ich es geschafft habe. Am Anfang – das ist ganz komisch – ist man ganz locker und leicht und sagt: ›Mensch Dieter, komm doch, gehen wir mal ein Bierchen trinken.‹ Und dann kommt: ›Aber Michael‹ – und im Laufe der Zeit, wenn man weiß, was das alles bedeutet, das Stück, die Rollen und das Theater und Dieter – da wird man immer schüchterner.« Die Unschuld verloren? »Ja, die Unschuld verloren – aber nicht gleichzeitig das Selbstbewusstsein gesteigert. Ich bin ein sehr bescheidener Mensch, was das betrifft …«

Wenig später, im Dezember 1988, folgte noch eine Botho-Strauß-Inszenierung von Dieter Dorn: *Sieben Türen – Bagatellen*. Es handelt sich um elf kurze, aufeinander folgende absurd-komische Szenen in einer Bühnenbildkonstruktion, die der Autor vorgibt: Die Szenen spielen vor einem Halbrund von sieben Türen mit Milchglasscheiben in der oberen Füllung, lautet die Anweisung von Strauß. Und genauso sah die Bühne hier auch aus. Wieder waren nahezu alle Dorn-Schauspieler involviert. Cornelia Froboess: »Ich habe mit Dorn diese ganzen Botho-Strauß-Stücke zusammen gemacht. Das waren ja fast alle. Meiner Ansicht nach sind die Dorn-Inszenierungen die schönsten Botho-Strauß-Aufführungen. Absolut. Ich habe auch alle anderen gesehen, mit sehr geschätzten und verehrten Schauspielern, aber ich finde, seine Inszenierungen von Botho Strauß sind einfach die schönsten. Und ich glaube auch die richtigsten. Behaupte ich jetzt mal ganz mutig.«

Das gesamte folgende Jahr 1989 war Dorn-Pause. Griem inszenierte, Ruckhäberle inszenierte, Lietzau und Langhoff ebenfalls, und Anselm Weber, bislang Regieassistent, durfte seine erste eigene Inszenierung machen: *Die Minderleister* von Peter Turrini im Werkraum. Machte Dorn nach dreizehn Jahren Kammerspiele Revision – etwa genau zur Halbzeit, was er da aber noch nicht wissen konnte?

Exkurs: Kleines Lehrstück über den Umgang miteinander im Theater

Es ist im Theater, vielleicht mehr als in jedem anderen Betrieb von allergrößter Wichtigkeit, die Arbeit und das Private streng zu trennen. Gerade weil die Arbeit in den Proben und auf der Bühne oft intimste Grenzen überschreitet, ist diese Trennung von großer Bedeutung, damit die Integrität eines jeden einzelnen gewahrt bleibt. Wenn man sich zu nahe kommt, verliert man den Abstand, den es braucht, um sich in der Arbeit ernst nehmen zu können. Michael Wachsmanns Philosophie hierzu lautet: »Wenn man ihnen zu nah rückt, also wenn man sich mit ihnen verbrüht, ob es der Intendant oder mein absoluter Lieblingsregisseur ist oder mein Lieblingsschauspieler, das ist nicht produktiv. Und die Produktivität ist das Entscheidende. Das heißt, die Reibung, aus der etwas entsteht, ist das Entscheidende. Und deswegen habe ich mich immer den Stammtischen, den Kneipen, also dem ganzen Privaten fern gehalten. Ich habe das – sage ich offen – an dem einen oder anderen Punkt vielleicht sogar bedauert. Es hätte Menschen gegeben, mit denen ich durchaus einen Draht gehabt hätte. – Die Distanz ist im Betrieb lebenswichtig. Ich habe zum Beispiel viele Schauspieler über sehr lange Zeit ganz bewusst nur gesiezt. Wenn dieser Damm dann brach, war mir das gar nicht recht. Ich habe es in vielen Fällen aber doch erfolgreich beibehalten. In späteren Jahren wurde es immer schwieriger. Das ›Du‹ bringt viel zu schnell eine Scheinnähe, die der Belastung natürlich nicht standhalten kann. Es war für mich nicht nur innerlich wesentlich, auf Abstand zu gehen, es war für mich auch privat wichtig. – Eine der Schwierigkeiten an der Theaterarbeit ist, dass sie so privat ist. Das geht natürlich von den Schauspielern aus, die ja ihr eigenes Instrument sind. Sie können in der Regel nicht trennen zwischen der eigenen Befindlichkeit und dem Berufspunkt, an dem sie stehen. Ich habe nur wenige Schauspieler kennen gelernt, die das trennen konnten. Aber Namen nenne ich lieber nicht. Und sie nehmen es sich natürlich auch heraus, wenn sie Kummer haben – und sie haben viel Kummer –, einen damit auch privat zu beschweren. Man wird zu Hause angerufen bis nachts um so und soviel Uhr. Krise da, Krise dort. Und da ist dann auch viel Telefonseelsorge dabei. Telefonarzt Doktor Wachsmann. Das ist viel therapeutische Arbeit, die nicht nur in Gesprächen, sondern eben auch am Telefon läuft. Und wenn man dazu auch privaten Umgang mit ihnen hätte, der über das Telefon hinaus geht, dann könnte man dem Betrieb nichts mehr nützen. Mein Interesse war, dem Betrieb zu nützen. Und das hat mich dazu erzogen, keine Freundschaften zu schließen. Hohe Achtung, beiderseitigen Respekt auch, aber keine Freundschaften. Da gibt es nur ganz wenige Ausnahmen, mit den Älteren, die schon über diese Dinge erhaben waren.«[193]

Wie Dieter Dorn eingangs schon unterstrich, ist er genauso weise, was die Wahrung von Distanz und das feindosierte Zulassen von Nähe in so einem Betrieb anlangt. Dieses ›Rarmachen‹ aus Klugheit und zum Schutze der Arbeitssphäre in allen Ehren, aber Dorn ist doch auch ›nur ein Mensch‹. Wir wollten einen kleinen Versuch wagen, hinter die Kulissen zu schauen, und fragten: Was ist das für ein Mensch, dieser Dorn, der den ganzen Laden zusammenhält? – und haben ein paar Antworten eingeholt.

Cornelia Froboess über Dorns Wesen:

»Ich glaube, dass Dorn ein sehr scheuer Mann ist. Er lässt sich persönlich nicht in die Karten gucken, und er will auch nicht in die Karten anderer gucken. Und das ist vielleicht seine Qualität, denn es kommt dann eben nicht zu einem Gemauschel und Wehwehchen und Problemchen und so weiter. Das sind alles Sachen, die er nicht duldet, die er nicht haben will. Und ich finde das auch ganz wunderbar so, dadurch bleiben wir immer sachbezogen. Wir bleiben bei der Arbeit. Das ist seine Qualität. Ich würde sagen, er ist ja auch der letzte große Schauspielintendant. Das wird es nicht mehr geben. Und Dorn ist ein Klassiker, ein absoluter Klassiker. Im besten Sinne des Wortes. Er hat seine Schäfchen zwar alle um sich, und wir sind eigentlich auch alle sehr treu – aber eben mit dieser sehr noblen, sehr schönen Distanz. Etliche Kollegen leiden auch darunter, dass man mit ihm nicht recht warm wird, sozusagen. Aber mir ist das eigentlich auch lieber, muss ich sagen, als dieses Bussi, Bussi und alle lieben sich, oder alle hassen sich. Es gibt ja auch Regisseure, wo immer die Fetzen fliegen müssen, damit etwas entsteht. Das halte ich im Grunde genommen für einen ganz großen Blödsinn. Mit viel Liebe geht es meiner Meinung nach viel besser, aber dazu gehört eben auch diese absolute Strenge, die er hat und die er auch fordert. Das ist wahrscheinlich auch seine Integrität. Der Dorn ist ein unglaublich integrer Mensch. Er ist ein Skorpion, das sagt ja alles. Skorpione lassen sich nicht gern da hinein schauen. Die behalten auch ihre Leiden möglichst für sich und gehen damit nicht hausieren.

Dorn war früher in den Kammerspielen oft in meiner Garderobe vor der Vorstellung. Er wollte gar nichts von mir, aber er wusste, ich wollte auch nichts von ihm. Deswegen ist er sich ausruhen gekommen. Er hat sich hingesetzt, ich habe mich geschminkt und wir haben über irgendwas geredet.«[194]

Jochen Striebeck über Dorns Wesen:

»Mit Dieter überhaupt eine Freundschaft zu entwickeln, ist, glaube ich, viel schwieriger, als mit ihm Theater zu machen. Da ist vielleicht im privaten Bereich, von dem ich nichts weiß, ein tiefes Misstrauen überhaupt den Menschen gegenüber. In der Arbeit macht sich das nicht bemerkbar. In der Arbeit, da ist so viel Zutrauen und auch so viel Einfühlungsvermögen, und das Zuhören, das hat mich immer fasziniert. Doch wenn er sich gestört fühlte in seiner Konzentration, da ist es auch manchmal sehr eng geworden – da kriegte er dann seine schmalen Lippen, und kurz konnte er dann sehr unangenehm werden. Er hatte dafür auch einen Satz parat: ›Ich kann dann zu so einem ganz miesen, kleinen Sachsen werden.‹«[195]

Arnulf Schumacher über Dorns Wesen:

»Das war immer sehr wichtig bei Dieter: Loyales Verhalten. Er war immer loyal. Und deswegen war man ihm gegenüber selbstverständlich ebenfalls loyal. Wenn er dann irgendwann aufhört, dann geht halt ein guter Freund. Und das würde mich dann wirklich im Herzen bewegen. Unnahbar finde ich ihn überhaupt nicht. Das sehe ich völlig anders. Aber ich weiß ja nicht, was die anderen, die das sagen, darunter verstehen. So eine Kumpanei – das geht mit Dieter nicht. Dieter ist ein vornehmer, feiner Mensch. Und das hat Vorteile, große Vorteile. Man tritt sich nicht auf die Zehen, aber man schätzt sich und man respektiert sich und man mag sich und man kann sich aufeinander verlassen. Unnahbar – das ist Unsinn. Das kann ich in keiner Weise bestätigen. Wir haben gelegentlich auch über private Dinge gesprochen. Ich hatte immer das Gefühl, wenn es wirklich ernst wird, könnte ich sofort zum Dieter raufgehen und irgendein Problem mit ihm besprechen.«[196]

August Zirner über Dorns Wesen:

»Unnahbar? Ja, das ist er, das soll er aber auch sein. Ich finde inzwischen Menschen, die unnahbar sind, sogar sympathisch, ich bin ja fast zu nahbar. Es ist auch möglich, dass das ein Unterschied war zwischen Dieter und mir: Ich war zu nahbar, und wenn ich das war, war er unnahbar. Er ist sympathisch. Ich finde die vermeintliche Nähe, die wir hier alle vorgeben am Theater, teilweise nicht aufrichtig und nicht wahr und nicht richtig, ein gewisses Reserviert-Sein ist gesund.«[197]

Jörg Hube über Dorns Wesen:

»Also erst einmal denke ich, dass der Dorn ein sehr kluger Mann ist. Mit klug meine ich, dass er ein rational gesteuerter Mensch ist – und das muss er ja sein, da er sehr grundsätzliche Überlegungen, was die Besetzungen, die Engagements betrifft, anstellen muss. Dann hat der Dorn eine Eigenschaft, die gerade ich über die ganze Länge meines Berufslebens sehr zu schätzen gewusst habe: Er ist ein toleranter Mann, der die verschiedensten Charaktere aushält. Er ist nicht durch das Temperament dieser Charaktere selber erregbar.«[198]

Jens Harzer über Dorns Wesen:

Es gibt die berühmte Geschichte unter uns Schauspielern: Wenn man einen Termin bei ihm hat, und man vollkommen klaren Kopfes zu diesem Gespräch geht, kann man sich sicher sein, dass man danach rausgeht und hat entweder nicht gesagt, was man wollte, oder hat – bedingt durch seine Persönlichkeit und Art und Weise – die Dinge zurückgezogen oder hat sie gar nicht benannt. Irgendetwas zieht einen an, obwohl es kompliziert ist. Ich weiß nicht, hat das nicht einmal der Boysen gesagt, in seinem Buch? – das ist eine tolle Formulierung: Er kennt kaum einen störbareren Menschen als Dorn.«[199]

Peter Herzog und Dieter Dorn, Probe zu *Was Ihr wollt*

Musiker, Gisela Stein, Peter Lühr, Cornelia Froboess, Doris Schade, Rolf Boysen und Otto Kurth in *Was ihr wollt*

Peter Lühr als Narr in *Was ihr wollt*

Gisela Stein als Olivia und Thomas Holtzmann als Malvolio
in *Was ihr wollt*

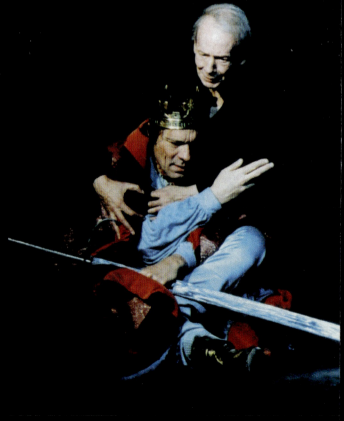

Peter Lühr als Merlin und Thomas Holtzmann als König
Artus in *Merlin oder Das wüste Land*

Peter Lühr als Merlin in *Merlin oder Das wüste Land*

Maria Nicklisch als Titania
und Peter Lühr als
Oberon in *Der Park*

Romuald Pekny als Philipp II in *Don Karlos* mit Hans Kremer als Don Karlos

August Zirner als Marquis von Posa und Hans Kremer als Don Karlos in *Don Karlos*

Helmut Griem als Thersites in
Troilus und Cressida

Szenenbild aus *Troilus und
Cressida*

Sunnyi Melles als Margarethe, Romuald Pekny als Mephisto und Helmut Griem als Faust in *Faust I*

Rechte Seite: Rudolf Wessely als Der Rufer und Daphne Wagner als Die Frau mit Hut in *Schlusschor*

Szene aus *Faust I,* Der Osterspaziergang, mit Axel Milberg als Wagner und Helmut Griem als Faust

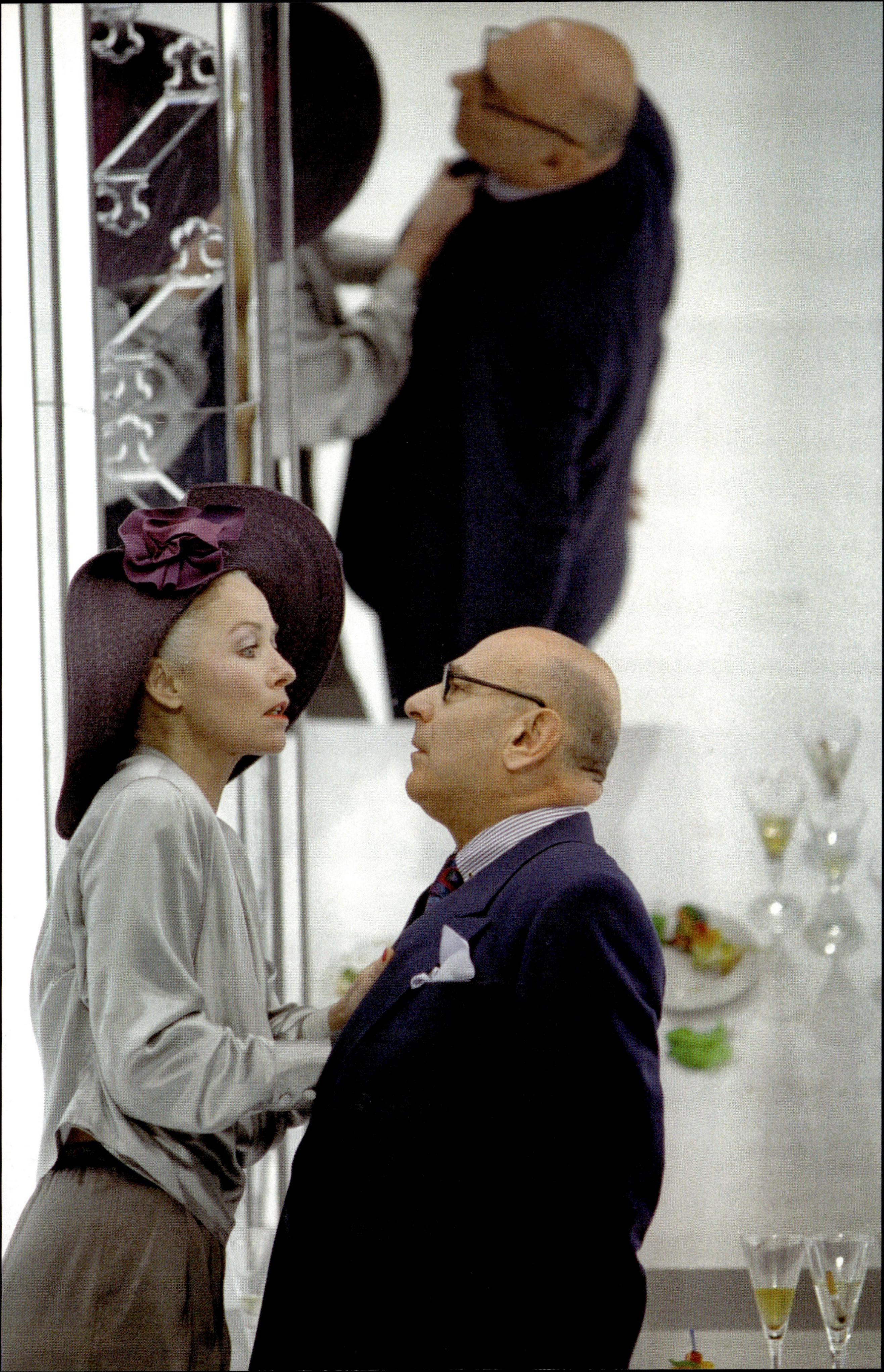

Szene aus *Schlusschor*

Edgar Selge als Otto und Franziska Walser als Hilde in *Der Drang*

Manfred Zapatka als Stephano, Lambert Hamel als Trinculo und Axel Milberg als Caliban in *Der Sturm*

Richard Beek als Herzkönig und Doris Schade als Herzkönigin in *Alice im Wunderland*

Helmut Stange als Pisanio in *Cymbelin*

Rolf Boysen als Shylock in *Der Kaufmann von Venedig* mit Sibylle Canonica als Portia

Richard Beek als Wenzel in *Cherubim*

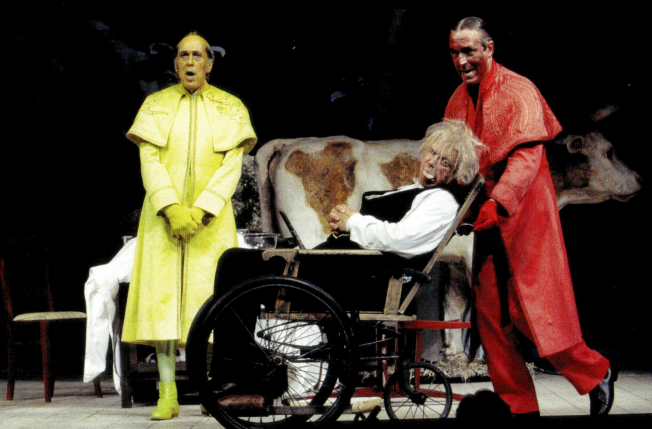

Helmut Pick als Der Neid, Jörg Hube als Fortunatus Wurzel und Gerd Anthoff als Der Hass in *Der Bauer als Millionär*

Lambert Hamel als Bruscon in
Der Theatermacher

Oliver Nägele als Sultan Saladin und Rudolf Wessely als
Nathan in *Nathan der Weise*

Stefan Hunstein als Brand im gleichnamigen Stück mit
Stephanie Leue als Agnes

Anna Schudt als Maria Stuart im gleichnamigen Stück mit Juliane Köhler als Elisabeth und Thomas Loibl als Graf von Leicester

Cornelia Froboess als Inge Breudenbach und Gisela Stein als Elisabeth Kolb in *Die eine und die andere*

Michael Tregor als Androklus in *Androklus und der Löwe*

Thomas Loibl als Der Hauptmann und Arnulf Schumacher als Der Centurio in *Androklus und der Löwe*

Lambert Hamel als Willy Loman, Marcus Calvin als Happy und Oliver Nägele als Biff in *Tod eines Handlungsreisenden*

Sibylle Canonica als
Rita Allmers und
Stefan Hunstein als
Alfred Allmers in
Klein Eyolf

Ulrike Willenbacher als B in *pool (no water)*

Claus Eberth als Hamm und Matthias Eberth als Clov in *Endspiel*

Jens Harzer als Woyzeck mit Juliane Köhler als Marie in *Woyzeck*

Die Neunzigerjahre – Glückliche Tage

Als wäre es ein Motto für das beginnende Jahrzehnt, brachte Dorn im Januar 1990 *Glückliche Tage*, Becketts Zwei-Personen-Stück auf die Bühne der Kammerspiele. Es spielten: Gisela Stein (Winnie) und Rudolf Wessely (Willie) – ein neuer ›alter Bekannter‹, der schon seit 1976 an den Kammerspielen war. Zunächst ein paar Worte zur Bühne: Rose hatte den Beckett-gemäßen Einfall, einen Stoffhügel für Winnie zu bauen, aus dem sie oben herausschaut und wie eine zersägte Frau im Zirkus nur bis zur Taille zu sehen ist. Sie sinkt weiter und weiter ein, bis nur noch der Kopf aus dem Hügel ragt. Freilich wird der fast zweistündige Monolog zum Triumph für Gisela Stein – Willie alias Wessely hat das Nachsehen. Erst am Schluss klettert er keuchend den Hügel zu Winnie hoch. ›Redendes Verstummen‹ und Selbsterhalt durch Rituale ist alles, was Winnies Welt ausmacht. Erst vier Jahre zuvor hatte Tabori im Werkraum dasselbe Stück mit Ursula Höpfner und Peter Radtke gemacht. Die rasche Abfolge der beiden Inszenierungen war vermutlich keine Reaktion auf Becketts Tod im Dezember 1989, sondern eher ein Geschenk an Gisela Stein. Wie gesagt, aus schauspielerischer Sicht ist Stein für diese Traumrolle keinesfalls zu bedauern, Rudolf Wessely hingegen schon eher: »Willie, das kriechende Überbleibsel von Mann, in der ersten Hälfte nur hinter dem Hügel wahrzunehmen, robbt ächzend im zweiten Akt mit offenen Schnürsenkeln und ziemlich verstaubt vor Winnies Augen. Eine armselige Kreatur in Cut und Zylinder, und man weiß nicht recht, wer hat hier wen gequält.«[200] Trotzdem dürfte es nach jeder Vorstellung auch für Wessely ein glücklicher Tag gewesen sein, denn er ist ein ›Theatertier‹, das im und für das Spielen lebt.

Rudolf Wessely ist ohne Frage einer der ›ganz Großen‹. Er arbeitete an den Kammerspielen einige Male mit Ernst Wendt und anderen Regisseuren zusammen in so zentralen Rollen wie Claudius im *Hamlet,* Shlink in *Im Dickicht der Städte,* als Weltverbesserer im gleichnamigen Thomas-Bernhard-Stück, als Cymbelin oder als Narr im *Lear.* Aktuell spielt er die Titelrolle im *Nathan* und in Dorns Inszenierung von *Androklus und der Löwe.*

In Kürze gibt es in der aktuellen Spielzeit eine Brecht-Inszenierung, die dem Brecht-Kenner und -Bewunderer gewidmet ist: »Es ist mir unangenehm, dass darüber gesprochen wird, ich habe gedacht, das ist immer noch im Bereich des Geheimnisses. Aber was kann in der Welt schon ein Geheimnis bleiben? Ja, das ist ein ungewolltes Geschenk, das mir Dorn und das Theater machen. Brecht ist für mich eine der bewegendsten, aufregendsten, mich aufwühlendsten Erscheinungen, die es gibt. Ich weiß natürlich, dass es heute zum guten Ton gehört zu sagen, Brecht, das ist ein alter Hut, der konnte nicht einmal ein Gedicht schreiben – nun, er ist der größte Lyriker des zwanzigsten Jahrhunderts. Da braucht man mit Niemandem zu diskutieren, das liegt vor, und das kann man nachprüfen. Man kann natürlich über seine Stücke ver-

Rudolf Wessely als Cymbelin im gleichnamigen Stück

schiedener Meinung sein. Wenn Sie vom *Galilei* sprechen wollen, der wohl meine nächste Rolle sein wird, wenn mir das noch möglich sein wird, das halte ich weitgehend für ein absolut geniales Stück. Wie dieser Mann, Brecht, einen sehr komplizierten Zusammenhang fasst – was ist der Fortschritt überhaupt, begreifen wir, wenn wir einen Fortschritt machen? Ich finde, es ist ein ganz wichtiger Satz, wenn er sagt, es gibt auch einen Fortschritt, der ein Fortschreiten von der Menschheit weg ist. Ein sehr genialer Satz, denn er trifft die heutige Weltsituation präzise. – Ich habe Brecht auch noch gekannt, ich kann mich sogar auch noch an Proben des *Galilei* am Schiffbauerdamm erinnern, den er als letzte Arbeit gemacht hat. Da war er schon sehr krank, konnte nur noch zwei Stunden am Tag probieren, und er ist auch nicht mehr zum Ende gekommen. Das hat dann kein Meisterschüler, sondern so ein genialer Regisseur wie Erich Engel zu Ende gemacht. Das ist eine absolut geniale Aufführung gewesen, die ich heute noch beschreiben könnte. Wir wollen natürlich versuchen – ich bin ja kein Umstürzler – das zu spielen, was an diesem Stück unsterblich ist. Bei Brecht hat die Aufführung damals fünf Stunden gedauert. Womit wir beim Thema Beschleunigung und Entschleunigung sind. Es gibt heute kaum noch Theaterbesucher, die fünf bis sechs Stunden einer Vorstellung interessiert und konzentriert beiwohnen können. Diese Medien, die uns überholt haben, deren Wirkungen jetzt Gott sei Dank auch schon in Ermattung sind, haben uns natürlich ein neues Hör- und Sehgefühl beigebracht. Und darum glaube ich, dass wir eine neue Fassung des *Galilei* machen müssen.

Auf alle Fälle wollen wir uns aber auf das Stück, auf das für mich in vielen Zügen geniale Stück einlassen.«[201]

Natürlich hat es in einem so langen Künstlerleben wie dem von Rudolf Wessely auch andere wichtige und prägende Begegnungen gegeben: »1949 von Wien nach Berlin, das ist damals ein ungeheurer Schritt gewesen. Das Erlebnis Berlin in dieser Zeit, also auch die Trümmerstadt und das Werden, hat für mich unglaublich viel bedeutet und hat mich sehr aufmerksam gemacht, hat auch einen neuen Menschen aus mir gemacht. Aus dieser Zeit stammend, ist Wolfgang Langhoff am Deutschen Theater eine der wichtigsten Persönlichkeiten, nicht nur Regiepersönlichkeiten, für mich gewesen.«

Michael Wachsmann nennt seinen Artikel über Rudolf Wessely aus gutem Grund »Der rasende Rudi«: »Das muss ein Wahnsinniger sein, dieser billardkugelköpfige Herr gesetzten Alters, der zwischen Wiener Burgtheater und Münchner Kammerspielen hin und her hetzt, aus dem Liegewagen auf die Probe und gleich wieder im Flieger zurück zur Vorstellung, der nie zur Ruhe kommt, weil er sich nie entscheiden kann, denn Welt und Theater sind schlecht … überall schlecht …«[202] Das ist eine Beschreibung, die schon ein paar Jahre alt ist, aber sie scheint immer noch zuzutreffen: Wessely ist rastlos, überall gleichzeitig und kommt immer eher zu früh als zu spät. Übervorbereitet und unter energetischem Volldampf. Geistig wach und äußerst klug formulierend. Auch als wir uns verabreden zum Gespräch ist es wieder so: Den ersten Termin muss er verschieben, weil er aus Versehen doppelt verplant ist. Beim zweiten ruft er früh noch ein-

---

Rudolf Wessely

Geb. am 19.01.1925 in Wien

1945/46 Ausbildung am Max-Reinhardt-Seminar in Wien

1946–1948 am Wiener Künstlertheater

Weitere Stationen: Schauspieler und Regisseur am Deutschen Theater in Berlin, in Düsseldorf, Wuppertal, Zürich, am Burgtheater in Wien, am Staatsschauspiel und den Kammerspielen in München

Theaterleiter des Atelier-Theaters in Bern

Direktor der Kammerspiele Düsseldorf

Daneben zahlreiche Film- und Fernsehrollen

1976–2001 an den Münchner Kammerspielen

Seit 2001 mit Dieter Dorn am Bayerischen Staatsschauspiel

mal an, ob er noch etwas (mehr) vorbereiten soll, und dann kommt er zu früh zu unserer Verabredung, während es mir gelungen ist, den interviewscheuen Intendanten vors Mikrofon zu bekommen, und es mir um jede Minute geht … Rudolf Wessely ist ein Erlebnis, er ist einzigartig in seiner energetischen Geladenheit. Sein Alter scheint ihn nicht zu bekümmern. Er ist nach wie vor glücklich, am Theater sein zu können, und will es auch noch ein paar Jahre dabei belassen.

Und da stellt sich in unserem Gespräch heraus, dass er Dorn seit einer Ewigkeit kennt, dass er als ›Scout‹ für das Burgtheater unterwegs war, um begabte Nachwuchsregisseure ausfindig zu machen. Und in Basel wurde er fündig: Da sah er die Arbeit eines jungen Regisseurs, die ihn beeindruckte. Und es war eine Arbeit von Dieter Dorn. Er holte ihn ans Burgtheater. Dorn inszenierte auch da erfolgreich, und von da an war ein Band geknüpft. Als Dorn dann in München das Sagen hatte, holte er Wessely hierher. Dorns Art zu arbeiten habe ihm am meisten eingeleuchtet und entsprochen, und so habe er es keine Sekunde bereut, diesem Ruf Folge geleistet zu haben, so Wessely: »Seine Art an Stücke heranzugehen, finde ich auch heute noch richtig. Ich weiß, dass vor allem im deutschen Feuilleton andere Richtungen bevorzugt und als lobenswert empfunden werden, aber ich finde seine Art die einzig richtige, von einem Stück auszugehen, nicht von sich selber. Die meisten Regisseure, die heute tätig sind, vor allem die jungen, die wollen vor allem sich darstellen, und ein Stück ist Ihnen dazu der Anlass – das finde ich vollkommen falsch. Auch Dieter Dorns Zurückgehen auf das Wort finde ich etwas ganz Wichtiges und ganz Wesentliches, gerade auch in einer Zeit, wo Sprache auf die unglaublichste Weise deformiert wird durch eine Alltagssprache, die die Hochsprache eigentlich zerstört und verunmöglicht. Gerade hier am Theater muss man wissen, dass das Wort das wesentlichste Element für uns ist. Wie könnten wir Erkenntnisvorgänge, Lebensformen immer wieder ausprobieren – und das ist ja unsere Aufgabe –, wenn wir des großen Wortes nicht mächtig wären. Vielen Leuten ist Pathos heute fremd, und es erscheint ihnen unnatürlich. Nun glaube ich, dass es nicht Aufgabe der Kunst sein kann, natürlich zu sein. Natur nachzuahmen ist, obwohl viele das nicht glauben, kunstfremd. Kunst besteht darin, aus etwas Vorliegendem etwas konstruktiv zu machen. Und das hat meiner Meinung nach Dorn immer wieder in hervorragender Weise getan. Ich arbeite ja jetzt über dreißig Jahre mit ihm zusammen, und es war immer eine Zusammenarbeit, die frei war von Instabilitäten, Widersprüchen und Konflikten. Fasziniert hat mich immer an ihm, dass er kein Querdenker ist: Er sieht seine Aufgabe nie in der Zerstörung von Stücken – Zerstörung der Konstruktion ist ja das große Schlagwort, mit dem viele heute umgehen und arbeiten, aber das kann unsere Arbeit nicht sein.«

Wessely ist weise genug, zu wissen, dass etwas zu Ende geht mit Dorn und dass man neue Entwicklungen nicht aufhalten kann: »Theater ist ja kein statischer Begriff, Theater ist vielleicht die lebendigste unter allen Künsten, weil man den Produzierenden bei der Arbeit genau zuschauen kann und sieht, wie sie das machen. Aber das wird zu Ende gehen, wie das von Ihnen angesprochene Ensembletheater auch zu Ende gehen wird. Kaum jemand hat in diesen Zeitläufen von Beliebigkeit den Wunsch nach Kontinuität und danach, sich soundso viele Jahre oder Jahrzehnte an ein Haus und an denselben Intendanten zu binden. Alle wollen, was schon Goethe sagt, ›Nur Neuigkeiten ziehen uns an‹.« Und so wird Wessely, wenn alles nach seinen Wünschen geht, am Theater bleiben, solange Dorn bleibt …

Als nächstes Stück inszenierte Dorn eine Bearbeitung des Schiller'schen *Don Carlos* von Tankred Dorst: In *Karlos* zerlegt Dorst den berühmten Stoff geradezu. Schillers ethischer Gehalt und seine ideelle Mündigkeit bleiben gänzlich auf der Strecke. Stattdessen zelebriert ein zu kurz gekommener Karlos immer neue Exzesse an Grausamkeit und Geschmacklosigkeit, bekämpfen sich ein skrupelloser Vater und ein exzentrisch-boshafter Sohn mit ungewöhnlicher Brutalität. Die Verruchtheit des Prinzen zeichnet Dorst in grellen Farben: In einem scheinbar sinnentleerten Bilderbogen findet eine krankhaft überspannte Ich-Bezogenheit ihren Ausdruck, aber auch die Verletztheit, ja Zerstörtheit der modernen Seele werden deutlich zum Ausdruck gebracht. Eine Liebesromanze zwischen Sohn und Mutter findet unter solchen Vorzeichen natürlich keinen Raum; es wird vielmehr eine gefühllose Welt vorgeführt. Auch Pläne zur Veränderung dieser Welt bleiben als hohle Phrasen unverwirklicht und wirken nur noch wie eine Parodie auf das Schiller'sche Pathos.

Die Uraufführung fand am 6. Mai 1990 statt, den Karlos spielte Ulrich Matthes, der, nachdem er von München zurück nach Berlin gegangen war, eine steile Karriere gemacht hat. Möglicherweise stimmte die Chemie zwischen Dorn und Matthes nicht, denn es kam zwischen den beiden nur zu dieser und einer weiteren kleinen Arbeitsbegegnung im *Schlusschor*. Schon 1992 verließ der Schauspieler das Haus und nahm ein Engagement an der Berliner Schaubühne an.

Im Februar 1991 folgte wieder ein Botho Strauß. Diesmal eine Uraufführung: *Schlusschor*. Eine Großzahl der ›Hausstars‹ waren besetzt: Sunnyi Melles, Manfred Zapatka, auch Ulrich Matthes und Gisela Stein, die erstmals in einem Stück von Strauß mitspielte. Strauß hatte eine Trilogie geschaffen – ein »Stück über Deutschland«.

In Teil I: »Sehen und Gesehen werden« steht eine Gruppe von Menschen auf einer Marmortreppe, angetreten zum Gruppenbild. Während der Fotograf sich abmüht, die Truppe richtig ins Bild zu setzen, gehen zwischen dem einen »Cheese« und dem nächsten die bissigen oder lapidaren Bemerkungen hin und her – bis der ›Chor‹ schließlich ein düster-bedrohliches »Kein schöner Land in dieser Zeit« absingt. Teil II: »Lorenz (Manfred Zapatka) vor dem Spiegel« ist eine Spiegelung der gesellschaftlichen Verhältnisse, unter die sich die Todesgöttin Delia (Sunnyi Melles) mischt. In Teil III: »Von nun an« spielen Elfriede Kuzmany und Gisela Stein einen Mutter-Tochter-Clinch, »der an formvollendeter Perfidie nicht zu übertreffen ist.«[203] Dies alles jedoch vor dem zeitgeschichtlichen Hintergrund des Berliner Novembers 1989: Mauerfall und Beginn eines neuen Kapitels deutscher Geschichte. Gisela Stein, die Tochter, rennt nicht zum Brandenburger Tor, sondern bleibt allein zurück und liefert sich ein Duell mit dem Deutschen Adler, der sie begattet, worauf sie ihn zerfetzt – was vielleicht eine Allegorie zu viel war.

Alles in Allem ein Botho-Strauß'sches-Zettelkasten-Puzzle, findet Gert Gliewe – dem ist kaum zu widersprechen. Das Stück wirkte, als hätte Strauß alles in einen Abend gepackt, was er schon immer einmal theatralisch umsetzen wollte: Gegenwartsspuk, Mythenbezug und Deutschland. (Rudolf Wessely kam die Aufgabe des enthusiasmierten Deutschlandrufers zu, was er selbstironisch-komisch bewältigte.) Lauter kleine Alltagsschnipsel mit großer Bedeutung. Aber wie immer: Großartige Leistungen einzigartiger Schauspielerpersönlichkeiten. Die Aufführung wurde zum Theatertreffen 1991 nach Berlin eingeladen.

Ein Neuer hat sich unter die Choristen gemischt: Es ist **Stefan Hunstein**, der nach seiner vorherigen Theaterstation Bochum 1989 zunächst ans Residenztheater kam und von den Kammerspielen abgeworben wurde. Dorn hatte den Jungschauspieler in *Clavigo* am Cuvilliés-Theater gesehen und interessierte sich für ihn.

Stefan Hunstein: »Nach der Vorstellung von *Clavigo* kamen die Kollegen zu mir und sagten: ›Wir haben eine gute und eine schlechte Nachricht für dich: Der Dorn war heute Abend in der Vorstellung – das ist die gute Nachricht. Die schlechte Nachricht ist, er ist in der Pause gegangen.‹ Am Tag darauf hat Dieter Dorn mich in sein Büro eingeladen, und wir haben ein sehr nettes, gutes, offenes Gespräch darüber gehabt, wie man sich Theater vorstellt, und über die Aufführung. Mein Eindruck war, das war eine spontane Liebesgeschichte, und ich bin mit großer Freude hierher engagiert worden.«[204]

Dorn und Hunstein hatten also sofort einen guten Draht zueinander, und Hunstein sieht es heute noch als

Thomas Holtzmann als Gloucester und Stefan Hunstein als Edgar in *König Lear*

wichtigen Schritt in seiner persönlichen Entwicklung: »Ich war sehr jung damals und war sehr abhängig davon, was Regisseure von mir verlangt haben. Diese Freiheit oder eigene Intuition, dass man ein Teil der Konzeption des Abends ist, dass man von sich aus spielt, die hatte ich bis dahin überhaupt nicht gelernt. Ich war also relativ unfrei, und ich kam in ein Ensemble, das schon sehr eingespielt war. Die Schauspieler waren sehr viel selbstbewusster im Umgang mit sich selber, im Umgang mit ihren Intuitionen, mit der Spielfreude. Wenn man überhaupt sagen kann, dass man den Beruf jemals zu Ende gelernt hat, so habe ich ein wichtiges Element in diesen Jahren, seitdem ich 1990 an dieses Theater gekommen bin, gelernt.«

Hunstein hatte davor in Bochum viel mit Andrea Breth gearbeitet, die dann von Bochum nach Berlin ging. Als symptomatisch für das Klima an den Kammerspielen erinnert sich Hunstein an eine Begegnung ganz zu Anfang mit dem berühmten Rolf Boysen: »Als ich durch die Pforte der Kammerspiele ging, da kam mir der Rolf Boysen entgegen, der ging an mir vorbei, und das sind dann Sekunden, wo sich Welten abspielen. Ich wusste überhaupt nicht, soll ich als junger Schauspieler ›Hallo‹ sagen, soll ich mich vorstellen – ich war vollkommen verunsichert. Ich ging an ihm vorbei und hatte den Moment schon verpasst, mich vorzustellen. In dem Moment dreht sich aber der Rolf Boysen um und sagt: ›Hallo‹, reicht mir die Hand und sagt: ›Ich wollte mich nur mal vorstellen – ich bin übrigens der Rolf Boysen und freue mich, dass Sie da sind.‹ Und von dieser Art von Offenheit und Herzlichkeit muss ich sagen sind eigentlich 95, oder sagen wir ruhig, 100% der Schauspieler gewesen, die damals da engagiert waren.«

Was als Höhenflug begann – das vermeintliche Eins-zu-eins-Verstehen mit Dieter Dorn –, ging erst einmal steil nach unten, erzählt Hunstein. Es ist einfach ein Unterschied, ob man sich nett unterhält und fachsimpelt oder sich in der Arbeit begegnet. »Ich bin mit den größten Erwartungen gestartet, und war erst einmal desillusioniert, weil ich an meine schauspielerischen Grenzen gestoßen bin. Das hing sehr stark mit mir zusammen, und ich wusste, es gibt zwei Möglichkeiten: Entweder ich trete den langen Weg an, oder ich mache mich wieder vom Acker. Und das war eine sehr schmerzhafte Überlegung, denn ich kam aus einem Theater, wo ich sehr viel und auch gut gespielt hatte. Nur hier war es so, dass zwei Welten aufeinander prallten, wo beide voneinander etwas anderes erwartet hatten als das, wie es dann in der konkreten Arbeit war. Und ich habe dann den Weg von ganz unten wieder über wirklich kleine Rollen hinweg angetreten. Ich habe mir gedacht, ich bleibe hier, bis ich das Selbstbewusstsein für den Beruf wiedergefunden habe, weil ich dachte, hier wird ja gutes Theater gemacht. Ich muss nur schauen, wie ich sozusagen selber in den Zustand komme, hier mitspielen zu können, und zwar als vollwertiges Mitglied.«

Es scheint mir wesentlich, hier den Integrationsprozess eines jungen Schauspielers in diese gewachsene Truppe so ausführlich zu problematisieren. Es ist nicht so, dass ihn die Kollegen dabei nicht unterstützt und aufgefangen hätten, aber letztendlich ist es der Prozess eines Einzelnen, den nur er durchzustehen hat. Ähnliches klang ja schon bei Tobias Moretti an. Hunstein weiter: »Ich bin heute froh, muss ich sagen, dass ich diesen Weg nicht abgebrochen habe, obwohl es sicherlich im Verlauf dieser mittlerweile achtzehn Jahre einige Punkte gegeben

Stefan Hunstein
Geb. am 27.07.1957 in Kassel
1979–1982 Schauspielausbildung an der Hochschule für Musik und darstellende Kunst in Stuttgart
Erste Engagements in Essen, Freiburg und Bochum, später am Bayerischen Staatsschauspiel
1990–2001 an den Münchner Kammerspielen
Parallel seit 1977 als Fotokünstler tätig, mehrere Einzelausstellungen und Deutscher Photopreis 1991
Seit 2001 mit Dieter Dorn am Bayerischen Staatsschauspiel
Lebt mit der Schauspielerin Sophie von Kessel und zwei gemeinsamen Kindern in München

hat, wo ich gesagt habe: Mensch, willst du nicht doch einmal woanders hingehen, wo es dir vielleicht im Moment besser geht? Wo die Hypothek, die plötzlich entstanden war, einfach nicht von vornherein da ist. Denn wenn man plötzlich ein bestimmtes Bild von sich hat, oder jemand hat von mir ein bestimmtes Bild, ist es sehr schwer, das wieder umzudrehen, das dauert Jahre, das war mir klar. Ich bin heute sehr froh, dass ich diesen Weg gegangen bin, dass ich die Nerven, die Geduld und die Kraft hatte, diesen Weg weiter zu gehen. Und ich habe heute nach achtzehn Jahren als Ensemblemitglied ein anderes Selbstverständnis, was den Beruf angeht.«

Hunstein hat aktuell zwei große Rollen zu spielen: Er ist die Titelfigur in Ibsens *Brand* (Regie Thomas Langhoff), und er spielt gemeinsam mit Sibylle Canonica in *Klein Eyolf* desselben Autors unter demselben Regisseur. In diesen zwei Arbeiten ist deutlich zu sehen, dass Hunstein sich freispielt und zu seiner eigenen Schauspieleridentität gefunden hat – ebenso wie in seinen Soloabenden im Haus der Kunst: *Ein Monat in Dachau* und *Gesellschaft*. Und zum Zeitpunkt des Erscheinens dieses Buches liegt eine spannende neue Arbeit vor ihm – endlich einmal wieder mit Dorn: »Wir machen *Gott des Gemetzels* von Yasmina Reza. Ich freue mich sehr auf diese Arbeit. Ich habe wunderbare Kollegen, und der Dorn wird den Rahmen bis dahin abgesteckt haben, was die Partitur angeht. Konzeption gibt es in dem Sinne nicht, sondern es gibt ein sehr genaues Herausarbeiten der Partitur. Das ist ja wie zu Viert im Raubtierkäfig: Da ist die Sibylle Canonica und die Sunnyi Melles und der Michael von Au – das sind für mich achtzehn Jahre künstlerischer Bezug zu denen und menschlicher, aber vor allem künstlerischer. Mal schaun, ich freue mich total darauf.«

Zurück ins Jahr 1992: Dorn probte wieder an einem Shakespeare. Nach fast zwölf Monaten Probezeit kam am 20. Februar 1992 *König Lear* zur Aufführung. Die Besetzung versammelte einen Großteil der ersten Garde des Hauses: Rolf Boysen war Lear, Thomas Holtzmann spielte den Gloucester, Gisela Stein die Goneril, Heinz Bennent den Narren (später abgelöst von Rudolf Wessely), Claus Eberth spielte den Kent – um nur einige aufzuzählen. Dorn hatte ein ›Vorspiel‹ hinzuerfunden, das bei Shakespeare nicht vorkommt: Rolf Boysen durch-

schreitet, in seinen Königsmantel gehüllt, die Bühne von hinten nach vorn. Bleibt an der Rampe stehen und stellt quasi eine Übereinkunft mit dem Publikum her, durch einen langen, wissenden Blick, der alles enthält, was in den nächsten Stunden kommen wird. Er dreht sich um, wirft den Mantel von sich und verlässt die Szene. »Ein großer Moment des Theaters, vielleicht der eindringlichste dieses Abends«, schrieb Sabine Dultz am 22./23. Februar 1992 im *Münchner Merkur*. Und für Jens Harzer wurde dieser Moment zur Leitlinie für seinen Beruf: »In diesen Sekunden ist alles enthalten. Ein reiner Ausdruck, der alles umfasst: das Leben, den Tod, Gott, die Zeit, Shakespeare, die Liebe, die Geburt. Dieser Moment, dieser beschwörende Blick hätte ewig dauern können.«[205]

Den Edgar spielte der neu hinzugekommene Stefan Hunstein: »Wir haben elf Monate probiert, das ist ja ein sauschweres Stück, und der Edgar ist eine sauschwere Rolle. Ich kam nur mit der Arbeitsweise überhaupt nicht zurecht. Ich wusste gar nicht genau, was ich denn erzählen sollte. Ich habe unglaublich viel gelesen zu dem Zeitpunkt, das war halt die Schule, aus der ich gekommen bin. Ich hatte *Wahnsinn und Gesellschaft* von Michel Foucault durchgearbeitet, weil ich der Meinung war, das könnte etwas mit dem Stück und der Rolle zu tun haben, und verschiedenes anderes. Aber auf dieser Ebene ist mit dem Dorn überhaupt gar nicht zu arbeiten oder zu reden, zumindest was das Verhältnis des Regisseurs zum Schauspieler angeht, denn das braucht der Dorn nicht. Das Gehege oder das Gelände, das steckt er schon selber ab. Er braucht Leute, die keine Interpretation spielen, sondern die, sagen wir einmal, wie Tiere aufeinander zugehen und miteinander spielen. Die sich die Texte greifen, die sich die Texte zu eigen machen, die aus dem Moment heraus mit dem Partner etwas entstehen lassen und tatsächlich so etwas wie eine Intuition haben müssen und eine Spielfreude und Dinge erfinden, sozusagen jenseits des Textes. Er braucht keine Leute, die darüber debattieren, sondern er braucht Leute, die selbstbewusst Dinge greifen und auf den Partner zugehen, vom Partner Dinge abnehmen … wie ein Musiker! Ich habe versucht zu fragen: Was soll ich denn spielen? Wie ist denn die Figur? Was bedeutet das denn eigentlich? Da hat er einen Satz zu mir gesagt: ›Stefan, du bist es, du musst es spielen, du bist die Besetzung, der Edgar bist du!‹ Das ist natürlich ein weises Wort gelassen ausgesprochen – was bedeutet es aber eigentlich für einen Schauspieler zu sagen: ›Das bin ich!‹ Es ist ein langer Bewusstseinsweg, dahin zu finden, bis man vielleicht eine Ahnung haben kann, was das ist: Ich, im Zusammenhang mit der Rolle. Daran habe ich immer rumgeknackt, an diesem Satz: ›Du bist es!‹«[206]

Nach dem Triumph von *Troilus und Cressida* waren die Erwartungen an den *Lear* natürlich extrem hoch. Nicht nur die Probenzeit war lang, die Stückdauer umfasste fünfeinhalb Stunden. Es erübrigt sich fast zu erwähnen, wer für Bühne, Kostüme und Neuübersetzung verantwortlich zeichnete: Es waren Jürgen Rose und Michael Wachsmann. Das Licht stammte vom Lichtzauberer Max Keller. Den Lear zu spielen, war lange Zeit Boysens Wunsch gewesen. Er bewahrte sich die Ehrfurcht vor der Rolle, indem er sich die Unmöglichkeit, sie in Gänze umzusetzen, mehr und mehr vor Augen führen musste: »Der Schauspieler, der den ganzen Lear spielt, ist noch nicht geboren. Man kann immer nur Facetten spielen, und mit den ungespielten Restbeständen tut man der Figur einen Tort an. Die Scham darüber wird im Lauf der Proben immer stärker.«[207]

Insgesamt muss gesagt werden: Der *Lear* – so die nahezu einhellige Meinung der Kritik – war nicht so ein großer Wurf, er hat die Erwartungen nicht erfüllen können. Einige Pressestimmen: »Die weiträumige Spannung des großen Beginns lässt sich fünfeinhalb Stunden nicht durchhalten […], weil Dorns ästhetischer Perfektionismus das Stück in exzessiver Probendauer gewissermaßen zu Tode inszeniert hat […] Auch Rolf Boysen kann nicht verhindern, dass die Frage aufkommt, was uns dieser störrische alte Mann angeht.«[208] Oder Gerhard Stadelmaier in der *Frankfurter Allgemeinen Zeitung*: »Shakespeares *Lear* ist ein Monster, das größere Monstrositäten nach sich zieht. Dorns und Boysens *Lear* ist ein Mensch, dem unmenschlich mitgespielt wird. Das ist die sympathischere Version, aber auch die langweiligere. Je länger der Abend weilt, desto kürzer der Atem der Inszenierung.«[209] Trotz allen Debakels: Der *Lear* blieb sieben Jahre lang auf dem Spielplan und brachte es auf 103 Vorstellungen. Wir nehmen an, alle waren ausverkauft … Und das muss einen Grund haben – nach längerem Suchen finden wir doch noch eine positive Kritikermeinung: »Man kann es ganz schlicht sagen: Weil Dorn keine geniale Inszenierung im Sinn hatte, sondern nur eine

gute, ist es eine sehr gute geworden«, so Benjamin Henrichs am 28. Februar 1992 in der *Zeit*.

Wir atmen erleichtert auf und ziehen weiter zum nächsten Dorn, der wieder keine neuen Schauspieler für uns bereit hält, aber etwas mehr Leichtigkeit und Entspannung: *Road to Nirvana* von Arthur Kopit erzählt von Al und Jerry, zwei einstmals befreundeten und mittlerweile heruntergekommenen Filmemachern, die sich nach Jahren der Zerwürfnisse in Hollywood wiedertreffen, um ein Geschäft für einen Film abzuschließen, der alles Denkbare sprengen soll. Die beiden Hauptrollen spielten Lambert Hamel und Manfred Zapatka, die Premiere war am 3. Dezember 1992.

Die Perser nach Aischylos von Matthias Braun folgte zwei Monate später als Beitrag zum Festival »Theater der Welt«, dessen Austragungsort in diesem Jahr München war. Wieder negativ gestimmte Meinungen: »Ene mene Menetekel. Dieter Dorn, oftmals für seine Neigung zu theatraler Luxussprache gescholtener Chef der Münchner Kammerspiele, hat nun ein karges, allen Ausstattungstricks entsagendes Lehr(bei)spiel angerichtet, und als Lektionsstoff dienen ihm die Perser des Aischylos in Matthias Brauns klirrend poetischer Nachdichtung […] Es ist, irgendwann muß es raus, das schiere Volkstrauertagstheater, ein auf ein rundes Dutzend Akteure verteilter Abrüstungs- und Friedensappell«, giftet Wolfgang Höbel am 14. Juni 1993 in der SZ. Warum? Offenbar wünscht sich dieser (junge) Kritiker eine andere Ästhetik, eine andere Spielweise, andere Inhalte. Bröckelt da etwas? Löst das Dorn'sche Theater, das wir alle so lieb(t)en, zumindest bei jungen Zuschauern Desinteresse aus? Unterschwellig, aber deutlich sprechen die Kritiken an, was das (künstlerische) Problem sein könnte. Nirgendwo geht Dorn das Risiko ein, eine Inszenierung ›wild‹ sein zu lassen. Überall wird mit Roses ästhetischem Perfektionismus alles ›Menschliche‹ erschlagen, glatt gebügelt. Schade. Zwei zu sehr aufeinander Eingespielte töten die Lebendigkeit ihrer Arbeit.

Während Dorn an seinem nächsten Shakespeare arbeitete, bekam das Haus einen neuen technischen Direktor. Der alte, Günter Härting, verabschiedete sich in den wohlverdienten Ruhestand, und von Brüssel kommend übernahm der ›Neue‹: **Jürgen Höfer**.

Weil es gar zu schön ist, muss hier der große Kritiker

Christopher Schmidt zitiert werden, der in seiner Hommage an Jürgen Höfer die wunderbaren Sätze schreibt: »Zwei Porschefahrer gibt es an den Kammerspielen: Dieter Dorn ist der eine, Jürgen Höfer der andere, womit die Position des Technischen Direktors allein schon vom Hubraum her verdeutlicht wäre. Höfer ist Bauleiter, Spediteur, Krisenmanager, Improvisationskünstler, Troubleshooter, Feuerwehrmann und Organisationsgenie in Personalunion. Und ein eher wortkarger Mensch mit einem Herzen aus massivem Gold.«[210] Ich hatte Gelegenheit, mich von der Stimmigkeit dieser Beschreibung zu überzeugen. Das mit dem Herz aus Gold stimmt hundertprozentig. Das mit dem wortkarg ist gelogen (wir – er – haben Stunden um Stunden ohne Unterbrechung geredet). Und das mit dem Genie muss wohl auch stimmen, da Höfer – wie aus der Kurzbiografie ersichtlich – schon oft zwei Riesenjobs an verschiedenen Stellen der Welt parallel bewältigt hat. Die Aufzählung seines Multitaskings bezieht sich auf die Umbauzeit an den Kammerspielen. Selbst als das Haus nur noch die reinste Baustelle war, sorgte Höfer dafür, dass noch irgendwo gespielt werden konnte – und er betreute den Umbau zu Ende, selbst über den Intendantenwechsel Dorn-Baumbauer hinaus.

Es ist nicht übertrieben zu sagen, dass Höfer so etwas wie die Seele des Hauses war (und an seinen jetzigen Wirkungsstätten wieder ist). Als er den Entschluss gefasst hatte, München gen Paris zu verlassen, kam eine Delegation von Schauspielern zu ihm (Canonica, Bock und Hunstein) als Abgeordnete des Ensembles, um ihn zu überreden zu bleiben. Sie haben ihn alle geliebt … und er

hängt auch heute noch, Jahre später, an ihnen. Es gab jede Menge nächtlicher Gespräche in der schwierigen Umbruchphase zwischen den Kammerspielen/dem Nichts/dem Residenztheater. Immer war Höfers Rat oder seine Fähigkeit zu vermitteln gefragt.

Seine Kenntnisse des sehr speziellen technischen Apparats eines Theaters hat er sich autodidaktisch erworben, damals, als es ihn irgendwie zu Mortier nach Brüssel an die Opéra Nationale wehte. Davor war er sechzehn Jahre lang bei Werner Ruhnau, dem großen Architekten, in Essen tätig, dann kurz bei einem Projekt von Norman Foster in Frankfurt – und dann ›ging die Post ab‹ mit einem veritablen Sprung ins kalte Wasser. Höfer erzählt, ein Freund habe damals zu ihm gesagt, das ist, als ob man von Fußball keine Ahnung hat und einen Job als Spieler bei Real Madrid kriegt. Und so ähnlich muss es auch gewesen sein, als er es gleich in der ersten Brüsseler Spielzeit mit Peter Stein, Adolf Dresen, Ruth Berghaus, Peter Sellers und Johannes Schaaf zu tun bekam. Irgendwann war dann Schluss mit Brüssel, weil die Familie beschloss, der beiden Töchter wegen zurück nach Deutschland zu gehen – und Max Keller verschaffte Höfer ein Entree bei den Kammerspielen, die gerade jemanden suchten: »Ich erinnere mich noch an mein erstes Gespräch in München, da saß ich mit Wachsmann und Dorn zusammen. Und es war wirklich so, ich habe erst lange nach diesem Gespräch erfahren, wer Dorn war, wer Wachsmann. Natürlich habe ich geglaubt, Wachsmann wäre Dorn, weil ich mich immer mit Wachsmann unterhalten habe. Der Dorn hat nichts gesagt, der saß einfach nur daneben, und Michael und ich haben uns toll

Jürgen Höfer

Geb. am 06.07.1949 in Eckersdorf bei Bayreuth

1969 Ausbildung zum Bauzeichner/Architekt im Architekturbüro Prof. Werner Ruhnau/Essen

1986–1994 Technischer Direktor der Nationaloper, Brüssel

1993–2003 Technischer Direktor der Münchner Kammerspiele

1999–2001 gleichzeitig Technischer Direktor der Oper ›Châtelet‹, Paris

2003–2006 Künstlerischer Direktor des Bayerischen Staatsschauspiels, München

Seit 2006 Technischer Direktor der Pariser Opern Garnier und Bastille und Technischer Berater der New York City Opera

Verheiratet, lebt mit seiner Frau in Paris

unterhalten.«[211] Er bekam den Job, und jeder seiner untergebenen Mitarbeiter hatte die schwersten Meisterprüfungen absolviert und brachte die tollsten Zeugnisse mit – nur der Boss, Höfer, hatte nichts dergleichen, was natürlich bei jeder Prüfung der Branddirektion oder des Gewerbeaufsichtsamtes Ärger brachte. Eine deutsche Affäre – sozusagen.

Höfer blieb noch zwei Jahre bei Baumbauer, um den Umbau der Kammerspiele abzuschließen. Und erst als alles fertig war und funktionierte, jeder seinen Platz hatte, ging er weg. Das sagt sich so einfach – in Wirklichkeit war das ganze Haus in Trauer. Ein Mitarbeiter war wochenlang unterwegs gewesen, hatte die ganze Abteilung fotografiert, und jeder hatte ihm etwas Persönliches in dieses dicke Fotobuch geschrieben: »An meinem letzten Tag kam ich morgens hin, und da lag dieses Riesenbuch, mit Fotos von all meinen Technikern, auf dem Tisch. Das war schon wahnsinnig bewegend. Da laufen dann die Tränen … Vor allen Dingen nach diesen elf Jahren, die es dann ja waren. Auf der letzten Seite haben sie nur einen Satz geschrieben: ›Danke für alles. Für deine Zeit und für alles, was du für jeden einzelnen von uns gemacht hast.‹ Das war schon bewegend, und das waren die Kammerspiele, das kriegt man nicht mehr wieder.« Aber damit noch nicht genug: Höfer brachte dann erst einmal auch noch die Geschicke des Residenztheaters unter Dach und Fach. Die gesamte Technik dort musste sozusagen eingeschworen werden auf die neue künstlerische Belegschaft – und wer hätte das besser gekonnt als Höfer. Es ist wohl so, dass einer wie Höfer, der sich Tag und Nacht einsetzt, auch etwas dafür zurückbekommt von seinen Leuten: Jede Menge Sympathie, Achtung und Respekt. Das ist die eine Seite … Die andere ist – unbenommen –, dass einer, der so etwas tut, sich damit auch holt, was er braucht.

Und dann wurde Höfer künstlerischer Direktor. Michael Wachsmann war ja nicht mehr da und diese Position noch nicht besetzt. Und hier kümmerte er sich auch erst einmal um das Seelenheil seiner Schäfchen: »Die Schauspieler haben eben auch ein bisschen darunter gelitten, dass sie nicht mehr an den Kammerspielen waren, sondern am Residenztheater. Natürlich war die Sache eine völlig andere als diese Intimität, die in den Kammerspielen herrschte.« Doch als künstlerischer Direktor musste Höfer auch noch andere Dinge mit den Schauspielern

verhandeln: Gagen zum Beispiel – und bei seinem ›Herz aus Gold‹ lässt sich vermuten, dass er für diesen Job nicht die Idealbesetzung war! Doch die Liste seiner Wohltaten ist noch nicht zu Ende: Für Ringsgwandl und Kroetz baute er auch Bühnenbilder, weil man im Haus wusste, die verschleißen sonst ein paar Bühnenbildner. »Dorn sagte, als Kroetz kam: ›Komm, mach du das Bühnenbild, denn bei dir traut er sich nicht.‹ Und das habe ich gemacht, und das ging auch gut. Ich mag den Franz ja auch gern.« Man fragt sich wirklich, warum der Laden überhaupt läuft ohne Höfer, ohne die ›Seele des Hauses‹?

Im Frühsommer 1994 erwartete die Zuschauer erneut ein Dorn'scher Shakespeare: *Der Sturm*. Das Stück zählt zu Shakespeares Alterswerk und ist sein verträumtestes und unkriegerischstes Stück. Thomas Holtzmann spielte den Prospero, Gisela Stein den Ariel, Axel Milberg den Caliban, Lambert Hamel den Trinculo und Manfred Zapatka den Stephano.

Was ist bloß los im Blätterwald, Dorn scheint es niemandem mehr recht machen zu können: »Über Dieter Dorns *Sturm*-Inszenierung zu berichten, macht wenig Spaß. Viel lieber schrieben wir über seine *Cosi fan tutte* im Nationaltheater, die intelligent, witzig, ironisch und sensibel selbst Jean-Pierre Ponnelles Interpretation übertrifft. Aber: Es muß sein. All das, was Dorn bei Mozart gelang, missriet ihm bei Shakespeare. Erdenschwer ist diese Aufführung, trotz der vielen witzigen Einfälle überhaupt nicht komisch«, stöhnt C. Bernd Sucher am 4. Mai 1994 in der SZ. Wir vermuten langsam einen Kritikerboykott. »Grandios« findet hingegen Armin Eichholz, der langjährige Dorn-Beobachter, die Aufführung. Eines könnte man aus der Unterschiedlichkeit der Reaktionen herauslesen: Den Jungen missfällt, was Dorn und seine Leute tun, die Alten mögen es …

Die düstere Endzeitstimmung, die Dorn dem Stück unterlegte, passte so gar nicht zu den sonstigen Sehgewohnheiten. Nachdem *Der Sturm* eineinhalb Jahre lief, gab es drei Umbesetzungen. Die junge Miranda spielte nun Anna Schudt, Trinculo wurde von Jörg Hube übernommen, und Jens Harzer schlüpfte in die Rolle des Stephano. Sowohl für Anna Schudt als auch für Jens Harzer begann hier eine große Schauspielerlaufbahn, und sie arbeiteten im Anschluss sehr erfolgreich mit Dorn.

Ladies first: **Anna Schudt** kam 1994 frisch von der Otto-Falckenberg-Schule ins Ensemble der Kammerspiele. Nach diesem ›Einspringer-Einsatz‹ im *Sturm* war Anna Schudts erste große Rolle die Klara Hühnerwadel in Frank Wedekinds *Musik* 1995 in der Regie von Jens-Daniel Herzog. Derzeit ist sie in ihrer Glanzrolle als Maria Stuart in der Inszenierung von Amélie Niermeyer am Residenztheater zu sehen.

Anna Schudt ist eine völlig unprätentiöse, natürliche, sehr sympathische Person. Sie macht kein Aufhebens um sich und ist sich gleichzeitig ihrer selbst sehr sicher. Sie hat nicht extra aufgeräumt und empfängt mich angenehmerweise einfach so in ihrer Wohnung. Wir unterhalten uns bei einer Tasse Kaffee. Jetzt sind wir wirklich in der jüngsten ›Abteilung‹ des alten Dorn'schen Ensembles angelangt. Nicht des heutigen ›neuen‹ des Residenztheaters wohlgemerkt, sondern der angestammten Dorn'schen Kerntruppe. Wenn Christopher Schmidt sie in einem Porträt eine »kraftvolle Energiespielerin« und eine »entflammte Naive« nennt, so ist es vielleicht interessant zu hören, wie sie sich selber sieht:

»Ich bin eine sehr emotionale Schauspielerin. Es gibt ja auch Kollegen, die erst mal eher technisch an die Sache herangehen. Es gibt auch Phasen: Am Anfang habe ich ganz anders probiert und auch ganz anders gespielt, als ich das jetzt tue, und zwischendrin habe ich gedacht, ich kann diesen Beruf überhaupt nicht ausüben, weil ich gar nicht weiß, wo mein Ansatz ist. Mal interessiert mich das Theaterspielen, mal das Drehen mehr. Ich empfinde mich auch als kräftig, ich bin gewiss kein ätherisches Wesen. Ich bin auch niemand, der sich in Rollen verliert oder der sich irgendwie identifizieren will. Das finde ich alles total bekloppt. Ich möchte wissen, was eine Figur denkt und was der Bogen von der Figur hergeben könnte. Ich gucke einfach, was da steht, und dann gucke ich, was mir dazu an Empfindungen einfällt, um dann wieder von der anderen Seite zu kommen.«[212]

Christina Haberlik: Die Kammerspiele waren oder das Residenztheater ist ein sehr schauspielerbezogenes Theater. Hat Ihnen Dorn erzählt, warum er Sie engagiert hat?

Anna Schudt: Nein, das ist auch gar nicht nötig. Ich

Anna Schudt als Olga und Jens Harzer als Kurt in *Feuergesicht*

weiß auch gar nicht, ob der Dorn und ich ein künstlerisches Paar wären. Wir haben ja nur einmal eine richtige Arbeit zusammen gemacht, ansonsten habe ich Stücke übernommen. Ich glaube, wir schätzen uns sehr, sind uns aber trotzdem künstlerisch relativ fremd. Das ist ja auch seine große Stärke, dass er ein Ensemble hat, das extrem unterschiedlich ist und das extrem breit gefächerte Möglichkeiten für ihn als Künstler liefert. Aber ich würde behaupten, dass unser Seelenverständnis nicht besonders groß ist.

C.H.: In welcher ›Liga‹ sind Sie inzwischen innerhalb des Ensembles gelandet? Sie spielen ja immerhin die Stuart.

A.S.: Ich glaube, es gibt keine Liga, ich glaube, man wird begabt gemacht oder man wird unbegabt gemacht. Ich habe in Berlin erlebt, dass ich nichts konnte. Ich war unfähig, irgendwie auch nur zu verstehen, was jemand von mir wollte, ich war unfähig, mich auf irgendeine Schwelle zu begeben mit den Leuten, mit denen ich gespielt habe oder spielen sollte. Das ist ja auch das Schöne an dem Beruf: Es gibt keine Sicherheit, und es ist jedes Mal ein neues Abenteuer, und man muss gucken, was man daraus machen kann. Und ich glaube, dieses Ensemble hat mich immer begabt gemacht.

Das ist eine wunderbare Formulierung, die Anna Schudt da gefunden hat – und vermutlich ist sie sehr zutreffend: Das Umfeld ist von entscheidender Bedeutung dafür, ob sich eine Begabung entfaltet oder unentwickelt bleibt. Schudt dreht auch sehr gern, einen Krimi, ein Fernsehspiel und inzwischen auch zwei Kinofilme. Aber die Angst, sie könnte dem Theater verloren gehen, sei unberechtigt, meint sie: »Ohne Theater ist es langweilig.« Es

hat sich viel angesammelt in ihrem Theaterköfferchen, von vielen Regisseuren und Kollegen hat sie sich ein bisschen abgeguckt, Positives wie Negatives – und das Negative war genauso wichtig, meint sie. »Ich habe unglaublich gerne mit einigen Menschen gearbeitet. Mit Stefan Hunstein habe ich Erfahrungen gemacht, was das Miteinander-Spielen anbelangt, die für mich im positiven Sinne sehr prägend waren, was auch bedeutet, dass ich eine Verabredungsschauspielerin bin. Er hat mir einmal einen wahnsinnig wichtigen Satz gesagt: ›Das Publikum hält dich für verrückt, wenn du das so spielst, weil dir das niemand vorgibt, weil dir kein Schauspieler den Grund gibt, es so zu spielen – und du spielst es so, weil es einmal irgendwann so war.‹ Das klingt jetzt total profan, aber es war für mich extrem wichtig, weil es eine Risikobereitschaft einschließt. Natürlich habe ich mich immer sehr orientiert an Leuten wie Gisela Stein oder Rolf Boysen oder wie sie alle heißen. Und ich habe natürlich den Fehler gemacht, so sein zu wollen wie die. Das sind Künstler, das sind große Rollendenker. Der Rolf hat mir auch einmal gesagt, als ich ihn fragte: ›Wie soll ich denn das machen?‹, da hat er gesagt: ›Du gehst beim Komma hoch und du gehst beim Punkt runter.‹«

Diese ersten Jahre an den Kammerspielen sind enorm wichtig gewesen für die Laufbahn von Anna Schudt, aber dann hatte sie doch irgendwann das Gefühl, sie muss noch mal raus, sich die Hörner abstoßen und schauen, »ob andere Wiesen auch grün sind, oder schlammig. Dorn hat gemeint: ›Wenn du das machen musst, dann mache es.‹ Wir haben aber eigentlich die ganze Zeit über Kontakt gehalten, auch vor allen Dingen über Wachsmann, der ganz wichtig für mich war, und der dann auch irgendwann gesagt hat: ›Du kannst gerne immer und zu

Anna Schudt
Geb. am 23.03.1974 in Konstanz
Schauspielausbildung an der Otto-Falckenberg-Schule, München
1994–1998 Mitglied der Münchner Kammerspiele
1999–2000 Engagement an der Schaubühne, Berlin
Seit 2001 mit Dieter Dorn am Bayerischen Staatsschauspiel
Diverse Film- und Fernsehrollen (u.a. in *Der Kriminalist*)
Lebt mit ihrem Sohn in München

jeder Zeit zurückkommen.‹« Und das hat sie dann – nach ihrem verunglückten Ausflug nach Berlin – auch getan … glücklicherweise.

Jens Harzer, schon im *Sturm* eingesprungen, war auch bei der nächsten Arbeit Dorns auf der Besetzungsliste. In Kleists *Prinz Friedrich von Homburg* – den Prinzen spielte, wie schon erwähnt, Michael von Au – hatte Jens Harzer, der derzeit im Begriff ist, zum großen Star aufzusteigen, noch eine recht bescheidene Rolle, den Siegfried von Mörner. Der Kurfürst war Rolf Boysen, die Kurfürstin Gisela Stein, Natalie, Prinzessin von Oranien war Annika Pages. Michael von Au fand einhelligen Beifall für seine erste große Rolle. »Ein guter Soldat ist der Prinz von Homburg nicht, sondern ein heißsporniger, von der Macht besoffener, eitler Träumer. Michael von Au spielt das glänzend, vielschichtig in Dieter Dorns scharf analytischer Inszenierung, die dem Stück jeden Anflug von Schwärmerei austreibt und bis hin zur Karikatur der Männer-Gesellschaft am Hof von Brandenburg entlarvt.«[213]

Doch nun geht es um Jens Harzer. »Dieser fiebrige Schauspieler mit der Aura eines seltsamen Heiligen«, so schilderte ihn Wolfgang Höbel in der *Süddeutschen Zeitung* nach seinem Auftritt in *Eines langen Tages Reise in die Nacht* (2004) zutreffend. Selten traf man einen noch so jungen Schauspieler, der schon auf seine ›Markenzeichen‹ festzulegen war. In Christian Stückls Inszenierung von *Viel Lärmens um Nichts* (1992) hatte er noch während der Ausbildung eine Rolle bekommen, und während der Premierenfeier sprach Dorn ihn an: »Da war ich gerade zwanzig – also wirklich sehr jung –, da kam Dorn auf mich zu, und mit seinen ohnehin wortkargen Mitteln machte er mir deutlich, er machte so eine Geste, dann meinte er: ›Also mach jetzt mal deine Schule weiter, aber wenn du irgendwelche Anfragen von anderen Theatern im Lauf der nächsten eineinhalb Jahre hast, dann gib uns doch Bescheid, denn wir haben sozusagen ein Auge auf dich geworfen.‹ Und verrückterweise war es relativ bald so, dass ich von zwei anderen Theatern schon während der Schulzeit ein Angebot hatte. Ich sagte das dann treuherzig Dorn und Wachsmann, die dann relativ früh schon aussprachen, dass sie mich übernehmen wollten.«[214]

Harzer war sich zwar durchaus der Ehre bewusst, an den Kammerspielen engagiert zu sein, aber – er ist neben Anna Schudt der Jüngste der Kerntruppe – so allmählich machte sich ein Generationskonflikt zum Übervater Dorn und dessen Theatersprache bemerkbar: »Also das war schon großartig und von ungeheurem Respekt geprägt. Obwohl Anfang und Mitte der Neunzigerjahre bestimmt manche Verschleißerscheinungen schon da waren und natürlich junge Schauspieler in der Schule schon anfingen, eine kritische und jugendlichere Haltung einzunehmen. Eigentlich war das schon eine Generationsfrage zwischen einem 20 bis 25-jährigen Schauspieler und einem 60-jährigen Dorn und dem Theater, für das er stand. In den Achtzigerjahren war das für die Schüler längst nicht so gewesen. Und schon gab es Stimmen von Kommilitonen, ›Was soll man da?‹ und ›Gott sei dank wird man da nicht engagiert!‹ und ›Was machen die da für ein Theater?‹ und so – aber der Bonus, in dieses besondere Haus und dieses besondere Ensemble aufge-

---

Jens Harzer

Geb. am 14.03.1972 in Wiesbaden

1991–1993 Ausbildung an der Otto-Falckenberg-Schule, München

1993–1999 Mitglied der Münchner Kammerspiele

1999 Engagement an der Schaubühne, Berlin

2000 Gastvertrag am Deutschen Schauspielhaus Hamburg

Seit 2001 Engagement am Bayerischen Staatsschauspiel

2003 Auszeichnung mit dem Kurt-Meisel-Preis des Bayerischen Staatsschauspiels

Diverse Film- und Fernsehrollen (u.a. in *Requiem* von Hans-Christian Schmid)

Lebt mit seiner Familie in München

nommen zu werden, war für mich trotzdem total spürbar.«

Harzer konnte sich mit Dorns Arbeit sehr gut identifizieren. »Das begann mit der Arbeit an *Cymbelin*. Das waren auch die Jahre, in denen wir am intensivsten miteinander gearbeitet haben, vor allem an den drei Rollen in *Cymbelin*, *Amphitryon* und *Hekabe* – wo man sich dreimal auf einer gleichen Ebene mit etwas beschäftigt hat. Mit Sprache, mit der Konstruktion einer Rolle. Das lag auch sehr an dem Partner Michael Maertens, den ich schmerzlich vermisse, weil es im *Amphitryon* und in *Cymbelin* immer um eine Doppelgängerthematik ging. Den Dorn interessierte bei diesen Stücken sehr, dass die Kontrahenten sich dabei so angleichen – das war mit dem Michi Maertens in dem Sinne ganz wichtig. Und da rückte ich so an den Dorn heran. Von da an ergab es sich von Projekt zu Projekt, für das er sich entschieden hat – jetzt schon am Residenztheater –, dass ich an eine Stelle in seinem Kosmos rückte, die immer eine gewichtige Rolle spielte. Wo er mich von Projekt zu Projekt gefragt hat oder überlegt hat, ob ich dabei bin. Ich will nicht sagen, ich bin nah an ihm dran – denn das ist bei Dorn ja relativ schwer zu beurteilen –, aber es gibt doch Anzeichen, abzüglich aller Ängstlichkeiten und Scheuheiten, dass ich – von den jüngeren Leuten – lange Zeit für ihn so einen vertrauenswürdigen oder zentralen Part gespielt habe. Ich glaube, dass ich für den Dorn lange Zeit der Jüngste und von den Jüngsten dann der Wichtigste oder der Nahste wurde.«

Diese Identifikation Harzers mit dem Haus hielt auch bis zu Dorns ›Kündigung‹, erzählt er. Als dann alles unklar war, fing er natürlich auch an, sich umzuorientieren. Er nahm ein Engagement an der Schaubühne in Berlin an und kam erst über einen Umweg nach Hamburg nach München zurück. Wenn er heute mit früher vergleicht, die eigenen Anfänge an den Kammerspielen und die heutige Situation am Resi, da wird schon überdeutlich, dass sich viel verändert hat: »Naja, Boysen und Holtzmann und Stein und Helmut Griem und Peter Herzog und Helmut Pick und Claus Eberth, also die, die aus Berlin mit ihm kamen – die sind einfach nicht mehr da. Die haben bei den Ensembleversammlungen das Wort geführt. Da kommt dann vielleicht noch die Generation Hunstein, Canonica – ja, aber kein Selge ist da, keine Walser, keine dieser 55-jährigen, die jetzt dran wären. Da

sind nur noch Lambert Hamel und die Conny irgendwie – aber die arbeiten ja auch nicht mehr so eng um ihn herum.« Man muss sich ja wirklich vorstellen, dass Dorns engste und innigste Mitarbeiter zum Großteil schon nicht mehr da sind. Helmut Griem, Peter Herzog, Ernst Wendt, die alle mit ihm kamen und bereits verstorben sind. »Ich glaube, das mag ich mir gar nicht vorstellen, in dieser Enge, die Dorn auch hat, oder in dieser Ängstlichkeit oder in dieser Eingeschlossenheit, was das für ihn bedeutet.«

Wie kommen wir auf solch düstere Themen? Wir sitzen auf einer Friedhofsbank, daran wird es liegen. Wahrscheinlich ist die Zeit dieser ›Großwesire‹ wie Harzer sie nennt, tatsächlich so langsam zu Ende. Ein Peymann, ein Zadek, ein Flimm, ein Stein – und ein Dorn –, sie hatten ihre Glanzzeit in einem anderen ›theatralen Zeitalter‹. Eine Theaterepoche geht zu Ende. Harzer: »Ja, das ist aber auch ein Punkt, den ich dem Dorn oder seinem Umfeld gerne mal klarer sagen würde, obwohl ich so eng zu diesen Älteren dazugehöre: Die jetzt 35- und 40-jährigen, nun in dem Alter, wo er damals nach München kam, die werden das schon noch schaffen. Man muss nur Teile zum Beispiel vom Deutschen Theater in Berlin sehen oder vom Thalia Theater – die sind natürlich nicht mehr geprägt von einem Regisseur, das ist vielleicht der Unterschied. Aber da sind junge Schauspieler vielleicht seit fünf bis sechs Jahren zusammen, die sind so aufeinander eingespielt und die beziehen sich so aufeinander – freilich in einer sehr viel modischeren und kurzweiligeren und einer disparateren Art und Weise, weil sie ständig mit fünf verschiedenen Regisseuren arbeiten, statt mit einem. Da würde ich gerne eine Lanze für meine Generation brechen. Den Kulturpessimismus, den die Generation Dorn da an den Tag legt, den habe ich nicht, den will ich auch gar nicht haben, das wäre ja schrecklich.«

Wo er recht hat, hat er recht – die Jungen erkämpfen sich ihre eigene Existenzberechtigung und behaupten sich gegen die Gestrigen. So war es immer, und es ist auch gut so. Doch auch Harzer – der gerade groß gefeiert wurde als Woyzeck in Kušejs Antrittsinszenierung – blickt zurück: »Ich finde, wenn man jetzt so manche Arbeiten am Residenztheater sieht, dann verklärt man ja sogar die Zeit Ende der Neunzigerjahre. Wenn ich mir vorstelle, so eine leergefegte Bühne wie bei *Hekabe*, den Versuch, den er da gemacht hat, im Zuschauerraum zu spielen. Oder bei *Amphitryon*. Wir haben uns das alle leichter vorgestellt am Resi. Aber noch wird keiner von denen, mit denen Sie sprechen werden, sagen, es ist ein normales Stadttheater geworden.«

Und er setzt gleich nach: »Den Kammerspielen – oder Dorn – habe ich es zu verdanken, dass ich den Jan Bosse gefunden habe, also ein Regisseur meiner Generation, der ja eigentlich eine wichtige Rolle spielen sollte, und der für den Wechsel ans Resi auch eingeplant war – leider hat er es nicht gemacht. Bevor die Goerdens und die alle da anrückten, war etwas ganz anderes vorgesehen. In dem Sinne war Dorn einmal ein richtig guter Intendant, weil er mich mit einem wirklich sehr begabten jungen Regisseur zusammengebracht hat, den er auch in den Jahren, die ich da war, so geschätzt hat wie keinen davor und danach. Dass er mich sozusagen als seinen jungen heranwachsenden Spieler für Bosse hergab, für *Feuergesicht* und vor allem dann für *Tasso* – wo er es doch selber schwer hat, wenn einer seiner Schauspieler bei einem anderen Regisseur spielt –, da war er ein Super-Intendant. Also, das war die wichtigste Begegnung. Sogar diese ungeheure, wie er schon öfter selbst gesagt hat, diese größte künstlerische Niederlage, die Arbeit mit Zadek, war eine ganz wichtige Begegnung für mich.« Jetzt ist Jens Harzer zum ›Star am Resi‹ avanciert.

Wir verlassen den Friedhof, nicht ohne Dorn noch einen großen Coup für seine letzten Jahre zu wünschen … und nicht ohne ein Schlusswort von Jens Harzer: »Ich bin am Resi wegen Dorn und nicht wegen einem anderen Regisseur. Wenn ich mit anderen Regisseuren arbeiten wollte, so wollte, dass Dorn wegfiele, dann wäre ich nicht hier. That's it.«

Was für ein Debakel um das neue Botho-Strauß-Stück *Ithaka* (Premiere 19. Juli 1996). Im Vorfeld hatte Helmut Griem die Rolle verweigert, und es musste Ersatz gefunden werden. Griem: »Ich fand die Adaption der Homer'schen Epik für die Bühne nicht überzeugend. Die Rolle des Odysseus langweilig und der politische Aspekt (Warum heute dieser Teil der Odyssee? Ist Odysseus ein Law-and-Order-Mann, der mit der verkommenen Gesellschaft mal ordentlich aufräumt?) bereitete mir Unbehagen. Ich hätte nur sofort Nein sagen müssen. Aber ich stand allein mit meiner Meinung über das Stück gegen den Regisseur, Dramaturgie, Verleger und Kolle-gen. Und da bin ich zwischendurch mal schwankend geworden … und dann wurde ich von der Presse als verknöcherter Alt-Achtundsechziger hingestellt […] Aber die ganze *Ithaka*-Chose hinterließ natürlichen einen Riss in der Dorn-Griem-Tapete.«[215] Kein Geringerer als Bruno Ganz sprang ein, und der Medienhype war noch einmal so groß. In der Premiere sollen von sechshundert Plätzen vierhundert von Presseleuten besetzt gewesen sein. Es muss mit an Sicherheit grenzender Wahrscheinlichkeit davon ausgegangen werden, dass dieser Rummel um den neuen Botho Strauß völlig überzogen war. Etwa, weil es einen Eklat um seinen Text *Anschwellender Bocksgesang* gegeben hatte, in dem er sich medienwirksam in eine Ecke geschrieben hatte, in die er, so möchte man hoffen, doch nun wirklich nicht gehört.

Ithaka ist die Bearbeitung der Heimkehrergesänge der homerischen Odysse, die sich eng an die Übersetzungen von Johann Heinrich Voß und Anton Weiher anlehnt. Das Schauspiel beginnt mit der Rückkehr des Odysseus nach Ithaka. Er kehrt in der Verkleidung eines Bettlers an seinen Hof zurück. Die einst schöne Penelope ist über ihr Unglück fett geworden und hält die Freier, die den Hof zu einem Ort dekadenter Ausschweifung gemacht haben, mit List hin. Odysseus schlachtet in einem Rachefeldzug die verweichlichten Fürstensöhne ab. Botho Strauß' erster direkter Rückgriff auf einen antiken Mythos und zudem das Ende mit der Wiederherstellung der alten Ordnung brachten ihm den Vorwurf ein, dass er mit dem Stück »Rückschritts-Sehnsüchte« (Sigrid Löffler in *Theater heute*, 8/1996) verbinde. Die Aufführungen 1996 in München und 1997 am Deutschen Theater in Berlin bestärkten die Kritiker in ihrer Haltung gegenüber Botho Strauß. Es ließe sich untersuchen, ob Odysseus als mythischer Mensch einen Gegenpol zur selbstvernichtenden Aufklärung verkörpert. Die aufgeklärte Gesellschaft der Freier bringt zwar verschiedene Absichten zum Ausdruck, kommt jedoch über Absichtsbekundungen nicht hinaus. Botho Strauß entwickelt in dem Stück ein nicht-lineares Zeitkonzept, das den Vorwurf des Restaurativen entkräften könnte. Die Beschäftigung mit dem Stück kann als eine Beschäftigung mit der Zeit und mit dem Erinnern gesehen werden. Es könnte untersucht werden, ob die verfettete Penelope-Figur als eine verschlüsselte Demokratie-Kritik verstanden werden kann. Wieder ist der Endlos-Interpretation Tür und Tor geöffnet.

Oliver Nägele war relativ neu am Haus, und Dorn besetzte ihn in *Ithaka* als Sauhirten Eumaios. Nägele kam vom Theater Bochum an die Kammerspiele.

Jens-Daniel Herzog und Christian Stückl wurden von Dorn losgeschickt, um sich Oliver Nägele in Bochum anzusehen. Der kam daraufhin nach München, um sich vorzustellen, und Dorn fragte, was er denn vorsprechen wolle. Nägele sagt, er sei völlig vor den Kopf gestoßen gewesen, denn er hatte eigentlich mit einem Gespräch und Vertragsverhandlungen gerechnet. Er hatte nichts vorbereitet, er hatte überhaupt noch nie vorgesprochen, war immer von einem Engagement zum anderen weitergereicht worden. Was unmittelbar einleuchtet, wenn man ihn spielen sieht. Sein aktueller Auftritt als Biff in *Tod eines Handlungsreisenden* geht wirklich unter die Haut. Wache grüne Augen, Schnelligkeit im Denken, markante Augenbrauen kennzeichnen ihn.

Die erste Rolle in München dann gleich bei Dorn: »Ja, gleich beim Chef, gleich bei *Ithaka*, mit Bruno Ganz als Odysseus, und ich war Eumaios, der Sauhirt. Und das war eine anstrengende, eine Riesen-Produktion. Ich musste gleich ins kalte Wasser springen mit achtzehn, neunzehn, zwanzig Kollegen auf der Bühne. Ich wurde an sich wahnsinnig positiv aufgenommen, auch von den Alten. Ganz toll. Lambert zum Beispiel lud mich zu seinem Geburtstag ein, vielleicht hatte er auch gehört, dass wir beide auf dieser Westfälischen Schauspielschule waren. Das war natürlich ganz toll – er wollte wahrscheinlich einmal sehen, wer das so ist, der Neue. Und so gingen eigentlich alle auf mich zu, auch Boysen und Holtzmann. Aber auch die jungen, Michael von Au, das sind einfach gute Leute. Es war ein herzliches Willkommen, obwohl die mich nicht kannten.«[216] Es war zwar

Bruno Ganz als Odysseus mit Oliver Nägele als Sauhirt Eumaios in *Ithaka*

völlig anders als im politisch engagierteren Ensemble in Bochum, wo man sich einmal wöchentlich zum Treffen mit allen einfinden musste. »Hier gab es dieses wunderbare Lokal Emmi«, schwärmt er, »aber das war doch etwas völlig anderes.«

Und dann die Proben, auch eine völlig neue Erfahrung: »Gisela Stein hat mir immer gesagt, was sie von meinen Rollen hielt, ungefragt. Sie war in einer Probe oder Generalprobe und hat dann gesagt: ›Ach Oliver, das hat mir jetzt nicht gefallen‹, oder ›das hat mir gefallen‹, ungefragt, also ganz toll. Sie hatte also eine Verantwor-

Oliver Nägele

Geb. 1957 in Frankfurt am Main

Besuch der Schauspielschule in Bochum

Erstes Engagement an den Städtischen Bühnen in Bremen

Weitere Stationen: Stuttgart, Frankfurt und Schauspielhaus Bochum

1996–2001 Engagement an den Münchner Kammerspielen

Seit 2001 am Bayerischen Staatsschauspiel

Lebt mit seiner Familie in München

tung für die Jüngeren, die da engagiert sind, und mit denen sie ja auch spielen musste.«

Nägele spielte von Anfang an mit allen Granden – mit Rudolf Wessely im *Nathan*, mit Boysen und Holtzmann im *Kaufmann von Venedig*. »Die sind von einer Energie, das ist unglaublich«, sagt er kopfschüttelnd. Diese Euphorie und Begeisterung, mit der er erzählt, ist nicht gespielt – sie ist echt. Oder? Trau nie einem Schauspieler … Er kommt aus dem Schwärmen nicht mehr hinaus, selbst das Wort ›buffonesk‹, das man ihm oft anhängt, ärgert ihn nicht: »Also ich hoffe mal, dass das ein Kompliment ist. Man denkt ja an den Operetten-Buffone, natürlich an den etwas dicklichen Tenor mit schwarzgefärbten Haaren. Es ist natürlich auch etwas dran, wenn man mir zusieht.« Verglichen mit anderen Wechseln von Stadt zu Stadt, von Theater zu Theater, hat er den Wechsel von den Kammerspielen ans Resi natürlich als ein Kinderspiel empfunden. Aber eine Entwurzelung und Neueingewöhnung war es natürlich trotzdem …

Nägele versteht die Miesmacherei um Dorn und sein Ensemble seitens der Presse nicht. »Ich stand gestern einem jubelnden Publikum gegenüber, vorvorgestern stand ich einem jubelnden Publikum bei *Nathan* gegenüber, und ich habe gedacht, super, die Kritikaster müssten sich das einmal ansehen. Ich habe zu Wessely gesagt: ›Das ist ja wie im Rockkonzert hier‹, das war doch ein Riesenapplaus. ›Müdes, ermüdetes Theater‹, das fand ich überhaupt nicht, sonst sind die Zuschauer anscheinend alle doof. Das ist äußerst vital und gestern genauso, bei *Floh im Ohr*. Ich weiß es nicht, ich denke das ist Politik. Es gibt immer welche, die sagen, das Alte muss weg, jetzt kommt das Neue.«

Aber ansonsten gibt es auch noch ein Leben außerhalb des Theaters für Oliver Nägele. Er kümmert sich – gern – um seine Kinder, er malt, er könnte tausend andere Dinge tun und fiebert nicht unbedingt dem Ende der Theaterferien entgegen.

Lückenbüßer, Verlegenheitslösung, Wunschstück, Hommage an die Doyens der Kammerspiele, Holtzmann und Boysen? Es könnte all das sein und nichts von alledem, sondern die schiere Begeisterung für diesen Autor: Dorn inszenierte mit seinen beiden Granden Thomas Bernhards *Der Schein trügt*. Ein Publikumsreißer sowieso, und auf jeden Fall in dieser Besetzung! »Ein Zwischen-

hoch«, bekam man zu lesen, im Januar 1998. Karl (Boysen), dem ehemaligen Jongleur, ist seine Frau gestorben. Der andere, Robert, einst Schauspieler, kommt immer dienstags zu Besuch – eine typische Bernhard-Stück-Anordnung. Zwei ›alte Meister‹ haben ein Meisterstückchen abgeliefert.

Im nächsten, mit Spannung erwarteten ›großen Dorn‹ haben wir es wieder mit Shakespeares Alterswerk zu tun: *Cymbelin* kam im Sommer 1998 heraus. Es war eine der drei letzten Inszenierungen Dorns an den Kammerspielen. Von dieser Zeitrechnung konnte natürlich damals niemand ausgehen. Es ist dennoch spannend, diese Arbeiten unter diesem Aspekt zu sehen. Es folgten noch *Hekabe* von Euripides und Kleists *Amphitryon*, beide 1999.

Cymbelin ist nicht nur Shakespeares Spätwerk zuzuordnen, sondern es ist sogar sein letztes Stück. Die Bühne war als große Ausnahme nicht von Rose, sondern Dorn hatte sie gemeinsam mit Martin Kinzlmaier entworfen. Auch um die Kostüme kümmerte sich Dorn selbst. Michael Wachsmann hatte neu übersetzt. Die Titelfigur des Cymbelin spielte Rudolf Wessely, eigentlich eine Nebenrolle, da es sich um einen abgedankten König handelt. Innogen, die traumverlorene Königstochter, spielte Sunnyi Melles. Gisela Stein hatte die Mini-Rolle des Jupiter, Irene Clarin war die böse Stiefmutter, Helmut Stange ein hinreißender Pisanio. Jens Harzer war Leonatus, der Geliebte der Innogen. Und der, der uns hier interessiert, Michael Maertens, war sein Widersacher Iachimo. Als größte Leistung Dorns galt der Kritik, dieses Stück von seinem Schattendasein befreit und gezeigt zu haben, wie viel Potenzial darin steckt. Und Dorn hatte aus dem eher schweren ein leichtes Stücklein gemacht. Da es nicht oft vorkommt, dass C. Bernd Sucher der Arbeit Dorns ein Lob ausspricht, muss dieses hier unbedingt wiedergegeben werden: »Die größte Leistung Dorns ist also der Beweis, wie amüsant und kurzweilig das Tohuwabohu im Haus des Königs Cymbelin ist, wie kurios das Intrigenspiel. […] Dieser Beweis gelingt mit einer heiteren Leichtigkeit, die es an deutschsprachigen Bühnen wahrlich selten zu bestaunen gibt. Dorn muß nicht dekonstruieren, nicht dramaturgisch eingreifen, nichts kürzen und nichts dazuerfinden […]. Mit der größten Gelassenheit entwickelt Dorn die Geschichte, die aus dreien besteht. Als gäbe es weder

Christoph Marthaler noch Andreas Kriegenburg, weder Christoph Schlingensief noch Frank Castorf, bleibt Dorn seinem Stil treu, den er sehr früh schon als ›sinnliche Aufklärung‹ beschrieben hat. [...] wann war der Regisseur je so heiter, so gelassen.«[217] Der Star des Abends war – wieder einmal – das Ensemble. Alle waren gut, und ihr ›Zeremonienmeister‹ hatte sich selbst übertroffen.

Uns interessiert der ›Neue‹: **Michael Maertens** spielte in *Cymbelin* erstmals bei Dorn und blieb bis zum Intendantenwechsel 2001. Hier spielte er Iachimo, einen römischen Verleumder, kalt und perfekt – und doch voll funkelnder Selbstironie und Komik.

Michael Maertens entstammt einer Schauspieler- und Theaterfamilie. Vater und Geschwister sind ebenfalls Schauspieler, der Großvater war Intendant am Thalia Theater. Das Rollenverzeichnis des doch noch recht jungen Schauspielers macht schwindlig. Und die Liste der ersten Häuser, an denen er engagiert war, ebenso. Es muss einen Preis haben, so erfolgreich zu sein: Der Preis ist Entwurzelung – zumindest geografisch. Hier stellt sich die Frage: Wie verabredet man sich mit Jemandem, der so gefragt ist und stets an diversen Orten gleichzeitig zu sein scheint?

Es gelang schließlich doch an einem verregneten Tag in Salzburg (Brotmesserwetter) in einer Pause der Proben zum *Sommernachtstraum*. Zettel/Maertens steht wahrhaftig vor mir! Man erwartet – weil es so schwer war – einen hocheitlen Menschen, dem der Erfolg den Kopf verdreht hat – und begegnet einer ausnehmend freundlichen, völlig uneitlen Person. Es wundert, dass er sich überhaupt noch an seine Münchner Zeit zurückerinnern kann, aber er kann: »Als ich dort auf die Schule ging, das muss so ´84 gewesen sein, da war die Hochzeit der Kammerspiele. Das Ensemble hatte dermaßen Kraft und Potenz und Stärke und Buntheit, und die haben sich gemeinsam so eingespielt, und da waren so viele prägende Aufführungen, und ich war ein richtiger Fan. Einerseits war ich beschäftigt mit meiner Schule, auf der anderen Seite habe ich mich heimlich in Proben geschlichen, habe mir Aufführungen zum Teil vier bis fünfmal angeschaut und habe mich verliebt in das Ensemble und in die Arbeit des Theaters.«[218]

Christina Haberlik: Sie waren ja eigentlich nur relativ kurz Mitglied der Münchner Kammerspiele, dennoch definiert Sie Dorn als Mitglied seines Kernensembles. Wie erklären Sie sich das?

Michael Maertens: Ich kann es mir kaum erklären, weil er ja nun schon so lange Theater macht und wir eigentlich nur zweieinhalb Jahre miteinander gearbeitet haben. Drei Stücke haben wir gemacht. Vielleicht waren die drei Arbeiten, die wir zusammen gemacht haben, für ihn wichtige, intensive Arbeiten. Für mich waren sie sehr wichtig, und es ehrt mich einfach, es macht mich gewissermaßen stolz.

C.H.: Waren es prägende Jahre für Sie, obwohl Sie schon an so vielen anderen Theatern gespielt haben?

M.M.: Das war absolut prägend. Als ich von der Schule nach Hamburg ans Thalia Theater ging und dann, rastlos wie ich war, nach Berlin und in viele andere Städte, hatte ich immer in meinem Hinterkopf: ›Ich bin eigentlich erst angekommen in meinem Beruf, wenn ich es irgendwann einmal schaffe, in dieses Ensemble zu geraten.‹ Irgendwann hatte ich dann das Glück, ein Gespräch zu bekommen, und da habe ich mich geradezu angebiedert, ob ich nicht zu denen kommen kann, und das klappte dann glücklicherweise.

C.H.: Welcher dieser großen alten Schauspieler hat sie besonders beeindruckt oder beeinflusst?

M.M.: Oh, das sind viele – das fängt bei den Jüngeren schon an: Also ich war verknallt in Edgar Selge, ich war verliebt in Ignaz Kirchner, ich habe gekniet vor Holtzmann und vor Lühr; ich war verknallt in Sunnyi Melles, Frau Nicklisch und … ich weiß nicht in wen noch alles … Ich hatte das Glück, den Sohn von Rolf Boysen zu spielen, *Lorenzaccio*, von Alfred de Musset, in Thomas Langhoffs Regie. Da war er mein Vater, und ich war sehr nah bei ihm und konnte ihn sehr genau studieren, und das war toll. Er ist ja wie ich ein Norddeutscher, hat wahnsinnig viel Humor und hat sich meiner dann ganz lieb angenommen. Das war einer, den ich ganz besonders verehre. Und jeder, der da spielt ist wichtig – und deswegen war ich ja so stolz, dabei zu sein.

Drei gemeinsame Inszenierungen haben – wie oben beschrieben – Dorn und Maertens miteinander gemacht: *Cymbelin, Hekabe* und *Amphitryon*. Die letzte Arbeit, als Jupiter, schien ihm die wichtigste zu sein, aber auch an

Michael Maertens als Jupiter, Sibylle Canonica als Alkmene und
Jens Harzer als Amphitryon im gleichnamigen Stück

die beiden anderen hat er gute Erinnerungen. Besonders
Jens Harzer, mit dem er in allen drei Stücken spielte, hat
sich in sein Gedächtnis eingegraben: »Das erste Mal habe
ich Jens Harzer gesehen in einem Stück von Botho
Strauß, *Ithaka*, und da bin ich schier vom Hocker gefallen, da dachte ich: ›Was ist denn das für ein toller, zarter
und doch so leidenschaftlicher Mann?‹ Und dann haben
wir dreimal zusammen gespielt, in allen drei Stücken, die
ich gemacht habe. In *Amphitryon* waren wir sogar Dop-
pelgänger. Ich habe mich ein bisschen in seine Kunst verliebt, und er mochte mich, glaube ich, auch sehr gerne.

Den vermisse ich auch oft, ich beobachte ihn aus der
Ferne, und ich hoffe, dass wir bald wieder einmal zusammenkommen.«

Nach diesen drei Arbeiten war er über alle Berge, die
Karriere ging weiter steil nach oben. Er ließ sich erst einmal fest anstellen am Bochumer Theater, wahrscheinlich
eher wegen seines Freundes Matthias Hartmann – um
ein erneutes Mal feststellen zu müssen, dass er nicht sess-
haft ist. Hartmann beeinflusste dann auch seinen weiteren Weg: Maertens begleitete ihn auf seinen Stationen –
erst ans Schauspielhaus Zürich, und nun wird es bald an
die ›Burg‹ nach Wien gehen.

Da Maertens die Münchner Zeit sehr prachtvoll dar-
stellt und vielleicht gar glorifiziert, stellt sich die Frage,
warum er überhaupt von hier weggegangen ist? »Das hat
einerseits wirklich etwas mit einer Rastlosigkeit zu tun,
und andererseits mit dem sich anbahnenden Ende dieser
Münchner Kammerspielzeit. Es zog mich wieder woanders hin, auf einmal rief Berlin, auf einmal rief Wien,
dann dachte ich, man muss ans Burgtheater gehen als
Schauspieler. Aber das geht mir ja heute noch so, ich rase
wie ein Irrer von einem Theater zum anderen, mich hält
es oft nicht so wahnsinnig lange an einem Ort.« Auf die
abschließende Frage, wem er seine atemberaubende
Karriere zu verdanken habe, von wem die Talent-Gene
stammen, antwortet Maertens: »Ich glaube von meiner
Mutter, das ist die einzige in der Familie, die nicht Schauspielerin ist, die aber die theatralischste und begabteste
Person der Familie ist.«

Ich beschwere mich ein bisschen über die liebevollen
›Lobhudeleien‹, und Maertens versichert, es sei die
Wahrheit und nichts als sie gewesen, die er mir erzählt

Michael Maertens
Geb. am 30.10.1963 in Hamburg
1984–1987 Ausbildung an der Otto-Falckenberg-Schule in München
Debüt und weitere Engagements: Thalia Theater Hamburg, Schiller-Theater Berlin, Deutsches Theater Berlin
1999–2001 Mitglied der Münchner Kammerspiele
Weitere Stationen: Berliner Ensemble, Schauspielhaus Bochum, Burgtheater Wien, Schauspielhaus Zürich
Nestroy-Theaterpreis 2005 als »Bester Schauspieler«
Verheiratet mit Mavie Hörbiger
Lebt in Zürich und Wien

hat … Damit ist Zettels Pause zu Ende, er muss nun weiterträumen – pardon, proben. Und damit sind sie alle vorgestellt, die Schauspieler des Dorn-Ensembles.

Noch ein paar Worte zu den letzten beiden Dorn-Arbeiten, bevor die Kammerspiele in neue Hände übergehen und die Dorn-Truppe verwaist nach einer neuen Orientierung sucht.

Hekabe, Euripides' grausames Rachespiel, hatte im Februar 1999 Premiere. »Furchtbares Leid kroch über Priamos' Geschlecht« schrieb Euripides vor 2500 Jahren. Michael Wachsmann hatte eine neue Übersetzung geschaffen, die jedoch den archaischen Duktus beibehielt und lediglich einige heutige Worte hinzufügte. Ein wenig wurde der aktuelle Bezug zum Kosovo-Krieg bemüht, um die Sinnlosigkeit des Gemetzels von damals mit heutigen Greueln zu verbinden. Gisela Stein spielte eine rasende Furie, Jens Harzer ihren Sohn Polydoros, Michael Maertens den Odysseus, Lambert Hamel den Agamemnon. Dorn hatte bereits von seiner ›Kündigung‹ Kenntnis und äußerte sich in Bezug auf dieses rachsüchtige Stück folgendermaßen: »Wovor ich ein bißchen Angst habe, ist, dass diese Premiere als Antwort angesehen werden könnte auf das, was hier in den letzten Wochen mit den Kammerspielen passiert ist.«[219] Selbstverständlich meint er das – wenn auch gekränkt – ironisch. Die *Hekabe* war längst geplant, bevor das Debakel um Dorns Vertrag losging. Im Nachhinein bekommt das Stück natürlich doch etwas Programmatisches, das

Ensemble betreffend: Diese Titelrolle war wie für Gisela Stein geschaffen – so hatte sie noch einmal, als Dorns Protagonistin, die ihr gebührende große Rolle, als Abschied von diesem besonderen Haus.

Das wunderbare Kleist-Stück *Amphitryon* wäre Dorns letztes ›Geschenk‹ an das Publikum gewesen, wenn er durch die Beendigung seines Arbeitsverhältnisses mit der Stadt München die Stadt verlassen hätte. Drei Schauspieler bildeten den Kern des Stücks: Sibylle Canonica als Alkmene, Jens Harzer als Amphitryon und Michael Maertens als Jupiter. Maertens: »Also für mich war die bedeutsamste Arbeit der Amphitryon, weil das ein kleines Ensemble war, wo wir relativ lange und so intensiv probiert haben. Und da habe ich eigentlich auch Dorn am intensivsten kennen gelernt. Die Arbeit mit Frau Canonica und Hamel und Jens und allen anderen, die noch dabei waren, war sehr intensiv und sehr schön. Wir haben das auch wahnsinnig lange gespielt und es dann übernommen ins Residenztheater.«[220]

Der Premierenabend in den Kammerspielen endete mit einem Triumph: Dorn, der niemandem etwas zu beweisen hatte, bewies dennoch mit seinen Leuten – wieder einmal –, dass es kaum etwas Besseres gab auf deutschen Bühnen … Am Schluss: Tosender Beifall (zehn Minuten!) – eine demonstrative Sympathiebekundung. Als Dank für das scheidende Ensemble und seinen Intendanten? So wird es wohl gemeint gewesen sein … München leuchtete. Ein letztes Mal.

Die Umbauarbeiten am alten Haus hatten begonnen, die Bauarbeiten am ›Neuen Haus‹ ebenfalls. Es konnte kaum noch geprobt und gespielt werden und, wie schon geschildert, ließ sich Jürgen Höfer ständig neue Ausweichprobebühnen und -spielstätten einfallen. Unter diesen erschwerten Bedingungen kann man eigentlich kaum noch von einem ›normalen‹ Spielbetrieb sprechen. Die beiden letzten Spielzeiten 1999/2000 und 2000/2001 waren im Grunde aus einem ›Notprogramm‹ zusammengesetzt. Ein paar junge belastbare Regisseure – im Sinne von theaterhungrig genug, um die Widrigkeiten in Kauf zu nehmen – inszenierten, darunter der hoch begabte Jan Bosse, Peter Wittenberg, Antoine Uitdehaag sowie Florian Boesch. Die Abbildung der Baugrube im Dezember 2000 vermag zum Ausdruck zu bringen, wie die Zustände tatsächlich waren.

Baustelle Kammerspiele, Dezember 2000

Die wichtigsten Regisseure der Dorn-Ära an den Kammerspielen

An dieser Stelle soll den wichtigsten Regisseuren der Ära Dorn eine kurze Würdigung zuteil werden: Selbstverständlich lebte das Dorn-Ensemble nicht nur von Dorn-Inszenierungen allein. Es gehört eine lange Reihe wichtiger Inszenierungen anderer Regisseure zum großen Kammerspiel-Erfolgsreigen. Frauen auf der Regiebank sind allerdings kaum zu finden. Den einen oder anderen zaghaften Versuch hat es zwar gegeben – aber die Zeit der Regiefrauen war wohl noch nicht gekommen … Wichtige männliche Regiekollegen waren hingegen, in der Reihenfolge ihres Erscheinens:

George Tabori an den Kammerspielen 1977–1986

Tabori schildern, in ein paar Zeilen? Völlig unmöglich und unangemessen! Ein paar Schlagworte also: Ein großer, großartiger Regisseur, ein Outlaw, ein Gemütsmensch, ein Ausbund an wundersamem Humor (er durfte Judenwitze erzählen) – und ein Plagegeist für die Schauspieler auf den Proben. Aber egal – sie liebten ihn. Er hatte Guru-Qualitäten. Tabori, ungarischer Abstammung, jüdischen Glaubens, den er wohl nicht praktizierte, wegen dem er aber vom Nazi-Regime verfolgt wurde, war ein Theatergenie. Die Leute lagen ihm förmlich zu Füßen, denn er war absolut einmalig. Seine ersten Arbeiten in Deutschland waren nicht die in München, aber die Münchner wurden legendär. Und auch seine Arbeitsweise ist Legende: Stundenlange Warm-ups in Gestalt von Psychotraining. Das sagt man heute so dahin, damals war es ein völliges Novum. Zu seinen größten Erfolgen zählt die grandiose Aufführung von Samuel Becketts *Warten auf Godot* 1984 mit Peter Lühr und Thomas Holtzmann in den beiden Hauptrollen. Es gab eigentlich keine Regie: Tabori ließ die beiden einfach spielen und behielt die Probensituation am Tisch bei. Ein genialer Coup! Die Qualität der Schauspieler machte eine Jahrhundertaufführung aus diesem Zusammentreffen dreier genialer älterer Herren. Weitere Inszenierungen von George Tabori in München: *Verwandlungen* 1977, *Ich wollte meine Tochter läge tot zu meinen Füssen und hätte die Juwelen in den Ohren* 1978, *My Mother's Courage* 1979, *Der Untergang der Titanic* 1980, *M* 1985, *Mein Herbert* 1985, *Die Troerinnen des Euripides* 1985 und *Totenfloß* 1986.

Hans Lietzau an den Kammerspielen 1981–1991

Lietzau war der prägende Regisseur und ›Vater‹, aus dessen Schule die ›Söhne‹ Dorn, Wendt und Clemen stammten – die quasi als Befreiungsschlag einen ›Vater-

George Tabori

Hans Lietzau

mord‹ an ihm begehen mussten. Der ›Vater‹ arbeitete dann allerdings noch ein paar Mal in München, mal mit Sicherheitsabstand auf der anderen Straßenseite und dann sogar auch an den Kammerspielen.

Jochen Striebeck erinnert sich: »Ich habe immer gesagt, einmal im Jahr muss ich mit Lietzau arbeiten, das ist wie der TÜV. Das war für mich so ein Sicherheitscheck, denn man wurde auseinander genommen und irgendwie wieder zusammengesetzt.«[221] Franziska Walser erzählt, sie habe gerne mit Lietzau gearbeitet. »Als wir zusammen gearbeitet haben, war er schon älter. Ich hatte überhaupt nicht den Eindruck, dass er Frauen nicht mochte. Er konnte toll zuhören und hatte einen unglaublich scharfsinnigen Witz, auch wenn er Kritik machte. Das konnte einen, wenn man das auf sich selber bezogen hat, natürlich auch sehr verletzen. Aber es war auch toll, also ich mochte seinen Humor sehr gern.«[222] Lietzaus Arbeiten an den Kammerspielen: *Maria Magdalena* 1981, *Onkel Wanja* 1987, *Der Theatermacher* 1988, *John Gabriel Borkman* 1989, *Der blaue Boll* 1991.

Thomas Langhoff an den Kammerspielen und am Bayerischen Staatsschauspiel 1981 bis heute

Seit 1981 hat Thomas Langhoff immer wieder bei Dorn und mit seinen Leuten gearbeitet. Das begann mit *Platonow* von Anton Tschechow 1981, und als jüngste Arbeit war Ibsens *Klein Eyolf* im Mai 2007 zu sehen. Eine Gefährtin im Ensemble fand Langhoff in seinem »klei-

nen preußischen Soldaten«, wie er Cornelia Froboess zu nennen pflegt. Beide sind berlinisch sozialisiert, beide stammen aus den dortigen Arbeitervierteln, im Volksmund ›an der Pumpe‹ genannt. Der entscheidende Unterschied war nur, dass die kleine Conny sich für den ›freien Westen‹ entschied und Langhoff im Arbeiter- und Bauernstaat blieb. Sie nennt ihr Verhältnis zu ihm eine große Lebensarbeitsfreundschaft.

Langhoffs wohl größter Erfolg war das selten gespielte Stück *Lorenzaccio* von Alfred de Musset im Jahr 1985 an den Kammerspielen. Ebenfalls unvergessen *Die Frau vom Meer* von Ibsen 1989, mit Cornelia Froboess in der Titelrolle. »Thomas ist schnell, ist der Schnellste. Er überholt alle, im Reden und körperlich. Er ist immer um Längen voraus und immer auf der Suche. Thomas ist frech. Er ist, inszenierend, ein Schauspieler geblieben, ein großer, sehr frecher Komödiant«, so Froboess.[223] Langhoffs Inszenierungen an den Kammerspielen: *Platonow* 1981, *Ein Freudenfeuer für den Bischof* 1982, *Emilia Galotti* 1984, *Lorenzaccio* 1985, *Pippa tanzt* 1988, *Die Frau vom Meer* 1989, *Stella* 1991. Am Bayerischen Staatsschauspiel: *Der Vater* 2001, *Das Friedensfest* 2002, *Mutter Courage und ihre Kinder* 2004, *Der eingebildet Kranke* 2005, *Brand* 2006 und *Klein Eyolf* 2007.

Robert Wilson an den Kammerspielen 1982–1994

Seine ersten Arbeiten waren eine ästhetische Revolution. Wilson wurde so der bekannteste Theaterquereinsteiger,

Thomas Langhoff

Robert Wilson

der je die deutschen Bühnen verunsichert hat. Es begann mit *Einstein on the Beach* 1976, seinem ersten Gastspiel in Deutschland. Es folgten so berühmte Produktionen wie *Death Destruction & Detroit* 1979 und 1987, *The CIVIL warS* ca. 1983 bis 1985 und *The Black Rider* 1990 – um nur einige der bekanntesten zu nennen, die in Deutschland zu sehen waren. Sehr häufig verarbeitete Wilson in seinen Kunstproduktionen – Theateraufführungen würde zu kurz greifen – seine eigene frühe Entwicklung, die von einer Sprach- und Verhaltensstörung überschattet war. Seiner Produktionsgesellschaft gab er später den Namen seiner Bewegungstherapeutin »Byrd Hoffmann«, der er seine Heilung mitverdankte. An den Kammerspielen waren von Wilson folgende Arbeiten zu sehen: *Die goldenen Fenster* 1982, *Schwanengesang* 1989 und *Der Mond im Gras* 1994.

Franz Xaver Kroetz an den Kammerspielen und am Bayerischen Staatsschauspiel 1983 bis heute

Ein kämpferischer, politischer Querkopf, der in den Siebzigerjahren eine erste große Blüte mit seinen Mundartstücken hatte. In der Tradition einer Marie-Luise Fleisser schuf er Stücke wie *Nicht Fisch nicht Fleisch* 1983 oder *Bauern sterben* 1985. Es muss mitunter anstrengend sein, mit ihm zu arbeiten – aber es finden sich trotzdem eine Menge Schauspieler-/innen, die die Erfahrung mit ihm nicht missen möchten. Autor, Regisseur und Schauspieler, in so unvergessenen Rollen wie der des Baby Schimmerlos in der legendären *Kir Royal*-Produktion von Helmut Dietl – und eben, ab und zu ein wenig cholerisch, wie man hört.

Inszenierungen an den Kammerspielen: *Nicht Fisch nicht Fleisch* 1983, *Bauern sterben* 1985, *Ein Bericht für eine Akademie* 1986, *Der Weihnachtstod* 1986, *Der Drang* 1994, *Bauerntheater* 1995, *Wunschkonzert* 1995, *Herr Puntila und sein Knecht Matti* 1998. Am Bayerischen Staatsschauspiel: *Der Bauer als Millionär* 2002, *Servus Kabul* 2006, *Tänzerinnen und Drücker* 2006, *Der Gwissenswurm* 2007.

Herbert Achternbusch an den Kammerspielen 1985–1996

Noch ein bayerisches Original, anders als Kroetz freilich: Wie sollte das bloß gut gehen mit so einem bayerischen Sonderling. Format: Nicht integrierbar. Es ging nicht gut. Irgendwann wurde aus irgendeinem Grund ein Stück von ihm nicht aufgeführt an den Kammerspielen – Achternbusch nahm es persönlich und war hinfort beleidigt. Das war er nicht im stillen Kämmerlein, sondern öffentlich.

Er ist Schauspieler, Maler, Autor, Stückeschreiber, Filmemacher, Regisseur – sicher haben wir noch etwas vergessen. Auch die großen Kammerspieler haben gern mit ihm gearbeitet. Und zum Schluss hat dann das ganze Theater noch einen Film mit ihm gedreht: *Neue Freiheit. Keine Jobs. Schönes München. Stillstand.* Arbeiten von

Franz Xaver Kroetz

Herbert Achternbusch

Achternbusch an den Kammerspielen: *Weg* 1985, *Gust* 1986, *Linz* 1987, *Auf verlorenem Posten* 1990, *Der Stiefel und sein Socken* 1993, *Meine Grabinschrift* 1996.

Alexander Lang an den Kammerspielen 1985–1996
Alexander Lang kam aus einer anderen Welt, als er das erste Mal in München zu Gast war. Er war DDR-Bürger und brauchte eine Sondergenehmigung, um ›im Westen‹ arbeiten zu dürfen. Herausragend war sein *Don Karlos* 1985. Menschen als Kunstfiguren war das Label, das man dieser Aufführung anheftete. Die Darsteller litten sehr unter der marionettenhaften Spielweise, die ihnen der Regisseur zumutete. Das war eine neue Sicht auf den *Karlos* und in gewisser Weise wesentlich spannender als übliche Inszenierungen des Stückes. Lang kam vom Deutschen Theater in Berlin (Ost). Volker Pfüller übernahm die Ausstattung und übertrieb das Puppenhafte der Figuren ins Extrem, indem er den Schauspielern kugelrunde rote Bäckchen aufmalte. Die jungen Schauspieler fühlten sich denunziert und konnten das Konzept wohl nicht so ganz verstehen. Hans Kremer als Karlos und August Zirner als Posa können heute noch ein Lied davon singen. Sogar die ›Alten‹ hatten Probleme: Peter Lühr wollte sich keine Pappnase verpassen lassen, um als Großinquisitor besonders abstoßend zu wirken, und Romuald Pekny als Phillip II

gab sich keinerlei Blöße in seinem verständnis-unterkühlten Spiel dieser Rolle. Weitere Inszenierungen Langs an den Kammerspielen: *Phädra* und *Penthesilea* 1987, *In der Einsamkeit der Baumwollfelder* 1987, *Märchen in Deutschland* 1992, *Über allen Gipfeln ist Ruh* 1993, *Nathan der Weise* 1994 und *Letzter Gast* 1996.

Christian Stückl an den Kammerspielen 1991–1996
Ein Wunderkind der Theaterszene ist dieser urbayerische Jungregisseur. Gemäß seiner Herkunft aus Oberammergau scheint er einen unmittelbaren Draht nach oben, zum Herrgott persönlich zu haben. Als Assistent fing er an den Kammerspielen an. Inzwischen ist er selbst Intendant am Münchner Volkstheater. Dort fördert er konsequent den Schauspieler- und Regienachwuchs. Er inszeniert bei den Salzburger Festspielen, bei den Passionsspielen in Oberammergau und durfte die Eröffnung der Fußball-WM 2006 szenisch gestalten. Ein Tausendsassa also, an dessen Erfolg nur Eines wirklich verwunderlich ist: Dass er verstanden wird – denn seinem urbayerischen Dialekt hat er unverbrüchlich die Treue gehalten. Seine Inszenierungen an den Kammerspielen: *Volksvernichtung oder meine Leber ist sinnlos* 1991, *Viel Lärmens um nichts* 1992, *Edward II* 1993, *Quai West* 1994, *Roberto Zucco* 1995 und *Carceri* 1996.

Alexander Lang

Christian Stückl

2000 bis heute – Ende und Neuanfang

Dorns Vertragsende an den Kammerspielen – Die Zwangsverabschiedung

Die Kammerspiele zu Dorns Zeiten waren ein nach außen gut abgeschottetes Theater, das sein Innenleben nicht preisgab. Was – wir haben es weiter oben schon angesprochen – ihm mitunter den Ruf einbrachte, ein elitärer Zirkel zu sein. Man folgte der eingeschlagenen Richtung, war erfolgreich damit und kommunizierte nicht großartig Sinn und Absicht dahinter. Und schon gar nicht gegenüber der Presse. Michael Wachsmann: »Dass wir eine elitäre Haltung hatten, kann ich wahrscheinlich nicht ganz abstreiten, weil wir gesagt haben: Es ist uns egal. Wir machen das, was uns interessiert, und unsere Theorie heißt: Wir versuchen das, wofür wir uns interessieren, so interessant zu machen, dass sich auch die Anderen dafür interessieren. Aber wir haben es im Großen und Ganzen vermieden, uns bei der Presse, also bei den Kritikern anzubiedern. In den ersten Jahren war es egal. Später wäre es sicherlich oftmals nützlich gewesen, wenn wir uns mehr geöffnet hätten. Aber wir waren auch stolz, und das Gefühl, sich nicht abhängig zu machen oder zu sehr zu buckeln, ist viel befriedigender und wiegt den Ärger, den man sich damit einhandeln kann oder eingehandelt hat, dann letztendlich doch auf.«[224]

Dennoch hatte sich die Presse an der Dorn-Ästhetik satt gesehen, brachte dies auch immer wieder in Kritiken zum Ausdruck. Der Tenor lautete zunehmend: ›Langweilig‹. ›Das kennen wir schon.‹ Doch so lange das Publikum nicht gelangweilt ist – und das schien nicht der Fall zu sein –, hat das Programm seine Berechtigung. Michael Wachsmann resümiert: »Es ist auch nicht unsere Aufgabe gewesen, nach unseren Begriffen jedenfalls, an unserem Theater eine Palette von Möglichkeiten vorzuführen. Es sollte unsere Palette sein. Das haben viele Kritiker auch moniert. Ja, aber da gibt's doch einen Regisseur so und so oder eine Regisseurin so und so da und dort, die machen das so und so. Das kann ja jeder machen, wie er mag, aber hier nicht: Theater ist eine Publikumskunst. Theater wird für Publikum gemacht. Die erste Aufgabe der Leute, die Theater machen, ist, ihr Publikum zu finden. Sie können machen, was sie wollen. Aber sie müssen ihr Publikum finden. Das, finde ich, ist

die Aufgabe. Es ist verhältnismäßig objektivierbar, dass die Kammerspiele ihr Publikum gefunden haben, gehalten haben und auch neu gewonnen haben. Das heißt, was wir zu treiben versucht haben, ist auf ein Interesse gestoßen, was der Kapazität der Kammerspiele angemessen war. Wir haben vor allen Dingen von Anfang an keine Mätzchen mitgemacht und als Allererstes das Premierenabo abgeschafft. Das heißt, es war nicht immer dieselbe Clique in den Premieren, sondern wir haben auch diese Vorstellung eisenhart verkauft.«[225]

1998 fand ein Wechsel auf der Position des Kulturreferenten der Stadt München statt. Eine folgenschwere ›Umbesetzung‹ für den Intendanten der Kammerspiele, erzählt man sich gern. Doch die Geschichte muss nicht unbedingt so stimmen, wie sie noch heute kolportiert wird. Der Neue, so hieß es, wollte sich irgendwie profilieren, zu seinem Amtsantritt eine spektakuläre Tat vollbringen. So einfach ist es mit großer Sicherheit nicht gewesen, sondern weitaus diffiziler. Hier ein paar Deutungsvarianten, die alle keinen Anspruch auf die ›absolute‹ Wahrheit erheben. Wäre es hier um ein Theaterstück gegangen, wären in den Hauptrollen folgende Akteure zu nennen:

– Der Intendant/Dieter Dorn
– Der Kulturreferent/Julian Nida-Rümelin
– Der Oberbürgermeister/Christian Ude
– Der Künstlerische Direktor/Michael Wachsmann

Aus heutiger Sicht kaum noch nachvollziehbar – und damals ein Riesenskandal: Julian Nida-Rümelin, der neue Kulturreferent, und sein Vorgesetzter, Oberbürgermeister Christian Ude, verlängerten Dorns Vertrag an den Kammerspielen nicht. Wachsmann erinnert sich: »Ich hatte ein Gespräch mit Nida-Rümelin, wo ich ihm die Befindlichkeit von Dorn zu erklären versucht habe: Der Dorn stellt sich nicht hin und bewirbt sich. Sie müssen kommen. Wenn Sie Dorn wollen, müssen Sie sagen: ›Herr Dorn, wie ist es denn? Wir würden gerne. Würden Sie denn auch gern?‹ So. Aber Dorn wird nicht den Finger heben. Dazu ist er zu stolz. Das verstehe ich auch völlig, würde ich auch nicht machen nach 25 Jahren. Und Dorn hat den Finger nicht gehoben.«[226] Und Nida-Rümelin und Ude schlossen ihrerseits anscheinend daraus, dass, wer sich nicht rührt, kein Interesse hat. »Die Chronologie war jedenfalls so, wie man sie von uns mehrfach niedergelegt auch lesen konnte. Es sind ja böse Briefe geschrieben worden. Ude versucht heute noch, die Geschichte zu klittern. Aber davon wird sie nicht richtiger. Es war in der Tat für uns eine Überraschung und auch eine Verletzung. Das ist überhaupt keine Frage.«

Konfrontiert mit der Behauptung der Gegenseite, dass Dorn signalisiert hätte oder durch ihn hätte signalisieren lassen, er stünde nicht mehr zur Verfügung, entgegnet Wachsmann: »Warum sollten wir so etwas tun? Das ist eine Erfindung von Ude, eine Erfindung von Nida-Rümelin, weil sie sich dachten, das schluckt er irgendwie. Der ist ja lang genug da. Die sind einfach einem öffentlichen Meinungsklima, einem veröffentlichten Meinungsklima erlegen, nach dem Motto: ›Jetzt langt es eigentlich‹, was durchaus eine Strömung gewesen ist. Aber darüber will ich mich gar nicht äußern. Das ist gelaufen. Die Positionen sind klar. Wenn dazu noch etwas zu sagen wäre, dann nicht mehr von mir. Es ist alles gesagt. Es war eine Enttäuschung. Ich habe mich riesig gefreut, dass dann wiederum der Zehetmair auf den für das Residenztheater genialen Kniff kam, mit Witt zu sprechen. Dieser Switch von der einen Straßenseite zur anderen hat auch die Kalkulation, die die Stadt mit Baumbauer verbunden hat, nämlich ›Das Ensemble wird schon bleiben, und dann ergibt sich daraus etwas‹, ins Stolpern gebracht. Aber gut, das ist gelaufen. Ich muss gestehen, ich habe das auch mit gewissem Vergnügen betrachtet. Die Wunden, die das geschlagen hat, sind auf diese Weise schnell vernarbt, und ich würde sagen, sogar verheilt. Für Dorn ist die Verletzung eine heftige gewesen. Es wurde ein Stück

geleistete Arbeit einfach nicht zur Kenntnis genommen. Man hat aus ganz schlampig populistischen Erwägungen heraus entschieden. Dabei hatten sie nicht einmal die Volksstimme richtig erlauscht, sondern meinten, sie erlauscht zu haben. Es waren aber ein paar Kritiker gewesen und nicht das Volk. Dass das so schnell so geheilt werden konnte mit einem Riesenerfolg, das freut mich auch, denn dieser Wechsel auf die andere Seite war ja wirklich fulminant und phänomenal. Das kann ich wirklich als wohlwollender, fröhlicher Betrachter der Sache von außen und als Theaterbesucher sagen.«

Zum Ende der Kammerspielzeit Dorns eine Zusammenfassung der drei Gründe, die das ›Aus‹ befördert haben könnten:

1. Vielleicht war der extravagante Arbeitsanspruch doch zu abgehoben.
2. Vielleicht ließen sich die exklusiven Arbeitsbedingungen nicht weiter rechtfertigen in einer Zeit der knapperen Kassen.
3. Vielleicht hatte das Dorn-Theater tatsächlich etwas Patina angesetzt.

Eberhard Witt, der amtierende Staatsintendant am Bayerischen Staatsschauspiel, legte sein Amt frühzeitig nieder – möglicherweise wurde er sogar dazu überredet –, und Dieter Dorn war auf ›Stellensuche‹. Kultusminister Zehetmair tat das einzig Naheliegende: Er bot Dorn diesen Posten an, reduzierte so die Dorn angetane Schmach und hatte einen unglaublichen Trumpf ausgespielt. Plötzlich war Dorn Staatstheaterintendant, was für ein Titel für einen einstigen, wenn auch gemäßigten Rebellen! Kein Mensch weiß, was geworden wäre, wenn Dorns Vertrag an den Kammerspielen verlängert worden wäre. Die Frage, ob das Kammerspiel-Ensemble unter Dorn künstlerisch ermüdet war, hätte sich sicherlich zuge-

Peter Albers Gerd Anthoff Ulrike Arnold Michael von Au Robert Joseph Bartl Ulrich Beseler Rainer Bock Rolf Boysen

spitzt, und Dorn hätte – so war es gedacht – 2003 seinen Stuhl geräumt. Aber es kam anders: Der Umzug ans Residenztheater hat sicherlich einen neuen, frischen Wind mit sich gebracht. Es war so normal, gut zu sein, übergut, akzeptiert vom Publikum, fast egal, was man machte. War man eingefahren und saturiert gegen Ende der Kammerspielzeit? Mitunter hieß es ja sogar aus den eigenen Reihen, man wünsche sich das Ganze »mutiger, spontaner und streitsüchtiger«[227]. Und als es zu Ende ging an den Kammerspielen, kamen einige doch ins Grübeln. War es gar ein Glück im Unglück, dass Dorn die ›Chance‹ hatte, an einem anderen Ort, mit altem und neuem Personal neu anzufangen?

Der Neubeginn und die Jetztzeit am Bayerischen Staatsschauspiel

Dorn braucht seine Leute, er kann nicht ohne sie. So fragte er auch jeden Einzelnen, ob er mitkommt auf die andere Straßenseite, von der man vulgo nur als ›drüben‹ – im Vergleich und strenger Abgrenzung zu ›hüben‹ spricht. (Wobei es immer ganz entscheidend auf den Standort des Betrachters ankommt …) Sein ›Oeuvre‹ lebt von der Kontinuität – sowohl was die Stückauswahl als auch was die Treue zu seinen Leuten anlangt. Als 2001 der Wechsel ans Residenztheater anstand und einige Verträge nicht verlängert werden sollten, weil die Schauspieler schon ›zu alt‹ waren, um noch in ein Beschäftigungsverhältnis übernommen zu werden, soll Dorn gesagt haben: »Ich komme nicht ohne meine Leute, ohne sie kann ich nicht arbeiten.« Diese Kontinuität wirkt sich selbstverständlich auch auf die Qualität der Arbeit aus. Es ist wohl naheliegend, dass ein qualitativ besseres Theater entsteht, wenn man mit einer eingeschworenen Truppe arbeitet. Eine fast ausgestorbene Kategorie im Übrigen: Heute, wo alles schnell, schneller, am schnellsten geht, scheint so etwas nicht mehr in die Zeit zu passen. Ein ganz wesentlicher Aspekt, das Ensemble betreffend, steckt in dieser Kontinuität: Jeder kann sich nach seinem Rhythmus entwickeln. Keine Be- und keine Entschleunigung, sondern er kann genau das Tempo wählen, was er für sich braucht.

Sibylle Canonica über den Neubeginn: »Ich glaube, dass es zunächst einmal nicht nur mir, sondern allen sehr schwer gefallen ist, von den Kammerspielen wegzugehen, weil das auch in so eine unglückliche Umbruchphase gefallen ist. Wir konnten ja gar nicht bis zuletzt spielen, wir standen ja quasi auf der Baustelle, und dadurch war das so ein herausgezögerter Abschied – das hat jetzt gar nichts zu tun mit dem neuen Ensemble, das an den Kammerspielen arbeitet und das ich außerordentlich schätze. Wir haben uns zusammenfinden müssen: Es war quasi ein Teil des Ensembles des Residenztheaters, dann kam ein Teil aus Frankfurt dazu, dann kam ein Teil mit Elmar Goerden aus Stuttgart – und wir von den Kammerspielen. Es waren vier verschiedene Gruppen. Natürlich war das nicht einfach. Man muss ja erst die Sprache des anderen kennen lernen. Man muss das Haus kennen lernen, das ja ganz andere Gesetzmäßigkeiten hat. Zum Haus gehört das, was man als Zuschauer nicht sieht. Die ganzen Mannschaften, die dahinter arbeiten, die technischen Mannschaften, die ganzen Werkstätten – alles was dazugehört eben. Das war schon sehr anstrengend.«[228]

Laura Olivi: »Am Anfang war es sehr kompliziert, weil sich die Leute eben nicht kannten. Und wir waren ja gewöhnt an den Kammerspielen, eine große Familie zu sein. Aber die Integration ging nach einer Weile ziemlich

Calvin   Sibylle Canonica   Beatrix Doderer   Claus Eberth   Matthias Eberth   Cornelia Froboess   Marina Galic   Lambert Hamel

schnell. Die erste und zweite Spielzeit waren ein bisschen kompliziert. Aber jetzt habe ich das Gefühl, wir sind immer zusammen gewesen. Das ist jetzt wieder ein Ensemble. Der Dorn arbeitet doch mit allen, auch mit Leuten aus dem Stuttgarter Ensemble oder Leuten, die schon hier waren. Also ist es nicht so, dass der Dorn nur mit den Alten oder nur mit dem Kammerspiel-Ensemble weiter gearbeitet hat, sondern er hat mit allen gearbeitet.«[229]

Stefan Hunstein: »Alle gingen ja mit bis auf drei. Mir hat der Wechsel sehr gut getan. Für mich ist die Rechnung aufgegangen. Es ging noch einmal ein Ruck durch alle, weil es auch den Goldstaub der Kammerspiele nicht mehr gab. Es gab auch nicht mehr den Familienzusammenhang, so wie er vorher war. Es gab ja dort auch eine gewachsene Struktur, was den technischen Apparat und den Verwaltungsapparat angeht, und das macht im Theater sehr viel aus. Das merken die Zuschauer nicht, aber im alltäglichen Arbeitszusammenhang der Schauspieler ist das ein unglaublich wichtiger Punkt. Wenn ich nur an die Schneidereien denke, wenn ich an die Schlossereien, an die Schreinereien denke, die ganzen Techniker, an die ich mich sehr genau erinnere. Wenn wir *Lear* gespielt haben, standen sie in den Gassen und haben genau zugeschaut – und konnten genau beschreiben, wenn man etwas Anderes gespielt hatte. So sehr identifizierten sie sich. Das machte eigentlich die Kammerspiele aus. Das Gesamte: Nicht nur das Ensemble, sondern das Theater insgesamt. Das fing bei der Kassenfrau an und endete bei Dorn und Wachsmann.«[230]

Die Eröffnungspremiere im neuen Domizil war Shakespeares *Der Kaufmann von Venedig* am 11. Oktober 2001, ein Ensemblestück – natürlich in der Inszenierung des Hausherrn Dieter Dorn. Den Shylock spielte Rolf Boysen, den Antonio spielte Thomas Holtzmann, was wohl auch der Hierarchie innerhalb des Ensembles ent-

sprach. Insgesamt war die Besetzung sozusagen ausgewogen: Neun Schauspieler der früheren Dorn-Truppe und zehn der neuen Darsteller spielten in diesem Stück, das bis heute läuft.

Von nun an richtete sich der Blick der Theaterverantwortlichen optimistisch nach vorn und nicht mehr nostalgisch zurück. Nach nunmehr sieben Jahren im neuen Umfeld hat sich ein neues Selbstverständnis der Dorn-Truppe entwickelt. Bliebe zu hinterfragen, wie und ob sich die Qualität der Darbietungen verändert hat.

Und auch die Zeiten haben sich geändert, Schauspieler sind nicht mehr nur Theaterschauspieler, sondern sie nutzen legitimer Weise ihre Möglichkeiten, Film- oder Fernsehrollen wahrzunehmen. Bei den unterschiedlichen Niveaus der Gagen ist es oft so, dass der Theaterberuf zum Zubrot wird und das eigentliche Geld beim ›Fremdgehen‹ verdient wird. Das macht einen Spielbetrieb logistisch natürlich extrem schwierig, und es müssen vertragliche Vereinbarungen getroffen werden, dass so ein ›Laden‹ nicht völlig auseinander fällt.

»Ensemble? Das sieht vielleicht von außen so aus, dass es eins sei, das ist aber schon längst keins mehr. Es kommen ununterbrochen neue Leute, die wir alle miteinander nicht kennen und die uns nicht kennen. Also das alte Kammerspiel-Ensemble zerbröselt jetzt natürlich auch langsam.«[231] Das ist die ernüchternde Einschätzung von Thomas Holtzmann. Auch hier gehen die Meinungen offenbar auseinander. Lambert Hamel zum Beispiel sieht das ganz anders: »Dass er dieses Haus bekommt und dann diese absolute Nacht-und-Nebel-Aktion macht, indem er alle seine Leute mitnimmt, und zwar alle! Und natürlich sind wir mit ihm gegangen. Da ist eine Aufbruchsstimmung und auch Nervosität gewesen. Also wir sind richtig gestartet und haben losgelegt und haben Erfolg gehabt – das Haus war voll. Ich glaube, es sind erst einmal wohl alle Abonnenten mitgezogen, und wir

Jens Harzer   Thomas Holtzmann   Jörg Hube   Stefan Hunstein   Sophie von Kessel   Felix Klare   Alfred Kleinheinz   Juliane Köhler

haben jetzt glaube ich circa 12.000 Abonnenten. Da braucht man nicht zu fragen, ob wir geliebt werden oder gemocht werden. Der Dorn wird seinen Stil nicht verändern. Das ist ein großer Regisseur, aber es liegt in seiner Aufgabe als Intendant, Andere, Jüngere zuzulassen. Ich habe mit Barbara Frey gearbeitet, habe mit Goerden gearbeitet, und ich habe mit Tina Lanik zweimal wichtige Rollen gemacht. Ich finde Tina Lanik und Barbara Frey ganz großartige Frauen, und ich könnte mit denen die nächsten Jahre einfach weiterarbeiten, das würde mir reichen, ich wäre zufrieden.«[232]

Jetzt scheint Dorn endlich das zu tun, was sich Viele schon früher gewünscht hatten. Er lässt andere Einflüsse zu, auch junge Regisseure und Regisseurinnen kommen zum Zuge. Nun kann er offenbar auch andere Strömungen, andere Spielweisen, andere Theaterauffassungen akzeptieren, die vielleicht sogar nicht seiner Ästhetik und seinen Ansprüchen entsprechen, um nicht zu sagen, ihm völlig verquer sind.

Auch räumlich lag eine Chance in diesem Wechsel. Die wesentlich größere Bühne und ebenso der wesentlich größere Zuschauerraum (1000 Plätze gegenüber 650 Plätzen) bieten die Möglichkeit opulenterer Aufführungen, die ein größeres Publikum ansprechen. Thomas Holtzmann, der hier schon einmal vor vielen Jahren gespielt hat, hat den Kennerblick für die Räume: »Es hat sich eigentlich überhaupt nichts geändert, außer dass wir in einem anderen Raum spielen, den ich sehr gut kannte, weil ich unendlich viele Vorstellungen hier gespielt habe und den ich nach wie vor für gut halte – in diesem Raum kann man Theater spielen. Nicht so gut wie in den Kammerspielen, aber ich habe damals keine Probleme gehabt und habe heute keine. Da gehen natürlich sehr viel mehr Leute hinein, und dass es immer noch voll ist, ist ein Wunder. Es ist ja ein Unterschied, ob jeden Abend 650 oder 1000 rein sollen oder müssen … Wir sind ja jedes

Mal ganz belämmert, wenn zehn Plätze frei sind und sagen: ›Was ist denn los?‹«[233] Die Kammerspieler sind wahrhaft ein verwöhntes Häuflein von Schauspielern: Wenn man denkt, was in dieser Zeit in anderen Städten passiert ist, kann man sich nur glücklich preisen, täglich ein nahezu volles Haus zu haben. Es ist zwar nicht mehr ganz so, dass über jeder Vorstellung der Aufkleber ›Ausverkauft‹ hängt, aber über die Auslastung ist nicht zu klagen. Das Münchner Publikum – das wäre ein Kapitel für sich – war natürlich in einem Maße treu, dass es schon rührend ist. Die Leute wanderten mit. Sie lieben ›ihre‹ Schauspieler. Und das ist das Schöne an der Kontinuität, die durch Dorns Beständigkeit ein Publikum mit den Leuten ›da oben‹, denen sie über Jahrzehnte zugeschaut haben, verschmelzen ließ. »Das ist ja eines der Wunder, das wir auch nicht erwartet hätten. Die sind alle rüber und haben die Abonnements aufgegeben, und darum hatte der Baumbauer auch am Anfang sehr große Schwierigkeiten, weil die Leute plötzlich nicht mehr da waren«, so Holtzmann.[234] Baumbauer hat heute an den Kammerspielen ein völlig anderes Publikum – sein eigenes. Am Residenztheater dürfte man nun eine Mischung aus früheren Residenztheaterbesuchern und altem Kammerspielpublikum finden. Eine Mischung, die früher undenkbar schien.

Generell lässt sich natürlich die Frage stellen, wo das interessantere Theater gemacht wird, ›hüben‹ oder ›drüben‹. Unter Baumbauer hatten viele neue (neu für München) Regisseure die Chance, ihre Arbeiten zu zeigen: Jossi Wieler, Luc Perceval, Johan Simons, Thomas Ostermeier und viele andere. Das Ensemble verjüngte sich deutlich – es kamen ja durchweg neue Schauspieler mit Baumbauer. Vielleicht gab es an den Kammerspielen seit Baumbauers Intendanz die spannenderen Abende zu erleben – oder es ist einfach so, dass das Neue immer Neugierde hervorruft? Es war, wie es eigentlich immer

remer   Stephanie Leue   Thomas Loibl   Sunnyi Melles   Barbara Melzl   Jennifer Minetti   Oliver Nägele   Gerhard Polt

war: Die Kammerspiele hatten immer den Nimbus, das avantgardistischere der beiden Theater zu sein und erhielten stets per se mehr Beachtung. Das Theater auf der anderen Straßenseite hingegen bekam oft weniger Licht ab, und so sind wahrscheinlich die Arbeiten nicht nur von Dorn, sondern auch von Langhoff, Lanik, Beyer,

Kroetz, Goerden, Uitdehaag und wie sie alle heißen und zuletzt vom Intendanten in spe Martin Kušej vergleichsweise weniger gewürdigt worden. Dennoch ist die Auslastung am Residenztheater vorbildlich, manchmal auch optimal – und das altgewohnte Wort ›Ausverkauft‹ klebt hin und wieder auf den Spielplänen.

Abgesang und Ende – kein Nachruf!

Einige der alten Mitstreiter haben sich anderweitig orientiert. Michael Wachsmann ist nicht mehr dabei: Er widmet sich ganz und ausschließlich seiner Leidenschaft, dem Übersetzen. Jürgen Höfer entschwand gen Paris. Jürgen Rose arbeitet nach wie vor eng mit Dorn, und auch Hans-Joachim Ruckhäberle ist noch dabei, obwohl er zwischen der Hochschule in Berlin und dem Bayerischen Staatsschauspiel hin und her pendelt. Auch im Schauspielensemble gibt es spürbare Veränderungen, wie Ruckhäberle bemerkt: »Das Ensemble wandelt sich. Diejenigen, die in den Achtzigerjahren noch die absolut prägenden Figuren des Ensembles waren, sind es heute nicht mehr. Sie sind als Persönlichkeiten heute durchaus auch noch da, sind hoch geachtet, aber sie sind es nicht mehr, die das Theater im Spielplan, in den einzelnen Stücken prägen. Es hat eine klare Verlagerung von der Gisela Stein, Boysen, Holtzmann, um drei zu nennen, hin zu Sibylle Canonica, Juliane Köhler, Sunnyi Melles, Rainer Bock und Au gegeben. Jetzt habe ich ein paar sicher nicht genannt.«[235] Ruckhäberle verweist auf eine Strategie der Verjüngung, die deutlich sichtbar ist, seit die Mannschaft umgezogen ist ins Resi. Man gehe dabei zwar ein Risiko ein, meint er, mit jungen, noch unerfahrenen Regisseuren zum Beispiel, aber grundsätzlich habe man mit Regisseuren wie Elmar Goerden oder dem designierten Intendanten Martin Kušej doch eine glückliche Situation

geschaffen. Und man habe sich stets bemüht, der ›Idee Ensemble‹ treu zu bleiben.

Ebenfalls an den Chefdramaturgen richtet sich die Frage, ob und was sich seit dem Wechsel – auch programmatisch – verändert hat: »Es hat sich auf jeden Fall geändert, dass alles viel größer ist. Es mussten etliche Eingewöhnungs- und Anfreundungsprozesse stattfinden. Wir sind ja nicht in ein leeres Theater gekommen. Wir sind in ein Theater gekommen, wo sehr viele Menschen bereits da waren. Ich denke, die hatten ihre Schwierigkeiten mit uns, und wir hatten unsere Schwierigkeiten mit denen. Aber ich denke, insgesamt sind wir jetzt ziemlich beieinander. Das ist schon ein Kraftakt gewesen. Was das Programmatische anlangt: Das ist ja nichts Inhaltliches. Man entdeckt ja nicht plötzlich Stücke neu, weil man an einem anderen Theater ist. Wir haben ja hier drei Spielstätten, statt maximal zwei – und der Werkraum drüben war ja nicht so regelmäßig bespielt. Wir hatten bestimmte Befürchtungen, dass die Intimität des Schauspielhauses in den Kammerspielen uns fehlen würde. Diese Befürchtungen haben sich überhaupt nicht bewahrheitet, und das größere Theater hat nicht zu einem lauteren oder grelleren Inszenierungsstil führen müssen. Das lief alles sehr gut, durch den konsequenten Aufbau von jüngeren Regisseuren. Was hierbei noch hervorzuheben wäre, ist die erfreuliche Tatsache, dass neuer-

Felix Rech Franziska Rieck Anna Riedl Eva Schuckardt Anna Schudt Arnulf Schumacher Helmut Stange Gisela Stein

dings auch Regisseurinnen am Residenztheater prominent inszenieren. Barbara Frey beispielsweise, Tina Lanik oder Amélie Niermeyer. Das ist doch eine bemerkenswerte Neuerung.«

Ruckhäberle weiter: »Ich würde nicht sagen, dass es zwingend fremder zugeht, aber es ist natürlich so, dass diese Übersichtlichkeit und diese Nähe und das, was Sie, in Anführungszeichen, Familie nennen, jetzt etwas zersplitterter ist. Es teilt sich sehr viel mehr in Gruppen auf. Bei Vielen haben sich die familiären Strukturen verändert, viele haben Kinder bekommen, und der Zustand der Achtziger, wo es aber auch einen Fixpunkt, ein Gläsernes Eck mit Frau Bauer gab [gemeint ist Emmi, Anm. d. Verf.], so eine Art zweiter Kantine, wo man sich ab und zu getroffen hat, ohne sich zu verabreden, das ist ein bisschen schwieriger geworden.«

Dennoch ist bereits heute wieder so etwas wie ein Zusammengehörigkeitsgefühl gewachsen. Immerhin sind die ›Neuen‹ mit den ›Alten‹ nun auch schon wieder seit 2001 zusammen. »Wenn Sie an *Pancomedia* denken, dieses wunderbare Clownspaar Rudolf Wessely/Fred Stillkrauth, da sehen Sie eigentlich das Zusammenwachsen auf einer konkreten Ebene«, bekräftigt Ruckhäberle.[236] Manch einer scheint das Zusammengehörigkeitsgefühl anders zu beurteilen, wie zum Beispiel Michael von Au: »Im neuen Ensemble wurden aus Ensembles Leute zusammen gewürfelt, und wir von den Kammerspielen wurden besonders skeptisch beäugt. Die Integration hat für alle Parteien sehr lange gedauert. Ich weiß nicht, ob sie abgeschlossen ist, und ich würde heute fast so weit gehen, zu sagen, dass wir dieses Ensemble, das Dieter an den Kammerspielen geschaffen hat, dass wir das am Resi absolut nicht mehr hinbekommen haben. Das ist meine Meinung – dieser Ensemblegedanke ist nicht mehr vorhanden. Jetzt haben wir Jahre Zeit gehabt – das können wir uns abschminken.«[237] Damit hat Michael von Au sicher nicht unrecht. Er lässt dabei aber außer Acht, dass die damalige Truppe gewachsen war, was bei der gegenwärtigen nicht der Fall ist und sein kann.

Es ist schwer, aus den Vielen einige herauszugreifen, die von der neuen Mannschaft besonders wichtig sind. Andererseits können wir aber auch nicht alle nennen. Hier präventiv die Bitte an alle, die nicht genannt werden, dies nicht persönlich zu nehmen. Die ›Neuen‹ werden in diesem Kontext nicht annähernd gewürdigt, wie dies mit dem alten Kammerspiel-Ensemble der Fall ist. Einige ›Säulen‹ des jetzigen Ensembles waren schon lange, bevor Dorn kam, am Residenztheater. Es sind dies Barbara Melzl, Anna Riedl, Gerd Anthoff, Fred Stillkrauth und Peter Albers. Nach Unterbrechungen sind nun Peter Kremer und Sophie von Kessel auch wieder mit dabei. Marcus Calvin und Rainer Bock sind von den Ex-Stuttgartern übrig geblieben. Allen voran haben Juliane Köhler, Stephanie Leue und Thomas Loibl viel Anerkennung für ihre schauspielerischen Leistungen bekommen. Marina Galic, Robert Joseph Bartl, Ulrike Arnold, Christian Lerch, Jan-Peter Kampwirth, Ulrich Beseler und alle hier nicht genannten erspielen sich zusehends wichtige Positionen innerhalb der Truppe.

Ikrauth Heide von Strombeck Lisa Wagner Biermösl Blosn Rudolf Wessely Stefan Wilkening Ulrike Willenbacher Eva Gosciejewicz

Intendantendämmerung

Im Frühsommer 2007 wurde plötzlich und unerwartet das Geheimnis um die Nachfolge Dorns gelüftet und der Öffentlichkeit preisgegeben. Dass im Hintergrund schon länger irgendwelche Verhandlungen gelaufen waren, liegt auf der Hand, doch auch in der Gerüchteküche köchelte es nur ganz zaghaft. Deshalb war die Überraschung umso größer: Der Österreicher Martin Kušej ist der designierte Intendant des Bayerischen Staatsschauspiels. Dorn soll um die Zeit der ›Verkündigung‹ äußerst gelöst und fröhlicher als sonst gewirkt haben. Als das Ergebnis feststand, war auch klar warum: Der Vertrag des Staatsintendanten Dieter Dorn sollte ursprünglich 2009 enden. Eine Verlängerung war relativ unwahrscheinlich. Martin Kušej kann aber aus bestimmten Gründen, die hier nicht debattiert werden sollen, erst 2011 Dorns Nachfolge antreten, und somit war klar: Dorn bleibt bis 2011. Ob es das war, was diese Heiterkeit bei Dorn ausgelöst hat?

Man kann unterschiedlicher Auffassung sein über die Wahl des Nachfolgers, aber eins ist sicherlich von Vorteil: Die zukünftigen Geschicke des Hauses wurden in feste Bahnen gelenkt und nicht irgendwelchen Querelen, dem Zufall des Intendantenkarussells oder sonstigem Poker um Positionen überlassen. Dorn hat sich an der Übergabe seines Lebenswerkes in andere Hände aktiv beteiligt – und das ist ihm sicher nicht leicht gefallen.

Aber zunächst sind es noch mehr als drei Jahre, bis es soweit ist, und in diesem Zeitraum kann noch viel passieren: »Ich bin wahnsinnig glücklich, dass er jetzt noch einmal verlängert hat, und uns noch ein bisschen erhalten bleibt. Denn so etwas wie Dorn wird es nicht mehr geben. Das muss man einfach wissen. Und diesen langen Weg, den man mit ihm gegangen ist, den möchte ich auch bis zuletzt mit ihm gehen. Ich möchte gerne mit ihm zusammen alt werden. Denn so schön es ist, neue Impulse von jungen Regisseuren zu bekommen und sich auch neu kennen zu lernen, durch eine völlig andere Ästhetik und ein ganz anderes Herangehen an Stücke, man muss dann doch wieder schauen, dass man sich nicht verliert, dass man ein Individuum bleibt und nicht austauschbar ist innerhalb dieser Inszenierungen. Nur dann ist es ungeheuer toll und aufregend. Bei Malern oder Schriftstellern oder Komponisten, da spricht man doch immer vom Alterswerk. Und dass das Alterswerk bei den großartigen Leuten immer einfacher und schlichter wird. Ich finde, das ist die Qualität des Alterns, dass man so viele Sachen nicht mehr nötig hat. Man muss nichts mehr beweisen, man muss nicht mehr Karriere machen. Darum geht es nicht mehr, sondern es geht darum, in Ruhe einen Dramatiker zu erkennen und das, was man im Leben an wunderbaren Sachen, aber auch katastrophalen Dingen erlebt hat, in die Arbeit einzubringen. Und das finde ich auch schön. Mich interessiert das Alterswerk von Dorn. Wie er heute inszeniert und wie er heute an Stücke herangeht und wie man aufgrund einer langen gemeinsamen Biografie nach Wahrheit sucht. Also das kann schon aufregend sein.«[238] Diese schöne Eloge zu Lebzeiten widmet Conny Froboess ihrem Intendanten. Dieter Dorn wird es nicht so gerne mögen, dass im Zusammenhang mit ihm ständig von Alter die Rede ist. Er gehört ja auch zu einer Generation von ›jungen Alten‹. Weder bei der Froboess noch bei Dorn käme man auf die Idee, sie als ›Alte‹ zu bezeichnen. Es sind jung gebliebene Alte, an denen – zugegeben – die Zeit ein wenig gearbeitet hat.

Nun wartet also alles gespannt auf ein Alterswerk Dorns – aber das sind Dinge, über die man nicht mit ihm reden kann, da er ja nicht ans Aufhören denken mag. Es

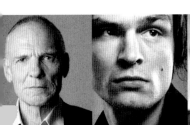

Hans Peter Hallwachs Oliver Möller   Christian Nickel   Elisabeth Rath   Siemen Rühaak   Tanja Schleiff   Elisabeth Schwarz   Michael Tregor

gibt jedoch Wahrscheinlichkeiten, Fantasien und Möglichkeiten, was Dorn bis 2011 noch tun wird. »Es gibt sicherlich ein Stück von Shakespeare, das er unbedingt machen möchte, und ich nehme an, dass ich auch weiß, was das für ein Stück ist – *Das Wintermärchen*. Wir haben nie darüber gesprochen, aber ich könnte mir vorstellen, dass das ein Stück ist, das ihm am Herzen liegt, an das er sich nie getraut hat. Er hat nie einen Tschechow inszeniert, was ich sehr bedauerlich finde, denn ich glaube, er wäre ein großartiger Tschechow-Regisseur, weil er den erforderlichen Humor hat«, findet Jochen Striebeck.[239]

Und zuletzt eine kritische Einordnung des heutigen Dorn-Theaters. Da sie nun dahin sind, die ›Goldenen Jahre‹ des Dorn-Ensembles, taucht die Frage auf: Welchen Stellenwert hat das Dorn-Theater heute? »Wir müssen uns ja nichts vormachen, das wäre albern«, meint Hans-Joachim Ruckhäberle, »es ist schlichtweg so, dass wir insgesamt, also nicht nur als Ensemble, sondern eben als dieses Theater, im Moment natürlich nicht auf der Hitliste stehen. Wir stehen nicht auf der Hitliste des Theatertreffens, wir stehen nicht auf der Hitliste der Kritik. Wir haben uns eigentlich nie von Konjunkturen abhängig gemacht. Wir haben auch nicht unsere ›Theater-des-Jahres‹-Urkunde ins Foyer gehängt, als wir sie viermal hintereinander bekamen. 2001 oder vielleicht auch vorher schon an den Kammerspielen fing eine Zeit an, wo man diesem Theater nicht mehr den Stellenwert national oder überregional zuerkannt hat, den es vorher hatte. Dazu müssen wir aber keine Stellung nehmen – das müssen Sie machen.«[240]

Das haben wir versucht – und es war schwer, nicht nur rückwärts zu denken oder gar in Nostalgie zu erstarren.

Aber vorwärts gedacht, kann man heute schon sagen: ›Aufhören will gelernt sein‹ – ein Paradoxon. Aufhören kann man nicht lernen. Und wie der amtierende Intendant eingangs schon sagte: Darüber mag er gar nicht nachdenken. Der letzte Tag, er wird schwer werden.

Soviel hat der ›Ritt‹ durch 31 Jahre ›Dorn und sein Ensemble‹ gezeigt: Wir haben und hatten in München an diesen beiden Theatern, an denen Dorn mit seinen Leuten arbeitete und arbeitet, etwas ganz Besonderes. Eine herausragende Schauspielertruppe, die uns unzählige beeindruckende und nachhaltig wirkende Theatererlebnisse beschert hat. Wer kann schon durchgehend so hochkarätig besetzen? Wo sonst gab es diese ungewöhnliche Ansammlung von allerersten und großartigen zweiten und dritten Schauspielern? Wo konnte man auf so hohem Niveau miterleben, wie Texte zum Leben erweckt wurden? Zigmal zeigte Dorn, welches künstlerische Potenzial in seiner Mannschaft steckt. Zu seinen Hochzeiten wurde das Münchner Ensemble quer durch die deutsche Theaterlandschaft bewundert und bejubelt. Es galt lange Jahre als das beste des deutschsprachigen Raumes. Was von der Bühne an Spielfreude, Können, Emotion und Spannung herunterkam und -kommt, ist allen geschuldet. Der Stärkste war so gut wie der Schwächste.

Es sei abschließend noch einmal betont, dass zwangsläufig die Lorbeeren in diesem Buch nicht gerecht verteilt worden sind, weil es menschlich, allzu menschlich ist, jemanden zu übersehen oder zu vergessen. Allen Mitarbeitern dieser Ära daher als Schlusswort Hochachtung und Dank!

Statt eines Nachworts:
Die Schauspieler und Mitarbeiter über Dorn

Michael Wachsmann: »Er ist mein Lieblingsregisseur. Der wesentliche Teil meines Berufsglücks ist die Verbindung mit Dorn gewesen.«

Cornelia Froboess: »Dieter Dorn ist für mich ein ganz, ganz wichtiger Weggefährte. Dorn ist mehr als mein Intendant. Obwohl wir auch diese Distanz haben, ist er mir doch sehr nah.«

Heinz Bennent: »Ich weiß nicht, wie er das sieht, aber er war mir wirklich ein großer Freund.«

Thomas Holtzmann: »Ich schätze an ihm, dass er mich seit 25 Jahren immer wie ein rohes Ei behandelt hat – also wir waren schon Vorzugspersonen.«

Manfred Zapatka: »Dorn ist für mich ein Teil meines Lebens. Ich habe immer zwei Ehen geführt. Eine davon habe ich mit den Kammerspielen geführt. Die längere Zeit.«

Jochen Striebeck: »In den inzwischen vierzig Jahren, die ich Theater spiele – genauso lange bin ich verheiratet –, in dieser ganzen Zeit ist er sicher der Wichtigste gewesen, dem ich begegnet bin.«

Claus Eberth: »Er ist mein künstlerischer Wegbegleiter und Förderer und, man kann schon fast sagen, mein zweites Ich. Ich konnte wirklich nur von ihm lernen, er ist mir ein künstlerischer Freund. Und dass er manchmal so fern und so fremd war – da muss man einfach warten und Geduld haben …«

Franziska Walser: »Ich fand, dass er großen Humor hat. Die schweren Dinge leicht zu sehen, das war eine Sache, die ich von ihm gelernt habe. Die Grundlagen habe ich bei Dorn gelernt – und er hat viele Weichen gestellt.«

Lambert Hamel: »Der Dorn ist ein Stück meiner künstlerischen Laufbahn. Alles was war, hat er ermöglicht.

Dorns herausragende Qualität ist Treue und Liebe. Er ist der Intendant, aber im Mittelpunkt stehen seine Schauspieler, die er wirklich liebt.«

Daphne Wagner: »Dorn war prägend für meine Entwicklung, mit allen Aufs und Abs. Er kennt mich gut, ich kenne ihn gut.«

Jennifer Minetti: »Er ist im Grunde wirklich Tag und Nacht fürs Theater da. Unser Ensemble und alles, was damit zusammenhängt, das alles weiß der Dorn zu bewahren. Was ich mir überhaupt nicht habe erträumen können mit ihm – neulich sind wir unglaublich sentimental gewesen, beide.«

Irene Clarin: »Er ist ein wirklich guter Regisseur. Er ist sehr sensibel. Wir haben immer mit offenen Karten gespielt. Da war nie irgendwas hinterrücks oder so, sondern es war immer sehr ehrlich.«

Edgar Selge: »Eine Vaterfigur ist er wirklich nicht. Intendantenpapas finde ich furchtbar. Aber er hat ein ernsthaftes Interesse an der Entwicklung seiner Schauspieler. Er ist ein unbestechlicher Zuschauer, und seine Liebe zum Text des Autors beeindruckt mich immer noch.«

Gerhard Polt: »Ich habe ihn kennen gelernt als einen witzigen Menschen, von dem ich im Laufe der Zeit immer mehr mitbekommen habe, dass er ein glänzender Beobachter ist und wirklich sehr guten Humor hat.«

Rolf Boysen: »Das ist ja nicht so, dass Dorn wie Gott über den Wassern schwebt, nein, so ist es ja nicht. Wir kennen auch alle seine Schwächen, er hat ja auch Schwächen, warum sollte er keine haben. Aber man fühlt sich künstlerisch sehr aufgehoben bei ihm. Man kann sich auf sein Urteil verlassen, das ist schon sehr wichtig. Dorn ist distanziert. Gott sei Dank. Ich finde es ja schrecklich, wenn das alles in einem Muss von Kameradschaft versandelt.«

Gisela Stein: »Wir sind privat gar nicht verbunden. Wir sind aber auf der Bühne verbunden. Wir haben uns oft entsetzlich gekracht. Und das war immer konstruktiv.«

Arnulf Schumacher: »Mit Dieter Dorn bin ich jetzt dreißig Jahre zusammen. Mit keiner Frau war ich je so lange zusammen. Das ist ein halbes Leben oder mehr. Ich kann es mir gar nicht vorstellen, dass ich eines Tages hier im Theater bin und Dieter Dorn ist nicht da.«

Doris Schade: »Er ist Apoll. Diese Aura und dieses gerade Gehen, da steckt ein Apoll drin.«

Sunnyi Melles: »Er hat viel zu meinem schauspielerischen Weg beigetragen. Ich denke mir immer, er war im richtigen Moment für mich da. Eigentlich bis heute.«

Axel Milberg: »Wenn man eine Gruppe von Menschen führt, die alle vor Energie platzende, eitle, hochbegabte, drängende und ehrgeizige Individuen sind, dann muss man sie eines lassen: Hungrig! Ich muss diese Menschen hungern lassen nach Anerkennung, nach Bestätigung. Das gelingt Dorn. Für Intrigen und intrigante Machenschaften ist Dorn vollkommen ungeeignet – diese Vorgänge sind in seiner Matrix nicht enthalten. Amen!«

August Zirner: »Früher haben wir gesagt, Dieter Dorn ist der Mick Jagger des deutschen Theaters. Heute müsste Mick Jagger das als Kompliment empfinden, weil Mick Jagger gar nicht mehr gut aussieht. Dieter ist für mich ein Rätsel, und das ist auch schön so. Wenn man mit 25 Jahren ans Theater kommt wie ich, sucht man nach Anerkennung von dem dortigen Leiter, und ich glaube, dass der Dieter da was gesehen hat. Ja, insofern bleibt er für mich bis heute eine Instanz.«

Jörg Hube: »Im Alter ist er lockerer geworden, andererseits vielleicht auch ein bisschen desillusionierter, was Freundschaft oder Ensemblegeist betrifft. Er leitet dieses Ding, und seine Entscheidungen müssen funktionieren, müssen auch das Ding am Laufen halten. Insofern ist er einerseits fast distanzierter geworden, und andererseits ist er, wie ich finde, sehr viel menschlicher geworden. So, wie wir alle älter werden und dadurch einerseits milder und andererseits radikaler.«

Ulrike Willenbacher: »Er ist einfach ein Meister und auch so etwas wie eine Vaterfigur. Bei jeder Produktion, die ich mache, denke ich als erstes an ihn: ›Ist das in seinem Sinne?‹ oder ›Was habe ich gelernt?‹. Es ist im Hintergrund immer vorhanden.«

Sibylle Canonica: »Er ist ein künstlerischer Bezugspunkt. Wenn er nicht inszenieren würde, wäre das sicher etwas Anderes. Aber das entsteht natürlich durch die persönliche Arbeit – auf jeden Fall auch durch seine Art des Umgangs.«

Tobias Moretti: »Ich verneige mich vor dem Menschen, wenn ich an ihn denke. Ich denke, dass der eine gute Lebensmischung ist und ein dramatisches Tier – und ein Zirkusdirektor.«

Michael Tregor: »Ein festes Ensemble an sich zu binden, das schafft nur er. Ja, weil er immer auch noch Visionen im Kopf hat. Für mich ist er ein Visionär, auch in der Art, wie er inszeniert. Wenn ich woanders gearbeitet habe und nicht zurecht kam, habe ich mir immer gesagt: ›Mein Gott, ich bin doch ein Dorn-Schauspieler, wie kann ich denn jetzt damit umgehen?‹«

Michael von Au: »Dorn ist mein Ziehvater im Theater, und ich habe einen ganz großen Respekt vor ihm.«

Laura Olivi: »Er bedeutet mir sehr viel. Wegen ihm habe ich mich entschieden, mein Land zu verlassen. Ich bin ihm gefolgt. Und für mich hat das bedeutet, dass diese Arbeit mit ihm, die Kontinuität und das Bei-ihm-Sein eigentlich in den zwanzig Jahren das Wichtigste war.«

Rudolf Wessely: »Er ist sich selber treu geblieben. Ich glaube, es wird nicht nur eine Ära zu Ende gehen, sondern ein Kunstverständnis. Meine Lobeshymnen auf Dieter Dorn sind mir ein Herzensbedürfnis.«

Stefan Hunstein: »Es gibt eine Wertschätzung, eine gegenseitige, eine Achtung, was die Haltung zum Beruf angeht, bei uns beiden. Und es gibt etwas, was den Beruf angeht, das Aufeinander-verlassen-Können. Er ist ein Partner, was den Beruf angeht, was das Meistern des Alltags angeht; er ist kein Freund, er ist kein Vater.«

Anna Schudt: »Er ist sehr distanziert, aber irgendwie hat man das Gefühl, man wird extrem geschätzt. Und das hat einfach damit zu tun, dass er oft zur richtigen Zeit die richtigen Sätze sagt, und selber das Theater sehr liebt, seine Schauspieler, das Ensemble – dieses gesamte Haus.«

Jens Harzer: »Man spürt an ihm eine Ernsthaftigkeit. Das ist es vielleicht, warum man immer noch treu ist. In seiner ganzen Haltung, auch seiner künstlerischen Kraft, spürt man immer noch das, was irgendwie überzeugt. Nur – es ist so schade, dass sogar wir, die so nahe an ihm dran sind, das so selten spüren.«

Oliver Nägele: »Letztendlich hat man zu ihm immer ein distanziertes Verhältnis, ohne dass es kalt ist und ohne dass man sich alleine fühlt. Er ist schon für einen da. Er ist allgegenwärtig, er ist eine graue Eminenz, eine unheimliche Respektsperson. Dorn hat sich in den letzten Jahren sehr geöffnet, zu seinem Ensemble hin. Er legt zum Beispiel Wert darauf, dass er dir das neue Buch übergibt, mit seiner Unterschrift drauf und mit ein paar Zeilen, dass er das macht, nicht nur für seine Inszenierung, und das ist natürlich schön. Das ist ein positives Ritual, und das braucht man.«

Jürgen Höfer: »Der Dorn? Der bedeutet mir wahnsinnig viel, weil ich ihn wirklich als Freund sehe, weil ich wirklich viele Freiheiten hatte und den Beruf so ausüben konnte, wie ich ihn ausüben wollte. Und das war für mich eine ganz, ganz wichtige Zeit. Dieses Ensemble, diese Schauspieler, alle, mit denen man über Jahre zusammen war. Diese Veränderung, die man gesehen hat, und dann eben auch diese Verletzbarkeit von Dorn, die mich trotz allem immer wieder fasziniert hat. Gleichzeitig diese Angst der Schauspieler, ihm weh zu tun, weil er ihnen natürlich auch wahnsinnig viel gegeben hat. Und jetzt? Der Dieter, der meldet sich nicht, und ich melde mich auch nicht. Aber ich hänge wahnsinnig an ihm.«

Michael Maertens: »Dorn konnte so viele verschiedene Regisseure ans Haus binden, und das ist für Schauspieler extrem reizvoll. Und das hat bestimmt viele dazu bewogen, an dem Haus lange zu bleiben. Der ist einfach ein guter Intendant. Ich würde nicht sagen, dass er eine Vaterfigur ist, aber wenn man das übersetzt in den Beruf, dann ist er einer von ein paar Vätern, die mir wahnsinnig viel beigebracht haben.«

Anhang

Verzeichnis der Inszenierungen von 1976 bis heute (Auswahl)

An den Kammerspielen:

Spielzeit 1976/77

MINNA VON BARNHELM ODER DAS SOLDATENGLÜCK, Regie: Dieter Dorn, Premiere: 10.09.1976

GOLDEN BOY, Regie: Harald Clemen, Premiere: 25.09.1976

DER BALKON, Regie: Ernst Wendt, Premiere: 20.10.1976

DER ALPENKÖNIG UND DER MENSCHENFEIND, Regie: Hans-Reinhard Müller, Premiere: 30.12.1976

DIE NACHT DER TRIBADEN, Regie: Dieter Dorn, Premiere: 06.02.1977

VERWANDLUNGEN, Regie: George Tabori, Premiere: 23.02.1977

Spielzeit 1977/78

LULU, Regie: Dieter Dorn, Premiere: 13.11.1977

DIE MÖWE, Regie: Harald Clemen, Premiere: 04.03.1978

GERMANIA TOD IN BERLIN, Regie: Ernst Wendt, Premiere: 20.04.1978

GIN ROMMÉ, Regie: Hans-Reinhard Müller, Premiere: 20.06.1978

Spielzeit 1978/79

EIN MITTSOMMERNACHTSTRAUM, Regie: Dieter Dorn, Premiere: 29.09.1978

ICH WOLLTE MEINE TOCHTER LÄGE TOT ZU MEINEN FÜSSEN UND HÄTTE DIE JUWELEN IN DEN OHREN, Regie: George Tabori, Premiere: 19.11.1978

GROSS UND KLEIN, Regie: Dieter Dorn, Premiere: 15.02.1979

KEHRAUS, Regie: Hanns Christian Müller, Premiere: 20.02.1979

CLAVIGO, Regie: Dieter Dorn, Premiere: 25.03.1979

MY MOTHERS COURAGE, Regie: George Tabori, Premiere: 17.05.1979

MARIA STUART, Regie: Ernst Wendt, Premiere: 03.07.1979

Spielzeit 1979/80

DAS KÄTHCHEN VON HEILBRONN ODER DIE FEUERPROBE, Regie: Ernst Wendt, Premiere: 15.12.1979

WAS IHR WOLLT, Regie: Dieter Dorn, Premiere: 20.01.1980

HAMLET, PRINZ VON DÄNEMARK, Regie: Ernst Wendt, Premiere: 23.04.1980

DANTONS TOD, Regie: Dieter Dorn, Premiere: 13.06.1980

FRÄULEIN JULIE, Regie: Ernst Wendt, Premiere: 31.07.1980

Spielzeit 1980/81

DIE RIESEN VOM BERGE, Regie: Ernst Wendt, Premiere: 07.12.1980

IPHIGENIE AUF TAURIS, Regie: Dieter Dorn, Premiere: 30.01.1981

PLATONOW, Regie: Thomas Langhoff, Premiere: 15.03.1981

LEONCE UND LENA, Regie: Dieter Dorn, Premiere: 25.04.1981

MEDEA, Regie: Ernst Wendt, Premiere: 19.07.1981

Spielzeit 1981/82

TORQUATO TASSO, Regie: Ernst Wendt, Premiere: 22.12.1981

MERLIN ODER DAS WÜSTE LAND, Regie: Dieter Dorn, Premiere: 31.01.1982 (1. Abend)/01.02.1982 (2. Abend)

WIE ES EUCH GEFÄLLT, Regie: Ernst Wendt, Premiere: 17.04.1982

DIE GOLDENEN FENSTER, Regie: Robert Wilson, Premiere (UA): 29.05.1982

Spielzeit 1982/83

SOMMER, Regie: Luc Bondy, Premiere (DEA): 20.02.1983

EIN KLOTZ AM BEIN, Regie: Dieter Dorn, Premiere: 12.03.1983

DER KIRSCHGARTEN, Regie: Ernst Wendt, Premiere: 29.05.1983

Spielzeit 1983/84

DER NEUE PROZEß, Regie: Dieter Dorn, Premiere: 13.10.1983

NICHT FISCH NICHT FLEISCH, Regie: Franz Xaver Kroetz, Premiere: 16.10.1983

HERZKASPERLS SALTO NORMALE, Regie: Jörg Hube, Premiere: 12.11.1983

KALLDEWEY, FARCE, Regie: Dieter Dorn, Premiere: 25.11.1983

WARTEN AUF GODOT, Regie: George Tabori, Premiere: 04.01.1984

MÜNCHEN LEUCHTET, Regie: Hanns Christian Müller, Premiere: 15.01.1984

GERTRUDE STEIN, GERTRUDE STEIN, GERTRUDE STEIN, Regie: Klaus Emmerich, Premiere: 21.01.1984

Spielzeit 1984/85

DER PARK, Regie: Dieter Dorn, Premiere: 13.10.1984

TORQUATO TASSO, Regie: Dieter Dorn, Premiere: 21.12.1984

DON KARLOS, Regie: Alexander Lang, Premiere: 31.01.1985

Spielzeit 1985/86

LORENZACCIO, Regie: Thomas Langhoff, Premiere: 02.10.1985

TROILUS UND CRESSIDA, Regie: Dieter Dorn, Premiere: 16.03.1986

DER ZERBROCHNE KRUG, Regie: Dieter Dorn, Premiere: 14.07.1986

Spielzeit 1986/87

EIN BERICHT FÜR EINE AKADEMIE, Regie: Franz Xaver Kroetz, Premiere: 15.10.1986

PENTHESILEA und PHÄDRA, Regie: Alexander Lang, Premiere: 28./29.03.1987

FAUST I, Regie: Dieter Dorn, Premiere: 30.04.1987

Spielzeit 1987/88

ONKEL WANJA, Regie: Hans Lietzau, Premiere: 11.11.1987

MANN IST MANN, Regie: Günther Gerstner, Premiere: 21.11.1987

IN DER EINSAMKEIT DER BAUMWOLLFELDER, Regie: Alexander Lang, Premiere: 20.12.1987

DIRIDARI, Regie: Hanns Christian Müller, Premiere: 19.03.1988

Spielzeit 1988/89

BESUCHER, Regie: Dieter Dorn, Premiere: 06.10.1988

SIEBEN TÜREN, Regie: Dieter Dorn, Premiere: 16.12.1988

DER THEATERMACHER, Regie: Hans Lietzau, Premiere: 18.12.1988

SEID NETT ZU MR. SLOANE, Regie: Helmut Griem, Premiere: 17.03.1989

Spielzeit 1989/90

DIE FRAU VOM MEER, Regie: Thomas Langhoff, Premiere: 18.11.1989

DIE MINDERLEISTER, Regie: Anselm Weber, Premiere: 29.11.1989

GLÜCKLICHE TAGE, Regie: Dieter Dorn, Premiere: 25.01.1990

KARLOS, Regie: Dieter Dorn, Premiere: 06.05.1990

Spielzeit 1990/91

LOVE LETTERS, Regie: Helmut Griem, Premiere (DEA): 05.12.1990

SCHLUSSCHOR, Regie: Dieter Dorn, Premiere (UA): 01.02.1991

DER BLAUE BOLL, Regie: Hans Lietzau, Premiere: 08.03.1991

Spielzeit 1991/92

VOLKSVERNICHTUNG ODER MEINE LEBER IST SINNLOS, Regie: Christian
  Stückl, Premiere (UA): 25.11.1991

KAMPF DES NEGERS UND DER HUNDE, Regie: Armin Petras, Premiere:
  08.02.1992

KÖNIG LEAR, Regie: Dieter Dorn, Premiere: 20.02.1992

Spielzeit 1992/93

VIEL LÄRMENS UM NICHTS, Regie: Christoph Stückl, Premiere: 30.09.1992

ROAD TO NIRVANA, Regie: Dieter Dorn, Premiere: 03.12.1992

NEW YORK NEW YORK, Regie: Jens-Daniel Herzog, Premiere: 30.01.1993

TSCHURANGRATI, Regie: Hanns Christian Müller, Premiere: 02.05.1993

DIE PERSER, Regie: Dieter Dorn, Premiere: 12.06.1993

Spielzeit 1993/94

DER STIEFEL UND SEIN SOCKEN, Regie: Herbert Achternbusch, Premiere:
  22.12.1993

DER STURM, Regie: Dieter Dorn, Premiere: 02.05.1994

OLEANNA, Regie: Dieter Dorn, Premiere: 22.07.1994

Spielzeit 1994/95

HERZKASPERLS BIOGRAFFL, Regie: Jörg Hube, Premiere: 30.11.1994

DIE NACHT KURZ VOR DEN WÄLDERN, Regie: Jens-Daniel Herzog,
  Premiere: 13.12.1994

NATHAN DER WEISE, Regie: Alexander Lang, Premiere: 18.12.1994

ROBERTO ZUCCO, Regie: Christian Stückl, Premiere: 25.06.1995

Spielzeit 1995/96

PRINZ FRIEDRICH VON HOMBURG, Regie: Dieter Dorn, Premiere:
  01.10.1995

ITHAKA, Regie: Dieter Dorn, Premiere: 12.02.1996

Spielzeit 1996/97

ALICE IM WUNDERLAND, Regie: Peter Zadek, Premiere: 14.12.1996

DIE PRÄSIDENTINNEN, Regie: Antoine Uitdehaag, Premiere: 26.04.1997

Spielzeit 1997/98

RICHARD III., Regie: Peter Zadek, Premiere: 03.10.1997

DER SCHEIN TRÜGT, Regie: Dieter Dorn, Premiere: 10.01.1998

HERR PUNTILA UND SEIN KNECHT MATTI, Regie: Franz Xaver Kroetz,
  Premiere: 04.04.1998

CYMBELIN, Regie: Dieter Dorn, Premiere: 07.06.1998

Spielzeit 1998/99

FEUERGESICHT, Regie: Jan Bosse, Premiere: 10.10.1998

HEKABE, Regie: Dieter Dorn, Premiere: 07.02.1999

AMPHITRYON, Regie: Dieter Dorn, Premiere: 13.05.1999

Spielzeit 1999/2000

TORQUATO TASSO, Regie: Jan Bosse, Premiere: 23.10.1999

ÜBERGEWICHT UNWICHTIG: UNFORM, Regie: Peter Wittenberg, Premiere:
  21.06.2000 (Zenithhalle)

DER WELTVERBESSERER, Regie: Antoine Uitdehaag, Premiere: 22.06.2000
  (Zenithhalle)

Spielzeit 2000/01

SONNY BOYS, Regie: Jörg Hube, Premiere: 01.09.2000

SO WILD IST ES IN UNSEREN WÄLDERN LANGE NICHT MEHR, Regie: Jan Bosse,
  Premiere: 04.11.2000

Am Bayerischen Staatsschauspiel:

Spielzeit 2001/02

DER KAUFMANN VON VENEDIG, Regie: Dieter Dorn, Premiere: 11.10.2001

DER NARR UND SEINE FRAU HEUTE ABEND IN PANCOMEDIA, Regie: Dieter
  Dorn, Premiere: 24.04.2002

Spielzeit 2002/03

DIE WÄNDE, Regie: Dieter Dorn, Premiere: 28.05.2003

Spielzeit 2003/04

NATHAN DER WEISE, Regie: Elmar Goerden, Premiere: 30.11.2003

MASS FÜR MASS, Regie: Dieter Dorn, Premiere: 27.05.2004

Spielzeit 2004/05

DIE EINE UND DIE ANDERE, Regie: Dieter Dorn, Premiere: 27.01.2005

DIE KRIEGSBERICHTERSTATTERIN, Regie: Florian Boesch, Premiere (UA):
  26.02.2005

DER EINGEBILDET KRANKE, Regie: Thomas Langhoff, Premiere:
  11.03.2005

EINES LANGEN TAGES REISE IN DIE NACHT, Regie: Elmar Goerden,
  Premiere: 02.04.2005

Spielzeit 2005/06

DIE BAKCHEN, Regie: Dieter Dorn, Premiere: 11.10.2005

GESCHICHTEN AUS DEM WIENER WALD, Regie: Barbara Frey, Premiere:
  13.10.2005

MARIA STUART, Regie: Amélie Niermeyer, Premiere: 25.01.2006

BRAND, Regie: Thomas Langhoff, Premiere: 13.04.2006

OFFENER VOLLZUG, Regie: Urs Widmer, Premiere: 28.04.2006

BAUMEISTER SOLNESS, Regie: Tina Lanik, Premiere: 02.06.2006

Spielzeit 2006/07

FLOH IM OHR, Regie: Dieter Dorn, Premiere: 21.10.2006

MEDEA, Regie: Tina Lanik, Premiere: 23.11.2006

ANDROKLUS UND DER LÖWE, Regie: Dieter Dorn: Premiere: 19.12.2006

TOD EINES HANDLUNGSREISENDEN, Regie: Tina Lanik, Premiere:
  29.04.2007

KLEIN EYOLF, Regie: Thomas Langhoff, Premiere: 24.05.2007

WOYZECK, Regie: Martin Kušej, Premiere: 21.06.2007

Spielzeit 2007/08

IM DICKICHT DER STÄDTE, Regie: Tina Lanik, Premiere: 03.11.2007

ENDSPIEL, Regie: Sarah Schley, Premiere: 05.12.2007

Anmerkungen

1 Gespräch mit Cornelia Froboess am 06.07.2007 in München

2 Gespräch mit Heinz Bennent am 10.06.2007 in Lausanne

3 Gespräch mit Thomas Holtzmann am 19.06.2007 in München

4 Ebda.

5 Gespräch mit Manfred Zapatka am 16.07.2007 in Berlin

6 Ebda.

7 Ebda.

8 Gespräch mit Jochen Striebeck am 13.07.2007 in München

9 Gespräch mit Dieter Dorn am 19.07.2007 in München

10 Gespräch mit Jochen Striebeck, a.a.O.

11 Gespräch mit Daphne Wagner am 10.07.2007 in München

12 Gespräch mit Claus Eberth am 09.06.2007 in München

13 Gespräch mit Lambert Hamel am 14.05.2007 in München

14 Gespräch mit Claus Eberth, a.a.O.

15 Gespräch mit Lambert Hamel, a.a.O.

16 Ebda.

17 Ebda.

18 Gespräch mit Jennifer Minetti am 16.06.2007 in München

19 Gespräch mit Irene Clarin am 01.06.2007 in München

20 Gespräch mit Edgar Selge am 10.07.2007 in München

21 Gespräch mit Rolf Boysen am 11.07.2007 in München

22 Gespräch mit Doris Schade am 25.06.2007 in München

23 Gespräch mit Sunnyi Melles am 14.08.2007 in Salzburg

24 Gespräch mit Axel Milberg am 20.06.2007 in München

25 Gespräch mit August Zirner am 18.07.2007 in München

26 Gespräch mit Hans-Joachim Ruckhäberle am 28.06.2007 in München

27 Gespräch mit Jörg Hube am 27.06.2007 in München

28 Gespräch mit Ulrike Willenbacher am 28.07.2007 in München

29 Gespräch mit Michael von Au am 11.05.2007 in München

30 Gespräch mit Rudolf Wessely am 19.07.2007 in München

31 Gespräch mit Stefan Hunstein am 09.06.2007 in München

32 Gespräch mit Anna Schudt am 29.06.2007 in München

33 Gespräch mit Jürgen Höfer am 24.07.2007 in Paris

34 Gespräch mit Michael Maertens am 11.08.2007 in Salzburg

35 Gespräch mit Michael Wachsmann am 04.07.2007 in München

36 Helmut Karasek in *Theater heute*, Heft 2, 1971, S. 42 ff.

37 Gespräch mit Charles Brauer am 09.07.2007 in Genderkinden/ Schweiz

38 Petzet, Wolfgang: *Die Münchner Kammerspiele*, München 1973, S. 544

39 Petzet 1973, S. 555. Petzet spielt hier auf einen öffentlichen Streit an, der sich an der Nichtverlängerung des Vertrages des Dramaturgen Heinar Kipphardt entzündete, die sogenannte »Kipphardt-Affäre«.

40 Hans-Reinhard Müller im Interview »Das Ensemble ganz gewaltig aufstocken«, in: *Theater heute*, Heft 4, 1973, S. 14 ff.

41 Gespräch mit Michael Wachsmann, a.a.O.

42 Schödel, Helmut: »Ein Wechselbad aus Sachlichkeit und Tauer«, in: *Theater heute*, Heft 10, 1976, S. 14

43 Schödel 1976, S.15f.

44 Gespräch mit Cornelia Froboess, a.a.O.

45 Eichholz, Armin: »Genau die Minna vom 22. August 1763«, in: *Münchner Merkur*, 13.09.1976

46 Helmut Griem in: Sucher, C. Bernd: *Theaterzauberer*, München 1988, S. 88

47 Sucher 1988, S. 91f.

48 Gespräch mit Manfred Zapatka, a.a.O.

49 Helmut Griem in: Dultz, Sabine (Hrsg.): *Die Münchner Kammerspiele*, München 2001, S. 111

50 Stein, Gisela: »Auf den Kopf gestellt«, in: Dultz 2001, S. 45 f.

51 Gespräch mit Heinz Bennent, a.a.O.

52 Werner Fritsch in der *Süddeutschen Zeitung*, 24.8.2007

53 Gespräch mit Richard Beek am 16.05.2007 in München

54 Gespräch mit Michael Wachsmann, a.a.O.

55 Eichholz, Armin: »Szenen einer Ära«, in: *Theater für München*, München 1983, S. 12

56 Gespräch mit Charles Brauer, a.a.O.

57 Peter von Becker in *Theater heute*, Heft 5, 1982, S. 20

58 Gespräch mit Charles Brauer, a.a.O.

59 Dieter Dorn im Gespräch mit Gert Gliewe in der AZ, 12.11.1977

60 Gert Gliewe in der AZ, 15.11.1977

61 Gespräch mit Thomas Holtzmann, a.a.O.

62 Kaiser, Joachim: »Wie wirklich war Wedekinds schöne Mörderin?«, in: *Süddeutsche Zeitung*, 15.11.1977

63 Manfred Zapatka im Interview in: TZ, 15.11.1977

64 Gespräch mit Manfred Zapatka, a.a.O.

65 Biermann, Wolf: *Akten-Einsicht*, www.planger.de/aktenein.htm, Zugriff am 06.04.2007

66 Friedrich Diekmann zu Martin Flörchingers 90. Geburtstag in *Freitag*, 08.10.1999

67 Gespräch mit Jochen Striebeck, a.a.O.

68 Joachim Kaiser in der *Süddeutschen Zeitung*, 15.11.1977

69 Gespräch mit Jochen Striebeck, a.a.O.

70 Ebda.

71 Brauer, Charles in: Dultz 2001, S. 65

72 Dieter Dorn in *Merkur online*, Nachrichten Kultur, 28.09.2006

73 Gespräch mit Jürgen Fischer am 05.07.2007 in München

74 Gespräch mit Michael Wachsmann, a.a.O.

75 Beate Kayser in der TZ, 02.10.1978

76 Gespräch mit Claus Eberth, a.a.O.

77 Gespräch mit Franziska Walser am 20.07.2007 in München

78 Sucher, C. Bernd: »Lambert Hamel, Komödiant«, in: *Theater heute*, Heft 4, 1989, S. 23

79 Gespräch mit Lambert Hamel, a.a.O.

80 C. Bernd Sucher in der *Süddeutschen Zeitung*, 26.07.2004

81 Herzog, Jens-Daniel: »Mein absolutes Vorbild«, in: Dultz 2001, S. 135 ff.

82 Herzog 2001, S. 135 ff.

83 Gespräch mit Helmut Stange am 20.07.2007 in München

84 Gespräch mit Max Keller am 02.07.2007 in München

85 Peter von Becker in der *Süddeutschen Zeitung*, 17./18.02.1979

86 Armin Eichholz im *Münchner Merkur*, 17./18.02.1979

87 Gespräch mit Daphne Wagner, a.a.O.

88 Gespräch mit Jennifer Minetti, a.a.O.

89 Christopher Schmidt in: Dultz 2001, S. 203

90 Gespräch mit Irene Clarin, a.a.O.

91 Rolf Michaelis in *Theater heute*, Jahrbuch 1981, Zitat übernommen aus: Sucher, C. Bernd: *Theaterlexikon*, München 1995, S. 117

92 Gespräch mit Heide von Strombeck am 09.09.2007 in München

93 Gespräch mit Edgar Selge, a.a.O.

94 Gert Gliewe in der AZ, 27.03.1979

95 Gespräch mit Gerhard Polt am 18.08.2007 in Schliersee

96 Gespräch mit Michael Wachsmann, a.a.O.

97 Gespräch mit Hans-Joachim Ruckhäberle, a.a.O.

98 Gespräch mit Michael Wachsmann, a.a.O.

99 Gespräch mit Cornelia Froboess, a.a.O.

100 Gespräch mit Manfred Zapatka, a.a.O.

101 Gespräch mit Jochen Striebeck, a.a.O.

102 Gespräch mit Claus Eberth, a.a.O.

103 Gespräch mit Lambert Hamel, a.a.O.

104 Gespräch mit Helmut Stange, a.a.O.

105 Gespräch mit Daphne Wagner, a.a.O.

106 Gespräch mit Jennifer Minetti, a.a.O.

107 Gespräch mit Edgar Selge, a.a.O.

[108] Gespräch mit Rolf Boysen, a.a.O.

[109] Gespräch mit Arnulf Schumacher am 27.07.2007 in München

[110] Gespräch mit Doris Schade, a.a.O.

[111] Gespräch mit August Zirner, a.a.O.

[112] Gespräch mit Jörg Hube, a.a.O.

[113] Gespräch mit Sibylle Canonica am 30.05.2007 in München

[114] Gespräch mit Michael Tregor am 11.07.2007 in München

[115] Gespräch mit Rudolf Wessely, a.a.O.

[116] Gespräch mit Anna Schudt, a.a.O.

[117] Gespräch mit Jens Harzer am 18.05.2007 in München

[118] Gespräch mit Oliver Nägele am 17.07.2007 in München

[119] Gespräch mit Jürgen Höfer, a.a.O.

[120] Gespräch mit Michael Maertens, a.a.O.

[121] Gespräch mit Claus Eberth, a.a.O.

[122] Ingrid Seidenfaden in der AZ, 22.01.1980

[123] Gespräch mit Rolf Boysen, a.a.O.

[124] Harzer, Jens: »Die Utopie in der Fischsuppe«, in: Dultz 2001, S. 60ff.

[125] s. z. B. Boysen, Rolf: *Nachdenken über Theater*, Frankfurt 1997

[126] Harzer, Jens in: Dultz 2001, S. 64

[127] Gespräch mit Gisela Stein am 21.07.2007, Telefoninterview

[128] Sucher 1988, S. 268f.

[129] Dieter Dorn in einem Gespräch mit der Autorin in Salzburg im Juli 1986

[130] Vgl. auch Haberlik, Christina: *Peter Lühr – Die unvergesslichen Rollen*, Berlin 2004

[131] Wachsmann, Michael: »In Erinnerung wahrhaftig überleben«, in: Dultz 2001, S. 171

[132] Peter Lühr in einem Gespräch mit der Autorin im Sommer 1986 in München

[133] *Peter Lühr – Die unvergesslichen Rollen. Eine Hommage zum 100. Geburtstag*, Ausstellung im Deutschen Theatermuseum München, Juni bis September 2006

[134] Michael Wachsmann in: Wachsmann 2001, S. 172

[135] Schumacher, Arnulf in: Dultz 2001, S. 244

[136] Gespräch mit Arnulf Schumacher, a.a.O.

[137] Gespräch mit Doris Schade, a.a.O.

[138] Dieter Dorn in einem Interview in der AZ, 02.07.1980

[139] Beate Kayser in der TZ, 15.07.1980

[140] Gespräch mit Sunnyi Melles, a.a.O.

[141] Gespräch mit Michael Wachsmann, a.a.O.

[142] C. Bernd Sucher in der *Süddeutschen Zeitung*, 02.02.1981

[143] Hans-Joachim Ruckhäberle in der *Süddeutschen Zeitung*, 25.04.1981

[144] Dieter Dorn in der *Süddeutschen Zeitung*, 24.04.1981

[145] C. Bernd Sucher in der *Süddeutschen Zeitung*, 27.04.1981

[146] Dieter Dorn in der AZ, 28.04.1981

[147] Gespräch mit Michael Wachsmann, a.a.O.

[148] Peter Lühr in einem Gespräch mit der Autorin, a.a.O.

[149] Gespräch mit Doris Schade, a.a.O.

[150] Beate Kayser in: Dultz 2001, S. 216

[151] Beate Kayser in: Ebda., S. 219

[152] Sucher 1988, S. 202

[153] Zitiert nach Kayser, Beate: »Wo kommt das Geld her?«, in: Dultz 2001, S. 209

[154] Gespräch mit Axel Milberg, a.a.O.

[155] Gespräch mit August Zirner, a.a.O.

[156] Gespräch mit Hans-Joachim Ruckhäberle, a.a.O.

[157] Gespräch mit Michael Wachsmann, a.a.O.

[158] Gespräch mit Jennifer Minetti, a.a.O.

[159] Gespräch mit Cornelia Froboess, a.a.O.

[160] Gespräch mit Manfred Zapatka, a.a.O.

[161] Gespräch mit Franziska Walser, a.a.O.

[162] Gespräch mit Helmut Stange, a.a.O.

[163] Gespräch mit Rolf Boysen, a.a.O.

[164] Gespräch mit Doris Schade, a.a.O.

[165] Gespräch mit August Zirner, a.a.O.

[166] Gespräch mit Hans-Joachim Ruckhäberle, a.a.O.

[167] Rolf May in der TZ, 15./16.10.1983

[168] Armin Eichholz im *Münchner Merkur*, 15./16.10.1983

[169] Gespräch mit Jörg Hube, a.a.O.

[170] Gespräch mit Manfred Zapatka, a.a.O.

[171] Gespräch mit Daphne Wagner, a.a.O.

[172] Gespräch mit Ulrike Willenbacher, a.a.O.

[173] Dieter Hildebrandt in einem Interview mit Sigrid Hardt in der AZ, 14.06.1983

[174] Gespräch mit Gerhard Polt, a.a.O.

[175] Armin Eichholz im *Münchner Merkur*, 17.01.1984

[176] Sigrid Hardt in der AZ, 17.01.1984

[177] Gespräch mit den Gebrüdern Well/Biermösl Blosn am 02.08.2007 in Zankenhausen

[178] Armin Eichholz im *Münchner Merkur*, 15.10.1984

[179] Joachim Kaiser in der *Süddeutschen Zeitung*, 24.12.1984

[180] Gespräch mit Tobias Moretti am 07.10.2007 in Wien

[181] Gespräch mit Sibylle Canonica, a.a.O.

[182] Hannes S. Macher in der *Bayerischen Staatszeitung*, 08.08.1986

[183] Dieter Dorn in einem Interview mit Gert Gliewe in der AZ, 25./26.04.1987

[184] Ebda.

[185] Gert Gliewe in der AZ, 02.03.1987

[186] Griem, Helmut in: Dultz 2001, S. 107f.

[187] Gespräch mit Michael Tregor, a.a.O.

[188] Griem, Helmut: »Er war ein Vulkan«, in: Dultz 2001, S. 369

[189] Gespräch mit Laura Olivi am 20.06.2007 in München

[190] Gespräch mit Heinz Bennent, a.a.O.

[191] Gespräch mit Michael von Au, a.a.O.

[192] Michael von Au auf *http://de.lifestyle.yahoo.com/12062007/401/michael-au-begabt-besessen-beziehungsunfaehig*, Zugriff am 13.04.2007

[193] Gespräch mit Michael Wachsmann, a.a.O.

[194] Gespräch mit Cornelia Froboess, a.a.O.

[195] Gespräch mit Jochen Striebeck, a.a.O.

[196] Gespräch mit Arnulf Schumacher, a.a.O.

[197] Gespräch mit August Zirner, a.a.O.

[198] Gespräch mit Jörg Hube, a.a.O.

[199] Gespräch mit Jens Harzer, a.a.O.

[200] Sabine Dultz im *Münchner Merkur*, 27.01.1990

[201] Gespräch mit Rudolf Wessely, a.a.O.

[202] Michael Wachsmann in: Dultz 2001, S. 278ff.

[203] Gert Gliewe in der AZ, 04.02.1991

[204] Gespräch mit Stefan Hunstein, a.a.O.

[205] Gespräch mit Jens Harzer, a.a.O.

[206] Gespräch mit Stefan Hunstein, a.a.O.

[207] Rolf Boysen im Gespräch mit Gabriella Lorenz in der AZ, 19.02.1992

[208] Hans Krieger in der *Bayerischen Staatszeitung*, 22.02.1992

[209] Gerhard Stadelmaier in der *Frankfurter Allgemeinen Zeitung*, 22.02.1992

[210] Christopher Schmidt in: Dultz 2001, S. 534

[211] Gespräch mit Jürgen Höfer, a.a.O.

[212] Gespräch mit Anna Schudt, a.a.O.

[213] Rolf May in der TZ, 02.10.1995

[214] Gespräch mit Jens Harzer, a.a.O.

[215] Griem, Helmut in: Dultz 2001, S. 110f.

[216] Gespräch mit Oliver Nägele, a.a.O.

[217] C. Bernd Sucher in der *Süddeutschen Zeitung*, 09.06.1998

[218] Gespräch mit Michael Maertens, a.a.O.

[219] Dieter Dorn in einem Gespräch mit Sabine Dultz im *Münchner Merkur*, 05.02.1999

[220] Gespräch mit Michael Maertens, a.a.O.
[221] Gespräch mit Jochen Striebeck, a.a.O.
[222] Gespräch mit Franziska Walser, a.a.O.
[223] Froboess, Cornelia: »Ein großer frecher Komödiant«,
in: Dultz 2001, S. 366
[224] Gespräch mit Michael Wachsmann, a.a.O.
[225] Gespräch mit Michael Wachsmann, a.a.O.
[226] Gespräch mit Michael Wachsmann, a.a.O.
[227] Hamel, Lambert in: Dultz 2001, S. 122
[228] Gespräch mit Sibylle Canonica, a.a.O.
[229] Gespräch mit Laura Olivi, a.a.O.

[230] Gespräch mit Stefan Hunstein, a.a.O.
[231] Gespräch mit Thomas Holtzmann, a.a.O.
[232] Gespräch mit Lambert Hamel, a.a.O.
[233] Gespräch mit Thomas Holtzmann, a.a.O.
[234] Ebda.
[235] Gespräch mit Hans-Joachim Ruckhäberle, a.a.O.
[236] Ebda.
[237] Gespräch mit Michael von Au, a.a.O.
[238] Gespräch mit Cornelia Froboess, a.a.O.
[239] Gespräch mit Jochen Striebeck, a.a.O.
[240] Gespräch mit Hans-Joachim Ruckhäberle, a.a.O.

Personenregister